本刊受到

陕西师范大学中国语言文学“世界一流学科建设”支持计划
山西省“1331 工程”重点创新团队支持计划
山西省高校人文社科重点研究基地“方言与口传文化典藏研究中心”

资　助

北斗語言學刊

第七辑

乔全生　主编

侯精一　鲁国尧　顾问

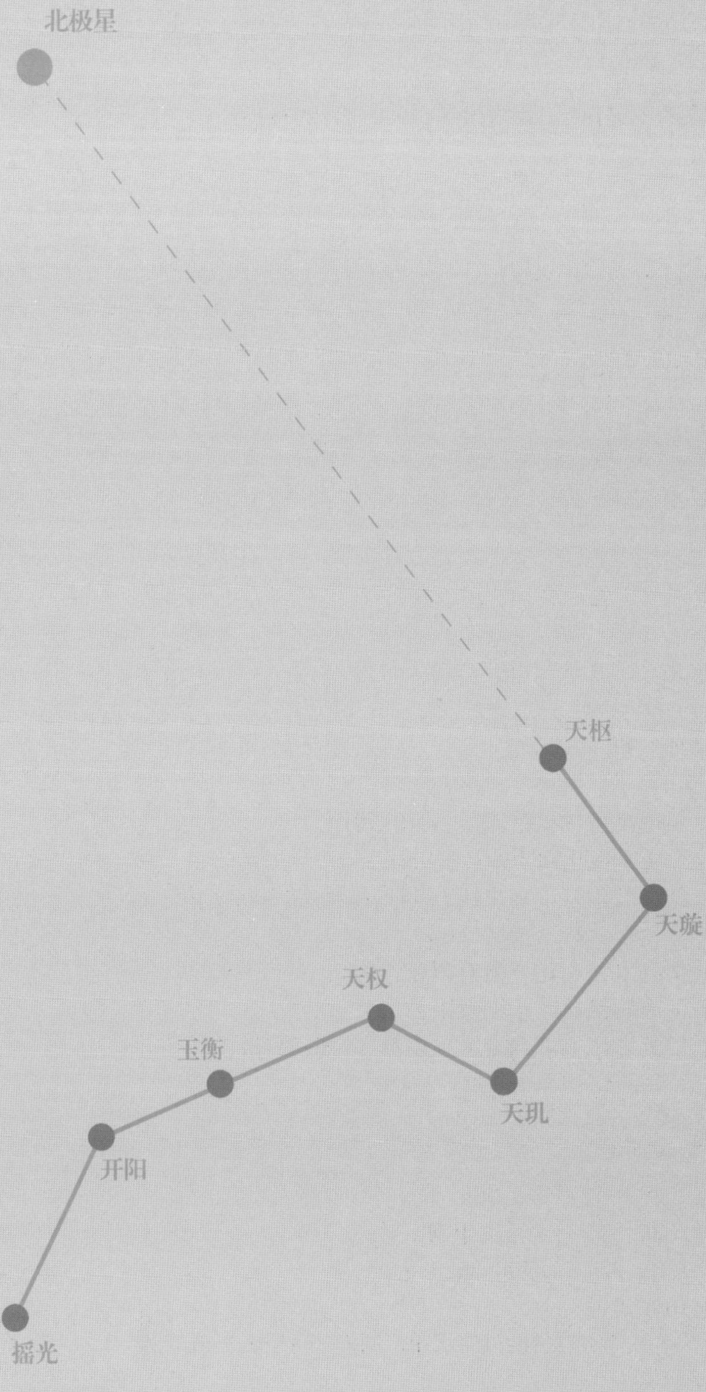

凤凰出版社

图书在版编目（CIP）数据

北斗语言学刊. 第七辑 / 乔全生主编. -- 南京 : 凤凰出版社, 2020.12
ISBN 978-7-5506-3328-5

Ⅰ. ①北… Ⅱ. ①乔… Ⅲ. ①汉语—语言学—文集 Ⅳ. ①H1-53

中国版本图书馆CIP数据核字(2020)第229781号

书　　名	北斗语言学刊(第七辑)
主　　编	乔全生
责任编辑	孙　州
装帧设计	陈贵子
出版发行	凤凰出版社(原江苏古籍出版社) 发行部电话025-83223462
出版社地址	江苏省南京市中央路165号,邮编:210009
出版社网址	http://www.fhcbs.com
照　　排	南京凯建文化发展有限公司
印　　刷	江苏凤凰通达印刷有限公司 江苏省南京市六合区冶山镇,邮编:211523
开　　本	787毫米×1092毫米　1/16
印　　张	19.5
字　　数	356千字
版　　次	2020年12月第1版
印　　次	2020年12月第1次印刷
标准书号	ISBN 978-7-5506-3328-5
定　　价	100.00元

(本书凡印装错误可向承印厂调换,电话:025-57572508)

目　　录

一　论　　文

二　札　记

三　史　林

四　报　道

CONTENTS

Ⅰ Articles

Ⅱ Notes

Ⅲ Recollection of Scholars

Ⅳ Report

一 论文

12 世纪河西党项方言的文白异读层次

聂鸿音

（四川师范大学文学院，成都，610066）

提　要：12 世纪西夏党项人日常说的汉语接近现代兰银官话和晋语的某些方言片，而僧侣在翻译和诵读密咒的时候则有个别韵类使用与唐代长安话相近的另一套字音，前者可以称为“口语音”，后者可以称为“诵咒音”。某些汉字在不同的场合要采用不同的读法，这相当于汉语方言学所谓的“文白异读”。通过对中古阳声韵的考察，可以看到二者间最明显的区别在于诵咒音能够区分-m、-n 两个韵尾而口语音不能。

关键词：古汉语；方言；西夏；鼻音韵尾

同一个汉字在同一个方言区里根据语境有“读书音”和“白话音”两种读法的选择，这种现象多见于吴方言和闽方言，且一般表现为不成系统的零散现象。本文发现，12 世纪的河西方言里存在着另一种类型的文白异读，文白两套读音在鼻韵尾上表现为成系统的两个层次，而且与现代汉语文白异读的产生缘由有异。

一

这里所谓的“12 世纪河西方言”指的是西夏文献里反映的汉语音韵系统，其分布地域以今天的宁夏回族自治区北部为中心，兼及内蒙古自治区西部和甘肃省的中西部①。基于这种方言写成的众多文献于 1909 年出土于内蒙古额济纳旗的黑水城遗址，今藏俄罗斯科学院东方文献研究所。这些资料依用途可以分成两类：一类是西夏译中原典籍里的译音字，通过同一个西夏字与不同汉字的对译可以看出当时汉字音的归并情况；另一类是西夏所译汉文密宗佛典里的咒语，这些咒语直接译自梵文，通过与梵文原本对勘，可以得到汉字读音的

---

① 今天的陕西省北部也一度处于西夏王国疆域之内，只是迄今为止还没有在当地发现西夏文字的资料。

直观印象。

汉语西北方言在三十多年前即已引起学界关注,研究者主要是龚煌城和李范文。不过应该指出,那时人们研究西北方言依据的基础资料仅仅是1190年的汉语-西夏语音义对照字书《番汉合时掌中珠》,目的是给随后进一步构拟西夏语打下基础,以致其中不少解释都深受前人西夏语研究结论的影响,并非全都适合于汉语本身,研究者自然也没有考虑这个方言的成因及与其他古今方言的关系。

依据西夏字和汉字对音可以得出河西方言的大致面貌。到目前为止,人们总结出这个方言的主要特征是:

1. 中古的浊塞音和浊塞擦音声母变成了相应的送气清音,例如"部""普"同读 pho,"其""起"同读 khi,"自""此"同读 tshi [①]。

2. 一部分中古鼻声母字保留了古来的读法,另有一部分中古鼻音字的声母变成了相应的浊塞音和浊塞擦音,例如"迷"读 bi,"捺"读 da,"尼"读 dʑi[②]。

3. 中古的入声韵尾全部失落,例如"木""墓"同读 bo,"息""西"同读 si,"达""他"同读 tha,"急""己"同读 ki[③]。

4. 中古一部分阳声韵的韵尾失落。

前两项音变被视为盛唐以来西北方言区别于中原方言的重要特征,第三项被公认为是河西话在后世的特有变化,而第四项虽然在宕梗两摄中大致确定无误[④],但其细节却始终没有得到圆满的论证。众所周知,关于阳声韵尾失落的早期文献记载集中见于唐代密宗佛典里用汉字音译的梵文咒语,例如以"莽"译 *ma*,以"曩"译 *na*,以"仰"译 *ṅa*[⑤]。这个传统在其后数百年间不同民族的文献中多有反映,例如在吐鲁番所出"摩尼文粟特语日曜占卜书"

---

① 龚煌城《十二世纪末汉语的西北方音(声母部分)》,《"中央研究院"历史语言研究所集刊》第52本第1分,1981年。

② 依龚煌城说,相关的声母也可能是带有鼻冠的 mb-、nd-、ȵdʑ-,这符合现代晋语区一部分地方的情况,参看乔全生《晋方言鼻音声母的演变》(《山西大学学报》2003年第4期)。不过仅凭西夏的书面记载,我们不能确定这些声母究竟是浊塞音或塞擦音前面加上了鼻冠,还是鼻音后面产生了除阻。

③ 龚煌城《十二世纪末汉语的西北方音(韵尾问题)》(《"中央研究院"第二届国际汉学会议论文集》[语言与文字组],1989)。李范文的想法与此不同,他认为古来的入声韵尾在当时合并成了一个-ʔ(《宋代西北方音》,中国社会科学出版社,1994年,第325—326页),不过这个假设没能得到其他学者的赞同。

④ 与后代略有差别的是梗摄二等的读音与蟹摄二等相同,例如《番汉合时掌中珠》对音"庚""皆"同用、"樱""矮"同用,《类林》对音"孟""买"同用、"横""淮"同用。这说明梗摄二等的中古韵母 aŋ 和 uaŋ 在当时读作 ɛ、uɛ 或者 ai 和 uai,后者恰好符合日译汉音的形式。

⑤ (法)H. Maspéro, Le dialecte de Tch'ang-ngan sous les T'ang, *Bulletin de l'Ecole française d'Extrême-Orient* 20.2, 1920.

里，作为天干的梗摄字“丙”*pīy*、“丁”*ṭīy*、“庚”*qēy* 的韵尾是-*y* 而非鼻音①。在敦煌所出残唐五代时期的藏汉对音本《千字文》里，绝大多数宕摄字和梗摄字都不带鼻韵尾，对音分别作-*o* 和-*e*②。同样，在时代稍晚的回鹘文译本《大唐大慈恩寺三藏法师传》里，绝大多数宕摄字和梗摄字也都不带鼻韵尾，对音分别作-*o*/-*u* 和-*i*/-*ï*③。至于所涉宕梗二摄韵母的真实性质，前人或猜想为舌根擦音尾，或猜想为鼻化元音，这无关紧要，最简单的解释莫如采纳周祖谟的意见，认为那表明古来的鼻韵尾已经完全消失了④。考虑到“唐密”一派佛教的开创者善无畏、金刚智和不空都是经西域进入长安的，结合此前对摩尼文、藏文、回鹘文乃至汉文文献的研究，可以认定部分阳声韵脱落鼻韵尾是 7 世纪以后丝绸之路沿线汉语方言的共同特征。然而现在的问题是，当时间进入 12 世纪末期的时候，这个演化是否还在进行？或者说，鼻韵尾在河西方言的哪些韵里失落了？在哪些韵里还保留着？

要回答这个问题，首先可以利用《番汉合时掌中珠》大致整理出汉字音的分类。具体说来就是，如果看到同一个西夏字与几个不同的汉字对音，那么无论这些汉字的中古音韵地位如何，我们都判断它们的读音相同；如果看到西夏韵书《文海》同一个韵里的西夏字与中古不同韵的多个汉字对音，我们就判断这些汉字的韵母相同。举个简单的例子：《番汉合时掌中珠》里有西夏字“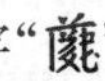”，在第 6 叶第 5 栏用来音译“罗”，在第 16 叶第 4 栏用来音译“狼”，在第 16 叶第 3 栏用来音译“骆”，由此我们判断汉字“罗”“狼”“骆”尽管分别属于阴声、阳声和入声，但它们在这里的读音一定相同。

近年孙伯君特别关注了西夏人据梵文音译的佛教咒语，并搜集校理了全部资料，以梵汉对照的形式刊布⑤。这些咒语的问世时间在 12 世纪下半叶至 13 世纪上半叶，同样可以认为是河西汉字音的忠实写照⑥。现在如果拿“罗”“狼”去对照咒语里的梵汉对音，就可以看到与“罗”同音的“逻”在《大悲心总持》里音译 *lo*（啰哙二合逻迦＝*trailokya*，三界），与“狼”

---

① F. W. K. Müller, Die „persischen” Kalenderausdrücke im chinesischen Tripiṭaka, *Sitzungsberichte der Preussischen Akademie der Wissenschaften*, *Sitzung der philosophisch-historischen Classe* 16, Mai 1907.

② 罗常培《唐五代西北方音》，中央研究院历史语言研究所单刊甲种之十二，1933 年，第 36—38 页。

③ 聂鸿音《回鹘文〈玄奘传〉中的汉字古音》（《民族语文》1998 年第 6 期），其中回鹘文转写依 Л. Ю. Тугушева, *Уйгурская версия Биографии Сюань-цзана*, Москва: Наука, 1991.

④ 周祖谟所举宋人笔记中的例子如张师正《倦游杂录》说到关右人作诗，有“县官伐木入烟萝，匠石须材尽日忙”之句，认为“盖以乡音呼忙为磨方能叶韵”，又刘攽《贡父诗话》记载当时的关中方言以“丹青之青为萋”，详见所著《宋代方音》，载《问学集》下册，中华书局，1966 年，第 656—658 页。

⑤ 孙伯君《西夏新译佛经陀罗尼的对音研究》，中国社会科学出版社，2010 年，第 27—38、42—55 页。

⑥ 孙伯君《西夏译经的梵汉对音与汉语西北方音》，《语言研究》2007 年第 1 期。

同音的"浪"在《胜相顶尊总持》里音译 *lo*(阿斡浪鸡帝说呤 = *avalokiteśvara*,观世音)[①]。由此可以圆满解释阴阳入声同用的对音例——"罗""狼""骆"实际都读 lo,也就是说,"狼"的韵尾-ŋ 和"骆"的韵尾-k 都失落了,同时还引起了前面元音的高化。可是,若取咒语的全部梵汉对音与《番汉合时掌中珠》的汉夏对音对比,却引发了一个全新的问题,即这实际上是两套性质不同的材料,二者表现的语音并非处处都像"罗""狼"读 lo 那样契合,其中最令人费解的就是阳声韵在两类文献中的不同表现。中古阳声汉字在汉夏对音里本来就存在少许混乱的地方,再加上与梵汉对音的矛盾,使得学界至今对这个问题拿不出统一的意见,而事实上鼻韵尾问题恰是我们今天认识河西方言性质的关键所在。

二

宕摄和梗摄在西北方言里已经没有了鼻韵尾,这已经得到了此前大量研究的反复证实,毋需再行论证。有必要重新讨论的是另外几个阳声韵摄[②]。首先应该指出的是,此前的所有研究者都把余下的阳声韵构拟为鼻化元音,也就是说,认为河西方言没有真正意义上的鼻韵尾,这恐怕是受了西夏语音结构的误导。的确,文献中所见党项本语词都是开音节的,但我们似不该设想出一个鼻化元音来强行调和其与汉语音节结构的差异,就像没必要设想出一个喉塞音-ʔ 来强行调和入声与阴声的差异一样。比如说,当我们把《番汉合时掌中珠》的对音汉字纳入西夏韵书《文海》各韵之后,就会看到有些韵的对音汉字全部是阳声,绝对不出现阴声字和入声字,这样我们自然应该判断这些汉字都带有真正的鼻韵尾,而没必要虚拟一个鼻化元音出来。下面的例子来自苏敏整理的《文海》平声第 15 韵和第 16 韵的对音汉字[③],每个韵都有开口、合口两类:

平声第 15 韵(含上声第 13 韵):

　　开口一等——臻摄/曾摄/通摄

　　　　本门[④]根艮/灯等腾/蒙

---

① 原件为西夏天盛元年(1149)合刊本《圣观自在大悲心总持功能依经录》和《胜相顶尊总持功能依经录》,西夏国师鲜卑宝源译。照片刊布于俄罗斯科学院东方研究所圣彼得堡分所、中国社会科学院民族研究所、上海古籍出版社编《俄藏黑水城文献》第 4 册,上海古籍出版社,1997 年,第 41—51 页。

② 江摄的对音例过少,不能提供明确的语音信息,故本文暂不详述。

③ 本文所引对音汉字与《文海》诸韵的对应均采自 М. В. Софронов, *Грамматика тангутского языка* 2, Москва: Наука, 1968, с. 13－19、27－28,其中个别存疑字不计。

④ "本""门"和后面的"蒙"被等韵图列在合口,我们依惯例取消 u 介音,视为开口。在古来的梵汉对音里,明母字后面的 u 可以是主元音,但不能是介音。例如明母合口字"谟"的对音是 *mo*(曩谟 *namo*,南无),"满"的对音是 *man*(三满多 *samanta*,贤)。

合口一等——臻摄/通摄

寸巽婚粉[1]/风蜂凤缝奉送松

平声第 16 韵:

开口三等——深摄/臻摄/曾摄

禀林檩针枕沈审深壬今金襟琴钦饮阴/宾民旻亲尽真嗔陈蔯震尘身申神辰肾人斤筋紧银因茵寅/凭甑蒸证秤绳

合口三等——臻摄

轮春君军云运

在现代方言里,如果深臻曾通四摄的韵尾合并成了一个,则东南地区多读-n,西北地区多读-ŋ。以此类推,我们自然应该选择后者。按照音韵学的传统认识,这些字既然归属同一个韵,其主元音就应该相同,比如像高本汉为三等韵构拟的那个若有若无的短ĕ。然而考虑到这几个西夏韵的结构完全是汉文韵书的模仿,所以除了开口韵之外,我们似也不必保留可能存在的主元音 ə 以求拼式简单,那么就有:

臻摄曾摄开口一等:əŋ　　　　臻摄通摄合口一等:uŋ

深摄臻摄曾摄开口三等:iəŋ　　臻摄合口三等:iuŋ

相关对音字的读音举例如下:

əŋ 韵:本 pəŋ,门蒙 məŋ,灯 təŋ,腾 thəŋ,根 kəŋ

iəŋ 韵:禀宾 piəŋ,凭 phiəŋ,民 miəŋ,林 liəŋ,甑 tsiəŋ,亲 tshiəŋ,针真蒸 tʂiəŋ,陈秤 tʂhiəŋ,审身绳 ʂiəŋ,壬人 ʐiəŋ,今斤 kiəŋ,钦 khiəŋ,银 giəŋ,阴因 iəŋ,寅 jiəŋ

uŋ 韵:寸 tshuŋ,巽送 suŋ,粉风 xuŋ

iuŋ 韵:轮 liuŋ,春 tʂhiuŋ,君 kiuŋ,云 jiuŋ

可想而知,北方方言里最常见的尖团音混读(ts/k>tç,tsh/kh>tçh)一定也在晚期的西北地区发生过,一旦把这一点考虑进去就很容易看出,以上例字正是现代兰银方言区乃至陕晋两省北部地区的典型形式。如果认为当地现代方言与 12 世纪河西话之间存在某种历史亲缘,那么我们就没有理由认为这些韵在当年是鼻化元音,因为 əŋ>ə̃>əŋ 这一演化序列在语音史上是不成立的。

以上面确定阳声韵的思路考察下去,还可以解释咸山摄的情况。下面的例子来自苏敏

---

① 轻唇音在那之前已完成了 p-/b-到 x-的变化,所以我们把这些字视为不带 i 介音的洪音字。西夏文献中反映的这种演化结果就是汉语方言里常见的"f/xu 混读",比如"粉"实读 xuŋ,"风"以下几字实读 xuŋ。

整理的《文海》平声第 24 韵的对音汉字,韵内分开口、合口两类,对音字全部是阳声一等,不与阴声和入声相混:

平声第 24 韵(含上声第 22 韵):

开口一等——咸摄/山摄

三甘敢堪坎含鹌/半盘判[①]丹檀栏干肝看汉汗安鞍案

合口一等——山摄

断暖官冠观罐酸蒜

根据常识,如果某个汉语方言里发生了韵尾-m(咸摄)和-n(山摄)的混并,那一定是-m 变成了-n 而非相反,由此可以判定咸山二摄一等字的韵母是 an 和 uan。相关对音字的读音举例如下:

an 韵:半 pan,盘 phan,丹 tan,檀 than,三 san,甘干 kan,坎看 khan,含汗 xan 鹌安 an

uan 韵:断 tuan,暖 nuan,官 kuan,酸 suan

反之,《番汉合时掌中珠》里的一个西夏字既可与汉语的阳声韵字对音,又可与汉语的阴声韵字和入声韵字对音,那么这些汉字的韵母一定是非鼻化的、普通的元音[②]。下面的例子来自苏敏整理的《文海》平声第 18 韵和第 19 韵的对音汉字,其中阳声与阴声和入声相混:

平声第 18 韵(含上声第 15 韵):

开口二等——咸摄/山摄/假摄/效摄

监甲匣狭/攀盏产间限八拔/霸琶帕茶叉家加枷假嫁下夏/爪笊炒交孝

合口二等——假摄

苽寡

平声第 19 韵(含上声第 16 韵):

开口三四等[③]——咸摄/山摄/梗摄/假摄

祐闪罨/譠缠然折/者车舍阇

平声第 36 韵(含上声第 33 韵):

开口三四等——咸摄/山摄/梗摄/假摄

---

① "半""盘""判"三字韵图列在合口,我们依惯例取消 u 介音,视为开口。理由同上文明母字"本""门""蒙"。

② 聂鸿音《西夏语音商榷》,《民族语文》1985 年第 3 期。

③ 西北方言的有些三四等韵在汉夏对音和梵汉对音里都没有表现出清楚的界限,读音时常游移于 e 和 i 之间,所以龚煌城主张把三四等字合并起来,认为那时的西夏语和汉语都只有三个"等"。参看 Hwang-cherng Gong, A Hypothesis of Three Grades and Vowel Length Distinction in Tangut, *Journal of Asian and African Studies* 46 - 47, 1994.

检氈蝶/免面年念剪肩铁契/平瓶明顶听定令岭菁经敬轻卿刑/姐野夜

参照假摄的读音,可以认为咸山摄二等的韵母是 a,三四等的韵母是 ie。其中阳声对音字的读音举例如下:

a 韵:攀 pha,盏 tʂa,产 ʂa,监间 ka,限 xa

ie 韵:免 mie,年 nie,剪 tsie,检肩 kie

在丝绸之路沿线的少数民族文献里,咸山摄二三四等字大都是带鼻韵尾的,例如"摩尼文粟特语日曜占卜书"以 *žīm* 译"壬",以 *sīn* 译"辛",回鹘文《大唐三藏法师传》以 *yim* 译"炎",以 *min* 译"绵",以 *qan* 译"简",以 *hin* 译"贤",只是在藏汉对音的《大乘中宗见解》里有"言"*'ge*,"免"*mye*,"天"*'de* 三个对音,显露了山摄鼻韵尾消变的朕兆①。由此看来,12 世纪河西方言咸山摄二三四等鼻韵尾的失落应该是《大乘中宗见解》一派汉语方言的进一步发展。现代晋方言太原话和大同话的三四等也表现为完全相同的形式②,只是二等在后来衍生了一个 i 介音,这个介音引起了前面声母的颚音化和后面元音的高化(ka>tɕiæ),使其发音变得与三四等相同了。

为了解释鼻音韵尾的存留,我们离析了咸山摄的等列。在另一些情况下,我们还不得不离析同一韵中的声类。孙伯君注意到,汉语通摄阳声韵中端组和精组声母字的表现形式与其他声母字不同③,即大部分通摄字已经失落了鼻韵尾,只有端组、精组和影组字仍然保留了鼻化的迹象。这是一个非常值得效法的观察视角。需要补充的只是,保留着鼻韵尾的通摄字似乎只集中在端组的塞音声类,泥母应该不在此列,因为我们看到《番汉合时掌中珠》里有个"**[illegible]**"字,用来对译通摄的"农""笼",也用来对译阴声字"炉""露"和入声字"禄""碌""鹿",阴、阳、入声同用表明"农"字应该没有鼻韵尾。当然,这或许可以用当时西北方言的"泥来混读"加以解释,即西夏人实际上是把"农"读成了 lu④,但我们看到在西夏译的《大悲心陀罗尼》里有"吃浓二合钵委怛"(*jñopavītta*)一句,其中同属通摄的"浓"相当于不带韵尾的 *ño*。另外如孙伯君注意到的,《番汉合时掌中珠》里有"通""桶""统""同""铜""动"六个字都用了"**[illegible]**"作为反切注音,后面一个字从字形到字音都借自汉语的"門"。前面我们已经说过"门"在当时的读音是 məŋ,所以通摄的端透定母字也带真正的鼻韵尾(-uəŋ)

① 罗常培《唐五代西北方音》,第 53 页。

② 本文提及的古今汉语方言形式据高本汉《中国音韵学研究》(赵元任、罗常培、李方桂译本,商务印书馆,1940 年)卷末的"方言字汇"。

③ 孙伯君《12 世纪河西方音的通摄阳声韵》,《中国语文》2012 年第 2 期。

④ 聂鸿音《汉语西北方言泥来混读的早期资料》,《方言》2011 年第 1 期。

而非鼻化元音。

三

如果把上述几个阳声韵摄与同时代的梵汉译音对比,则可以看到明显的矛盾——《番汉合时掌中珠》里除了脱落鼻韵尾的宕梗二摄和保留-n韵尾的山摄一等字之外,其他韵类的读音大都不与《大悲心总持》和《胜相顶尊总持》反映的情况相符。如孙伯君所指出的,梵汉对音的总体特点是咸深山臻四个韵摄仍然保留有鼻韵尾①。具体看来,这四个韵摄里只有山摄一等的表现形式与《掌中珠》相同,例如:

满:*man*——萨满怛 *samantā*,满嚩啰二合 *mantra*

珊:*san*——珊嚓引啰你引 *sandhāraṇī*

sañ——珊左殢矴 *sañcodite*

干:*kan*——你鞞干达 *nīlakaṇṭha*

咸摄字则不分等列,基本的对音指向都是-m②,这与《掌中珠》有异:

喃:*nāṃ*——萨咄喃引 *sattvanāṃ*

揽:*laṃ*——不啰二合揽末 *pralaṃbha*

三:*sam*——三末永 *sambhave*

蟾:*śaṃ*——蟾渴 *śaṃkha*

剡:*yam*——吃哩二合嚓剡 *hṛdayam*

纤:*siṃ*——纤诃 *siṃha*

西夏人对梵文-*m*还有一种特殊的处理方式,这种方式不见前人使用,需要专门解释一下:

端合口:*tvāṃ*——厮麻二合啰端合口 *smaratvāṃ*

嚓合口:*dam*——嗢嚓合口 *idam*

啰合口:*raṃ*——末唧啰合口 *vajraṃ*

对音字后面附注的“合口”显然在提示音节的尾音是-m,这就是说,译者口中的汉语里没有 *tvāṃ*、*dam*、*raṃ*(lam)这样的音节。事实上前两例不难理解——第一个是因为汉语的咸摄没有合口字,所以借用了山摄合口字“端”(tuan);第二个是因为汉语的定母已经清化为 th-,所以借用了当时读作 da 的“嚓”。只有最后一个 *raṃ* 让人困惑,我们想不通译者为什

---

① 孙伯君《西夏新译佛经陀罗尼的对音研究》,第107—108页。

② 这一类中有个例外——咸摄三等字“阎”在“委呤二合阎矴”(*vīryante*)里的对音是 *yan*,其中的韵尾-*n* 不合规律。这一例外也许是随后的辅音 *t* 造成的,即这个 *t* 在实际阅读时把它前面的-*m* 同化成了发音部位一致的-n。

么不选用“囕”字，这个字在《密咒圆因往生集》的“净法界咒”里正用来对译梵文 *raṃ*[①]。

山摄二三等字和臻摄字的对音表现为带韵尾-*n*/-*ñ* 的音节，没有例外：

饯：*can*——啊喻重伸饯𠯈 *abhiṣiñcantu*

𨀁：*van*——末遏𨀁 *bhagavan*

衍：*yan*——萨麻引说引萨衍𠯈 *samāśvāsayantu*

伸：*ṣiñ*——啊喻重伸饯𠯈 *abhiṣiñcantu*

江通曾三摄的对音例极少，一时很难决定是否带有鼻韵尾。例如有个极罕见的“𡅏”字，估计是给“䳟”加上口字旁临时造出的，“䳟”字《集韵》平声江韵莫江切，则“𡅏”也属江韵应该没有问题。这个仅见的江韵字用来对译梵文 *māṃ*，按照通常的认识，梵文的 *ṃ*（*anusvara*）应视为元音的鼻化符号，这似乎暗示“𡅏”有鼻韵尾，然而我们却不能解释那个口字旁的功用。按照西夏佛经翻译的传统，给译音汉字加上口字旁的目的是改变声母的读音，例如“捺”读 na 而“𡁠”读 da，而这里我们不能判断“𡅏”的口字旁是不是用来提示鼻化元音的。通摄仅有的两个对音例似乎引导人们做出鼻化元音的选择。如上所述，“浓”的对音是 *ño*，显示至少有一部分通摄字没有鼻韵尾，据此似可解释同韵的“嚨”，这个字用来对译梵文 *bhrūṃ*（没嚨二合），里面的口字旁应该是用来提示鼻化元音的。

《番汉合时掌中珠》证明曾摄有鼻韵尾，但是开口一等的“能”字很可能是例外。这个字的西夏对音与“那”同用，在佛经咒语里，加上口字旁造出的“𫬷”和不加口字旁的“能”总是用来对译梵文不带鼻韵尾的音节。例如：

能：*na*——斡吟二合能 *varna*

𫬷：*da*——齐𫬷捺 *chedaṇa*

dha——𫬷𫬷啰引也 *dhadharāya*

很清楚，口字旁在这里的作用是标识声母 n>d 的转换。同样很清楚，“能”的读音是没有鼻韵尾的 na[②]。

宕摄和梗摄与《掌中珠》一样没有鼻韵尾，其间不出现参差情况，所以是最没有疑问的：

哴：*ro*——末唎哴 *vajro*

ru——葛哴祢葛 *karuṇika*

---

① 孙伯君《普宁藏本〈密咒圆因往生集〉的八思巴字注音研究》，《中华文史论丛》2009 年第 3 期。

② 目前的初步感觉是，非但宕梗二摄，其余通江曾三摄的泥母字似乎都脱落了古时的韵尾-ŋ。只不过目前掌握的资料有限，还不足以作出有绝对把握的结论。

商:*śo*——商嗦也 *śodhaya*

śu——委商宁 *viśuddhe*

ṣu——末英商 *bhayeṣu*

桑:*su*——桑噜 *suru*

光:*ku*——光噜 *kuru*

养:*yo*——养宜说啰 *yogeśvara*

yu——揆屹啰二合养 *cakrāyu*

铭:*me*——铭萨嗦引 *mesadā*

mi——哑斡呤二合怛英折引铭 *āvartayiṣyāmi*

喻重:*bhe*——遏哩二合喻重 *garbhe*

bhi——啊喻重伸饯疒六 *abhiṣiñcantu*

矴:*te*——麻矴 *māte*

宁:*de*——宁兮 *dehi*

ddhe——熟宁 *śuddhe*

dya——怛宁达引 *tadyathā*

呤:*re*——末唎呤二合 *vajre*

ri——屹呤二合实捺二合 *kriṣṇa*

形:*he*——形形 *hehe*

hye——嗌形兮 *ehyehi*

嗌:*e*—— 嗌形兮 *ehyehi*

英:*ye*——末英商 *bhayeṣu*

yi——哑斡呤二合怛英折引铭 *āvartayiṣyāmi*

永:*ve*——三末永 *sambhave*

vi——永涅引 *vidyā*

定:*thi*——斯定二合怛 *sthita*

呤:*ri*——不呤二合也 *priya*

嘀:*ji*——啊嘀捺嘐怛引 *ajinajaṭā*

星:*si*——星喍 *siddhā*

sya——逻葛星 *lokasya*

兮:*hi*——宁兮 *dehi*

四

《番汉合时掌中珠》和佛教咒语都比不得真正的语音学著作，其内部出现些龃龉的情况在所难免。例如咒语译音用字经常会出现 *i/e* 和 *o/u* 的混乱，我们不知道这究竟是出自所据梵文底本的歧异还是缘于两种语言音质的不同。不过抛开一些细节不论，两份材料的最大差别在于处理阳声韵尾的方式，这是一望而知的。其集中表现是，《掌中珠》失掉了咸摄和山摄二三四等字的中古鼻韵尾，又把深臻曾三摄的韵尾一律读成了-ŋ，而中古深咸山臻四摄的-m、-n 两个韵尾则在咒语译音里原样保留了。鼻音韵尾成系统的差别引导我们把《掌中珠》和佛教咒语视为 12 世纪河西方言的两个不同层次。根据此前的研究，西夏译的汉文非佛教典籍[①]，乃至佛教著作里除咒语以外的部分，其译音规则都与《掌中珠》相符，与此相对的是，佛教咒语尽管有些可能成于蒙元时代，但一律使用了西夏中期开创的梵汉对音系统[②]，二者之间的界限非常清楚。

两个层次的读音各有特定的使用场合。《番汉合时掌中珠》是一部汉语–西夏语音义对译的民间启蒙教材，编者骨勒茂才是个党项乡塾先生，他在书的序言里说：

> 不学番言，则岂和番人之众？不会汉语，则岂入汉人之数？[③]

这部教材显然是针对西夏的普通民众编写的，其语音基础自然是西夏地区最通行的汉语口语。现存的西夏文原著和译著的刻本大都出自党项大臣和僧官之手，所有作品的语音系统都相同，使我们认定西夏朝野在日常交往乃至写作时依据的就是以《掌中珠》为代表的这套语音。

僧人平时说话乃至翻译显宗佛经时也用这套音，只是在翻译密宗的咒语时才改用另外一套，那无疑是为了满足密宗对念诵咒语的严格要求。按照盛唐以降的密宗传统，诵咒时必须做到读音的绝对准确，否则就会影响咒语的灵验效应，所以选用译音汉字时必须使之最大限度地接近梵文读音，为此译者总是不惜使用多种附注甚至新造怪字来模拟汉语里没

---

① 这方面的资料可参看龚煌城《类林西夏文译本汉夏对音字研究》（《考古与历史文化（庆祝高去寻先生八十大寿论文集·下）》，1991 年）及彭向前《〈孟子〉西夏译本中的夏汉对音字研究》（杜建录主编《西夏学》第 5 辑，上海古籍出版社，2010 年）。

② 孙伯君《西夏佛经翻译的用字特点与译经时代的判定》，《中华文史论丛》2007 年第 2 期。

③ （比）Luc Kwanten, *The Timely Pearl, A 12th Century Tangut Chinese Glossary*, Bloomington: Indiana University Press, 1982, p. 191.

有的梵文音节。具体到西夏时代,僧人们虽沿用了个别的传统译音字,例如以“唵”译 *oṃ*,但同时也自造了大量怪字[①],证明西夏译经僧审音的细致态度不亚于唐密。大约就是出于这个缘由,西夏僧人从其他地方的“标准语”里成系统地借来了一套能准确表示梵文 *m*、*n* 的字音,专门用于密咒的翻译。这套标准语很可能是长安话,因为那是不空、金刚智以后密咒译音最权威的传统。

我们把《掌中珠》的语音称作“口语音”,把翻译密咒用的语音称作“诵咒音”,分别相当于方言学所谓的“白话音”和“读书音”。可以想定,这种成系统的“文白异读”现象主要存在于密宗教派的僧侣集团,至多扩展到一些痴迷的信徒中间。他们平常使用的是口语音,而诵咒音则是后来通过学习才掌握的。念经时仅在咒语部分使用诵咒音,其余部分的经文仍然使用口语音,而且诵咒音从来不与日常的口语音混合使用,这是党项人的“文白异读”与现代方言不同的地方。下面简单举例说明其间的区别,语音形式据对音构拟:

译音字	音韵地位	诵咒音	口语音
纤	心盐开三	si̯ĕm	sie
剡	以琰开三	jam	jie
蟾	禅盐开三	ʂan	ʂie
籛	精先开四	tsien	tsie
衍	以狝开三	jan	jie
伸	书真开三	ʂiən	ʂəŋ

西夏境内有诸多民族居住,其中人口最多的是党项人和汉人,这有利于他们各自母语的保存,也为他们互相学习语言创造了条件。不过就像当代非汉民族学习汉语那样,除非受过专门的严格训练,党项人说的汉语总会受到其母语发音特点的制约而产生变异,所以学术界所谓的“12 世纪西北方音”很难说是唐宋西北方言的直接后代,而是在党项音系格局下产生了变异的“党项式汉语”[②]。党项语就像现代的彝语支大多数语言那样,以不带辅音尾的开音节为突出特征,这造成了一系列我们不能确切回答的问题,例如党项式汉语里无论是口语音还是诵咒音都没有入声韵尾,这一现象究竟是西北方言历史演化的结果,还是缘于党项人根本就不会读出塞音尾来从而把它省掉了?后者就像现在的彝人和纳西人不会读塞音尾和鼻音尾那样——他们把所有带辅音尾的音节都改造成了开音节。如果结合

① 这证明西夏人翻译咒语不是像宋代中原经师那样大量沿用前代传统的译音字(所谓“顺古译”),而是自己新建了一套用字系统。当然这个系统没有在后世产生足够的影响。

② 孙伯君《12 世纪河西方音中的党项式汉语成分》,《中国语文》2016 年第 1 期。

地域相接的历史文献，则可以看到汉语塞音尾在 12 世纪前后的回鹘译音中得到了清楚的反映，而在比西夏略晚一点的蒙古译音（如《蒙古秘史》）中却全然消失了。回鹘语和蒙古语本身可以读出塞音尾，所以应该相信蒙古人所说的汉语脱落了塞音尾是历史演化的结果，然而蒙古人所说的汉语似乎属于后来的北方官话区，不好直接用来证明党项式汉语的实情。

不管怎样，根据塞音韵尾的特殊表现，我们可以考虑把党项式汉语从西北方言分立出来，单独构成丝绸之路方言区的一个“方言岛”。这个方言岛虽然由不同民族的语音特点杂糅而成，但是从总体趋势看，除了塞音韵尾的脱落不好解释外，其他声韵类的读法大都可以在前代的敦煌方言和后代的兰银官话乃至晋语部分地区找到相似之处。至于党项式汉语中那套读书音，事实上是从长安方言借来的，其根本目的仅在利用其中的韵尾-m 和-n。当不涉及这两个韵尾的时候，例如宕摄和梗摄，党项式汉语的读书音和口语音就基本上是统一的，可以正常地纳入西北方言的演化序列。

参考文献：

（瑞典）高本汉　1940　《中国音韵学研究》，赵元任、罗常培、李方桂译本，商务印书馆。

龚煌城　1981　《十二世纪末汉语的西北方音（声母部分）》，《“中央研究院”历史语言研究所集刊》第 52 本第 1 分。

龚煌城　1989　《十二世纪末汉语的西北方音（韵尾问题）》，《“中央研究院”第二届国际汉学会议论文集》［语言与文字组］。

龚煌城　1991　《类林西夏文译本汉夏对音字研究》，收入《考古与历史文化（庆祝高去寻先生八十大寿论文集·下）》。

李范文　1994　《宋代西北方音》，中国社会科学出版社。

罗常培　1933　《唐五代西北方音》，中央研究院历史语言研究所单刊甲种之十二。

聂鸿音　1985　《西夏语音商榷》，《民族语文》第 3 期。

聂鸿音　1998　《回鹘文〈玄奘传〉中的汉字古音》，《民族语文》第 6 期。

聂鸿音　2011　《汉语西北方言泥来混读的早期资料》，《方言》第 1 期。

彭向前　2010　《〈孟子〉西夏译本中的夏汉对音字研究》，《西夏学》第 5 辑。

乔全生　2003　《晋方言鼻音声母的演变》，《山西大学学报》第 4 期。

孙伯君　2007　《西夏译经的梵汉对音与汉语西北方音》，《语言研究》第 1 期。

孙伯君　2009　《普宁藏本〈密咒圆因往生集〉的八思巴字注音研究》，《中华文史论丛》第 3 期。

孙伯君　2010　《西夏新译佛经陀罗尼的对音研究》，中国社会科学出版社。

孙伯君　2012　《12 世纪河西方音的通摄阳声韵》，《中国语文》第 2 期。

孙伯君　2016　《12 世纪河西方音中的党项式汉语成分》，《中国语文》第 1 期。

周祖谟　1966　《问学集》，中华书局。

(比)Luc Kwanten, *The Timely Pearl, A 12th Century Tangut Chinese Glossary*, Bloomington: Indiana University Press, 1982.

(法)H. Maspéro, Le dialecte de Tch'ang-ngan sous les T'ang, *Bulletin de l'Ecole française d'Extrême-Orient* 20.2, 1920.

F. W. K. Müller, Die „persischen" Kalenderausdrücke im chinesischen Tripiṭaka, *Sitzungsberichte der Preussischen Akademie der Wissenschaften, Sitzung der philosophisch-historischen Classe* 16, Mai 1907.

《浅近切音字类》音系与20世纪初的镇海方音*

周赛华

（湖北大学中文系，武汉，430062）

提　要：文章对《浅近切音字类》的音系作了比较详细的介绍，对音系特点作了重点的分析，在此基础上进一步论证了书中音系反映的是当时的镇海方音，并对当时镇海方音与今方音的差异和变化进行了探讨。

关键词：镇海方音；浅近切音字类；音系；20世纪初

《浅近切音字类》又名《秘传记音识字》，是镇海人袁衮（午楠）①所撰，刊于民国四年（1915）。该书包括"弁言""读法""字母全表目"和"正文"几个部分。

"读法"即凡例，其中第一条说："字母四十有五，以正写数目零表于首，音韵处则用英码表明廿三字，俾不识字者只要学会反切，则按数寻字，一寻便得，然后按字求义，便可通晓。"

"字母全表目"分字母45个，即45个韵母，它们是：一公、二过、三交、四赀、五国、六鸠、七葛、八洞、九高、十关、十一涓、十二监、十三皆、十四梗、十五骨、十六孤、十七家、十八甘、十九坚、二十庚、廿一瓜、廿二加、廿三姜、廿四圭、廿五迦、廿六歌、廿七基、廿八乖、廿九昆、三十光、三一京、三二官、三三各、三四吉、三五玦、三六君、三七脚、三八钩、三九金、四十刚、四一举、四二居、四三该、四四匊、四五解。然后每个字母下，分别与二十三个声母相拼，列出相应的代表字，无字处加空圈。这其实就是等韵图。

"正文"就是韵书，根据前面的韵图列字，阴阳声韵下三声混列，韵字下有简单的释义。

---

* 本文为国家社科基金项目"清代民国珍稀吴语韵书韵图等文献的音韵研究"（20BYY126）、"近代等韵研究缀补"（15BYY103）和国家社科基金重大项目"汉语等韵学著作集成、数据库建设及系列专题研究"（17ZDA302）阶段性成果之一。

① 作者生平事迹不详。

一、声母及其特点

从书中论述可知,书中有二十三个声母,但书中没有明确列出。可以根据书中各字母与二十三个声母相拼的列字归纳出来,下面把“圭”韵 、“基”韵 、“光”韵和“该”韵下的二十三个声母配上传统的字母,列举如下:

1	2	3	4	5	6	7	8	9	10	11	12	13	14	15	16	17	18	19	20	21	22	23
见	溪	群	疑	影	晓	匣	端	透	定	泥	来	帮	滂	並	明	非	微	精	清	从	心	邪
圭	魁	葵	巍	威	灰	回	堆	推	颓	○	雷	彼	丕	裴	枚	妃	肥	追	吹	谁	虽	瑞
基	溪	其	疑	依	稀	奚	低	梯	啼	○	梨	卑	披	皮	米	飞	亹	齎	妻	齐	西	○
光	匡	狂	○	汪	况	王	挡	攩	荡	囊	浪	榜	胖	防	网	访	望	掌	唱	撞	爽	上
该	开	○	呆	哀	海	孩	○	台	臺	○	赉	摆	○	败	卖	○	○	斋	且	财	洒	邪

从声母下的归字来看,声母有以下特点:

1. 保留全浊音

上表中的3、7、10、15、21和23位是古全浊音声母字。

2. 知庄章组字与精组字合流

上表中的19至23位是古知庄章母和精母字。其中“追撞”是知组字,“斋洒”是庄组字,“吹谁瑞掌唱上”是章组字,“虽妻齐西且财邪”是精组字。

3. 分尖团音

上表中1、2、3、6和7位是古牙喉音字,19至23位含有古精组字。但在细音前,这两组字是对立的,如“溪≠妻”“其≠齐”“稀≠西”。

4. 非敷合流

上表中17位就是古非敷母字。其中“妃访”是敷母字,“飞”是非母字。

5. 微母大部分字与奉母合流

上表中18位就是古奉微母字。其中“肥”是奉母字,“望”是微母字。在“监”韵18位下有:繁万;在“孤”韵18位下有:符扶芙附父驸妇无舞巫毋诬武侮务雾婺戊。

6. 日禅大部分字合流

上表中列字太少,没有出现日母字。在“交”韵23位下有:韶樵憔兆扰绕;在“光”韵23位下有:尚上状穰攘让瀼。

7. 娘泥母细音字与疑母细音字合流(少数日母字与疑母字合流)

在“交”韵4位下有:尧袅嬲饶鸟;在“涓”韵4位下有:元软源原阮愿;在“坚”韵4位下有:妍年拈粘念严研验。

8. 匣喻母字合流(少数微母字也归入)

上表中7位下就是古匣喻母字,其中“回奚孩”是匣母字,“王”是喻母字。在“坚”韵7位下有:盐颜言阎延筵沿炎雁焰艳弦闲现陷馅炫眩;在“圭”韵7位下有:回彗茴汇渭会惠慧绘为帷围违韦伟苇维尾未味位胃谓卫。

9. 少数轻唇音字仍旧读重唇

在“骨”韵16位下有:末脉默麦陌袜。在“光”韵15位下有:防棒;16位下有:网惘辋。

10. 泥母洪音字与来母字不混

上表中11位是古泥母字,12位是古来母字,泥来母字对立。

二、韵母及其特点

书中有45个韵母,但没有四呼相配。好在“字母全表目”中,指出了某个韵母与某个韵母相通。比如“一公”下曰“通洞”,“八洞”下曰“通公”,前后相互呼应①,这样可以把书中45个韵母归纳如下:

公	过	交	赀	国	鸠	葛	关	涓	皆	梗	孤	甘	瓜	姜	圭	乖	京	吉	玦
洞	歌	高	基	各	钩	脚	监	官	家	庚	举	坚	加	光		该	敬		②
	③			匊		骨			迦	昆	居	④		刚		解	君		
										⑤							⑥		

韵母的特点:

1. 山摄合口二等和山摄合口一等不同韵

书中山摄合口一等字归在“官”韵,如“官”韵有“官宽唤完端团半满钻蒜”等。山摄合口二等字归在“关”韵,如“关”韵下有“关顽湾还”等。

---

① 书中的“通”只是说明各韵的某种联系,有的是四呼相配,有的是与古音来源有关,有的是文白两读,等等。

② “玦”韵下曰“通门”,但书中并没有“门”韵。可能是“吉”字之误。今镇海方音吉、玦韵同韵部,韵基相同。

③ “过”韵下曰“通歌瓜”,“歌”韵下曰“通过”。“瓜”韵下曰“通加”,“加”韵下曰“通瓜”。可见“过”通“瓜”有误。

④ “甘”韵下曰“通监坚”,“坚”韵下曰“通监甘”,但“监”韵下曰“通关”,另“关”下曰“通监”。可见“甘”“坚”通“监”韵有误。

⑤ “昆”韵下曰“通庚”,但“庚”韵下曰“通梗”。今镇海方音庚、昆两韵韵基相同。

⑥ “君”韵下曰“通京”,但“京”韵下并未“通君”。今镇海方音君、京两韵韵基相同。

2. 深臻曾梗摄字合流

在“庚”韵下有“庚硬恩狠痕登腾吞能伦奔门分文憎村蹲生”等。在“京”韵下有“京巾金今荆惊经矜;清青浸亲侵逞骋”等。

3. 臻摄合口一等魂韵的精端组字与曾梗摄开口一等韵字合流,读开口音①

在庚韵下有:登=敦=墩=灯;腾=囤=臀=饨;憎=臻=增=榛=尊=樽=遵=争=筝;生=森=僧=飧。

4. 臻摄开口三等真韵质薛韵、深摄开口三等缉韵、止摄开口三等之脂支韵的知章组字读圆唇元音

在“玦”韵下有:质啜室拙这折浙蜇;出徹澈撤;绝;失设雪刷室戌;实术述入日十拾。

在“君”韵下有:真谆准珍诊镇震赈竣俊振;春蠢;旬申身伸绅询笋;纯辰晨唇淳顺神肾人润仁认刃驯巡。

在“居”韵下有:痴趋鸱蚩笞侈;迟除厨滁池驰;须舒书输需胥;殊如儒徐。

5. 遇摄一等模韵明母字与果摄字合流

在“过”韵下有“慕墓暮磨募幕”。

6. 果摄开合不分

在“过”韵下有“过裹果个多破做坐”,在“歌”韵下有“歌哥锅戈多罗波左”②。

7. 咸摄开口一等覃谈韵(少数山摄开口一等寒韵的牙喉音字)与蟹摄合口一等灰韵的少数帮组字泥母字合流

在“甘”韵下有:甘龛岸安寒贪潭南瘰杯③坯培妹簪参蚕。

三、音系及其性质

作者在“读法”中说:“各省乡音不同,南北读法稍异,兹悉遵字典收入,概取官音,不致互异。”好像书中音系是官话,但从声韵特点来看,吴语特征非常明显,与官话迥异。上述声韵这些特点今镇海方音仍旧存在,因此书中音系应是当时的镇海方音。

---

① 这些字在“昆”韵下有又读。由于书中为了切字,许多地方有人为凑足字音的情况。比如“资”韵,作者注曰:“此韵均属齿音,别无转韵杂扯,勉强著二十三字,实只有末后五音作准,不可不知。”又比如“公”韵和“洞”韵,除了牙喉音外,舌齿音字古声韵地位相同(声调不同)。书中这种情况太多,很难分清是当时确实存在又读,还是人为的增音。

② 书中分“歌”“过”两韵,歌韵多平声字,过韵多仄声字。书中这种情况还有“京”与“敬”、“举”与“居”,可能当时有某种区别,作者在读法中说:“遇有相似之音,既收在前,不再列后。如有平仄可分者,平声在前,仄声在后。”但这两韵在今方音中没有区别,在当时究竟是种什么样的差异无法得知。在《鄞县通志·方言编》中这些韵之间也没有区别。

③ “杯妹瘰”旁注曰“土音”。

但书中音系主要记录的是文读音,这主要是因为今方音中的白读音,在书中音系中没有,比如:

1. 古奉微两母白读为重唇音,两母是有区别的,文读音两母合流为一,书中音系中两母合流。

2. 古止摄合口三等韵的牙喉音字与遇摄字合流,即“支微入鱼”。文读音两者读音不同,书中音系有别。

3. 古山咸两摄开口二等的牙喉音字,白读为洪音,文读音为细音。书中音系归在“坚”韵,读细音。

4. 古日母字,今方音细音白读与泥母细音合流,文读音主要与邪禅母合流。书中音系主要与邪禅母字合流。

5. 古效摄开口二等的牙喉音字,白读为洪音,文读音为细音。书中音系归在“交”韵,读细音。

当然书中音系也收了部分白读音,比如“梗”韵字主要是梗摄开口二等部分字,在其中有些字旁,作者作了注:“坑 土音”,“盛 吴人呼姓”。

当音系的性质确定后,可以根据今方音把书中的声韵构拟如下:

声母:见[k]溪[k‘]群[g]疑娘[ŋ];晓[h]匣喻[ɦ]影[Ø];端[t]透[t‘]定[d]泥[n]来[l];帮[p]滂[p‘]並[b]明[m];非敷[f]奉微[v];照精知[ʦ]穿清彻[ʦ‘]状从澄[ʣ]审心[s]禅邪日[z]①。

韵母:公[oŋ]洞[yoŋ];歌过[au] ;高[ɔ]交[iɔ];赀[ɿ]基[i] ;国[uoʔ]各[oʔ]匊[yoʔ];鸠[iœY]钩[œY];葛[aʔ]脚[iaʔ]骨[uaʔ];关[uɛ̃]监[ɛ̃];官[uØ̃]②涓[yØ̃];皆[a]家[ia]迦[ya]③;梗[ã]庚[əŋ]昆[uəŋ]; 孤[u]举居[y]④;甘[ᴇɪ]坚[iɪ];瓜[uo]加[o];姜[iã]光[uɔ̃]刚[ɔ̃]⑤;圭[uᴇɪ];乖[uᴇ]该[ᴇ]解[iᴇ];京敬[iŋ]君[yŋ];吉[ieʔ]⑥玦[yeʔ]。

---

① 这组字母在今镇海方音中跟圆唇音相拼的读舌叶音,跟开口音相拼的读舌尖前音,刚好互补,从音位的角度来看,归为一类是可以的。

② 官韵中的舌齿唇音字今镇海方音归在开口呼。

③ 家韵和迦韵不知在当时是怎样区别,姑且这么拟音。

④ 今镇海方音与知章组相拼的字读舌尖前元音,与牙喉音字互补,书中归为一个音位。其他圆唇元音也是这种情况,不再说明。

⑤ 江宕摄在《鄞县通志·方言编》中也分为三个韵母,其中今读细音的字归在“韵符ㄤ第三十五摄”,洪音字归在“韵符ㄛ第三十七摄”和“韵符ㄜ 第三十八摄”。

⑥ 如果书中吉韵与玦韵不同韵基的话,应该拟音为[iɪʔ],与今鄞县方言一致。

四、古今的差异和变化

1. 书中古效摄字洪细音同韵部。在《鄞县通志·方言编》中,古效摄字也是洪细音同韵部。洪音归在"韵符幺第十九摄",细音归在"韵符玄第二十摄"。可见当时宁波方言中,古效摄洪细音字韵基是相同的。在今宁波方言中,效摄的细音字主要元音受前高介音的影响而高化,即[iɔ]→[io],细音字与麻韵二等韵字同韵部。

2. 书中国、各、匊三韵主要来自古通江宕摄的入声字。今镇海方音中国、各两韵已经合流,读开口[oʔ],但还残存"屋屋里=家里"一字读合口[uoʔ]。另撮口匊[yoʔ](通摄三等韵入声字和江摄开口二等韵入声字的牙喉音)在今方音中因异化作用,主要元音展唇化变为[e],读为[yeʔ],逐渐与"玦"韵合流。但音变还没有最后完成,今镇海中还有少数仍旧读[yoʔ],如"玉肉褥"字,少数字还有[yoʔ][yeʔ]两读,如"欲欲"字。

3. 书中鸠、钩两韵同韵部,来自古流摄字。在《鄞县通志·方言编》中,古流摄字也是洪细音字同韵部。洪音字归在"韵符ħ第二十一摄",细音字归在"韵符ħ̄第二十二摄"。今镇海方音这两韵已经不同韵部。洪音字由于异化作用展唇化,即钩[œY]→[Eɪ],细音字主要元音受高介音和高韵尾的影响而高化,即鸠[iœY]→[iY]①,后来开口度增大舌位后移,[iY]读为[iu]。

4. 脚[iaʔ]韵主要来自古宕摄开口三等韵入声字、咸摄开口二等韵入声字牙喉音字、梗摄开口三等韵入声字、咸摄开口三四等韵入声字。今镇海方音除了部分咸摄开口二等韵入声字牙喉音字仍旧读[iaʔ]韵外(如:恰甲峡),其他的都受介音的影响主要元音高化,即[iaʔ]→[ieʔ]。

5. 书中关[uɛ̃]监[ɛ̃]韵来自山咸摄一二韵字,没有其他阴声韵字归入,应该还有鼻音色彩。今镇海方音中,这两韵的字有少数蟹摄韵字混入,可见这两韵的字失去了鼻化音色彩,即关[uɛ̃]监[ɛ̃]→关[uɛ]监[ɛ]。

6. 书中君[yŋ]韵来自臻摄合口三等韵的牙喉音字,书中只有一读。今镇海方音增加一个又读音[yoŋ],与书中洞韵字合流。

7. 书中音系分尖团音,精见系细音字都未腭化,与洪音字同母。今镇海方音已尖团音合流。在《鄞县通志·方言编》中,也分尖团音,但见系细音字已经腭化。

《浅近切音字类》尽管反映的语音系统不十分完整(声调没有说明),甚至有人为的添

① 今鄞县方音为[iY]。

增，造成音系的局部混乱，不利于某些声韵的细致分析，但是书中对20世纪初叶镇海方音的声韵还是大致反映了出来，对于我们了解当时镇海方音还是有帮助的，是研究宁波一带方音的重要补充资料。

参考文献：

陈忠敏　1990　《鄞县方言同音字汇》，《方言》第1期。

耿振生　1993　《论近代书面音系研究方法》，《古汉语研究》第4期。

刘斌、陶文燕　2018　《从〈鄞县通志·方言编〉看鄞县方言的特点及演变》，《吴语研究》第9辑。

张传保等　2006　《鄞县通志》，宁波出版社。

张树铮　1995　《寿光方言志》，语文出版社。

镇海县志编纂委员会　1994　《镇海县志》，中国大百科全书出版社。

慧琳《一切经音义》中“吴音”的内涵之辨析

马德强

(扬州大学文学院,扬州,225009)

提　要: 学术界对慧琳《一切经音义》中吴音的内涵有不同认识。文章认真检讨前人的观点,并指出:慧琳《一切经音义》提到的吴音指的应是南朝通语系统,而非当时的江东吴方言;南朝通语说与《切韵》音的说法其实并不矛盾,它们之间具有相通性,因为南朝通语是《切韵》成书的重要依据;唐代吴方言的实际读音是慧琳讨论问题的现实参照,而最终指向的还是南朝通语。

关键词: 慧琳;一切经音义;吴音;南朝通语;切韵

慧琳《一切经音义》(下文简称《慧琳音义》)屡次提到吴音,例如:

卷一“覆载”:上敷务反,见《韵英》,秦音也,诸字书音为敷救反,吴楚之音也。

卷五“呰毁”:上兹此反,吴音子尔反。

卷七“浮囊”:附无反,《玉篇》音扶尤反,陆法言音薄谋反,下二皆吴楚之音也,今并不取。

卷八“檛打”:下德耿反,……陆法言云都挺反,吴音,今不取也。

慧琳提到的吴音具体指什么,学者们的理解很不一致,主要有以下几种意见:

1. 南朝金陵地区的标准音。洪诚(1982/2000:147—148)根据上面所列的“覆(覆载)”“浮(浮囊)”“打(檛打)”三字的慧琳音注材料,指出《切韵》中有吴音。关于吴音的内涵,洪先生(1982/2000:152)解释说:“其中的所谓吴音,正是颜之推所说的金陵士族之音,这种音既不同于初唐晚唐的洛下音,也不同于清浅的吴楚土音,这是经过颜、萧、陆精选的金陵音。”

2. 南朝吴方言。李荣(1985)对洪先生的说法提出异议:“据‘打、浮、覆’三字慧琳音说《切韵》有吴音,证据是不足的。不过从《切三》和《唐韵》看来,《切韵》的确有方言。”从上下文来看,李先生把吴音理解成与当时金陵地区的标准音相对待的汉语吴方言。这种认识其实也是学术界多数学者的看法。

3.《切韵》音。姚永铭(2003:99)认为“慧琳之‘吴音’为陆法言《切韵》音,而并非吴方言实际读音”。储泰松(2005:21)也说“仔细考察慧琳注音,所谓吴音即是指《切韵》音”。

4. 唐代吴方言实际读音。与姚永铭、储泰松的意见相反,张铉(2010)则认为“该书之吴音为唐代吴方言实际读音,而非《切韵》音”。

可以看出,学术界对《慧琳音义》中吴音内涵的理解分歧颇大,而且学者们多是在讨论相关问题时顺便提及,并没有进行详细论证。因此这一问题还有进一步讨论的必要。

我们认为,要弄清楚《慧琳音义》中的吴音到底指什么,不能仅仅拘泥于其中个别音切的分析,得把这个问题放在特定的历史文化背景中去考量,尤其是对中古时期吴音内涵的变化以及《切韵》与吴音的关系要有合理认识。以下谈几点个人看法并略作申说。

一、《慧琳音义》里的吴音指的是南朝金陵地区的标准音亦即南朝通语系统,而非当时的汉语吴方言

首先谈谈中古前期吴音的内涵以及南朝江东地区的语言格局。“吴音、吴语”的说法在六朝时期的文献中就已出现。例如,《世说新语·排调》:“刘真长始见王丞相,时盛暑之月,丞相以腹熨弹棋局,曰:‘何乃渹!’刘既出,人问:‘见王公云何?’刘曰:‘未见他异,唯闻作吴语耳。’”又如,《宋书·顾琛传》:“宋世江东贵达者,会稽孔季恭、季恭子灵符、吴兴丘渊之及琛,吴音不变。”此时的吴音、吴语指的是当时流行于长江下游地区的汉语吴方言,也就是近些年学术界经常提到的江东方言。这支方言形成的具体时间目前尚无明确结论,但可以肯定的是,在郭璞(276—324)时代它就已经具备了自己的鲜明特色。郭璞当年为《尔雅》和《方言》作注,曾经上百次提及江东地区的方言(周振鹤、游汝杰 2007:15)。江东方言在南方自成一系,与当时中原地区的汉语明显有别。马德强(2018)综合前人的研究成果,列举了它的部分特征:鱼虞有别、支脂有别、先仙有别、覃谈有别、麻佳同韵、元魂痕相近、脂之无别、从邪无别、床禅无别等。公元四世纪初永嘉之乱迫使北方世家大族大规模往南迁徙至江东地区,北人南渡后对江东方言和北方汉语之间的显著差异有着切身体会,当时称其为吴音、吴语。这一事实是学者们都认可的。

西晋末年的这次大规模移民导致江东地区的语言格局发生调整:南渡北语成为金陵地区的优势语言,在南朝士族间流通;而江东方言则退居次要地位,主要在庶族阶层使用。陈寅恪(1949)说:“洎乎永嘉乱起,人士南流,则东晋南朝之士族阶级,无分侨旧,悉用北音,……”之所以会出现这种局面,主要是由南迁的世家大族在政治上的优势地位决定的。当然,北语南渡后并非一成不变。它自身在缓慢发展的同时还融入了部分江东方言的特征,到南朝后期已然演变出一个新的通语系统,即南朝通语。这一点近些年也逐渐成为学术界的共识。也就是说,南朝后期金陵地区是双重语言制:上层文人士大夫使用南朝通语,庶民阶层使用江东方言。

《慧琳音义》成书于807年(一说810年),时值中唐。书中屡次提到的“吴音”指什么?可能会有很多人想当然地以为这里面没有什么值得深究的问题,认为它指的依然是南朝江东方言。其实不然,慧琳时期吴音的内涵已经与南朝时期有了明显不同。

公元六世纪末,南北方长期分裂的局面宣告结束。隋唐两个大一统王朝均定都长安。政治和文化之间存在明显的互动关系,政治中心的变迁造成文化中心的转移,长安逐步取代金陵成为全国新的文化中心。与此相适应,汉语标准语的基础方言亦逐渐由南向北发生转移。这一过程完成的时间,“至迟在武周时期或在唐开元年间(七、八世纪之交)”(平田昌司2016:26)。随着这一形势的变化,南朝通语的影响力日益式微,风光不再。由于以金陵为中心的江东地区在历史上一直是吴文化的核心区域,慧琳站在北方人的立场,称呼南方金陵地区的语音为“吴音”。原来金陵地区的语言,不论是士人阶层使用的南朝通语,还是庶民阶层使用的江东方言,从唐代北方人的立场来看,都是“吴音”,即吴地之音。不过,唐代士庶阶层的区分依然很明显,慧琳作注是为读书阶层服务的,他所关注的吴音当然主要是南方的通语系统,而非庶民阶层口中的江东吴方言。慧琳曾多次拿吴音与秦音对举,用意很明显,旨在说明南北方通语的差异。除了本文开头所引卷一“覆载”条,其他的例子如:

卷十七“觜星”:子移反,吴音;醉唯反,秦音也。

卷八十四“枹鼓”:上音附牟反,亦音芳无反,并秦音;吴音伏不反,不音福浮反,在尤韵字中。

关于吴音内涵的这种变化,学术界多不留意。例如,游汝杰(2018:300—313)在其新著《吴语方言学》中设立专门章节介绍吴语在历史上的发展情况,明确指出“吴语的内涵在不同的历史时期有所不同”,但是对于它在唐代的这一变化并未提及。而且游先生在讨论南北朝江东吴语的时候,还引用了《慧琳音义》中吴音与秦音对举的材料,可见他尚未注意到其间的差别。洪诚(1982/2000:152)说:“其中的所谓吴音,正是颜之推所说的金陵士族之音,这种音既不同于初唐晚唐的洛下音,也不同于清浅的吴楚土音,这是经过颜、萧、陆精选的金陵音。”洪先生所谓的“金陵士族之音”“经过颜、萧、陆精选的金陵音”指的其实就是南朝的通语系统。洪先生当年较早地指出了这一点,可谓眼光犀利。

二、南朝通语说与《切韵》音的说法其实并不冲突,二者之间具有相通性,因为南朝通语是《切韵》成书的重要依据

慧琳谈到吴音,往往会提及《切韵》音,如本文开头所引卷七“浮”字条、卷八“打”字条。也有的地方只说是吴音而没有明确提到陆法言音,而这些音实际上跟《切韵》音还是一致的。例如:

卷一“覆”字:诸字书音为敷救反,吴楚之音也。(《王三》敷救反,《广韵》敷救切。)

卷四“浮”字:吴音薄谋反。(《王三》缚谋反,《广韵》缚谋切,与薄谋反同音,都是並母尤韵。)

卷五“呰”字:吴音子尔反。(《王三》兹尔反,《广韵》将此切,与子尔反同音,都是精母纸韵。)

卷十二“阜”字:扶久反,吴楚之音也。(《王三》房久反,《广韵》房久切,与扶久反同音,都是並母有韵。)

卷十七“觜”字:子移反,吴音。(《王三》即移反,《广韵》即移切,与子移反同音,都是精母支韵。)

卷七九“儜”字:搦耕反,吴音。(《王三》女耕反,《广韵》女耕切,与搦耕反同音,都是娘母耕韵。)

卷八四“枹”字:枹字,吴音伏不反,……与浮同韵。(《王三》缚谋反,《广韵》缚谋切,与伏不反同音,都是並母尤韵,与“浮”字同一小韵。)

慧琳说某音是吴音,其实是说《切韵》里的这个音来自南朝通语。由于这个音与唐代北方通行的秦音不合,所以慧琳在注音时用秦音替换它们。《慧琳音义》景审序明确说慧琳注

音以秦音系韵书《韵英》《考声切韵》为依据。唐代所谓的秦音其实就是当时的北方通语(储泰松 2005:23)。

正是注意到慧琳所说的吴音与《切韵》音的一致性,姚永铭(2003:99)、储泰松(2005:21)等学者才认为《慧琳音义》里的吴音指的就是《切韵》音。这种意见实际上与前面所说的吴音指南朝通语的看法并不矛盾,二者之间具有相通性。这涉及对《切韵》与南朝通语关系的认识。

《切韵》是隋代初年国家重新走向统一的新形势下由颜之推等人集体讨论编纂而成的,目的是给广大读书人提供审音辨韵的标准。《音辞篇》明确说:"共以帝王都邑,参校方俗,考核古今,为之折衷,榷而量之,独金陵与洛下耳。"颜之推等人面对各地的方言差异,选择以金陵和洛阳为中心的南北两大通语音系作为审音的依据。南朝通语主要是在南渡北语的基础上发展而来的,它和北朝通语本来同出一源,加之分化时间并不久远,应当认为二者的相同点是主要的。它们大类相去不远,但内部的细微分类存在一些差异。相对而言,南朝通语的音类区分比北方更为精细(周祖谟 1966a)。颜之推等人当年为了制定一个具有广泛适用性的语音标准,折衷南北、比合异同,分韵十分精密。既然如此,《切韵》采用南朝通语的成分多些实属理所当然。颜之推作为士族阶层的代表,他本人其实更倾向于南方语音。《音辞篇》明确说:"冠冕君子,南方为优;闾里小人,北方为愈。"虽然当时的形势是"南染吴越,北杂夷虏",可南方侨吴之间毕竟是汉语内部不同方言的接触,而北方则是胡汉杂处,汉语受北方阿尔泰语言的影响变得驳杂不纯,在当时广大文人的心目中南朝通语更能代表汉语的正统。周祖谟(1966a)曾多次强调《切韵》的南方音来源:"这种事实更清楚地表明了《切韵》在韵的方面所采取的分类大都本之于南方的韵书(夏侯该《韵略》)与字书(顾野王《玉篇》)。""但就现在的材料从总的方面来看,《切韵》分韵还是从南者多。""但是我们要说《切韵》音系的基础是洛阳音,那只能是就分韵的大类来说,《切韵》韵类的细微区别实际上是依据南方士大夫承用的读书音而定的。"其他学者,例如罗杰瑞(1995:24)、张渭毅(2003)、麦耘(2009:207)等也都指出《切韵》音系应是以南方金陵音为主体的。何大安(1993)说北方士庶层(即南渡北语)和江东文读层的交融,"产生了后来大部分为《切韵》所本而为唐人批评的'吴音'"。何先生说的北方士庶层和江东文读层的交融即本文所说的南朝通语,它是《切韵》成书的主要依据。由此看来,说《慧琳音义》里的吴音指的是《切韵》音,其实也就是指南朝金陵士大夫使用的通语音系。

其实,中晚唐时期把《切韵》和吴音相联系的并非慧琳一家。比如晚唐的李涪在《刊误》中公开指责《切韵》:"吴音乖舛,不亦甚乎?"又如孙光宪在《北梦琐言》中也说:"广明以前,

《切韵》多用吴音，而清、青之字不必分用。”同慧琳一样，李涪、孙光宪所谓的“吴音”指的实际上也是金陵地区的通语系统，而不是江东方言。按照常理，颜之推等人编制《切韵》旨在正音，没有理由要把当时金陵士大夫使用的通语系统放在一边，转而依据当时并不占优势的江东吴方言。正如当时的苏鹗在《苏氏演义・卷上》中所说：“研究正声……岂独取方言乡音而已哉？”关于《切韵》音系吴音说，由于学术界对吴音的认识不清晰，以致长期以来未能真正把握其学术内涵（马德强 2018）。

唐代的人之所以用“吴音”称呼《切韵》音，王国维（1959）当年曾有过说解：“陆韵者，六朝之音也。《韵英》与《考声切韵》者，唐音也。六朝旧音多存于江左，故唐人谓之吴音，而以关中之音为秦音。故由唐人言之，则陆韵者，吴音也；《韵英》一派，秦音也。”简单地说，《切韵》反映的是江左六朝之音，而江左一带属吴地，所以唐人称《切韵》为吴音，即吴地之音。后来周祖谟（1966b）也作过解释：“《切韵》在审辨声韵方面受颜之推等人的影响承袭南方读书音的地方比较多，到了唐代，北方语音又有了新的发展（如上声全浊声母字变去声），所以有很多人把陆韵的音称为吴音。”周先生说得过于简略，可以稍作补充。中晚唐时期，关中地区的语音和《切韵》相比已有相当差距。慧琳的语音通常被认为是关中语音的代表。据黄淬伯（2010：126—136）研究，《切韵》音系里的许多音类在《慧琳音义》里开始大量合流，比如一、二、三等重韵合流，三四等韵合流，全浊上声开始变去声等。而南方金陵地区的语音到了晚唐五代时期还依然较多保留着《切韵》的分类特征，即便像李涪、孙光宪提到的东冬钟分韵、清青分韵，金陵地区都还能够区别（张渭毅 2003）。慧琳、李涪等人站在唐代北方音的立场上，注意到《切韵》与南方地区的语音接近，所以称之为吴音。李荣（1985）把吴音理解成江东吴方言，不过在行文中他又提到吴音有可能“甚至是通语的意思”，真相已经呼之欲出。

三、唐代吴方言的实际读音是慧琳讨论相关问题的现实依据，而最终指向的还是南朝通语

张铉（2010）认为《慧琳音义》里的吴音指的不是《切韵》音，而是唐代吴方言的实际读音。这显然是一种误解。慧琳拿秦音改订陆法言《切韵》音，他说某个音是吴音，意在指明《切韵》相关音读的来源，以作为自己取舍的参考，并不是针对慧琳时期的汉语吴方言来说的。当然，慧琳判断《切韵》的某个音切是否来自南方通语，应该会以南方吴地的现实语音作依据。他的音注中屡次出现“江南行此音”“今江南呼某为某”“今江外吴音”“今江外吴

地现音”之类的说法,应是对南方现实语音的描述。他以当时南方吴地的现实语音为参照判断《切韵》的相关音切是否来自南方,但是不能据此误以为慧琳音注里的吴音指的就是唐代吴方言的实际读音,二者不是一回事。

参考文献:

陈寅恪　1949　《从史实论〈切韵〉》,《岭南学报》第 2 期。
储泰松　2005　《唐五代关中方音研究》,安徽大学出版社。
何大安　1993　《六朝吴语的层次》,《历史语言研究所集刊》第 64 本第 4 分。
洪　诚　2000　《中国历代语言文字学文选》,载《洪诚文集》,江苏古籍出版社。
黄淬伯　2010　《唐代关中方言音系》,中华书局。
李　荣　1985　《论李涪对〈切韵〉的批评及其相关问题》,《中国语文》第 1 期。
鲁国尧　2003　《“颜之推谜题”及其半解》,载《鲁国尧语言学论文集》,江苏教育出版社。
(美)罗杰瑞　1995　《汉语概说》,语文出版社。
马德强　2018　《〈切韵〉音系“吴音说”再认识》,《语言科学》第 2 期。
麦　耘　2009　《音韵学概论》,江苏教育出版社。
(日)平田昌司　2016　《文化制度和汉语史》,北京大学出版社。
王国维　1959　《天宝〈韵英〉、陈廷坚〈韵英〉、张戬〈考声切韵〉、武玄之〈韵诠〉分部考》,载《观堂集林》,中华书局。
姚永铭　2003　《慧琳〈一切经音义〉研究》,江苏古籍出版社。
游汝杰　2018　《吴语方言学》,上海教育出版社。
张渭毅　2003　《魏晋至元代重纽的南北区别和标准音的转变》,《语言学论丛》第 27 辑。
张　铉　2010　《再论〈慧琳音义〉中的“吴音”》,《语文学刊》第 4 期。
周振鹤、游汝杰　2007　《方言与中国文化》,上海人民出版社。
周祖谟　1966a　《〈切韵〉的性质和它的音系基础》,载《问学集》,中华书局。
周祖谟　1966b　《〈切韵〉与吴音》,载《问学集》,中华书局。

《切韵》音系和汉语历史音韵学现状*

(美)柯蔚南 撰　余柯君 译

(爱荷华大学,美国爱荷华;复旦大学历史学系,上海,200433)

提　要: 19世纪以来,汉语音韵学的研究领域存在着两个不同的研究方向。其一是文献材料的音韵考据,其二则是音系构拟。至20世纪的最后几年,学者们的研究兴趣逐渐从第一个方向转向到了第二个方向上。在新世纪里,如何将音韵学研究中的文献考据和音系构拟两大研究方向,协调、整合为一个统一的学科?传统的音韵学材料在汉语历史音韵学领域究竟可以起到怎样的作用?本文是对这些疑问的回应。

关键词: 比较构拟;内部构拟;《切韵》音系;音韵学

一、引　　言

19世纪以来,汉语音韵学的研究领域存在着两个不同的研究方向。其一是传统的研究方向,即文献材料的音韵考据。其二则是音系构拟,这又可细分为外部比较构拟(*comparative reconstruction*)和内部构拟(*internal reconstruction*)。纵观20世纪的汉语历史音韵学研究,第一个研究方向,即文献考据,它在多数时间里仍是研究的主流。直到20世纪的最后几年,学者们,特别是年青一代的学者们,才将其兴趣点转向到以历史比较法为基础的音系构拟研究上来。新世纪已经开始,我们面临着一个新问题,那就是:如何将文献阐释和音系构拟这两大音韵学的研究方向,协调、整合为一个统一的学科。换句话说,我们必须得提出这样一个疑问:传统的音韵学材料在汉语历史音韵学领域究竟可以起到怎样的作用?本文正是对这一疑问的回应。

---

* 本文原载 Journal of the American Oriental Society, Vol. 123, No. 2(Apr. - Jun., 2003)pp. 377 - 383.

二、《切韵》音系的音韵考据

(*Phonetic Interpretation of Chiehyunn System*)

传统的汉语音韵学的研究领域主要着眼于《切韵》音系(以下或简称为 *ChYS*),并且将音韵考据视为音韵学研究的主要目的。但这里有个大前提,那就是《切韵》音系的基础是某种实际存在过的汉语口语音系,基于这个前提,通过对《切韵》音系中每个音值的考定,这种汉语口语的音系是可以恢复出来的。这项工作通常称之为"音系构拟"(*phonological reconstruction*)。事实上,它最近似,但也并不完全近似于对文献材料的语音阐释,就像学者们在拉丁语、希腊语及其他古典语言方面做的努力一样。比较构拟和内部构拟,是历史语言学领域中被广泛理解和应用的研究方法,但传统的汉语音韵学研究却往往与之无涉。

出于对传统音韵学研究的不满,关于《切韵》音系的这个大前提是否还成立的问题,近年来被讨论得日益激烈。坚持传统研究方法的学者们曾对此作出过回应。他们认为许多语言事实和《切韵》音系是相符的,从时代上和语言学角度上看,这些材料真实地反映了当时的语音情况,都是可信的。我们如今应该对学者们的这些观点做个回顾,并逐一进行评说。

1. 有的学者认为,《切韵》音系是与六朝晚期诗歌押韵相契合的。《切韵》音系和当时的诗歌押韵有着千丝万缕的联系,这正说明了《切韵》音系记录的是某种活生生的口语。(周祖谟 1966:459—469)

韵文是一项传统的艺术形式。当时诗歌用韵的惯例和《切韵》描写、编纂的内容,当属于同一语音系统,并且前者是后者的一小部分。有人也许会推测,当时诗人判断押韵与否或许全凭耳听,但这终究只是一种假说罢了。更为合理的假说是,在当时可能存在一些程式化的押韵惯例。但如果认为陆法言(fl. 601)所记载的反切注音就是反映实际语音的话,那恐怕是站不住脚的。回顾《切韵序》,可看到《切韵》的主体部分是陆法言本人在屏居山野时期独立完成的,彼时陆氏交友阻绝,而某些汉字的特殊读音,更是质问无从。陆氏最终成书的《切韵》五卷,只可视作六朝晚期诸家音韵、古今字书的大汇编。这不足以证明,甚至没有太强的迹象表明,《切韵》音系所反映的是一时的口语。

2. 有的学者认为,《切韵》音系和成书于六朝时期的字书《玉篇》及七世纪早期的作品《经典释文》的音系是相合的(周祖谟 1966:469—471)。因此,这三种作品必然是以当时的某种同一语音系统为基础而写成的。

这一观点跟诗歌押韵材料很相似。六朝以来出现了大量的辞书,它们或存或佚,但都早已在学校中所教授的讽诵文本中扎根了①。陆法言像是对这些辞书做了一个规范化的工作。陆法言试着将他所处时代的文本阅读传统做一些调和,假如《切韵》跟那个时代的其他辞书之间毫无系统的、直接的联系的话,那么这样的一部作品就显得太奇怪了。但这也不能证明这些作品是基于同一口语基础或语音系统完成的。

3. 有的学者将注意放在了将《切韵》音系和现代语言的标准音系统做平行对比上,例如,将它跟现代英语标准音(以下或简称为 MSE,即 Modern Standard English 的缩写)做对比。还有学者断言,从音位学上看,《切韵》音系跟 MSE 音系是非常相似的,即它们的基础是一个单一的、可识别的语言框架,但允许内部的不同的说话人所说的话存在少量的差异。例如:*marry*、*merry*、*mary* 可共存,*witch* 和 *which* 可共存一样。(蒲立本 *Pulleyblank* 1984:134;白一平 Baxter 1992:37)

这种情况在理论上是可行的,但它也终究只是一个假说而非事实。《切韵》音系所包含的语言类型的差异性或许比 MSE 的更大。我们可以做这样一个设想,譬如:在英语中,有个单词 *night*(通常情况下,它读作[nait],苏格兰口音读[nɪχt]),但英语又从古代留下一个"反切"形式 *knight*,它跟 *night* 在开头拼法上不同,且这个形式也不出现在任何一种现代英语中。这种对 *night* 一词的"反切"(knight),尽管英格兰和苏格兰人能明白这两个词(knight、night)是不同的,但这个词(knight)两地人还照样用。同样地,knight 这种"反切"形式,它跟 night 在字形上是有所不同,尽管苏格兰、英格兰人也都不会把这个"k"读出来,以显示在口语中 night 和 knight 在读音上的区别;但在书面语上,他们又把"k"写出来,以显示在书面语中的不同。反切,就像是字母表的拼写一样,可以完美无误地代代相传。早期读音的差别可以通过书面语的形式保留下来,并且这并不会使后来只记忆拼写不记忆读音的人感到困惑。这种"英语反切"很有可能就是从早期的字典里照抄来的,它在拼法上保留了开头的"*kn*"。有学者断言:陆法言不会记录一个他实际上读不出来的反切(蒲立本 1999:111)。这句"至理名言"已被证伪了,其证据就是《切韵》音系存在着一些例外反切,这些反切跟《切韵》音系的总体拼合规则是相违背的。然而,我们必须承认,陆法言不可能记录并留给后人一个没有意义的,或者他根本拼不出音的反切。但是,只要某些字的读音跟陆法言自己的语音系统相乖互或违背,并且出现了从他的音系中看来非常异样的读音,他完全

① 众多的辞书中所收的不同的异读,它们的来源是不尽相同的,但从总体上看,哪些读音更可取,辞书的编者还是清楚的。当然确实还有一些异读,其作者要么没有决定,要么没法决定到底哪个是更好的读音。

有可能从前人那里继承一些他自己无法自创的反切。从这个角度上看,这无异于今天的英格兰人可以从书面语上区别 *knight* 和 *night*,或 *knave* 和 *nave*,但在口语上却又说不清两者的区别。

我们有必要指出一点,当我们把传统的研究领域当作一个整体进行研究的时候,即使呈现在我们面前的只是《切韵》音系在共时层面上的变体,但它们实际所反映出的语音地位却是极大不同的。例如,我们可以站在一个极端的立场上——如我们刚才提到过的"现代标准英语词典"的学院派的立场上,也可以站在另一个立场上,那就是有大量的、不同的语言类型被纳入到了这一系统之下(陈以信)。重要的是,我们要注意,所有这一切都不是事实陈述,只是假设罢了。各种观点可以放在一起相互争鸣,但没有一种是盖棺论定的,这个问题仍疑云重重、尚无定论。但我们可以肯定的是,到目前为止,我们对《切韵》音系反切的非共时层面研究的尝试是很不够的,是浮光掠影的。我们认为还存在这样一种可能性,那就是陆法言之所以将自己的口语中不说的语音也囊括在《切韵》中,这仅仅是因为它们都源于陆氏当年在烛下为长安论韵所略记的那份纲纪之中。

我们还要注意到另一种有关"《切韵》音系是真实音系"的观点。持这一观点的学者断言,没有哪种语言可以像《切韵》音系这样,可将如此多的不同点统摄在一个音系中(张琨 1979:243)。这种意见是很危险的,只要语言学家们找出例外来,这一观点就会被推翻。事实上,我们不知道人类是否可以,或曾几何时有过像《切韵》这样的音系。早期学者们在构拟《切韵》音系的音值上花费了很多精力,但因为音系性质仍是不确定的,这使得人们对前贤们的结论产生了怀疑。最后,从长远上看,无论书架上先贤们的研究成果的结论跟语言事实关系究竟如何,我们都要对它们重新审视,择善而从。但就眼前而言,我们还是不要在这个问题上做太多纠结了,我们应该把注意力放到其他地方。

三、《切韵》音系在汉语历史音韵学中的地位
(*The Position of the Chiehyunn System in Chinese Phonological History*)

《切韵》音系的历史方音来源和《切韵》音系的性质密切相关。如果,它真的代表了洛阳方言的音系(如同众多学者们所认为的),那么这就意味着某一结论。可另一方面,如果它所代表的是通语音系,从语言和方音史的立场上看,其结论可能就会完全不同。又如果它是一种综合音系,并不代表任何一种汉语口语音系,那么结论又会有所不同。高本汉(*Karlgren*)认为《切韵》音系的基础方音是长安音,并且他进而认为它是上古周朝时河南南部语

音的直系后裔(高本汉 1954)。高氏的这两个观点,今天看来是几乎没有人赞同的,但高氏在 20 世纪 20 年代提出的,将《切韵》音系直接追溯到周代语料的研究方法,直到 20 世纪晚期仍有不少学者还在照搬套用。可不管怎么说,从历史方言的角度上看,《切韵》音系的早期起源是不确定的,是有争议的。

随着研究的深入,我们现在更加关心的问题是《切韵》音系在中古之后的发展。方言学家们早就知道现代汉语方言跟《切韵》音系有着千丝万缕的联系。除了现代闽方言和《切韵》音系很难完全对应外,在其他类型的方言中,汉字读音的对应方面上堪称完美,只是在白读层上,对应得没那么好。但不管怎么说,在高本汉的时代,人们基于对现有方言的观察,坚定地认为除了闽方言以外,所有的方言都是《切韵》音系的后裔,或更确切地说是"《切韵》语言"的直系后裔。在将来的研究中,这一观点还可以从以下两个方面进一步地加以考虑。

其一,对应性和继承性的关系。我们从现存的文本中看到,现代罗曼语音系和经典拉丁语拼写系统也对应得很好。但从本质上看,这些语言都不是拉丁语的后裔,北印度诸语言与经典梵语的关系亦复如是。更直接地说,现代汉语音系和 18 世纪的汉语官话音系的对应关系最为直接,但我们知道这两种音系并没有直接的继承和被继承的关系(柯蔚南 2000)。这种对应关系的存在是很有意思的,对我们研究存疑的语言学问题也是很有帮助的,但这种对应关系本身并不能帮助我们解决语言的历史问题。找出这种对应关系存在的意义有赖于更深入的研究,对应性并非是继承关系之"先验"。

其二,方言发展和移民史。我们先看看目前有关《切韵》音系性质的几种假说。第一,综合音系说,即没有人会按照《切韵》音系来发音。第二,读书音说,即《切韵》音系是一套统一的读书音系统,其内部容许少量的变体。第三,通语音系说,即《切韵》音系是当时的通语,其内部容许少量的变体。第四,洛阳方音说。第五,长安方音说。现在,鉴于对汉语发展史以及中国移民史的了解①,请问,除现代闽方言外,诸多的现代汉语方言的祖先是什么,以上哪种假说是正确的呢? 我们一个一个来看。

首先,第一种假说是不可能的。一个根本没有人讲的综合音系,怎么可能是众多现代汉语方言的祖先呢? 第二个假说也比第一个好不到哪里去。难道我们真的应该认为,一个为千千万万目不识丁的劳苦大众所使用的,除闽语区外,遍及中国各地方言音系,是从学究们诵读课本的音系演变而来的吗?

---

① 关于移民史的最全面、最新的研究来自葛剑雄等人,1993 年和 1997 年。

那么第三种假设,通语音系说怎样呢? 我们在这里得参考历史学和人口学的资料了。有什么样的证据才能证明这些方言是从一种通用语演变而来的呢? 文官阶层在全国范围内推行政府工作时说的是传统的通语。而在古代,普罗大众对共同语的掌握程度如何,此诚不可知①。近年来的传统汉语通语史研究中出现了一个新的观念,它暂时叫作“通语音系的非线性”。也就是说,历朝历代的通语在很多方面甚至并不是相互之间发展而来的②。它们可能是从某种方言音系发展而来的,因此“通语音系说”可能是个牵强的观点。

第四种假设,《切韵》音系反映了洛阳方音。如果要让我们接受这一观点,那么我们必须要在当前的背景下考虑它的历史涵义。在方言学、人口统计学、移民史上有没有支持除闽方言外的现代汉语方言是早期洛阳方言的直系后代的证据呢? 如果有,我们就举证。同样的反对意见,也适用于第五种假设。但那个假设如今已行将就木,但它曾经也颇有影响,只因高本汉信奉它。

总而言之,如今历史人口统计学的新材料正迅速积累,并已付梓出版(例如:葛剑雄等人 1993, 1997),这表明,不论各路学者眼中的《切韵》音系到底是什么,汉语方言史一定比任何认为汉语方言仅源于《切韵》音系的假说要复杂得多得多。

四、《切韵》音系在语音演变中的作用
(*The Role of the Chiehyunn System in the Evolving Field*)

过去的五到十年时间里,汉语历史音韵学研究的重点已逐渐从《切韵》音系的音韵考据转移到了音系构拟上来了。这要求我们有必要非常熟悉汉语历史方言学和比较方言学。随之而来的是近年来在这一领域涌现出了一批年轻的学者。因此,我们不禁要问,《切韵》音系在这样的浪潮中该起到一个什么样的作用呢? 在早期的汉语方言学研究中,某一方言音系只跟《切韵》音系做比较,从而得出诸多的方言音系皆是《切韵》音系后裔的结论。因而某种方言的“历史”,就只能视作是《切韵》音系中诸多复杂语音现象的融合与消解的过程,这导致了我们得到的往往是一些经过了不必要的简化的现代汉语方言音系。方言区中的各种方言是怎样融合和发展的? 它们之间会出现什么形式的融合? 凡此种种问题,在过去都很少有人认真地思考过。我们可以利用《切韵》音系来鉴定某一方言音系,或者利用它来

---

① 例如,据 17 世纪西班牙传教士万济国(*Francisco Varo* 1627—1687)记载,在他的时代,如果一个传教士不懂得当地的方言,那么他既无法向当地的妇女们和农夫们传教,也听不懂他们的忏悔。你别指望他们跟你说官话,也不要指望他们听得懂。(柯蔚南、烈维 *Levi* 2000:31)

② 前述三百年前的汉语官话和现代汉语的关系,可作为我们观点的注脚。

筛选出方言语音的小细节，反过来，这些小的细节又能用来对《切韵》音系这个或那个特征做语音上的解释。

蓬勃发展的汉语历史音韵学领域的重点也已经转向到了方言之间的相互比较上了。在这一努力中，分类学（*taxonomy*）和分类法（*classification*）扮演了重要的作用，因为人们试图确定什么跟什么可以进行比较，以及它们之间存在什么程度的隶属关系。然后对相关方言进行比较，得出共同系统。而这些系统似乎是语音直接进化的结果，从传统的观点上看，它们可以视作是“原始音系”。然而，在方言接触和融合都很频繁的情况下，这种共同系统必须要加以评估，以此弄清楚语音竞争的过程。由于汉语方言史上，有诸多的汉语方言大面积地接触与融合，这导致了汉语方言规则变化多而例外比较少。这样的结果是，我们可以有效地将各个方言音系中相同的部分先剔除出去，我们暂时把这个过程叫作“趋同性测试”（*convergence tests*），然后，我们要重点突出那些可能是在语言接触过程中产生的语音要素，并搞清它们的来源和性质。作为这一测试的一部分，我们必须要保证，进行比较的方言语音系统曾经在地理上是相连的，并且还必须要仔细考虑历史因素，特别是人口和移民史问题。

而除了常见的方言音系以外，《切韵》音系也可以，且应该加入到这个测试中来，来看看《切韵》音系的某些条目能否解释方言研究中的存疑之处。这可能是《切韵》音系在这个蓬勃发展的领域中可以起到的一个基础作用。其次，它提供了一套传统的语音分类方案，也提供了适用于各方言和方言区语音分析讨论相关的术语。这些工作都可以在不依赖特定的历史假设或模型的情况下完成。我们可以说出方言音系在哪些地方跟《切韵》音系是相同的，或者哪些地方是不同的，而不用假设这两个系统之间是否存在历史继承关系。

五、宋代韵图中的特例

(*The Special Case of the Song Rime Tables*)

宋代的韵图，为学习汉语历史音韵学的莘莘学子提供了观察《切韵》及《切韵》音系的结构和术语上的框架。在这些学子们看来，韵图是《切韵》音系复合体的一部分，不需要在韵图和韵书之外再做特殊的处理了。然而，在另一些学者眼中，韵图则是独立于《切韵》和《切韵》音系的，他们将韵图视作对某种晚期汉语音系的分析。例如，高本汉认为《切韵指掌图》应是对司马光（1019—1086）时代汉语语音的分析，而蒲立本看到了 12 世纪晚期的韵图——《韵镜》之后认为，《韵镜》代表了初唐时期的汉语通语音系（高本汉 1954，蒲立本 1984）。

确切地说,这些韵图产生于何时,最初是由谁所写的,这些问题至今仍是存疑的。关于这些问题,有很多的猜测,但这些推测都很难得到事实证据的支持。最后,这些问题并不会影响我们的讨论,我们仍不能断言《韵镜》就一定代表了如广大学者所认为的,是除了闽方言外所有汉语方言的源头的唐代通语音系。高本汉认为,唐代通语音系是现代方言音系的源头,他认为唐代通语音系和《切韵》音系是一回事,它们在本质上是相同的。蒲立本对高本汉的说法做了一些调整,他认为《韵镜》(而不是《切韵》)才代表了唐代的通语,这点高本汉也认同,它才是现代方言的直接祖先。我和罗杰瑞(*Jerry L. Norman*)认为蒲立本的观点是一种"新高本汉"(*neo-Karlgernian*)模式,因为它只是站在高本汉的立场上做调整和修正,至少就方言研究的发展而言,"新高本汉"模式仍认为汉语口语的历史发展是遵照高本汉的模式而来的(罗杰瑞、柯蔚南 1995)。

从现代比较方言学的角度出发,如今所面临的问题仍是高本汉的基本假设,即诸多方言是由一种假定的通语分化而来的。我们所知的方言史、通语史、人口统计史、移民史都不支持这一假设。因此,无论现存的韵图是否直接代表了任何一种唐代通语(在我看来,这是存疑的),我们仍然没有理由将任何一种早期韵图的音系视为现代汉语方言语音的源头。至多,我们可以在充分研究了某种方言之后,将它和方言材料进行比对,来看看这种方言在性质和历史上跟韵图有什么关系。

最后,韵图中的术语已经作为一个整体,归入到了《切韵》音系术语中了,它们是传统音韵学术语的一个重要组成部分。只要理解上没问题,这些术语在使用上是没有问题的。正如前文所述,只要不涉及关于方言的历史和起源的诸多尚存疑的假设,那么这些术语都是可以正常使用的。

六、结　　论

最近有学者声称:《切韵》和《韵镜》是"汉语历史语言研究之不可或缺的基础"(蒲立本 1998)。我对这一说法没有意见,但需要把它放在适当的历史视角当中。我们可以这样认为:《切韵》和《韵镜》,它们确实是必不或缺的基础,但它们只是高本汉及其徒子徒孙们(*intellectual descendants*)在 20 世纪时所使用的,用于对书面语进行音韵考据的基础罢了。然而,如今这个时代已然过去了,现在音韵学研究的兴趣点似乎正在转到对早期汉语口语的音系构拟上来。在这项工作中,《切韵》和韵图将可为我们提供可用的工具和参考文献。但是,就音系构拟而言,包括汉语在内的任何语言,要么做比较构拟,要么做内部构拟。就汉语而言,我们只能"退而求其次"(*faute de mieux*),仅做前者方面的研究。就让我们充满活力地、乐观地开展这项工作吧。

参考文献：

(美)白一平(*Baxter, W. H*) 1992 《上古汉语手册》(*A Handbook of Old Chinese Phonolgy*),德古意特出版社(*Berlin: Mouton de Gruyter*)。

陈以信(*Chan Abraham. ms.*) 2004 《早期中古汉语:走向新的范式》(*Early Middle Chinese: Towards a New Paradigm*),《通报》第90卷。

(瑞典)高本汉(*Karlgren Bernhard*) 1954 《中古及上古汉语语音学简编》(*Compendium of Phonetics in Ancient and Archaic Chinese*),斯德哥尔摩:远东文物博物馆出版社(*Stockholm: Museum of Far Eastern Antiquities*)。

葛剑雄、曹树基、吴松弟 1993 《简明中国移民史》第6卷,福建人民出版社。

葛剑雄、曹树基、吴松弟 1997 《中国移民史》第6卷,福建人民出版社。

(美)柯蔚南(*Coblin, W. South*) 2000 《国语简史》(*A Brief History of Mandarin*),《美国东方学会会刊》(*JAOS*)。

(美)柯蔚南、约瑟夫. A. 烈维 2000 《华语官话语法》(*Grammar of the Mandarin Language*)(万济国《华语官话语法》(*Arte de La lengua Madarina*)之英译本),约翰·本杰明出版社(*Amsterdam: John Benjamins*)。

(美)罗杰瑞、(美)柯蔚南(Norman, Jerry L. and W. South Coblin) 1995 《汉语历史语言学新探》(*A New Approach to Chinese Historical Linguistics*),《美国东方学会会刊》(*JAOS*)。

(加)蒲立本(Pulleyblank, E. G) 1984 《中古汉语》,不列颠哥伦比亚大学出版社(Vancouver: Univ. of British Columbia Press)。

(加)蒲立本 1998 《〈切韵〉和〈韵镜〉,汉语历史语言研究不可或缺的基础》(*Qieyun and Yunjing: The Essential Foundation for Chinese Historical Linguistics*),《美国东方学会会刊》(*JAOS*)。

(加)蒲立本 1999 《传统汉语音韵学》(*Chinese Traditional Phonology*),《亚洲学刊》(*Asia Major*)第三辑。

张琨 1979 《〈切韵〉的综合性质》,《历史语言研究所集刊》第50本。

周祖谟 1966 《切韵的性质和它的音系基础》,《问学集》上册,中华书局。

上古汉语“邪”母是否存在刍议[*]

陈晓梅

（陕西师范大学文学院，西安，710119）

提　要： 本文对上古是否存在邪母及拟音的主要学说进行了梳理，同时对《说文解字》中的有关邪母的谐声系统作了考察。文章认为，邪母字虽与舌音（包括喻四）、齿音、牙喉音字都有谐声关系，但邪母字自谐所占比例远高于邪母字与其他音的谐声。故邪母在上古肯定是独立存在的，王力和陆志韦将上古邪母的读音拟为 z-是正确的。邪母与心母的关系应是浊与清的关系。喻四应该是一个与邪、心比较接近的声母，具体是哪个音，有待进一步研究。邪母与其他舌音、齿音、牙喉音字的谐声，应视为是音近所致，不必因个别谐声现象或其他未经证实的材料混淆邪母与其他声母的界限。

关键词： 上古汉语；邪母；谐声；拟音

音韵学界对上古邪母的看法，颇为纷歧，到目前为止，提出的不同看法大致有下列几种：1. 认为上古没有邪母，持此说的学者有黄侃、钱玄同、戴君仁、郭晋稀、刘赜等人。这些学者对中古邪母来源的意见也不一致，例如黄侃主张“邪纽古归心纽”，钱玄同则认为“邪纽古非归心，应归定”。此外，蒲立本、李方桂、严学宭、陈新雄等人也基本赞同上古无邪母的观点。2. 认为上古有邪母，持此说的学者有高本汉、王力、董同龢、陆志韦、郑张尚芳、潘悟云等人。这些学者给邪母的拟音差异也很大，例如高本汉把邪母字拟为 dz-，与从母 dz^h-相配；陆志韦和王力将上古邪母拟为 z-；董同龢把邪母拟为两类，一类为擦音 z-，一类是与见系字相谐的邪母字，拟作复声母 gz-；郑张尚芳把邪母拟作 * lj-；潘悟云把邪母拟作 * sɢ-。

* 本文系国家社科基金重大项目“汉语方言音系汇纂及方音对照处理系统研究”（14ZDB096）阶段性成果。

一、上古无邪母说

(一) 邪母归心母说

黄侃(1969:75)的古声十九纽中没有邪纽,认为邪纽上古属心纽,邪纽为心纽之变声。邪纽作为与心纽相对的浊声母,是后起的。

(二) 邪母归定母说

钱玄同通过研究《说文》谐声系统发现,邪母和精组、庄组各声母谐声的情况并不多,邪母和定母关系比较密切,于是认为邪母古归定母。他的《古音无“邪”纽证》一文以《说文》谐声字为基本材料,同时参考《玉篇》《广韵》《集韵》等书的反切,将上古邪母归入定母。钱氏(1988:55)说:

> 考《说文》九千三百余字中,徐鼎臣所附《唐韵》的反切证(为)“邪”纽的有一百零五字,连重文共一百三十四字。就其形声字的“声母”(钱氏按:今亦称“音符”)考察,应归“定”纽者几及十分之八,其它有应归“群”纽者则不足十分之二,有应归“从”纽者则不足十分之一。从大多数言,可以说:“邪”纽古归“定”纽。

钱玄同的学生戴君仁撰《古音无邪纽补正》一文运用更多的材料补正老师之说,其研究方法和结论与钱氏相同。

郭晋稀(2012:369)《邪母古读考》大体上赞同钱玄同邪母归定母的观点,并运用谐声材料、经传异文异读材料和“联词变化”现象证明上古邪母大部分归定母,少数归匣母,郭文较钱文增多了几百条证据,并对钱氏的不足作了补正:

> 钱氏考证的结论,以为邪母字绝大多数应该归“定”,那是正确的;以为少数应该入“群”,却是错误的。这不单是不当把群匣淆混,而且也没有把定母字为什么变成邪纽的缘故搞清楚。我认为古代定母字所以今天部分地读成邪纽,其发展的经过是:先变为喻母,再由喻母变为邪纽的。喻于两纽虽然如曾先生所说,截然两纽,但是后世声音衍变,喻、于声音相近,少数混淆,总是有的,所以后来三十六母便混喻、于为一了。由于喻、于混淆,定母又经过喻母才部分变成邪纽的,所以邪纽古读虽然大多数读“定”

(喻母古读“定”),却不免少数归“匣”(于母古读“匣”)了。

刘赜认为邪母、喻母四等上古音都读为定母。其《喻邪两纽古读试探》一文主要使用了《说文》谐声、音训、读若等材料,同时以《经典释文》《玉篇》和《广韵》的又音材料作为佐证。

(三)邪母归从母说

裴学海认为上古邪母应归从母,其《古声纽“船”“禅”为一“从”“邪”非二考》一文运用《广韵》互见音、徐邈音等材料证明《广韵》四十一声类里的“从”“邪”二类在隋代以前是一类。

二、上古有邪母说

同样主张上古有邪母,但各家对上古邪母音值的认识并不一致。

高本汉(1987:94)在《中上古汉语音韵纲要》中把邪母字拟为 dz-,与从母 dz^h-相配,即送气和不送气的对立,上古邪母 dz-到中古变为 z-。高氏说:

> 对谐声字的细致研究表明,舌尖塞音并不经常和塞擦音及擦音凑在一起:tɑn 或 d^hɑn 通常不允许作 tsɑn 或 sɑn 的声旁,所以有理由说,如果我们发现这样一组字:“羊”中古 i̯aŋ:“祥”“庠”“祥”中古 zi̯aŋ,那么“羊”字所失落的声母就不是塞音 d;因为这个声母是浊音(“羊”是“阳平声”),所以它肯定是个 z:“羊”上古 *zi̯aŋ。但如果是这样,那么该怎样解释“祥”等字中古读 zi̯aŋ 的原因呢?我们现在要根据舌面音一类的严整平行关系证明,中古的 z 是从上古的 dz 派生来的。中古音有 ts、ts^h、dz^h 而没有 dz,上古音却有 dz,可是到了中古却被消磨得只剩下 z 了:
>
> 上古“羊”*zi̯aŋ 声有“祥”*dzi̯aŋ,
>
> 中古“羊”i̯aŋ 声有“祥”zi̯aŋ。

董同龢拟测汉语上古音的方法和原则与高本汉基本一样,但是董先生对谐声材料的处理更为谨慎和细致,他不认同高氏关于邪母的拟音,他在《上古音韵表稿》(1945:19)中说:

> 至于 z-,他的办法一方面不过在援 ʑ-的例,一方面则在让位置给那些他认为在上古当读 z-的喻母字。现在既知 ʑ-来自上古的 ȡ-为不可靠,而跟 ts-系谐声的那些喻母

字我更能证明在上古不当读 z-。因此他如此的措置也竟完全落空。

在上古的 ȶ-、ʦ-两个声母系统中倒确是有 ȡ-与 ʣ-两个空位置，而且 ȡ-→ʑ-与 ʣ-→z-也是很自然的。但是我们拟测古音，并不须要把所有的空档都去填满。一个空档能不能填，事实上还要看另外是不是有可靠的证据。

董氏（1945：19、20）把邪纽的上古音拟成 z-。他说这种拟测是受了李方桂文章的影响：

我最近读到李方桂先生一篇讨论台语方言中若干古汉语借字的文章。那里面恰好有 ʑ-母的‘辰’与 z-母的‘巳’字。值得注意的就是那几种方言都一致的用清擦音来代替这两个字的声母。除此之外，李先生又举了几个汉语中的 ʑ-母字跟那几种台语里面相当的字比较（如‘十，熟’等字）。结果，那些字的声母在那几种台语方言里也全是跟‘辰’字一样的清擦音。由此看来，ʑ-、z-两母在古代总还应当是擦音。

董氏所用的译音材料很少，只用几个例子就将邪母拟作 z-，故其结论很难让人信服。关于邪母字与见组字的谐声（例如：匠（以）* gd-：洍（邪/以）* gz-：姬（见/以）* kz-），董氏（2011：236）将其声母拟作复辅音 gz-。

王力和陆志韦也都将上古邪母拟为 z-。王力认为中古的精清从心邪，在上古仍是精清从心邪，读音没有什么变化。陆志韦通过研究《说文》谐声系统发现邪母和定母、群母以及从母都有关系，其中与定母的关系最密切。

周法高在《论上古音》（1984：54）一文中将邪母的上古音拟作* z-。在《论上古音和〈切韵〉音》（1984：131、132）一文中，他又认为邪纽和心纽的关系密切，心纽有一部分字应该读作* sr-，所以把邪母的音值改拟作* rj-，这样就可以很好的解释邪母与心母的关系了。另外，他还将邪母与喉牙音谐声的字拟作* ɣrj-。

郑张尚芳（2012：432）分析谐声系统发现邪母的来源跟喻母相关，邪母开口字来自喻四（以）母，合口字来自喻三（云）母。郑张认为在 l>ʎ>j 的时候，由于 ʎ 本来接近 ʑ，所以带有后垫音 j 的 lj>ʎj 则更容易变 ʑj 或 zj，最后则演变成为中古的邪母。邪母只有三等，所以它来自带-j-的声母，邪母从来源上就跟精组不一样，所以不像精组可以在一四等出现，其中二等字因为带-r-介音从而变成了庄组。

潘悟云（2000：311）认为擦音不与塞音谐声。他在蒲立本和郑张尚芳研究的基础上认为：“如把蒲氏和郑氏的* sh（l）-、* sɦ（l）-、* shr-、* sɦr-改拟作* sqh（l）-、* sɢ（l）-、* sqhr-、* sɢr-,可以更好地解释心、邪、山、俟与见组、影组的谐声关系。”潘先生将上古邪母拟为sɢ(l)-,上古邪母到中古的演变过程是:sɢ(l)- >* sɦ->M. z-邪。

邪母的各家拟音见表1:

表1 各家邪母上古拟音对照表

学 者	邪母上古音值
高本汉	ʤ
董同龢	z gz(跟见系字谐声)
王 力	z-
陆志韦	z-
李方桂	rj sdj(与精庄组字谐声) grj(与喉牙音谐声)
周法高	rj(和舌齿音谐声) ɤrj(和喉牙音谐声)
郑张尚芳	lj
潘悟云	sɢ
龚煌城	(s)lj
陈新雄	d
梅祖麟	lj
蒲立本	sð

三 邪母谐声系统考及邪母与相关声母的拟音

(一) 邪母谐声系统考

整理观察《说文》谐声材料,我们发现邪母谐声系统可以分为四类,具体如下:

第一类,邪母自谐:

(1) 旬详遵切(邪)——侚辞闰切(邪)㨘详遵切(邪)洵详遵切(邪)

(2) 彗徐醉切(邪)/祥岁切(邪)/相锐切(心)/于岁切(云)①——篲祥岁切(邪)槥祥岁切

① 如一字有多个反切,切语之间用“/”隔开。()内所标为中古声母。

(邪)錯祥岁切(邪)轊祥岁切(邪)

(3) 巳详里切(邪)——祀详里切(邪)改详里切(邪)汜详里切(邪)

(4) 囚似由切(邪)——泅似由切(邪)

(5) 旋似宣切(邪)/辝恋切(邪)——琁似宣切(邪)淀辝恋切(邪)嫙辝恋切(邪)縼辝恋切(邪)鏇辝恋切(邪)鏇似宣切(邪)嫙似宣切(邪)

(6) 次夕连切(邪)——羡似面切(邪)

(7) 羡似面切(邪)/予线切(以)/以脂切(以)——䍐似面切(邪)䍐徐翦切(邪)

(8) 象徐两切(邪)——像徐两切(邪)橡徐两切(邪)潒徐两切(邪)勨徐两切(邪)

(9) 夕祥易切(邪)——穸祥易切(邪)

(10) 燅徐盐切(邪)——㷋徐盐切(邪)

(11) 習似入切(邪)——槢似入切(邪)翫似入切(邪)鰼似入切(邪)

(12) 𥈡徐刃切(邪)——賮徐刃切(邪)

(13) 還似宣切(邪)/户关切(匣)——檈似宣切(邪)

(14) 尋徐林切(邪)——蕁徐心切(邪)鄩徐林切(邪)潯徐林切(邪)襑徐林切(邪)

(15) 豕徐醉切(邪)——遂徐醉切(邪)椓徐醉切(邪)

(16) 遂徐醉切(邪)——旞徐醉切(邪)檖徐醉切(邪)蓫徐醉切(邪)襚徐醉切(邪)

(17) 敘徐吕切(邪)——漵徐吕切(邪)

(18) 席祥易切(邪)——蓆祥易切(邪)

第二类,邪母与喻四(以)及舌音端组字(包括知组,泥母除外)谐声。

(1) 巳详里切(邪)——配与之切(以)圯与之切(以)改羊己切(以)

(2) 汓似由切(邪)——游以周切(以)

(3) 次夕连切(邪)——羡予线切(以)羡以脂切(以)

(4) 采徐醉切(邪)——褎余救切(以)

(5) 羡似面切(邪)/予线切(以)/以脂切(以)——䍐予线切(以)䍐以然切(以)

(6) 象徐两切(邪)——勨余两切(以)

(7) 習似入切(邪)——熠羊入切(以)

(8) 邪似嗟切(邪)/以遮切(以)——𦬣以遮切(以)

(9) 象徐两切(邪)——像徒朗切(定)潒徒朗切(定)

(10) 習似入切(邪)——慴徒协切(定)

(11) 寺祥吏切(邪)——特徒得切(定)待徒亥切(定)

(12) 豕徐醉切(邪)——磢徒对切(定)隊徒对切(定)

(13) 尋徐林切(邪)——蕁徒含切(定)

(14) 寺祥吏切(邪)——痔直里切(澄)峙直里切(澄)庤直里切(澄)洔直里切(澄)畤直里切(澄)持直之切(澄)

(15) 卬似用切(邪)/况袁切(晓)/私全切(心)——單都寒切(端)

(16) 寺祥吏切(邪)——等多肯切(端)等多改切(端)

(17) 尋徐林切(邪)——襑他感切(透)

(18) 寺祥吏切(邪)——榯陟革切(知)

(19) 習似入切(邪)——摺卢合切(来)

第三类,邪母与齿音精组、庄组、章组字谐声。

(1) 旬详遵切(邪)——洵相伦切(心)珣相伦切(心)荀相伦切(心)筍思尹切(心)笋思尹切(心)郇相伦切(心)恂相伦切(心)峋相伦切(心)姰相伦切(心)询相伦切(心)眴相伦切(心)

(2) 彗徐醉切(邪)/祥岁切(邪)/相锐切(心)/于岁切(云)——缕相锐切(心)霻相绝切(心)

(3) 松祥容切(邪)——蜙息恭切(心)

(4) 遂徐醉切(邪)——邃虽遂切(心)檖虽遂切(心)

(5) 隨旬为切(邪)——髓息委切(心)

(6) 習似入切(邪)——慴之涉切(章)摺之涉切(章)

(7) 寺祥吏切(邪)——洔诸市切(章)畤诸市切(章)

(8) 松祥容切(邪)——忪职勇切(章)

(9) 旬详遵切(邪)——胸尺尹切(昌)

(10) 羡似面切(邪)/予线切(以)/以脂切(以)——繸昌善切(昌)

(11) 習似入切(邪)——謵叱涉切(昌)

(12) 旬详遵切(邪)——眴舒闰切(书)

(13) 寺祥吏切(邪)——诗书之切(书)邿书之切(书)

(14) 象徐两切(邪)——像书两切(书)

(15) 卬似用切(邪)/况袁切(晓)/私全切(心)——單市连切(禅)單常演切(禅)單时战切(禅)

（16）寺祥吏切（邪）——時市之切（禅）侍时吏切（禅）恃时止切（禅）畤时止切（禅）

（17）巳详里切（邪）——戺鉏里切（崇）

（18）㶳徐刃切（邪）——盡即忍切（精）

（19）習似入切（邪）——緝七接切（清）

（20）㶳徐刃切（邪）——藎疾刃切（从）盡慈刃切（从）

第四类，邪母与牙喉音字谐声。

（1）吅似用切（邪）/况袁切（晓）/私全切（心）——雚古玩切（见）

（2）巳详里切（邪）——起墟里切（溪）

（3）豙徐醉切（邪）——豷五怪切（疑）

（4）旬详遵切（邪）——绚许县切（晓）眴许县切（晓）

（5）彗徐醉切（邪）/祥岁切（邪）/相锐切（心）/于岁切（云）——嘒呼惠切（晓）

（6）彗徐醉切（邪）/祥岁切（邪）/相锐切（心）/于岁切（云）——慧胡桂切（匣）

（7）旬详遵切（邪）——郇户关切（匣）姰黄练切（匣）询户关切（匣）眴黄绚切（匣）

（8）吅似用切（邪）/况袁切（晓）/私全切（心）——患胡惯切（匣）

（9）彗徐醉切（邪）/祥岁切（邪）/相锐切（心）/于岁切（云）——轊于岁切（云）槥于岁切（云）篲于岁切（云）篲王伐切（云）

（10）習似入切（邪）——熠为立切（云）鳛为立切（云）

在以上四类谐声材料中，主谐字总计有23个，其中声母为邪母的第一主谐字有“旬、彗、巳、囚、旋、次、象、吅、采、夕、㶳”等11个，声母为非邪母的第一主谐字有“習、寺、㶳、松、邪、還、尋、豙、遂、敘、隨、萧”等12个。

上面我们根据声母发音部位把邪母谐声材料分为“邪母自谐”“邪母与喻四及舌音字谐声”“邪母与齿音字谐声”“邪母与牙喉音字谐声”四类，旨在表现邪母谐声的主要类型和倾向，其实除邪母自谐外，其余三组之间都是有纠葛的，可细分为三种情况：

1. 同一主谐字同时跟舌音（包括喻四）、齿音字谐声。例如：

（1）寺祥吏切（邪）——待徒亥切（定）特徒得切（定）持直之切（澄）痔直里切（澄）——诗书之切（书）侍时吏切（禅）時市之切（禅）恃时止切（禅）畤时止切（禅）

(2) 豖施是切(书)——豙徐醉切(邪)遂徐醉切(邪)㯢徐醉切(邪)䍁徐醉切(邪)——隊徒对切(定)䃍徒对切(定)——㒸虽遂切(心)䉌虽遂切(心)

(3) 也羊者切(以)——酏弋支切(以)酏移尔切(以)施以寘切(以)——灺徐野切(邪)——地徒四切(定)‖

阤池尔切(澄)驰直离切(澄)——阤施是切(书)施式支切(书)施施智切(书)

(4) 予以诸切(以)/余吕切(以)——伃以诸切(以)豫羊洳切(以)野羊者切(以)——序徐吕切(邪)抒徐吕切(邪)——杼直吕切(澄)芧直吕切(澄)——抒神与切(船)杼神与切(船)纾深与切(船)舒伤鱼切(书)纾伤鱼切(书)野承与切(禅)

(5) 余以诸切(以)/视遮切(禅)——畬以诸切(以)悆羊洳切(以)馀以诸切(以)——徐似鱼切(邪)俆似鱼切(邪)敘徐吕切(邪)叙似鱼切(邪)——捈同都切(定)郐同都切(定)筡同都切(定)𫘜同都切(定)酴同都切(定)𨥖同都切(定)荼同都切(定)荼宅加切(澄)除直鱼切(澄)除迟倨切(澄)稌他胡切(透)稌他鲁切(透)捈他胡切(透)筡丑居切(彻)——荼食遮切(船)式车切(书)畬式车切(书)

(6) 昜与章切(以)——楊与章切(以)陽与章切(以)暘与章切(以)瘍与章切(以)崵与章切(以)——錫徐盈切(邪)——崵徒朗切(定)愓徒朗切(定)蕩徒朗切(定)簜徒朗切(定)蕩他浪切(透)簜吐郎切(透)——傷式羊切(书)傷式亮切(书)觴式羊切(书)殤式羊切(书)惕式羊切(书)惕式亮切(书)

(7) 者章也切(章)——绪徐吕切(邪)——瘏同都切(定)屠同都切(定)屠直鱼切(澄)

上例中,主谐字"寺"同时跟邪、定、澄、书、禅母字谐声,"豖"同时跟书、邪、定、心母字谐声,"也"同时跟喻四、邪、定、澄、书母字谐声,"予"同时跟喻四、邪、澄、船、书、禅母字谐声,"余"同时跟喻四、邪、定、澄、透、彻、船、书母字谐声,"昜"同时跟喻四、邪、定、透、书母字谐声,"者"声符同时跟章、邪、定、澄母字谐声。

2. 同一主谐字同时跟齿音、牙喉音字谐声。例如:

(1) 旬详遵切(邪)——侚辞闰切(邪)訇详遵切(邪)洵详遵切(邪)——洵相伦切(心)珣相伦切(心)荀相伦切(心)筍思尹切(心)𦬫思尹切(心)郇相伦切(心)恂相伦切(心)峋相伦切(心)姰相伦切(心)询相伦切(心)眴相伦切(心)朐尺尹切(昌)眴舒闰切(书)眴如匀切(日)——绚许县切(晓)眴许县切(晓)郇户关切(匣)姰黄练切(匣)询户关切(匣)眴黄绚切(匣)

(2) 彗徐醉切(邪)/祥岁切(邪)/相锐切(心)/于岁切(云)——篲祥岁切(邪)槥祥岁切

(邪)鏏祥岁切(邪)轊祥岁切(邪)——繐相锐切(心)䨮相绝切(心)——嘒呼惠切(晓)慧胡桂切(匣)轊于岁切(云)槥于岁切(云)蔧于岁切(云)蔧王伐切(云)

上例中,主谐字“旬”同时跟邪、心、昌、书、日、晓、匣母字谐声。“彗”同时跟邪、心、晓、匣、云母字谐声。

3. 同一主谐字同时跟舌音(包括喻四)、齿音、牙喉音字谐声。例如:

(1) 習似入切(邪)——槢似入切(邪)騽似入切(邪)鳛似入切(邪)——熠羊入切(以)慴徒协切(定)——慴之涉切(章)摺之涉切(章)謵叱涉切(昌)⿰纟習七接切(清)摺卢合切(来)——熠为立切(云)鳛为立切(云)

(2) 𦣞与之切(以)——洍详里切(邪)——洍与之切(以)姬与之切(以)——茝诸市切(章)茝昌绐切(昌)——姬居之切(见)

上例中,主谐字“習”同时跟邪、喻四、定、章、昌、清、来、云母字谐声。“𦣞”同时跟邪、喻四、章、昌、见母字谐声。

尽管邪母的谐声系统看起来比较复杂,但从统计数据看,邪母自谐的用例是最多的,其次邪母与心母和喻母四等字的谐声数也较多。下面是本文的统计结果:

表 2 邪母谐声次数统计表

	所与谐声字的中古声母	谐声次数		所与谐声字的中古声母	谐声次数		所与谐声字的中古声母	谐声次数
舌音	以母	12	齿音	邪母	44	牙喉音	见母	1
	定母	8		心母	17		溪母	1
	澄母	6		章母	5		疑母	1
	端母	3		昌母	3		晓母	3
	透母	1		书母	4		匣母	6
	知母	1		禅母	7		云母	6
	来母	1		崇母	1			
				精母	1			
				清母	1			
				从母	2			

从表中可以看出,邪母字自谐数是 44 次;邪母字与心母字的谐声数是 17 次,与喻四的谐声数是 12 次。邪母字与定母字的谐声数是 8 次,不及与心母字的谐声数之半。邪母与禅、澄、匣、云等母字的谐声数接近于邪母字与定母字的谐声数。至于邪母与其他声母字的谐声更属于个别现象。据此我们认为邪母作为一个独立的声母在上古是存在的,其读音接近于心母而不同于心母,确定其为心母的浊音是没有问题的。邪母与定、禅等母字的谐声只能视为是音近所致,不必因少数或个别的谐声现象混淆邪母与其他声母的界限。

(二)上古邪母与相关声母的拟音

加拿大学者蒲立本(1999:91、98)提出上古的邪母不是一个独立的音位,中古邪母来自复辅音 *sð-。其中在非喻化音中演变为中古的定母,演变过程是:*sð>*zð>*zd>M. d;在喻化音中演变为中古的邪母开口字,演变过程是:sði̯>*zði̯>zj = M. zi̯。至于邪母合口字,则来自上古 s-和圆唇喉牙音相结合的复辅音 *sɦw-。

李方桂(2015:13、14)根据汉代用乌弋山离对译 Alexandria 以及台语"酉"的借音读作 ri ǝu,推测喻四的读音应该接近 r 或者 l。又因为喻四与邪母互谐以及二者常跟端组字谐声的关系,确定喻四、邪母的读音应该和 d-相近,最后将喻四的读音确定为舌尖闪音 r-,邪母为 rj-,后面多了一个三等介音。他认为在上古音系统中三等韵有一个-j-介音,否则不好解释中古三等韵的-j-介音及许多谐声现象。他说(2015:21):"《切韵》里有一套很重要的,只在三等韵母里出现的介音 j。这个介音大部分还保存在现代方言里——所谓齐齿及撮口字。中古的三等韵里可以有的声母也远比一等四等韵里的复杂,也比二等韵里的复杂一点儿。只能在三等韵前出现的声母如照三,穿三,床三,审三,禅,群,邪,喻,以及后起轻唇音,非敷奉微等母。显然这都跟这个三等介音 j 有关,所以在上古音字里也得保留这个介音,否则不但上古的声母系统要复杂,我们也无法去解释许多谐声现象。"喻四、邪母、端组字三者谐声的用例如:

余 jiwo:徐 zjwo:途 duo;

以 jiï:似 zï:台 thâi;

射 jia,jiäk:谢 zja:麝 dźja;

予 jiwo:序 zjwo:杼 djwo。

李氏确定由上古 r 母到中古喻四、邪母的演变方式如下:

上古 r>中古 ji(喻四)

上古 r+j>中古 zj(邪)。

邪母同时与精庄组字谐声,李氏将这类字的声母构拟为 sdj-(2015:87)。例如:

词 * sdjəg>zjï	袖 * sdjəguh>zjə̆u
续 * sdjuk>zjwok	诵 * sdjungh>zjwong
随 * sdjuar>zjwĕ	徐 * sdjog>zjwo
遂 * sdjədh>zjwi	循 * sdjən>zjuĕn。

邪母、喻四又都与喉牙音字谐声,如“俗”从谷声,“颂、讼”从公声,“旬”从匀声,李氏把这类字的声母拟为 * grj-(2015:90),例如:

邪 * grjiag>jia

裕 * grjugh>jiu

欲 * grjuk>jiwok。

另外,李氏根据台语借字“午”字台语有读作 saŋa 的,也有读作 sa 的,“戌”字台语有读作 set 的,也有读作 mit 的等材料,拟测上古时期有一个词头 * s-,并构拟了 * st-、* sk-、* sp-等一系列带 * s-的复辅音,并据此将与精庄章组谐声的邪母字构拟为 * sdj-和 * sgj-。其后一些学者根据汉藏语同源词也发现上古存在带 * s-的复辅音,其中龚煌城(2004:43)同意李氏喻四与邪母来源的不同在于三等介音有无的观点,但是没有接受李方桂邪母 * sdj-和 * sgj-的拟音。龚煌城根据汉语“习”zjəp 与藏语 slob 的比较,将邪母拟作 * (s)lj-。

董同龢根据谐舌尖音同时又谐舌根音的谐声材料,把跟见系谐声的邪母字拟作复辅音 * gz-。郑张尚芳则将跟喉牙音有谐声关系的邪母字拟作 * sɢ-,其演变过程是:sɢ->sɦ->z-邪,邪母合口拟作 * sɢw-。

陈新雄(1996:1027、1028)受曾运乾“喻四归定”和钱玄同“邪纽古归心纽”观点的影响,认为邪母中古为舌尖浊擦音 z,喻母中古为零声母 Ø,喻、邪二母同出于上古的 * d-。喻、邪二母演变到中古的不同变化可以用方言的不同来解释。喻、邪二母从上古到中古的演变轨迹是:

*d 喻邪+j ——→ȡj ——→ʥj { ——→Ø(j) 喻
{ ——→ʣ(j) ——→z(j) 邪

本文认为,从邪母的谐声系统来看,邪母在上古肯定是独立存在的,王力和陆志韦将上古邪母的读音拟为z-是正确的。邪母与心母的关系应是浊与清的关系。喻四应该是一个与邪、心比较接近的声母,具体是哪个音,有待进一步研究。至于邪母与其他舌音、齿音、牙喉音字的谐声,都更应视为是音近所致,不必因个别的谐声现象或其他未经确认的材料混淆邪母与其他声母的界限。

参考文献:

陈新雄 1996 《古音学发微》,文史哲出版社。

董同龢 1948 《上古音韵表稿》,中研院历史语言研究所集刊第18本。

董同龢 2011 《汉语音韵学》,中华书局。

范鹏总主编 2012 《陇上学人文存·郭晋稀卷》,甘肃人民出版社。

(瑞典)高本汉著,聂鸿音译 1987 《中上古汉语音韵纲要》,齐鲁书社。

龚煌城 2004 《汉藏语研究论文集》,北京大学出版社。

黄 侃 1969 《黄侃论学杂著》,学艺出版社。

李方桂 2015 《上古音研究》,商务印书馆。

陆志韦 1979 《古音说略》,台湾学生书局。

陆志韦 1985 《陆志韦语言学著作集(一)》,中华书局。

梅祖麟 2007 《梅祖麟语言学论文集》,商务印书馆。

潘悟云 2000 《汉语历史音韵学》,上海教育出版社。

(加)蒲立本(E. G. Pwlleyblank)著,潘悟云、徐文堪译 1999 《上古汉语的辅音系统》,中华书局。

钱玄同著,曹述敬选编 1988 《钱玄同音学论著选辑》,山西人民出版社。

王 力 2015 《汉语史稿》,中华书局。

郑张尚芳 1999 《汉语塞擦音声母的来源》,收入《郑张尚芳语言学论文集》第431—436页,北京:中华书局2012年版。

郑张尚芳 2003 《上古音系》,上海教育出版社。

郑张尚芳 2003 《中古三等专有声母非、章组、日喻邪等母的来源》,《语言研究》第2期。

周法高 1970 《论上古音和〈切韵〉音》,《中国文化研究所学报》第2期,收入周法高《中国音韵学论文集》第95—154页,香港:中文大学出版社1984年版。

三国时期音注声类考*

焦树芳

（天津财经大学珠江学院，天津，301811）

提　要：三国时期反切盛行，语音材料数量大，是考察声纽体系的基础。这一时期27位注疏家存有音注材料，共1 098条，删重复音、古音、疑似音及音义关系较小的音例，得到994条有效音注。运用系联法、归纳法及音注比较法分析整理声类体系，共31类26纽。三国时期音注反映的声类系统承接上古声纽特征，娘日归泥，于纽归匣。但过渡性特征明显，轻唇音、舌上音逐渐开始分离出来；齿音庄组还未完全独立，章组声纽自成一类，从邪相混、船禅分用。

关键词：三国时期；音注；声类

魏晋南北朝是汉语的"质变期"，研究这一时期的声纽，能够揭示声纽的演变历史和规律，有助于构建整个汉语语音史。三国时反切盛行，有较强的规律性和系统性，可切实反映当时语音状况。学术界对轻唇音、舌上音、庄组、章组、喻纽等分化独立的时间意见不一，而三国时期上承两汉下启两晋，是处于过渡阶段的声纽系统，探讨其声类的分合演变，能够帮助我们观察和分析上古到中古的声纽发展情况及其特点。

一、音注材料的选取和整理方法

魏晋南北朝反切盛行，韵书出现，是汉语音韵学的形成时期。王力认为："反切方法的发明，是汉语音韵学的开始。"①反切给语言学家们提供了更科学、有效的注音手段，丁邦新指出："最早到东汉，这也正是中国语言学史上开始有音注的时代。……东汉以上就没有可

---

* 基金项目：国家社科基金2014年规划项目"魏晋南北朝方言研究"（编号：14BYY112）部分成果。

① 王力《汉语音韵》，中华书局，2014年，第29页。

用凭借的数据了。”[①]三国时期，一些韵书和字书中含有大量语音材料，如李登《声类》、周成《杂字解诂》、朱育《异字》、张揖《埤苍》等；此外为先秦两汉经典作注的著作涌现，这些注释中保存了很多音注材料，在汉语语音史和音韵学史上有重要的价值，如孙炎《尔雅音义》、王肃《周易注》、韦昭《汉书音义》《国语注》等。这为我们探讨三国时期的声纽情况提供了坚实基础和可靠保证。

（一）音注选取方法

三国时期的韵书、字书和音义书大多散佚，而马国翰《玉函山房辑佚书》、黄奭《黄氏逸书考·汉学堂经解》、任大椿《小学钩沉》等辑录较多。杨守敬《〈汉书〉二十三家注钞》对《汉书音义》做了全面的收集整理工作，后武汉大学李步嘉先生[②]等进一步修订完善。《经典释文》保留了大量音注材料，可以直接选用，并以此考订辑佚书所辑语料。

表 1-1　三国时期注疏家和著作表

序号	作　家	占　籍	书　目
1	陆　绩(187—219)	吴郡吴县	《易述》一卷\《陆氏易解》一卷
2	姚　信(207—267)	武　康	《周易姚氏注》一卷
3	诸葛恪(203—253)	丹阳建业	《释文·礼记音义》
4	韦　昭(204—273)	吴郡云阳	《国语注》\《汉书音义》
5	唐　固	丹阳句容	《春秋外传国语注》
6	朱　育	会稽山阴	《异字》一卷
7	如　淳(221—265)	冯　翊	《汉书音义》
8	卫　瓘(220—291)	河东安邑	《论语卫氏集注》一卷
9	董　遇	弘　农	《易章句》一卷\《释文·春秋音义》
10	苏　林	陈留外黄	《汉书音义》
11	曹　髦(241—260)	沛国谯县	《释文·春秋音义》
12	嵇　康(223—263)	谯郡铚县	《春秋左氏传嵇氏音》一卷
13	钟　会(225—264)	颍川长社	《释文·老子道德音义》

① 丁邦新《重建汉语中古音系的一些想法》，《中国语文》1995 年第 6 期，第 414—418 页。

② 李步嘉《韦昭〈汉书音义〉辑佚》(1988)、杨仙《臣瓒〈汉书音义〉辑佚》(2003)、殷榕《苏林〈汉书音义〉辑佚》(2004)、徐佩《杨守敬〈汉书二十三家注钞·孟康〉校补》(2004)、李文涛《杨守敬〈汉书二十三家注钞·张晏〉校补》(2006)、郑贤梅《如淳〈汉书音义〉辑佚》(2011)。

续表

序号	作 家	占 籍	书 目
14	张 揖	清河、河间	《杂字》一卷\《埤苍》一卷
15	孟 康	安平广宗	《汉书音义》
16	张 晏	中 山	《汉书音义》
17	孙 炎	乐 安	《尔雅孙氏音》\《礼记孙氏注》\《释文·尔雅音义》\《释文·毛诗音义》
18	王 肃(195—256)	东海郯县	《周易王氏音》一卷\《易注》一卷\《毛诗王氏注》四卷\《尚书王氏注》二卷\《释文·礼记音义》\《释文·尚书音义》
19	王 弼(226—249)	山 阳	《易章句》一卷\《周易注》
20	麋 信	东 海	《春秋穀梁传注》
21	文 颖	南 阳	《汉书音义》
22	何 晏(? —249)	南阳宛县	《论语集解》
23	邹 湛(? —299)	南阳新野	《周易统略》
24	邓 展	南 阳	《汉书注》
25	周 成	地域不定	《杂字解诂》一卷
26	李 登	地域不定	《声类》一卷
27	项 昭	地域不定	《史记集解》引音

综上,三国时期共27位注疏家存有音注材料,搜集整理了1 098条,其中直音673条,反切425条。剔除104条,共得到994条有效音注。

1. 删古音

韦昭《辨释名》:“车,尺奢反,古皆此音,汉以来始有居音,今曰车(见鱼)声近舍;因而取当时音,即车音舍。”①

2. 删疑似音

如蓍,纪咨反。颜师古认为:“韦昭误以为‘蓍龟之蓍字’乃音‘纪咨反’,失之远矣。”②磃,如淳音蹄,郑氏音斯。师古曰:“郑音是。”删如淳音。

苏天运(2011)③指出清代学者辑佚的有关张揖《古今字诂》中“××反”的音注可能为唐

① (清)马国翰《玉函山房辑佚书·经编·小学类》卷四,清光绪九年(1883)长沙嫏嬛馆刻本。
② 李步嘉《韦昭〈汉书音义〉辑佚》(1988),武汉大学,第52页。
③ 苏天运《〈古今字诂〉佚文辑校》,《励耘学刊》2011年第1期,第244—277页。

朝玄应、师古等作,因而不取张揖《古今字诂》音注。

3. 删重复音

三国时期音注重复较多,它们或出现在同一典籍中,或不同注疏家采用相同注音,共30例。辩2,彼列反;亨2,许两反;远,袁万反;揭,其逝反;射音亦3、反音幡、革音蔽、偾音奋、郸音多、繻音须、旬音唇、阏音焉、雩音虚、衡音横、易音亦、栎音药、于音乌、信音申、夏音贾、苦音盬、横音光、穷音穹、禺音愚、梧音悟、过音戈、部音鱼。

4. 删音韵关系较小的音例

三国时期往往用与被注字相同的字注音,或以"如字"作注,共71例。被音光被之被、般音如面般之般、簿音主簿之簿、比音比次之比、棓音棓打之棓、坌音马坌叱之坌、胞音胞胎之胞、疪音庇荫之庇、怵音怵惕、传音檄传之传、淖音泥淖;著音著帻之著、著音偾之著、鳃音鱼鳃之鳃、枞音枞木之枞、借音以物借人之借、趣音趣舍、刹音倦刹之刹、数音数钱之数、索音绳索之索、徇音抚徇之徇、准音准的之准、假音休假、靬音靬、跻音如今作乐跻之跻、监音监、剅音剅角之剅、篓音贫篓之篓、岋音岋岋动摇之岋、与音相干与之与、歇音毒歇、痿音枯萎之萎、眚音眚眭之眚、窊音窊下之窊、油音油麻之油、行音行酒之行、缩音以绳缩结物之缩、葽音四月秀葽之葽、下音下书之下;卑如字、放如字、分如字;大如字、德如字、填如字、宅如字、知如字、敦如字、两如字、攘如字、践如字、宗如字、祀如字、将如字、齐如字、孙如字、相如字、斯读如字、杀如字、辁如字、属如字、说如字、期如字、见如字、康如字、好如字、牺如字、喜如字、遗如字、雨如字、奄如字、温如字。

(二) 声类整理方法

1. 系联法

我们将能系联的切上字归类,且将直音中的注音字与切上字同用、互用、递用者系联为一类。

2. 音注比较法

直音或切语中一些无法系联的孤例,与《广韵》逐个比较,确定其声类归属。

3. 归纳法

被注字与注音字或切上字在《广韵》中为同一发音部位,但分属不同声纽,则依据切上字决定其归属,如舌音:胎大才,"胎""大"在《广韵》中属透纽和定纽,据切上字归定。不同发音部位的混用例另外讨论:如章组与端组混用可能与其来源有关。

多音字依据切上字或注音字的声类确定其归属。"否"有"方有、方九、备鄙"三反,切上字“方”“备”，声类和意义不同，分属两类。“儋”有“丁甘、吐甘”二反，声类、韵部和意义相同，但“丁”“吐”分别属中古端纽、透纽，文中不将两类系联，据切上字分列。

二、声　　类

（一）唇音

1．方类

A 否方有、方九泛方勇、方肿吸方满圮方久方音放；B 父音甫脯音甫拊甫尤蚩甫尾闟甫亦；

C 辩彼列、卜免縏彼麦痫彼病；D 般逋垣、音盘盘辨卑音班俾音卑；E 棓音栢栢布回编布千、音鞭；F 比必履瘭必烧；

髆搏音博偾音奋玢音分祓音废缶音保、音蚤鳖音鹙螕音蚍鞞音髀茇音沛獱音宾北音背濒音滨泮音毕杓音猋嶓音播墢音钵

2．芳类

A 縏芳麦仿芳往复芳福、音服、音複；B 鄜音敷佛敷物圮敷委朏敷尾粄敷是；

C 嫖匹昭剽音骠、匹妙；D 铍音披鼜披美伾音鼜；E 轓音反反音幡；

蔀普苟犎妃封萼音孚祓音拂旽音抚辟音僻葩从草皅声漂音票

3．蒲类

A 鼈音蒲辨蒲见、否勉否备鄙䲅备饥㕯蒲角蓬蒲空蔍蒲骄鄱音婆、蒲河番音婆、音盘、音潘嶓音盘缾音瓶、蒲经浡亦勃、蒲没坟勃愤樊蒲北、步北酺步麃、步交；

B 拊音抔、音夫夫音符、音苻萯苻粉贲音肥、符文葩音肥辔符蔑圮符鄙、房美房彭音旁噂音彭；

C 掊培扶尤掊棓坏音陪棓音剖敝扶灭岪扶勿；D 亳音薄鄘薄催蠙薄迷；

E 疲音罢罢音皮辅皮拜；F 革音蔽蔽弊婢世；

坺音菔伏薜平狄傅音附蚡音鼢沨泛音凡蠹音蜉蹯音烦墢音伐稗音排傰音朋孛音渤鶡音暴赝音汾飑音庖篎音频

4．武类

A 闽音缗、武巾；B 眠旷音萌茆萌藻；C 味音昧昧沫音妹；

糜亡池毋茂后莽冥党挽免声音晚幕蔑音漫曼音瞒满汩音幂浼愍偭輻音面芴音物怃音妩瞀音无硯音脉脢音梅鬏音樠劘音摩芒音忙鄳音盲伆音骂宓音密鄮音贸麓音蝮绵音灭亹音门穆音默漠音莫眇音妙。

按:

唇音同用153例,其中重唇音107例,轻唇音46例。轻重唇音混用29例,其中轻切重18例,重切轻11例,轻重音混切15.9%。

方类几组不能系联,但切上字“方、甫”被切字是帮纽和非纽;“彼、布、比”被注字是帮纽字。根据归纳法,方类音例虽不系联,但与《广韵》声纽比较,属中古帮纽。芳类系联组同此。蒲类A组“蒲、布”系联,B、C组分别通过“符”“扶”系联,被切字是并纽字和奉纽字,或并奉混切字;“薄、皮、婢”三组被切字是并纽。武类互不系联,切上字为微纽,被切字属明纽,如闽武巾、糜亡池、瞀音无;切上字或注音字为明纽,被注字是明纽或微纽。明纽还与定纽混1例,寘音羃。

帮纽、滂纽中切上字分用明显,非、敷两纽开始分离;奉纽和并纽仍为一类,分化较慢;明微混而不分。一二四等韵里被切字和反切上字大都是重唇音,“方、甫”“芳、敷”可切一二四等,切上字切一二四等和三等韵字的界限不明确;合口三等韵的切上字和被切字基本是轻唇音,也有少量重唇音出现,切下字却是轻唇十韵字,轻重唇音混用,如般逋垣;逋,全清帮纽;垣,元韵合口三等。

可见轻唇音非、敷、奉、微已经开始分化,还未完全分离出来,轻重唇音不分,分离速度为帮(非)>滂(敷)>并(奉)>明(微)。唇音声母另有四类:方、芳、蒲、武。

(二)舌音

1. 丁类

A 瘴丁佐抵音底、丁礼牴音底甋丁甘赌丁古儋音担、丁甘断丁管长丁丈;

B 剟都活箌都耗适都历敦音顿、都门;C 柱知父、知女 D 传张具黈张斗;

酘猪芮著陟虑秺音妒、音妬鍉擿音嫡朝音株提音秖浈音贞黕音怛鼎音钉滇音颠涛音辀郸音多魔音嚏柢音蔕甓音登觸音雕荡音说

2. 他类

A 妥他果、他罪剔鬄他计耋他结橐音拓、他忽跅音拓;B 能跆骀音台台音鲐、音胎;C 牓耻格猭耻传;

儋吐甘髡它阖戆丑巷榷頳水辅敕伦魠音托洮音韬撑音掌大音闼郴音绑

3. 徒类

A 啖徒览蚩徒得抟徒端泜徒死踢徒郎跕音蹀蹀徒协鬿徒对膧徒东沓徒荅薵徒南窞徙感;B 髫大聊胎大才;

C 砀音唐突唐屑帑音荡荡唐党；D 长直良黮直感瞪直耕𫓩音纻、直九著音宁、直略、迟朾；

踶杜计懛土介朾丈耕梼跳音桃诛蹑垫音迭庠鳀音题牏音投阗音填钝从金屯声隶音代霆音庭逗音豆棁音夺逐音迪軑音汏镡音谭道音导沾音儋湞音撜躅音擢怼音坠洮音兆佻音肇

4. 乃类

A 妠音纳、奴绀挠奴爪袅奴鸟鲇奴兼摄奴协鞣奴又、女九、如又、音柔腮如允儴如羊大如阏茹音如、汝据袽音如㹆汝均；

B 砮乃固玃乃猱蠰音囊、乃当脮乃罪桡乃教檽乃巨；C 婼音儿、儿遮；

壖而缘猱人周詽音男嗕音辱沾音拈苶音蹑堧音懦

按：

舌音同用129例，其中舌头音104例，舌上音25例，舌头舌上混用少，其中舌头切舌上8例，舌上切舌头5例，混切比例9.2%。

丁类、他类、徒类几组皆不能系联，与《广韵》音切比较可看出各类系联组分别属于端纽、透纽和定纽。丁类和徒类开始分化；他类中切上字分用明显，分离程度较高。被注字是知纽字和澄纽字，可分为两类：一是切上字或注音字是端纽字、定纽字，如长丁丈、泜徒死；二是本纽自切，如醊猪芮、黮直感。可见，三等韵里知组字可读端、知，无法严格地将端知纽、定澄纽分为两类。

泥、娘、日三纽混而不分。A组通过“奴”与“女、如”系联，娘、日未分用，与泥纽关系密切，仍读舌头音。B组“乃”自成一类，被切字是泥纽字、娘纽字和日纽字。娘纽同用1例，混用例多，仍留在泥纽内，而日纽正逐渐分离出来。

一四等韵里被切字和切上字基本都是端组字。二等韵舌音较少，被切字和切上字为知组较少，如朾丈耕、瞪直耕、著迟朾；见于江、耕、庚等。三等韵音例较多，知组自切，或端知混用；见于真、仙、之、鱼、虞、宵、尤等。

三国时期知组正处于由舌头音向舌上音的过渡阶段，舌音只有四类：丁类、他类、徒类、乃类，分离速度为透（彻）>端（知）>定（澄）>泥（娘、日）。

5. 力类

A 戮力幽、音留玲力经珑胧力东礧力罪蒌力朱虑音娄娄音楼、力住膢音楼聆力丁令音连、力政连莲音辇羸音莲、劣随；

B 綮音蠡、来戈琳来金；

岚录含辚怜轸繺良全鸷勑栗塿路禾輻音垒、音雷獠音料、音聊驎嶙音邻旅驴音卢盭沴音戾嘐音恅艆音郎崊音零轆音鹿泠音蛉酃音铃鹨音流缧音螺洌音例轳音落俚音里谰音烂玏音勒鬲音历

按:

力类同用51例,三组互不系联,实属同类,相当于中古来纽,已是独立声类。

来纽切一三四等字,无二等韵字;舌音声纽切一、四等韵和二三等韵略有差异,来纽字切一四等7例,三等12例,可能体现了来纽逐渐向舌音靠拢的特征。

来纽与非来纽混用较多,舌音混6例,沴持轸、郦音蹢、持益、粦音胎、鵗勑乱、蠡如丽;齿音混4例,恾阊草、蚸音夕、思积、豖劣隋;牙音混2例,骊音弓、赣勑用;喉音混3例,鳌音僖、滲下巧、辂胡格。从谐声系统看,非来纽字大多与来纽谐声。

三国时期来纽是单辅音,自成一类。

(三)舌面音

1. 之类

A 淳之纯丞之甑、音拯底之视、之履钊蚳之兖;

B 轵音枳枳氏音支支音祇泜音祇祇音支疷音支针支谌枕针甚葴音针;C 時音止傴慑止叶;

勺音酌、音灼裖音振蛭音质招音翘陼音渚种音勇泩音让著赭咯贳音执砥音旨

2. 昌类

A 茝昌以鉹鉹昌纸;

瞋处辰慑齿叶

3. 时类

A 提音时禔时文瞻赡时焰铤时年上时韦、时掌禔时支慎音震、时震;

迣制音逝䈞顺伦祒音绍汁音什藷音署脽音谁嬗音蝉朱音铢单音善隓音受丞音承

4. 式类

A 帜音式贳式制、音世;

埴音试、音识荼音舒郐音输娠音身说音税蠰音伤车音舍

5. 食类

A 蚀音食荼食邪;

乘绳证视音示

按:

章组同用73例,只出现在三等韵中。之类几组互不系联,同为《广韵》章纽字;昌类、时类、式类、食类中被切字和切上字分别为中古昌纽字、禅纽字、书纽字和船纽字。

章组声纽来源较广,与舌音、齿音及喉牙音关系密切,这是古音残留。章组主要源于端

系，两者相混 10 例，如贞音真、抵音纸、獮丑珍、鸷猪立、折音蜇、邾音朱、抟音专、童音钟、杍昌汝、奓昌氏；端（知）组声组受三等韵介音影响，由舌尖塞音向舌面音转变，开始时间较早。章组部分字与喉牙音和齿音混用 6 例，忮音洎、众许六、螯火各、惴音揣、鞨音折、枳音徙。章组声组分离较快，到三国时期已是独立的声类。

书组与定透组、匣以组、心组相通，混用 7 例，舌音：梴舒连、踼试郎；喉音：蝎手葛、俞音输、榹式支；齿音：齛音世、信音申；切上字或注音字均为书组。

禅组与章组可混用，而船组不与章、昌组通，只与书组相通。禅组与舌音定组：姼音题、齿音从组：噬在至、牙音群组：劭音翘，混 3 例。船组与邪组相混 1 例，旬音唇。定组、群组为浊塞音，从组是浊塞擦音，邪组是浊擦音；可能禅组与塞擦音相近，船组与擦音近，位置分布上禅组是塞擦音，船组是擦音。船禅混 1 例，如淳：视音示，两组分用。

三国时期章组共五类，分别为之、昌、时、式、食。

（四）齿音

1. 子类

A 且子闾杓子吝揟子如揫子由戳音箭箭子贱臧子郎蝍子逸镌子缘孖子思；B 戚将毒湫将蓼赍将啼；C 卒祖忽簪祖感；

D 差音嗟嗟遭哥；E 厕音侧溠侧嫁藉侧及齐侧皆；F 巢庄交笮庄百；G 取音陬陬音诹；H 从音纵纵音总

走族音奏呰訾音紫酂音讚、音赞迮阻格槥即忍浚音醮苴音租毳音蕝葰音璅蕞音纂氏音精挤音跻菑音灾驺音邹沮音俎龃音樝

2. 七类

A 造七到寀七代且七也蹙七历散七各、七路；B 啴音憏憏麤老戚千笠；

揣初委搀音参侵音寝玼音此抢音跄请音清荃音诠削音陗趋音促

3. 才类

A 啐嚽嚽、才曷樯才羊藏才郎臧才郎；B 篹篡音撰撰士眷；

C 崔徂回巢仕交、徂交栈仕板；D 蕲慈敛戕慈羊沮慈吕、辞与燧辞醉；

巉助奄峥侪争嘸祚笑聚字喻嚼在爵崒情律彗似岁清婧音静峋眴音旬酋音酭瘠音渍崪音萃踆音蹲袸音荐钬音从霁音齐席音藉茡音嗣斜音邪还音旋篲音遂汜音祀

4. 先类

A 蹐先聊仏先巩蜙先恭；B 省息井些息计、息贺；C 壻音胥、苏计蹝音屣、音缅屣苏寄；

D 析音斯菥斯历;E 数音速、所具旃所交逮所猎搜所由篩所佳、所饥杀所戒;

僊仙私延洗悉礼蠰思谅繻媭音须缫音骚鳃音葸潩音巽嶲音髓禗音枲朘音揎葌音绥蜤音昔谇音碎撰音选捎音髾

按:

齿音同用 137 例,其中精组 112 例,庄组 25 例。精庄混 7 例,精组切庄组 3 例,庄组切精组 4 例,混用 4.9%。

子类几组不系联,但同属中古精纽;被注字是精纽字,切上字为精纽或庄纽字,如萴侧及;被注字是庄纽字,切上字或注音字同为庄纽字,分离程度高。七类中“千、七”两组被切字和切上字为清纽字;切上字“初”与被切字是中古初纽字。清纽和初纽没有混用,只与精、庄混 2 例,差音嵯、厕音侧;初纽自切例少,可能还未完全分离出来。才类 B 组通过“撰”字递用系联,从崇混用;C 组“仕、徂”系联,被注字相当于中古从纽字和崇纽字;崇纽已开始分化,但与从纽混而不分。先类“先、息、斯”与“所”互不系联,被切字和切上字分别为心纽字和生纽字;“苏”组切上字为心纽字,而被切字属心纽和生纽,心生相混;生纽分而未离。

从切上字分布看,庄组分而未离,且内部发展并不平衡,大体为精(庄)>心(生)>清(初)>从(崇)。

另外,才类 D 组通过“慈”“辞”系联,被切字和切上字相当于中古从纽和邪纽,从邪混 4 例,席音藉、眴峋音旬、荢音嗣;定邪混 1 例,榗徒燮;以邪、影邪各混 1 例,佁嗣理、约音巡。可见,邪纽与舌、齿、喉音相关,并与从纽系联为一类,还未独立。

三国时期齿音声纽只有四类,分别是子、七、从、先。

(五) 牙音

1. 古类

A 横音光光古黄痀古和亘古赠挍古孝会音侩侩古会;B 赣音感、耿弇黔耿弇淦音弇;

C 格音阁假格音各;D 榷音较较音角;E 乾鳡音干干音箢;

敬姜乃绞公才罥工犬皋辜音姑琨棺音贯彍崞音郭睽邽音圭拲音拱泒音孤胲音该瞉音构秸音戛觖音决芵音郊堿音缄唊音颊洼音窐炔音桂苦音盬赗音辜赓音庚观音官挂音卦家音驾裹从衣果声

居类

A 捲音卷卷觠奇员奇居宜蹷居卫莙居筠攈居郡、居群居音基斤其计音基狂居况謇謰刉居展;

B 建音謇、音蹇蹇纪偃己音纪;C 过音戈盅戈者;D 皠音句句音拘、音枸;

賜记被车刚余绚九遇蹷蹶音厥期音朞蘄音机畸音踦揭音羯萬音矩鞼音羁矜音槿浩音合活音括鼈音京頯音龟共音恭

2. 苦类

A 颃苦郎溪苦穴蕵苦圭哙苦壤搞苦学塙苦乐窥苦归蒉音蒯蒯苦怪；B 髂口亚歁口感荳口和；C 蚬音伣、轻甸

闿音开广音旷頞音挈甂音康告音喾踦音垦

去类

A 亟去记鲑去鱼鸠去贫厥去岩钦去瞻；B 屺音起踦起宜诘起一；C 拘欺全娸音欺；D 鹨丘虬卷丘云；

汇空为汽虚乞穷音穹窥音跬曲音龋诎音韁岖音区虚音墟敺音驱

3. 其类

A 暨臮其器黔其严鳍其员揭其逝、巨列茐巨影；B 蹷渠月跻蹷求悲艽音求跪渠委；C 邛音跽、音忌跽奇凡

阮近卷轿旗庙卷犷鸐音权殣勤音觐俅音仇跂音岐萁音期

4. 五类

A 枊五莽睚五卖霓五结敖五高詻音堮、五格睥五夹偶五苟艋五历顩五罪五音伍；B 梧音悟、音忤、音迕；

鄂音咢咢音愕衙音牙鬜音眼鯢音麑犴音岸

鱼类

A 迓鱼据御鱼据鯢鱼一、妍喆吾部音鱼午吾补甗音言、鱼辇崄鱼检聱鱼幽轚鱼威崛倔鱼勿寓五胡、鱼句；B 凝牛蒸仰牛亮；

羲语规檥舣音蚁鰅遇音颙蜺音啮禺音愚岩音严

按：

牙音同用202例。古类、苦类、五类相当于中古见纽、溪纽、疑纽的一二四等字；而居类、去类、鱼类为三等字，从切上字看两类分用明显，位置互补。从用韵上看，一二四等见于覃、效、海、咍、铣、模、桓、铎、侯、灰、山、辖、屑、肴、咸、齐、合、隐、末、卦、果、宕、唐、沃、麻、产韵，三等字见于阮、仙、幽、文、马、迄、虞、止、鱼、月、脂、东、锺、严等；声类用字限定严格，一二四等和三等韵字基本不混用。中古牙音三纽切一二四等和三等时切上字不同，但未分用，故将"古、居""苦、去""五、鱼"分别合并为见、溪、疑，各自成类。"其、渠"不系联，被切字和切上字相当于群纽字，只有三等字。

牙音四组间的混切数量较多,如鹦丘虯,以溪切群是发音部位相同而相混,不能断定群溪为一类,它们的区别体现在是否送气及清浊上。牙音稳定性和独立性强,没有类的混同。

可见,三国时期见、溪、群、疑是独立的声纽。

(六) 喉音

1. 於类和乌类

A 泱於康焉於虔灉於用噫於力缊於问陓於于碨於贿於鸰音乌猰乌继燕乌贤宴乌显媪乌老葳乌乘;

雩一呼鏖意曹饮扲鸠暍音谒痿音踒絪音茵阏音焉呦音窈邑音悒雁音鹰浧音汪醠音翳

2. 呼类

A 锠呼玄夐呼迥鄗呼告矞呼穴好呼报晦呼回熯呼旦孝嗃呼交;

隸虚责晦音灰

许类

A 亨许两徽许韦犅许宜畜许六乡许亮呬许器熇许妖;

雩音虚、况於屎香夷诇朽政肸音壁牺音羲

3. 户类

A 睅音户很户垦号户羔嵘户抨豻户各行户刚、下孟、遐孟杭音行憪下板;B 壶音胡胡音互苋胡练菏胡阿鸿胡公;

C 峘很音恒恒音亘;D 楥音袁、于眷远袁万俻于来瑰于鬼;

蝗衡音横揻械音函骍音捍邯音酣鮖音项瞏音宏浩音昊锾音镮猇音爻姣音效校音効漶音缓剽音环嫭音互熉音殒晕音运棫音域蔧音卫

4. 余类

A 遹音聿、余橘泺余若貐窳余彼俑余肿;B 易音亦、以豉怿射音亦椰以车;C 台羊而褕羊略闰羊氏;

茔嵤音营栘施音移姬异音怡繇音遥、音由阽音檐、音盐戭已震沇音兖允音鈗演音引夜音掖庚音臾冶音野羑音酉栎音药窳音庾樗音郢锖音育赢音盈

按:

喉音共 132 例。於类和乌类、呼类和许类大体相当于中古影纽和晓纽一二四等和三等,界限分明。"於、乌"两类系联为影纽,"呼、许"音值相同,可合为晓纽。"户、胡"合称为匣纽,与"于"不系联;但"于"的被切字为中古匣纽字和于纽字,于组还未完全从匣纽中分立。

“余、以、羊”虽不系联，但自成一类，自切例多。

余类与舌齿音混用较多，如透：佚音铁；精：匜予规；书：俞音输、椸式支；见：遹音橘、共已勇、蛊弋者；晓：营呼宏。可见，于纽来源于喉音，而余纽源自数纽，如舌音、齿音和牙喉音，两个声纽的来源不同，上古不同类，三国时期还未合流。

喉音和牙音的发音部位相近，喉牙内部出现21例混切，于、余不与牙音混。影组6例，斡音筦、音管、倚其绮、骑于岐、黬乌簟、峐音起；晓组4例，汔其乞、濊许废、驹犬县、讙从言藿声；嚣音敖；匣组11例，唊音协、溪音奚、夹音叶、红音绛、刻音核、烘音恭、敳音瑰、系音羿、痫从疒间声、夏音贾、鹄音告。喉牙互转是常见的语音现象，不能因此将两类混同。

喉牙声纽与其他声类都有混用，章太炎指出：“百音之极，必返喉牙。喑者虽不能语，犹有喉牙八纽。语或兜离了戾，舌上及齿，必内入喉、牙而不悟憭。”[①]徐复则进一步说明：“则由今纽在齿舌间者，古音每敛入喉牙。”[②]牙音与唇、舌、齿混11例，如唇：庚必世、脢谦鬼、菅共耕、蒯音裴；舌：谪工革、挠从手尧声；齿：襄故乘、酮音千、磔土榻、义徒学、蓺音褉。喉音与唇、舌、齿音混用21例，如唇：沬音颒、貊子合、子陆、耗音毛、忼音诩；舌：淖音火、诇音侦、虒音豸、辅音葹、直读曰绝、骹土约、匄音大、飕音隈、桡呼劳、夒人周、萎人垂；齿：娄卒鄙、接音挟、荽於为、嶲胡圭、諭音相。

三国时期喉音声纽有四类：影、晓、匣、余。

三、结　　语

三国时期轻重唇不分，只有方、芳、蒲、武四类；舌音知组与端组相混，读舌头音丁、他、徒、乃，娘纽、日纽与泥纽混而不分。来纽独立性强，自成一类。舌面音章组之、昌、时、式、食五纽独立。齿音庄组分离快，但仍未完全分出；且从邪同类，只有子、七、才、先四纽。牙音切上字所切韵字等第不同，分为古类、居类，苦类、去类，其类，五类、鱼类，合为见、溪、群、疑四纽。喉音声纽共六类，于类未分离，余类独立；於类和乌类、呼类和许类为中古影纽和晓纽，户类为匣纽。因而三国时期声类共31类26纽。

三国时期声纽与《广韵》对照，如下表。

---

① 章太炎《国故论衡》，上海古籍出版社，2003年，第29页。

② 徐复《徐复语言文字学晚稿》，江苏教育出版社，2007年，第143页。

表 3-1 三国声纽表

	全清	次清	全浊	次浊	全清	全浊	次浊
双唇音	方(帮非)	芳(滂敷)	蒲(并奉)	武(明微)			
舌尖音	丁(端知)	他(透彻)	徒(定澄)	乃(泥娘日)			力(来)
舌面音	之(章)	昌(昌)	时(禅)		式(书)	食(船)	
齿音	子(精庄)	七(清初)	才(从崇邪)		先(心生)		
牙音	见	溪	群	疑			
喉音	影	晓	匣(匣于)	余			

参考文献:

(一) 古籍

(宋)陈彭年 1985 《覆宋本重修〈广韵〉》,中华书局。

(清)陈 澧 2005 《〈切韵〉考》,广东高等教育出版社。

(清)黄 奭 2004 《黄氏逸书考》,广陵书社。

(民国)黄肇沂 1935 《芋园丛书》,南海黄氏据旧版汇印本。

(隋)陆法言、(唐)王仁昫 2012 《唐写本王仁昫刊谬补缺〈切韵〉》(第三版),广文书局。

(唐)陆德明著,黄焯汇校 2011 《经典释文汇校》,中华书局。

(清)马国翰辑 1990 《玉函山房辑佚书》,上海古籍出版社。

(清)王仁俊辑 1989 《玉函山房辑佚书续编三种》,上海古籍出版社。

(清)王谟辑 1996 《汉魏遗书钞》,上海古籍出版社。

(二) 现代论著

上海图书馆编 1982 《中国丛书综录》,上海古籍出版社。

王 力 2014 《汉语音韵》,中华书局。

徐 复 2007 《徐复语言文字学晚稿》,江苏教育出版社。

章太炎 2003 《国故论衡》,上海古籍出版社。

(三) 期刊、学位论文

丁邦新 1995 《重建汉语中古音系的一些想法》,《中国语文》第6期。

李步嘉 1988 《韦昭〈汉书音义〉辑佚》,武汉大学。

李文涛 2006 《杨守敬〈汉书二十三家注钞·张晏〉校补》,武汉大学。

苏天运 2011 《〈古今字诂〉佚文辑校》,《励耘学刊》第1期。

徐 佩 2004 《杨守敬〈汉书二十三家注钞·孟康〉校补》,武汉大学。

杨 仙 2003 《臣瓒〈汉书音义〉辑佚》,武汉大学。

殷 榕 2004 《苏林〈汉书音义〉辑佚》,武汉大学。

郑贤梅 2011 《如淳〈汉书音义〉辑佚》,武汉大学。

《胎藏梵字真言》的版本与音义

徐美德

（中国人民大学佛教与宗教理论研究所，北京，100872）

提　要：《胎藏梵字真言》是胎藏界蔓荼罗诸尊真言的梵字本，日本昭和初期被收入《大正藏》。本文首先从古典佛教目录学的角度解释了"胎藏"的含义且从梵汉对音的角度来论证梵字本的重要性。为了厘清《大正藏》底本错误的类型，本文穷举性地对底本错误进行分类且加上编号，以便检阅。然后以图表的方式将《大日经》与《胎藏梵字真言》的真言名加以比较，以便明了各真言之间的内在关联。为了读者能够更好地理解真言的含义，本文收入了真言所有的梵字词且标注出其本义，部分专有术语，收入法全义释。

关键词： 胎藏；大日经；大正藏；法全疏

一、"胎藏"的含义

"胎藏"（梵文 garbha、藏文 sñiṅ-po）有"含藏覆护""摄持"的含义①。它作为显部经名首见于南朝梁僧佑《出三藏记集》②。隋费长房《历代三宝记》收入"大乘修多罗有译部"③。在法经《众经目录》④、彦悰《众经目录》中⑤被收入"大乘修多罗同本异译部"，与南朝宋昙摩蜜多《转女身经》、西晋竺法护《无垢贤女经》及北凉昙无谶《腹中女听经》《不庄校女经》同

---

① （日）望月信亨《佛教大辞典》第四卷"胎藏界"条。东京精兴社，1935 年，第 3302—3303 页。

② 《大正藏》第 55 册，第 2145 号，页 9 中 7 载有《胎藏经》一卷，为（西晋）竺法护译，已亡佚，（隋）费长房《历代三宝记》同（第 49 册，第 2034 号，页 64 中 8）。

③ 《大正藏》第 49 册，第 2034 号，页 112 上 7—9。

④ 《大正藏》第 55 册，第 2146 号，页 119 中 9—14。

⑤ 《大正藏》第 55 册，第 2147 号，页 158 下 14—18《转女身经》作《转身经》，无《不庄校女经》。

列。唐代,此经收录于道宣《大唐内典录》[1]、靖迈《古今译经图记》[2]、明佺《大周刊定众经目录》[3]、智升《开元释教录》[4]中。又据智升《开元释教录》,唐义净《佛说入胎藏会》收在“宝集部”《大宝积经》第十四经[5],《贞元新定释教目录》仍之[6]。

“胎藏”作为密教术语,指密教两界(梵语 dhātu,藏语 dbyin)之一。其大部分经典在8—9世纪由留唐僧从中国传入日本,在圆仁大师(794—864)著录中多见,如《承和五年入唐求法目录》载有《大毗卢遮那大悲胎藏大蔓荼罗》一铺[7]、《胎藏曼荼罗手印样》一卷[8]。《入唐新求圣教目录》有七部,除了上述两部,还有《大毘卢遮那胎藏经略解真言要仪》一卷[9]、不空《大毘卢遮那成佛神变加持经莲华胎藏悲生曼荼罗真言集》[10]、《大悲胎藏法曼荼罗》[11]、《大悲胎藏三昧耶略曼荼罗》[12]及《大悲胎藏手契》[13]。

为了保持密教文献的神秘性与纯正性,大量真言、咒语都是被口耳相传而秘密传授,且通过音译[14]保存在北传佛教里。这些音译材料,除了藏文,数量最多的就是汉字音译,可以纠正现存梵本诸多错讹之处,也是今人研究梵汉对音的重要语料。但一方面,“时有古今、地有南北”,依照古代汉字音来推测梵音,对于今天的一般读者来说已经相当困难;另外一方面,由于梵、汉语言系统的截然不同,很多梵语音节在汉语里无法一一区分,如梵音 r, l、ṛ, ḷ、e, ai、o, au、咝音(ś, ṣ, s)。梵语中的浊音送气组(gh, jh, ḍh, dh, bh)在汉语里也只能找相似音替代。在汉字注音本中表示长音的“引”、类似于古代反切的表示复辅音的“二

① 《大正藏》第55册,第2149号,页235中3、页242中3、页293上14—20、页307下5。

② 《大正藏》第55册,第2151号,页354上1。

③ 《大正藏》第55册,第2153号,页395下15、页464上9。

④ 《大正藏》第55册,第2154号,页664中14—15,页698中13;第55册,第2155号页746下29:注曰与《无垢贤女经》文同名异。《贞元新定释教目录》全同,详《大正藏》第55册,第2157号,页1002中4,页1046下13。

⑤ 《大正藏》第55册,第2154号,页584下15。

⑥ 《大正藏》第55册,第2157号,页913下23。

⑦ 《大正藏》第55册,第2165号,页1076上2:五幅白画,又见《慈觉大师在唐送进录》,《大正藏》第55册,第2166号,页1077下26(三幅)。

⑧ 《大正藏》第55册,第2165号,页1076上9。

⑨ 《大正藏》第55册,第2167号,页1081中16。

⑩ 《大正藏》第55册,第2167号,页1083上5。

⑪ 《大正藏》第55册,第2167号,页1084中27。

⑫ 《大正藏》第55册,第2167号,页1084中28。

⑬ 《大正藏》第55册,第2167号,页1084下6。

⑭ 玄奘法师有“五种不翻论”,第一条即“秘密故,如陀罗尼”,见周敦颐《翻译名义集》序,《大正藏》第54册,第2131号,页1055上14。

合”、表示元音的平、上、去、入四声①、表示梵语中的“visarga”的“急呼”多有脱漏讹误。每个经文所使用的注音汉字的不同、同一个译者在不同经文里所用的汉字也不一致，加上流传刻印中出现的诸多错讹漏脱，对真言的记诵及理解就更加困难。所以梵字原本对于理解密教文献不可或缺，文献价值最高。然而由于梵字真言的悉昙字有很多相似的地方，极容易混淆。加上汉、和僧人母语长、短音不分，导致梵字真言在传抄的过程中产生了许多讹误②，诸经中又以《胎藏梵字真言》为最。

二、《胎藏梵字真言》的汉字音义本

《胎藏梵字真言》是《大毘卢遮那成佛神变加持经》③（第 848 号，下文简称《大日经》）的真言集抄，是胎藏界最重要的真言集。其汉字音译本被收入《大正藏》第 18 册的除了本经，可资参考的还有以下十种：

1. No. 849 《大毘卢遮那佛说要略念诵经》唐菩提金刚译。

2. No. 850 《摄大毘卢遮那成佛神变加持经入莲华胎藏海会悲生曼荼攞广大念诵仪轨》④唐输婆迦罗译、正德元年（1711）慧光跋，经文有编号且经末附有悉昙梵字。

3. No. 851 《大毘卢遮那经广大仪轨》亦名《大悲胎藏》唐输婆迦罗译，正德元年慧光跋。

4. No. 852 《大毘卢遮那成佛神变加持经莲华胎藏悲生曼荼罗广大成就仪轨》唐法全撰，正德元年慧光跋。别本卷末有“承安三年（1173）七月一日兴然”。

5. No. 856 《大毘卢遮那成佛神变加持经略示七支念诵随行法》唐不空译。

6. No. 857⑤ 《大日经略摄念诵随行法》唐不空译。

---

① 施向东《梵汉对音与“借词音系学”的一些问题》，《佛经音义研究》2011 年，第 1—4 页。

② 日本正德元年（1711）沙门慧光题跋：“展转传写，舛错颇多……或为防慢法曹，间有其乱脱文。”见《大正藏》第 18 册，第 850 号，页 87 上 6—8。

③ 善无畏、一行译于 724 年〔参看（日）松长友庆《密教经典成立史论》第 172 页〕。汉文经被智证大师圆珍、弘法大师空海带入日本，在日广为传抄研习。其后在日又有大量的《大日经》注疏、解题问世，都对《大日经》进行了详细的阐释，比如一行的《大日经疏》。此经首先被收入万续藏，题为《毗卢遮那成佛神变加持经义释》（第 438 号），十四卷。后来又被收入大正藏，题为《大毗卢遮那成佛经疏》（第 39 册，1796 号）二十卷本，其他注疏参看 Paul Demieville《大正大藏经总索引》no. 2211—2220，2385—2406，2472，2519，2534。《大日经》在九世纪上半叶又被译为藏语（参看 Yukei Matsunaga, *The Guhyasamāja Tantra* p. XIV）。由于藏文《大日经》与现存的梵、汉本差异较大，所以在校正文字方面暂不涉及，详（日）服部融泰《藏文大日经：本文及语汇》。

④ “供养方便会第一”为品名，《大正藏》误入标题，当删。第 18 册之首的总目录删去“第一”，仍误。该册第 852 号，页 108 下 1 同。该经号别本标题删此七字（页 127 中 1），正确。

⑤ 【赵城金藏】No. 1375，【碛砂藏】No. 1466，【高丽藏】No. 1362。

7. No. 858 《大毗卢遮那略要速急门五支念诵法》。

8. No. 859 《供养仪式》。

9. No. 860 《大日经持诵次第仪轨》。

10. No. 861 《毘卢遮那五字真言修习仪轨》唐不空译。

另《大正藏》第853号法全《大毘卢遮那成佛神变加持经莲华胎藏菩提幢标帜普通真言藏广大成就瑜伽》不仅有汉字注音,且附有大部分梵字本义及某些音符的引申义。其一大特色是,他不是按照梵本原来的顺序,而是按照他的《青龙寺轨记》(第855号)加以重新编排。为了避免重复,他将上卷下部分种子字并入下卷相关真言一并解释。

三、《大正藏》的讹误类型

《胎藏梵字真言》在一千多年的流传过程中,其写本众多,目前主要藏于日本寺院(参照文末附录底版),尚无精校。尤其是《大正藏》所采用的底本,即平安时期(794—1191)兴然本讹误百出,质量为诸本最下。其大部分错误是由于悉昙梵字字体的相似而造成的,比如最常见的长短音以及 a 与 o、o 与 o 的混淆。真言中单个梵字的错误,分为以下几种情况,按照梵字字母顺序排列("底"即"底本","倒置"即情况相反。"A"即"上卷上","B"即"上卷下","C"即"下卷","轮"即"字轮","D"即尾卷,汉字后面数字为真言号码):

1. 元音长短:"[illegible]",底"[illegible]"(A23 58,C49),倒置(C52);"[illegible]",底"[illegible]"(A4,C6),倒置(C16);"[illegible]",底"[illegible]"(A68);"[illegible]",底"[illegible]"(A55);"[illegible]",底"[illegible]"(A71);倒置(A71,C41 75);"[illegible]",底"[illegible]"(A60);"[illegible]",底"[illegible]"(A57,B22);"[illegible]",底"[illegible]"(A18 20 62 C23 24);"[illegible]",底"[illegible]"(B59);"[illegible]",底"[illegible]"(A69),"[illegible]",底"[illegible]"(B66);"[illegible]",底"[illegible]"(A23);"[illegible]",底"[illegible]"(C22),底"[illegible]"(A72);"[illegible]",底"[illegible]"(A5);"[illegible]",底"[illegible]"(B10);"[illegible]",底"[illegible]"(A47,C28);"[illegible]",底"[illegible]"(A7,13,C2,15);"[illegible]",底"[illegible]"(A68);"[illegible]",底"[illegible]"(C31),倒置(C85);"[illegible]",底"[illegible]"(B37, 38);"[illegible]",底"[illegible]"(B70,C28),倒置(C31);"[illegible]",底"[illegible]"(C28);"[illegible]",底"[illegible]"(A44);"[illegible]",底"[illegible]"(A40,C28,31);"[illegible]",底"[illegible]"(A4);"[illegible]",底"[illegible]"(A54,C23,40);"[illegible]",底"[illegible]"(C33,47),倒置(A47);"[illegible]",底"[illegible]"(A50 C75),倒置(A41,B14,44a);"[illegible]",底"[illegible]"(A25,27,47,70 B42,C14);"[illegible]",底"[illegible]"(C16),"[illegible]",底"[illegible]"(C58),倒置(B44a);"[illegible]",底"[illegible]"(C79,D11);"[illegible]",底"[illegible]"(B32);"[illegible]",底"[illegible]"(B23);"[illegible]",底"[illegible]"(A2);"[illegible]",底"[illegible]"(A37);"[illegible]",底"[illegible]"(B58,C27);"[illegible]",底"[illegible]"(A4,7,39,49,D11),倒置(B66);"[illegible]",底"[illegible]"(A19,21,C32);"[illegible]",底"[illegible]"(归命句2)。

2. 元音a与e：“”，底“”（C48）；“”，底“”（A2，44，C13）；“”，底“”（B72）；“”，底“”（A61，62），倒置（A22）；“”，底“”（A69）；“”，底“”（A2）；“”，底“”（C45）。

3. 单元音：“”，底“”（C75）；“”，底“”（C30），“”，底“”（C31）；“”，底“”（C77）；“”，底“”（C13，30）；“”，底“”（A40），倒置（A49）。

4. 双元音：“”，底“”（C51）；“”，底“”（C76）；“”，底“”（B28）；“”，底“”（A35）；“”，底“”（A27，C38）；“”，底“”（A61）；“”，底“”（C13）；“”，底“”（C59）；“”,底“”（C29）；“”，底“”（A68）。

5. 辅音形近而误：“”，底“”（A39）；“”，底“”（C28）；“”，底“”（C4）；“”，底“”（B7a）；“”，底“”（轮1）；“”，底“”（轮6）；“”，底“”（轮6）；“”，底“”（轮6）；“”，底“”（C26）；“”，底“”（A36）；“”，底“”（A72），倒置（轮1，2，3）；“”，底“”（C87）；“”，底“”（B42）；“”，底“”（轮4）；“”，底 ”（C56）；“”，底“”（B47）；“”，底“”（A63，71，B18）；“”，底“”（A5，C22）；“”，底“”(C82)；“”，底“”（A72）；“”，底“”（C35）；“”，底“”（A70）；“”，底“”（C4）；“”，底“”（A72)；“”，底“”（C28）；“”，底“”（B70）；“”，底“”（C61）；“”，底“”（A1，4，20，23，C34）；“”，底“”（C14）；“”，底“”（C82）；“”，底本“”（C56）“”，底“”（B48）；倒置（轮3）；“”，底“”（C41，轮3）；“”，底“”（A4，7，B57a）；“”，底“”（B57）；“”，底“”(B42 C56)；“”，底“”（C23）；“”，底“”（C74）；“”，底“”（C13）；“”，底“”（C21）；“”，底“”（A72）；“”，底“”（C21）；“”，底“”（C4）；“”，底“”，“”，底“”（A2，19，C25）；“”，底“”（B30）；“”，底“”(B57a)；“”，底“”(B68)；“”，底“”（D11）；”，底“”（A32，C30，43，44）；“”，底“”（B54）；“”，底“”（A69）；“”，底“”（A65）。

6. “r”头音的有无：“”，底“”（C63）；“”，底“”（A5）；“”，底“”（A14）；“”，底“”（A37）。

7. “ṃ”的脱漏：“”，底“”（C28）；“”，底“”（B62）；“”，底“”（A26）；“”，底“”（A39，C46，49）；“”，底“”（轮6）；“”，底“”（C67）；“”，底“”（C49）；“”底“”（A14）；“”，底“”（B46）；“”，底“”（C40），“”，底“”（A36）；另，“”，底“”（C22）。

8. “ḥ”的有无：“”，底“”（B59）。

9. 衍一字:“𑖂”,底“𑖂𑖂”(C79);“[illegible]”,底“[illegible]”(C44);“[illegible]”,底“[illegible]”(B65)。

四、与《大日经》中的真言名比较

《胎藏梵字真言》在《大正藏》分为上、下两卷,上卷上(A)、上卷下(B)各 72 条、下卷(C)87 条真言。《大日经》(T 848)与《胎藏梵字真言》(T 854)的对应如下:

T 854 A1—20 相当于 T 848 卷一、二“入漫荼罗具缘真言品第二”,A21—B66 即第二卷“普通真言藏品第四”,B67—69 即第三卷“悉地出现品第六”,B70—72 即第三卷“转字轮漫荼罗行品第八”,C1—87 即第四卷“秘印品第九”。图表见文末附录(斜体字即据校本补正)。

(一)三部分互有共同点的真言

秘印品(下卷)		入漫荼罗具缘真言品(1—20) 普通真言藏品上(21—72)	普通真言藏品下
T 848	T 854 C1—86	T 854 A1—72	T 854 B1—66
无等三昧力明妃	1. 无等力三昧	6. 入佛三昧耶	
净法界	2. 法界生	7. 法界生	12. 法界
法轮	3. 法轮	8. 金刚萨埵	
	8. 如来顶	17. 如来顶相	
一切佛悲生眼	14. 悲生眼	10. 如来眼	11. 虚空眼
大界	21. 大结界	72. 大结界	
无堪忍大护	22. 无堪忍大护	5. 大力大护明妃	
普光	23. 普光	20. 如来圆光	
如来甲	24. 如来甲	18. 如来甲	
如来舌相	25. 如来舌	19. 如来舌	
慈氏	33. 慈氏菩萨	22. 弥勒菩萨	
虚空藏	34. 虚空藏	23. 虚空藏	
除一切盖障	35. 除盖障	24. 除盖障	7. 除盖障
观自在	36. 观自在	25. 观自在	8. 观自在
得大势	37. 得大势至	26. 得大势至	17. 得大势
多罗尊	38. 多罗菩萨	27. 多罗尊	15. 多罗尊
毘俱胝	39. 毘俱胝	28. 毘俱胝	16. 毘俱胝
白处尊	40. 白处尊	29. 白处尊	18. 白处尊

续表

秘印品(下卷)		入漫荼罗具缘真言品(1—20) 普通真言藏品上(21—72)	普通真言藏品下
何耶揭哩嚩	41. 何耶揭哩婆	30. 何耶揭嘌嚩	19. 何耶揭哩婆
地藏菩萨	42. 地藏菩萨	31. 地藏菩萨	
圣者文殊师利	43. 曼珠室利	32. 文殊师利	10. 妙吉祥
光网钩	44. 光网菩萨		22. 光网
继室尼刀	46. 计设尼		33. 计设尼
优波髻室尼戟	47. 乌波计始尼		34. 乌婆计设尼
地慧幢	48. 地惠幢		36. 财慧童子
诸奉教者	50. 不思议童子	39. 一切奉教	55. 诸奉教者
除疑怪金刚	51. 大爱乐①		37. 除疑怪
施无畏 施无畏者	11. 施无畏 52. 施无畏		38. 施一切众生无畏
除恶趣	53. 除恶趣		39. 除一切恶趣
救护慧	54. 救护惠		40. 哀愍慧
大慈生	55. 大慈生	12. 华供养	41. 大慈生
悲念者	56. 悲施润		42. 大悲缠
除一切热恼	57. 除一切热恼		43. 除一切热恼
不思议慧	58. 不思议惠		44. 不思议慧
地藏旗	59. 地藏旗		44a. 地藏旗(T 854)
宝处	60. 宝处		45. 宝处
宝手菩萨	61. 宝手		21. 宝掌 46. 宝手
持地	62. 持地	2. 持地	47. 持地②
宝印手	63. 宝印手		48. 宝印手
发坚固意 金刚拳	64. 坚固意 73. 金刚拳		49. 坚固③意
虚空无垢菩萨	65. 虚空无垢		50. 虚空无垢

① 亦名“除疑怪”。
② 该条后面有“复次真言曰”。
③ “固”,《大正藏》作“内”,据底本原校改。

续表

秘印品(下卷)		入漫荼罗具缘真言品(1—20) 普通真言藏品上(21—72)	普通真言藏品下
虚空慧	66. 虚空惠		51. 虚空慧
清净慧	68. 清净惠		52. 清净慧
行慧①	69. 行惠		53. 行慧
安住慧②	70. 安住惠③		54. 安慧
	71. 金刚手	33. 金刚手	9. 金刚手
执金刚	72. 执金刚	63. 不动主 38. 一切持金刚	6. 不动尊
忙莽鸡		34. 忙莽计	
金刚锁		35. 金刚锁	
忿怒月黡	5. 降三世	36. 金刚月黡 64. 降三世	
金刚针		37. 金刚针	
无能胜	74. 无能胜	70. 不可越守护门 44. 无能胜妃 43. 无能胜	31. 无能胜
阿毘目佉	75. 阿毘目佉	71. 相向守护门	
释迦钵 释迦牟尼大钵	76. 释迦牟尼钵 10. 大钵	40. 释迦牟尼	23. 释迦牟尼
一切佛顶④	77. 一切佛顶	42. 一切诸佛顶	24. 三佛顶 25. 白伞佛顶 26. 胜佛顶 27. 最胜佛顶 28. 火聚佛顶 29. 除障佛顶
一切阿修罗	78. 阿修罗		63. 诸阿修罗
一切药叉 药叉女	80. 药叉 81. 药叉女		60. 诸药叉女

① 前有“如前莲华印”。

② 前有“同前青莲华印”。

③ 《大正藏》作“同前”。

④ 此印后面还有诸印,不过没有真言,此处比较从略。

续表

秘印品(下卷)		入漫荼罗具缘真言品(1—20) 普通真言藏品上(21—72)	普通真言藏品下
昆舍遮 昆舍支	82. 昆舍遮 83. 昆舍支		61. 诸昆舍遮
诸罗刹娑	86. 诸罗刹娑	50. 罗刹	58. 罗刹娑
诸荼吉尼	87. 诸荼吉尼		59. 诸荼吉尼

(二) 孤立的真言

秘印品(下卷)		入漫荼罗具缘真言品(1—20) 普通真言藏品上(21—72)	普通真言藏品下
与愿	12. 与愿		
	13. 怖魔		
大慧刀	4. 大慧刀		
胜愿索、钩	索、钩		
如来心、脐、腰、藏、语门、牙、辩说、持十力、念①处	如来心、脐、腰、藏、语、牙、辩说、十力、念处	1. 洒净 13. 烧香 11. 涂香 15. 灯明 14. 饮食 9. 金刚铠 16. 阏伽	15. 大勤勇 16. 水自在 35. 质多童子 20. 耶输陀罗 57. 净居天
一切法平等开悟	平等开悟	67. 普一切诸佛菩萨心	56. 诸菩萨所说
普贤如意珠	如意珠	45. 地神	32. 地神
无垢光	无垢光	21. 无碍力	70. 无碍力明妃 72. 无能害力明妃
请召童子	49. 请召童子	62. 虚空眼明妃	68. 虚空藏明妃
乾闼婆	79. 乾闼婆	68. 普世明妃	30. 世明妃
一切执曜	84. 一切执曜	69. 一切诸佛	62. 诸部多 65. 诸紧那罗
一切宿	85. 一切宿命	66. 诸缘觉 65. 诸声闻	64. 诸摩睺啰伽 66. 诸人

除此还有些孤立的真言，如 A46—61 的诸神、龙、罗刹，B1—4：菩提、行、成菩提、涅盘

① “念”，宫本作“相”。

等。又如第 69 条“满足一切金刚字句”、71 救世者，C5—9 法螺、莲花、金刚大惠、如来顶、毫相等只有归命句及种子字,无法进一步比较。

五、《胎藏梵字真言》词汇表

本表录入《胎藏梵字真言》的所有词汇,除了高频使用的 namaḥ(南无)、samanta(诸)、buddha(佛)、vajra(金刚)、svāhā(娑诃)、mahā(大)、tathāgatā(如来)和 dharma(法)外,其他词汇均列出出处,以便查阅。

1. 真言与本词汇表不同的地方,以词汇表为准(怀疑底本有误,然暂无版本依据)。
2. 首字母大写为佛教专有名词。
3. 汉译力求简洁,只列一个最接近真言含义的意义。加粗的意义来自《法全疏》。

agni A3 火
acala A4 B72 -na B6a 不动
acintya B44 C28 不思议
ajitaṃjaya A22 C33 战胜不可战胜
adbhuta C28 秘密,奇迹
adhipati A50 C86 主,王
adhimukti C4 C15 信任 信解
adhiṣṭhāna, adhiṣṭhita A2 所依,持
ananta A17 C65 无尽、无量
anugata A1 13 21—j23 72 B70 72 C31—j34 随从,得知
anujñāta A72 教
apara B66 其他、后面、西方
aparājita A44 B31 无能胜
apratisama A1 B70 无能比
apratihata A5 35 72 C16 22 无能害
abhāva A5 无
abhimukha A71 C75 相对
abhyudgata A12 24 B41 C13 30 35 生
abhyuddharaṇi C53 救 举
amala B50 无垢
amāṃ-pati A56 水之主=龙王
amṛta C18 不死 甘露
amogha A62 不空
arci A15 C23 光芒
avalokita A25 B8 C36 观
aśanīy A60 噬食
asama A6 B72 C1 无与伦比
asura A68 B63 阿修罗
ahaṃ A7 A8 B2 C3 我
ākarṣa-ya A68 C49 吸引力 招召
ākāra-vant D7 有形的
ākāśa A23 C34 空间
ājñā-na C46 C49 智
ātma-ka A8 C3 C12 身
āditya A58 日(神)

āmreḍita B42 C56 重复,念
ālaya C69 藏
āveśana A67 怒,骄,入
āśā(āśaya) A22 B40 49 C33 58 愿
iccha B66 愿
iṣad C67 稍微,一点
īśvara B8 C80 īśvarya C84 īśvari D9 主,自在
udaya C26 高
udgata A62 B68 C55 扩展 更无比
udbhava A11 27 35 C13 17 18 38 61 源
upakeśinī B34 天女名(Apsaras)
upasthāna C30 出现
uvāsa B57a 住
uṣṇīṣa B24 26 27 29 佛顶
audārya A15 C15 大,无限量、如空
kathana B57 讲述
-kara A5 B45 C71 -karāya A68 造
karuṇā B42 C38 56 悲 -maya A25 C14 36 性
karma A65 业
kavaca A9 甲
kasita vi- C67 张开
kāla A53 黑
kim 为何 -cid C67 任何一个
kiṃkara A39 kikarāṇa B55 奉者,佣工
kiṃnara A68 kintara B65 紧那罗
kumāra-ka A32 C43 44 45 49 男孩
kumārikā C46 47 女童
kuru A70 C49 74 做
kuvalaya C67 莲花(蓝色的水百合)
kuśā C16 钩
ketu C48 光,幢
keśinī B33 长发,天女名
kleśa A40 C76 痛苦
khaḍga C4 剑
khāda A39 -ya A70 71 C41 74 75 吃
gagana-B72 C14-ka B68 虚空
gata B52 C44 逝
gati A68 C45 82 集,趣
gatiṃgata D1 超越无尽法界
gandha A11 香
gandharva A68 乾驮卫
garala B64 -ya C78 蛇毒
garūḍa A68 金翅鸟
gṛhṇa A39 71 到达
gocara C65 域 行
graha C84 星宿 行
cakravartin C66 转轮
cakṣus A10 C14 眼
caṇḍa A33 63 C72 怒
pra-A18 71 C24 75 大怒
candra A59 月,不死
cara A72 动
caryā B2 C16 行迹
cāritra B53 行
citra B35 光,明
cirāy A39 71 C75 犹豫
chedaka C4 51 切
jaya B26 jayaṃti A34 44 胜

jala B14 水

jālinī B22 网

jina C11 胜利的

jihva A19 C25 舌

jñāna C17 27 47 48 智

jyoti C84 光

jvāla A18 20 62 C23 24 光,火

ḍākini B59 C87 荼吉尼

taḍita A44 击打 摧伏

tathāgatājña A70 C74 如来智

tadyathā B70 谓

Tārā A27 B15 C38 多罗

Tāriṇī A27 C38 多罗女 度

tejas B30 光,火

traka A63 坚固

traya B24 三

tralokya B5 trai-lokya A64 三世

trāsani A28 C39 恐惧

trisama A6 C1 三位平等

datta B44 -dada B38 C52 授

daṃṣṭra C27 齿

daya C46 与愿

daśa-(d)diśa A72 C13 29 十方

dāha B43 燃烧

durdharṣa A70 C74 恐怖 不可越

dṛḍha B49 坚固

dṛṣṭi C4 看

deva A68 天神 devī B15 女神

dhaka A72 光威

dhara C29 D7 11 dhāraya D7 被着持

dharaṇin-dhara(ṇa) B47 C62 持地

dhātu A1 7 13 69 B12 C2 15 53 D1 界

dhāraṇī D7 陀罗尼

dhīra B53 智慧

dhyā-śāya B49 意地

nakṣatra C85 星宿

Nandopananda A61 二龙名

nāga A68 龙

nāśana C11 摧灭

nir(j)jāta A4 5 17 21 65 69 72 C4 15 22 32 nirjita C63 生

nirvāṇa B4 涅槃

nirvedhana A37 穿透

niṣūdana A40 C76 痛苦去除

nīvaraṇa B7a 盖障

pañca B29 五

paṇḍara B18 白

patha A32 C43 路

padma A29 C40 69 莲

parama B72 最高

paritrāṇa B40 救

paripūraka B44a C16 58 paripūraya A39 充满,完成

pariśuddha A2 纯净

pāṇi B9 21 46 手

pāśa C15 索

piśāca C82 piśācī B61 C83 毘舍遮,厕神

puṇya A6 C22 功绩

pūrvat C67 pūrvavat C70 先端

pṛthivī A45 B32 地

prakṛti A1 2 自然物
prajā-pati A57 梵天，一切众生主
pratijñā A32 39 C43 46 54 立誓 本愿
pratiṣṭhita A19 C25 决意 成就
pratisaṃdhi C28 连结
pratyaya A65 缘
prāpta A41 C57 84
ā- A4 C28 31 76 达到
prabhā B22 光
pravara A72 所证
praśama A4 -na B43 致静
prasara C15 普
bandha -ya A35 72 锁、链
bala A5 C13 22 29 力 -vat C13 有力
bali A14 供品
bodhi B1 C16 31 菩提
bodhisatva A67 B56 菩萨
bhagavat A72 D7 薄伽梵
bhaṃja C41 打破
bhaya A5 28 B38 C11 22 39 52 恐惧
bhindaya C47 分裂 穿
bhisāra A62 坚不可坏
Bhūta B62 部多
Bhṛkuṭī B16 毘俱胝
mati B36 40 44 51—53 C48 慧
vi- A69 C51 无慧 痴
manu-ṣya A71 B66 C45 75 人
manomaya B66 精神构成的
mano-rama B57 美
ma(n)tra C70 曼陀罗
maya C84 以…构成的、性
mahoraga A68 B64 大蛇(神)
mahāsvāma B17 大势
mātṛ A54 母
māya C44 幻
mālini A20 27 C23 40 花鬘
mukha B72 口，面，门
Muṃjuśrī B10 文殊师利
mudrā B48 C67 印，符号
mṛtyu A52 死
megha A60 云，群
maitra A12 maitry B41 C13 慈
moṭa A35 束，捆
yakṣa A68 B60 C80 81 药叉 食
yakṣiṇī B60 C81 药叉女
yathokta B56 如前所说
Yaśodharā B20 耶输陀罗
yoga yogin D9 连接 瑜伽
rakṣa A5 C22 护
raṭaṃ B63 行
ratna B21 45 46 48 C61 63 宝
rasana B38 吼、味 rasāgra C27 最妙味
rākṣasa A50 B58 C86 罗刹
rātrī A53 夜
rāśi B28 集
rāṣṭrī B30 妃 rāṣṭra 国
rudra A47 吼 暴恶 雷神
rūpa C28 形、色、相
roṣaṇa A33 63 70 72 74 怒
lakṣaṇa A62 B70 C14 相，特征

labdha A72 获
lellupuri A72 C21 宫
loka B30 世界
lokāloka A68 世界与非世界
locana B11 眼
vaktra C26 说
vakṣa C28 增长
vabhāsana A15 诸暗
vara 愿 A23 62 C14
 -ja A21 生
 -da A37 41 C12 57 胜愿与
 -dhara C34 地
vaśita A40 C76 驾驭
vasu B36 C48 财
vāyu A48 风
vāsinī B18 住
vāhini C79 牵,带
vikiraṇa A69 B29 除弃
vikurū vikule A72 C21 除垢
vigata A5 65 C22 失
vighna B7a 障碍
vicitra A23 68 C34 45 多彩美 杂色
vijaya A64 72 B5 29 胜 无能胜
vida A67 D8 11 知
vidyā 明 -dhara B60 C81 持
vibhava B66 离生 解脱
vimala A2 离垢
vimukti A32 C43 超脱
vimohaka C15 痴除
viraja C4 32 净无欲 离尘垢障
virāga C4 齐物 无欲
viśuddhi A1 11 17 B52 C28 79 净
viśodhana A1 净
viśva C26 A5 B67 72 C22 全 种种
viṣaya A29 64 C27 40 域 境界
Viṣṇu A46 毗湿奴
visphura A18 C24 裂开(= visphara)
vismaya A64 C59 惊
 -nīya C50 不思议
vihasana B40 65 发笑
vīra B13 勇
veda D8 11 知识
vaivasvata A51 阎魔 坚住
vyavalokaya A10 观察
śakra A55 能,帝释 增进
śākyamuni B23 释迦牟尼
śānti-kara A4 平静 -gata A4 归平静
śuddha B57a 净居天
śrī B55 神圣
sat-kāya C4 有身
satya A19 C25 D11 真
satva A22 24 B38 C15 30 33 35 53 有情
sama A1 B70 等
samaya A6 62 71 72 C1 75 D7 时,宗
samāpta D11 达到,a- D1 未尽
samāsama A16 40 C30 76 等与非等
saṃgha D11 僧伽
saṃdarśa C4 观
saṃprāpaka C27 得
saṃbodhi B3 三菩提

saṃbhava A29 62 64 B57 C19 27 40 64 68 73 因,生

sarasvatī A49 河神 美音

sarva- 一切

-ta A62 处

-tra A35 72 B72 C16 到处,一直

-thā A5 69 B67 68 C11 22 D1 11 总之

sitātapatra B25 白阳伞

sīman A72 B68 界限

sutanu A31 C42 极瘦 健陀卫

sūci A37 针

sthita A32 C43 44 静止 善住

sthira-buddhi B54 C70 坚意

sthāpaya D11 使起(caus.)

sphaṭya A 28 30 63 C39 41 破碎

sphara-ṇa, sphuraṇa A15 17 B68 普遍

sphoṭaya C73 爆裂 打破

smara A32 71 C43 45 46 48 54 75 忆-ṇa A2 72 B72 忆

smṛti C30 D7 忆

sva-ka D11 自

sva-cetas C55 己思

sva-bhāva A4 7 C2 44 自性

svara C28 言音 svāra C79 音

haya-grīva B19 马头

hasana B37 65 笑

hasta B48 手

hita A24 C35 hitva C30 利益

hṛdaya A67 68 心

hetu A65 因

意义不详:

nirjya-daniya C85

balā-dhāna-kari D7

参考文献:

梵字贵重资料刊行会 1980 《梵字贵重资料集成》,东京美术出版社。

(日)服部融泰 1931 《藏文大日经:本文及语汇》,西藏译经典出版所。

(日)高楠顺次郎 1935 《大正新修大藏经》,东京大藏经刊行会。

施向东 2011 《梵汉对音与"借词音系学"的一些问题》,《佛经音义研究》,凤凰出版社。

(日)松长友庆 1980 《密教经典成立史论》,京都法藏馆。

(日)望月信亨 1935 《佛教大辞典》第四卷,东京精兴社。

Paul Demieville 1978 《法宝义林别册 · 大正大藏经总索引》,东京日佛会馆。

Yukei Matsunaga 1978 *The Guhyasamāja Tantra*. Osaka: Toho Shuppan Inc.

附:图版①

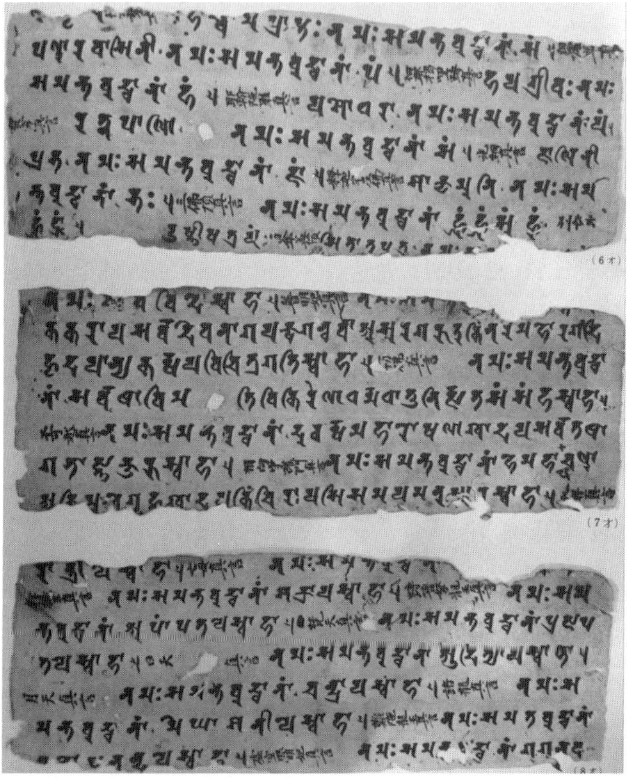

图版 1　智证大师将来本　大津园城寺

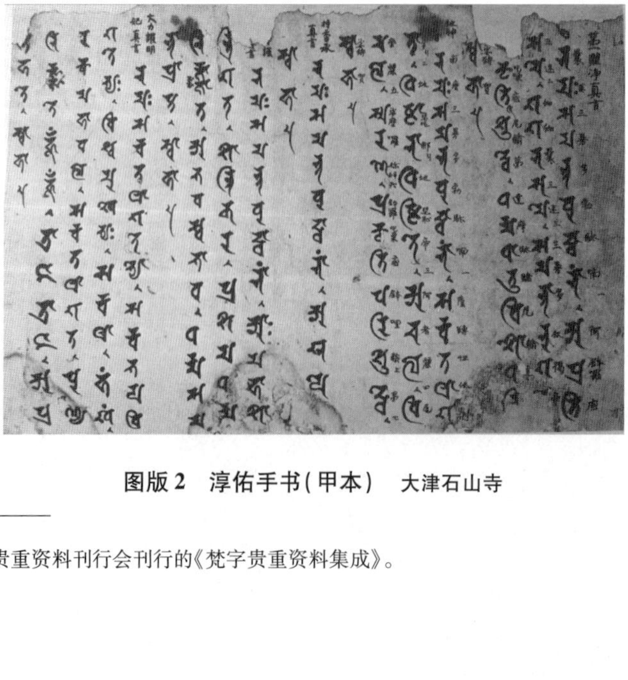

图版 2　淳佑手书(甲本)　大津石山寺

① 图版摄自梵字贵重资料刊行会刊行的《梵字贵重资料集成》。

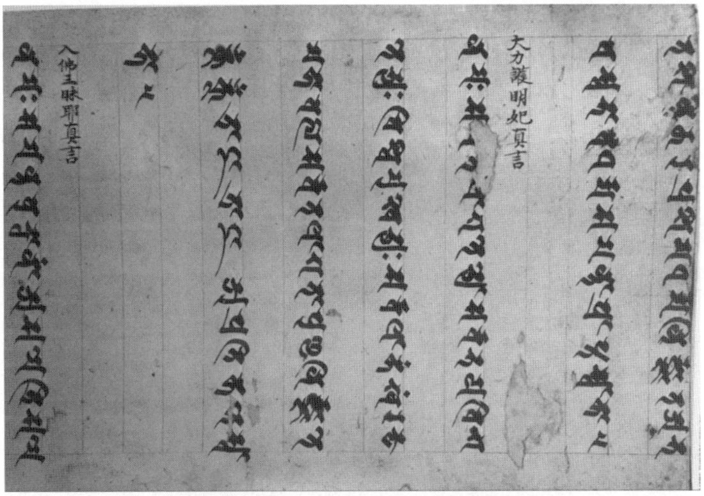

图版 3　淳佑乙本　大津石山寺

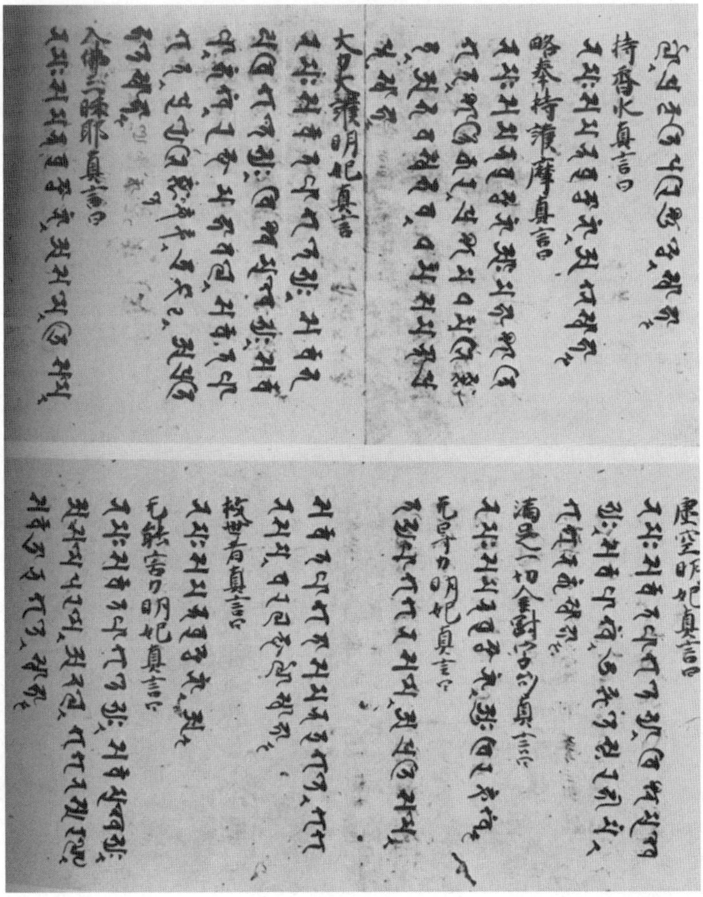

图版 4　高野山本

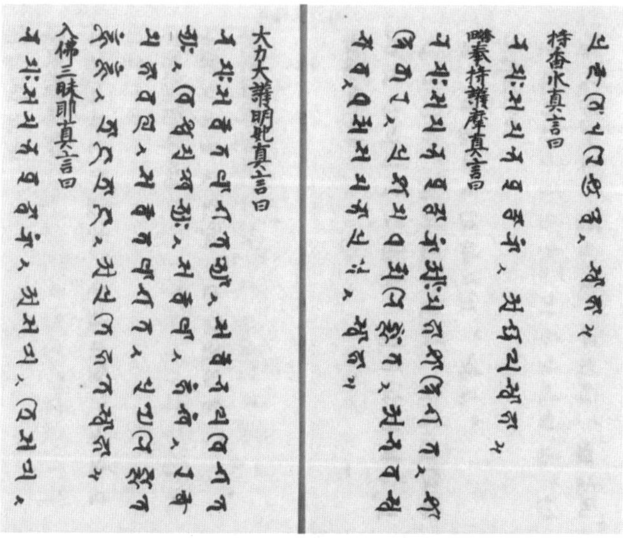

图版 5　杲宝-长谷宝秀 大师御请来梵字本

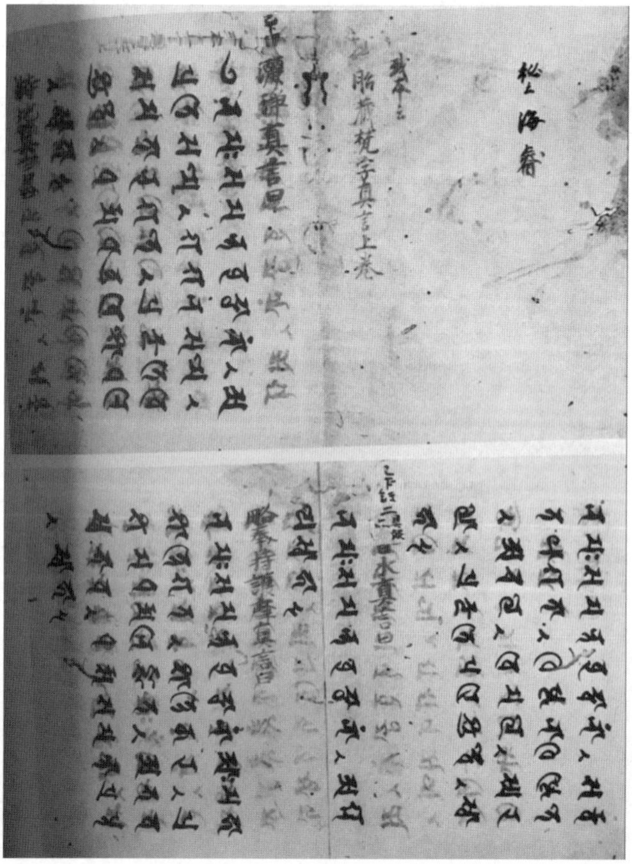

图版 6　贤宝大师本　东寺金刚藏

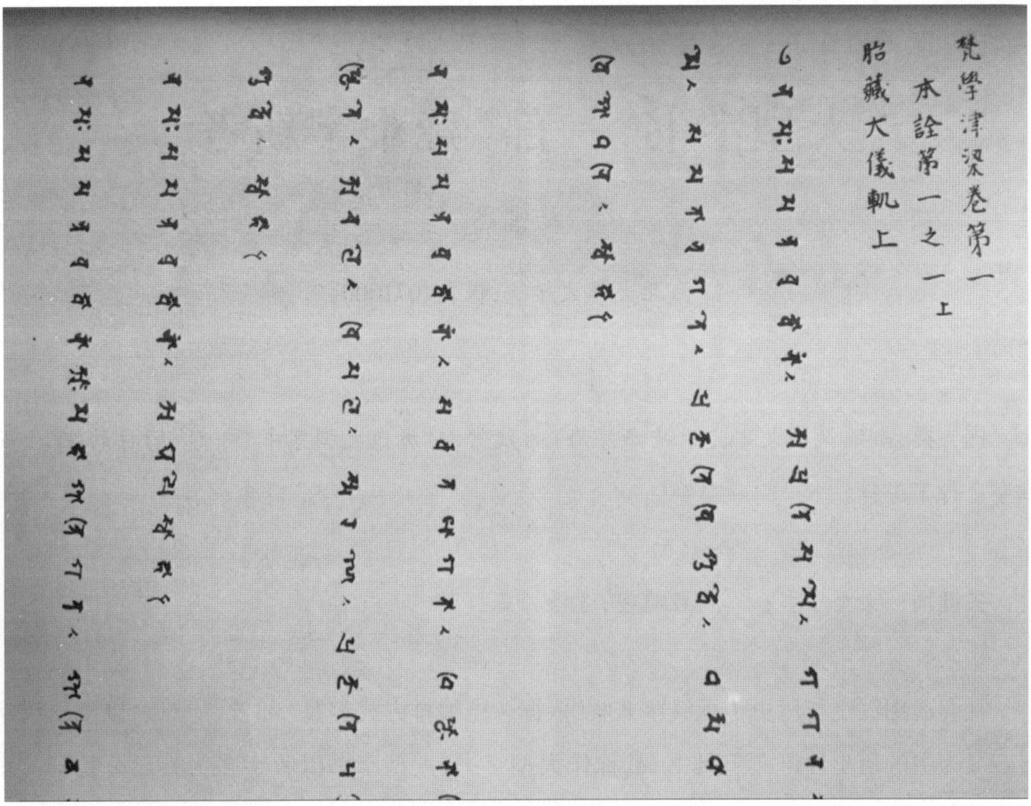

图版 7 慈云本《梵学津梁》一

大型字书“一部”疑难字新考*

杨宝忠

（河北大学文学院，保定，071000）

提　要：以《汉语大字典》《中华字海》为线索，对历代大型字书“一部”贮存的12个疑难字进行了考释。

关键词：大型字书；一部；疑难字；考释

社会通用汉字与历史传承汉字兼收、依据一定编排方式编纂（部首、韵等）、以解释汉字形音义为主的历史性语文工具书，被称作大型字书，大型字书以收字多为其显著特征。东汉许慎《说文》、南朝顾野王《玉篇》、辽释行均《龙龛手镜》、北宋陈彭年等《广韵》、丁度等《集韵》、金韩道昭《四声篇海》，清张玉书、陈廷敬等《康熙字典》，当代《汉语大字典》、《中华字海》、台湾地区《异体字字典》、林尹等《中文大辞典》，（日）石川鸿斋《日本大玉篇》、（韩）金赫济等《汉韩明文大玉篇》等，都属于大型字书。

疑难字是指一般人不认识或认错的字。疑难字在字典辞书里的贮存情况可分为两类：一类是音义不全或明确注明音未详、义未详、音义未详的字，这一类字人们一翻字典辞书便可知其为疑难字，我们把它称作“显性疑难字”；还有一类字音义俱全，表面看来，它和正字没有什么区别，其实它本有正字存在，只是由于种种原因，它和正字失去了联系，人们已经意识不到它是哪个正字的变体，这类字具有隐蔽性、蒙骗性，我们把它称作“隐性疑难字”。显性疑难字的研究与考释固然重要，而隐性疑难字由于大量贮存在重要的字典辞书中（如《玉篇》《广韵》《集韵》等），欺骗性强、负面影响大，对这些疑难字的研究与考释应该说意义更为重大。

* 本研究得到国家社科基金冷门“绝学”和国别史研究专项“大型字书疑难字汇考”（项目编号：2018VJX082）的经费支持。

由于传刻失误与编纂失误，大型字书贮存下来了成千上万的疑难字。自1990年八卷本《汉语大字典》出版后，学界对于大型字书疑难字的考释工作便蓬勃兴起，先后产生了一批考释成果，疑难字考释的总量超过一万。尽管如此，大型字书中仍有不少疑难字有待考释；已有考释成果虽然整体水平较高，但由于条件限制，其中仍有一些考释证据不足甚或结论错误有待补正者。

本文以《汉语大字典》《中华字海》为线索，对历代大型字书《一部》贮存的部分疑难字试作考释。不当之处，敬请读者批评指正。

01　丐

jiā　音家。义未详。见《篇海》。（《字海》2A）

按：金刻元修本《篇海》卷首《已丑重编杂部》：“丐，音家字者也。”（8上）成化本《篇海》卷首《辛卯重编增改杂部》：“丐，音家字。”（572上）正德、万历本同。《新修玉篇》卷三十《龙龛杂部》引《川篇》：“丐，音家。古文。”（242下）《古文四声韵·麻韵》引崔希裕《纂古》“家”字古文作“丐”（文渊阁本作“丐”，与“乞丐”字同形）。据此，“丐”即古文“家”字。然“家”字古文何以作“丐”，所未详也。

02　仨

zuò　音坐。义未详。见《字汇补》。（《字海》3C）

按：《字汇补·二部》：“仨，即戈切，音侳。义阙。见释藏《尊胜神咒》。”（461上）此《字海》所本。《字汇补》“仨”字即戈切、音侳，乃平声字，当拼读作zuō；《字海》拼读作zuò，不确。《字汇补》谓“仨”字见《尊胜神咒》，《尊胜神咒》当即《佛顶尊胜陀罗尼经》之异称。检大正藏罽宾国沙门佛陀波利奉诏译《佛顶尊胜陀罗尼经》，未见“仨”字，而神咒中“左”字三见：“阿鼻诜左覩輸（十六）素蘖哆（十七）嚩啰嚩左曩（十八）……难（上）左迦野（六十七）”，东寺三密藏古写本《佛顶尊胜陀罗尼》梵文作“च（ca）”，汉语音译作“左”。颇疑《字汇补》“仨”字即“左”字传刻之异者。

03　勿

lì　音利。义未详。见朝鲜本《龙龛》。（《字海》3C）

按:朝鲜本《龙龛》卷八《一部》去声新增字:"匆,音利。"(314 下)此《字海》所本。成化本《篇海》卷八《勿部》引《奚韵》(原作"●",正德、万历本同;金刻本作"◑",当是"◐"误刻,"◐"代替《川篇》):"匆,音邪。"(708 下)《新修玉篇》卷十七《勿部》引《川篇》亦云:"匆,音邪。"(149 上)此"匆"字之早见者,盖朝鲜本《龙龛》"匆"字所从出。朝鲜本《龙龛》部首设置依据行均《龙龛》不设"勿部",故"匆"字改归"一部",而转录过程中又误直音字"邪"为"利"也。"匆"音邪,有可能为"𠣾"字异构。《龙龛》卷四《杂部》:"𠣾,息邪反。少也。"(544)"𠣾"字从勿从少,"匆"字从勿从一,"一"之为数亦少,是二字构形理据相似;"𠣾"字息邪反,"匆"字音邪,二字读音相近。

04 戸

bó 《龙龛手鉴·二部》:"戸,音伯。"(《大字典》19A)

bó 音波阳平。义未详。见《龙龛》。(《字海》4A)

按:《字海·爪部》据《篇海》收"**𤔁**"字,注云:"**𤔁**,bó 音波阳平。义未详。见《篇海》。"(894B)《丛考》云:"此字除爪旁十四画,而《字海》原书列在十一画下,字形有误。查《篇海》卷一三《户部》引《川篇》:'**㞊**,音伯。**巨**,同上。'当即《字海》所本,'**𤔁**'当据正作'**㞊**'。又按:《龙龛》卷一《亠部》:'**亡**亣:二古文,音百。'同书第三卷《二部》:'**㐃**戸:音伯,二同。'这些字读音相同(《广韵》入声陌韵"伯""百"皆有博陌切一读),当皆是一字之变。《字海》未收'**亡**'与'**亣**'字,而又未沟通'**㐃**''**戸**'与'**㞊**''**巨**'的异体关系。"(639)"**亡**""**亣**""**㐃**""**戸**"形近音同,当是一字之变。《古文四声韵·陌韵》引崔希裕《纂古》"伯"字古文作"**𠑹**","**𠑹**"字起首两点连作一横,因变作"**㐃**"字。"**戸**""**亡**""**亣**"又"**㐃**"字转写之异者。"伯"字古文何以作"**𠑹**",《隶定古文疏证》谓"待考"(170)。《古文四声韵·陌韵》引《古老子》"百"字作"**𦣻**","**𠑹**""**𦣻**"音同形近,"**𠑹**""**戸**""**亡**""**亣**""**㐃**"疑皆"**𦣻**"字所楷定。《新修玉篇》卷一《上部》引《龙龛》:"卢,音伯。"(8 上)《篇海》卷十二《上部》亦云:"卢,音伯。""卢"亦"**𠑹**"字转写之异者。《字汇补·卜部》:"卢,邦则切,音伯。地名。"(477 下)"卢"训地名,未详义所从出。

05 玎

bǎi 《龙龛手鉴·杂部》:"玎,音百。"(《大字典》21B)

bǎi 音摆。义未详。见《龙龛》。(《字海》5B)

按:此字疑为"百"字俗讹。说详拙著《疑难字考释与研究》上编"𠀇"字条,第72—73页。

06 丞

(一) chéng 《广韵》署陵切,平蒸禅。蒸部。③ 沉没。《广雅·释诂一》:"丞,没也。"(《大字典》19A—B/21A—B)

按:《广雅·释诂一》:"潜、丞、沈、溺、涅、湮、溨、沦,没也。"此《大字典》所本。"丞"训没,于古无证,当是"溗"字残误。《集韵》平声《蒸韵》辰陵切(与署陵切音同):"溗,《博雅》:潜、溗,没也。""丞""溗"音训相同。丁度等所见《广雅》字作"溗"。"溗"字《集韵》之前字书所未见,以形义求之,当又是"涵"字俗讹,说详拙著《疑难字考释与研究》上编"溗"字条,第248页。

07 亥

jué 《广韵》九物切,入物见。无左臂。《广韵·物韵》:"亥,无左臂也。"(《大字典》17B/19A)

jué 音决。同"孓",无左臂。字见《广韵》。(《字海》4A)

按:《广韵》入声《物韵》:"亥,九勿切。无左臂也。又九月切。孓,上同。《说文》作此。"此《大字典》《字海》所本。《广韵》明言"亥""孓(今作"孓")"字同,《大字典》不沟通二字异体关系,欠妥。《说文》十四篇下《了部》:"了,尦也。从子无臂,象形。孑,无右臂也。从了、𠃊,象形。孓,无左臂也。从了、亅,象形。""子"字篆作"□",象首身双臂之形;"了"字篆作"□",从子而无双臂;"孑"字篆作"□",从子而无右臂;"孓"字篆作"□",从子而无左臂。《说文》说"了"从子无臂、说"孑"无右臂、说"孓"无左臂,皆字形说解,非释义也。后世字书"孑"训无右臂、"孓"训无左臂,恐不合许意。"孓"或作"□",《万象名义·了部》:"□,九月反。□(短)也。"(294上)或作"□",笺注本《切韵》(斯2071)入声"物韵":"□,无左臂。九物反。又九月反。"(101)又作"□",故宫本《王韵·物韵》:"□,久物反。无左臂。”(513)又作“孒”,故宫本《裴韵》入声“物韵”:“孒,九勿反。无左臂。又九月反。”(610)此“孒”字之早见者,盖《广韵》“孒”字所从出。又作“孒”,故宫本《王韵》入声“月韵”:“孒,短。”(514)又作“孒”,唐写本《唐韵》残卷“物韵”:“孒,无左臂。九勿反。又九月反。”(696)上揭诸形,皆“孓”字篆书隶变之异者也。

08 市

zǐ 《改并四声篇海·辛卯重编增改杂部》:“市,阻史、兹里二切。”(《大字典》17B)

zǐ 音子。义未详。见《篇海》。(《字海》3B)

《丛考》云:“《篇海》卷首杂部:‘市,阻史、兹里二切。’考同书卷八市部:‘朿,嗟似切,止也。姊妹字从此。’又《广韵》上声止韵阻史切:‘朿,止也。从朿(木),一横止之。出《文字音义》。《说文》即里切。’‘兹里’‘嗟似’‘即里’同音,故‘市’当即‘朿’字,亦即‘𣎵’字。‘𣎵’‘朿’‘市’为《说文》篆文隶变之异。《龙龛》卷四杂部:‘市,俗;朿,正:阻史反,止也。又兹里反。’更其确证。又《王一》上声止韵即里反:‘市,草木盛。’(《王二》作“朿”)‘市’亦正是‘𣎵’字。……”(3)

按:“市”为《大字典》第二版新增字。《丛考》谓“市”当即“朿”字、亦即“𣎵”字,证据充分,其说可信。《大字典》收录“市”字而不采纳《丛考》之说,欠妥。《说文》六篇下《𣎳(市)部》:“𣎵(𣎳、市),艸木盛𣎳𣎳然。象形,八声。𣎵(𣎵),止也。从𣎳盛而从一横止之皃也。”《万象名义·市(𣎳、市)部》:“市(𣎳),甫味反。木小皃。市,嗟雉反。止也。”(145上)《玉篇·市部》:“市,甫味切。蔽市,小皃。《说文》普活切,草木市市然,象形。朿,嗟似切。止也。姊、柹字从此。”《万象名义》“市”即《说文》“𣎵”之隶变字形,亦即《玉篇》“朿”字。此亦“市”即“𣎵”“朿”字异写之证。“𣎵(𣎳、市)”训草木盛,“𣎵(𣎵、朿、市)”训止,以二字形近,形义或相乱。《新撰字镜·杂字部》:“市,甫未反。草木盛。”(713)此“市”讹作“市(𣎵)”字之例。《丛考》引《王一》(敦煌本《王韵》)“市”训草木盛,即误以“市”字之义训“市”字,参看龙宇纯《全王校笺》300页下栏。

09 朿

fèng 《改并四声篇海·卜部》:“朿,音奉。”(《大字典》108B)

fèng　音凤。义未详。见《篇海》。(《字海》6A)

按:《篇海》卷六《卜部》引《川篇》:"𠧟,音奉。"(666下)《新修玉篇》卷十八《卜部》引《川篇》:"𠧟、𠧟,上音与,下音捧。"(160下)"奉""捧"古今字,《集韵》上声"肿韵":"捧、奉,抚用切。掬也。或作奉。"又云:"奉、捧,父勇切。《说文》:承也。或作捧。"以形音求之,此字疑由"奉"字草书所楷定。"奉"字草书作"𠧟""𠧟"(字见《草字编》2698)。《龙龛》卷四《杂部》:"𦥯、𦥯,居语反。二同。"(549)《新修玉篇》卷三十《龙龛杂部》:"𦥯,居语切。"(242下)"𦥯"字金刻元修本《篇海》卷四《夲部》字作"𦥯"。《大字典·子部》谓"孶"同"𦥯""𦥯"即"舉"的俗写(1089B)。"舉"字俗书作"𦥯""𦥯","奉"与"舉"下部相同,俗书皆变从本(夲),亦可比勘。

10　荜

bì　音闭。姓。(《字海》8A)

按:此字《字海》未出书证。文渊阁本《万姓统谱·质韵》:"荜,音畢。见《姓苑》。"(957册605下)此盖《字海》所本。以形音求之,"荜"当是"華"字俗讹。《说文》四篇下《華部》:"華,箕属,所以推弃之器也。象形。"大徐等北潘切。俗或作"𠦒",《万象名义·𠦒(華)部》:"𠦒(華),卑密反。弃粪器。"(157上)又作"𦾔",《新修玉篇》卷十五《𦾔部》:"𦾔,俾蜜切,箕属,弃粪器。又方干器(切),弃粪器名。又姓,出《姓谱》。"(141下)又作"𠦒",高丽本《龙龛》卷四《十部》:"𠦒、𠦒,二俗;𠦒,正。北官反。弃粪器名也,又姓。下一又音畢。"唐避李世民讳,"世"字或减笔作"丗"。"𠦒"字上部五笔回改作"世",剩余部分转写作"半",因成"荜"字。"荜""畢"读音相同。"荜(華)"作为姓氏用字,文献所未见,疑又"畢"姓之变。

11　𠃉

guǐ　《龙龛手鉴·一部》:"𠃉,音軌。"按:"𠃉""軌"音同形近,"𠃉"疑即"軌"字俗讹。(《大字典》29A)

guǐ　音鬼。义未详。见《龙龛》。(《字海》8A)

《丛考》云:"《龙龛》卷四《一部》:'𠃉,音軏。'《篇海》第十三卷《一部》引《龙龛》:'𠃉,

音軌。'‘軏’为‘軌’的俗字(《干禄字书》:“軏軌:上通下正。”),而‘甈’疑又为‘軌’字俗讹。”(8)

按:此字《大字典》原版不收,第二版据《龙龛》增收,而按语当是参考了《丛考》的考释成果。然以形求之,此字更有可能为“匭”字俗讹。《说文》五篇上《竹部》:“簋,黍稷方器也。从竹,从皿,从皀。匭,古文簋或从軌。”《龙龛》卷一《匚部》:“匭(匭),音軌。”(192)故宫本《裴韵》上声“旨韵”居美反(与“軌”字同一小韵):“匭,匣。”(572)故宫本《王韵·旨韵》同一小韵字作“匭”(473)。《可洪音义》卷三十《广弘明集》卷二十音义:“包匭,下居美反。”(35册693a)对应经文大正藏本作“苞匭”,文渊阁本作“包匭”。“甈”与“匭”“匭”音同形近。

12 屰

同“开”。《龙龛手鉴·杂部》:“屰,同开。”《改并四声篇海·干部》引《并了部头》:“屰,平正貌。”(《大字典》126B)

jiān 音坚。同“开”,平。见《龙龛》。(《字海》8B)

按:《续古逸丛书》本《龙龛》卷四《杂部》:“屰,正;幵,今。坚、牵二音,羌名。又音研,平正貌。”所谓正字高丽本作“屰”、文渊阁本作“屰”。《新修玉篇》卷三十《龙龛杂部》:“屰,正。坚、牵二音,又音研。平正皃。”(242上)金刻元修本《篇海》卷二《干部》“并了字头”:“屰,坚、牵、研三音,平正貌。”(14上)下部所从之“开”讹变为“井”,明成化、正德、万历本同。《直音篇·干部》:“屰,音坚。平正貌。”(306下)《字汇·干部》:“屰,经天切,音坚。平正貌。”(541上)《正字通·干部》:“屰,讹字。旧注:音坚,平正貌。与幵音义近。改作屰,非。”(351上)“屰”“屰”“屰”并《龙龛》“屰”字转写之误者。“幵”字本从二干,俗书或作“开”,其字《龙龛》之外,未见有作“屰”者。《龙龛》谓“屰”为正字,既为正字,则其字不应仅见于《龙龛》。《新撰字镜·杂字部》:“幵、开(二字原作“屰”),二形作,同。古贤反,平。羌别种,又九十(“幵”无九十之义,“九十”二字盖“平”字之误分。“幵”训平,见《说文》)也。”(706)《龙龛》“屰”字当即“幵”“开”二字之误合。《龙龛》卷四《日部》:“昴,古;昴,正。音夘(卯)。西方星名也。”(426)“昴”字俗书作“昴”,亦作“昴”,“昴”亦“昴”“昴”两个异写字形所叠加。

参考文献：

(日)昌住 1975 《新撰字镜》,京都帝国大学文学部国语学国文学研究室编《古典索引丛刊》本,临川书店。

(宋)陈彭年 1982 《广韵》,中国书店影印张氏泽存堂本。

(宋)丁 度 1983 《集韵》,中国书店影印扬州使院重刻本 又金州军本、明州本、宋刻本等。

(南朝梁)顾野王 《玉篇》(残卷),《续修四库全书》影印日本东方文化丛书本。

(金)韩道昭 《改并五音类聚四声篇》,《四库存目丛书》影印明成化七年募刻本 又正德本、万历本、金刻元修本。

(金)韩道昭著,宁忌浮校订 1992 《五音集韵》,中华书局。

胡吉宣 1989 《玉篇校释》,上海古籍出版社。

(明)黄道周、郑大郁 2003 《新刻洪武元韵勘正切字海篇群玉》,《哈佛大学哈佛燕京图书馆藏中文善本汇刊》第八册。

(唐)慧 琳 《一切经音义》,高丽藏本、中华藏本。

《精镌海若汤先生校订音释五侯鲭字海》,《四库存目丛书》影印湖北省图书馆藏明刻本。

(五代)可 洪 1993 《新集藏经音义随函录》,中华书局《中华大藏经》本。

冷玉龙等 1994 《中华字海》,中华书局、中国友谊出版公司。

(明)李 登 《详校篇海》,《续修四库全书》影印明万历三十六年赵新盘刻本。

旧题(明)宋 濂 《篇海类编》,《四库存目丛书》影印北京图书馆藏明刻本。

(明)梅膺祚 《字汇》,《续修四库全书》本。

(明)吴任臣 《字汇补》,《续修四库全书》影印清康熙五年汇贤斋刻本。

(日)释空海 1995 《篆隶万象名义》,中华书局缩印日本崇文丛书本。

(辽)释行均 1985 《龙龛手镜》,中华书局影印高丽本 又《续古逸丛书》本。

(辽)释竹均 《龙龛手镜》,日本影印朝鲜咸化八年增订本。

《新校经史海篇直音》,《续修四库全书》影印复旦大学图书馆藏明嘉靖二十三年金邑勉勤堂刻本。

(金)邢 准 《新修累音引证群籍玉篇》,《续修四库全书》影印金刻本。

(东汉)许 慎 1963 《说文解字》,中华书局。

(唐)玄 应 《一切经音义》,金藏广胜寺本、明永乐南藏本。

杨宝忠 2005 《疑难字考释与研究》,中华书局。

汉语大字典编辑委员会 2010 《汉语大字典》,四川出版集团等。

张涌泉 2000 《汉语俗字丛考》,中华书局。

(明)章 黻 《直音篇》,《续修四库全书》影印明万历三十四年明德书院刻本。

周祖谟 1983 《唐五代韵书集存》,中华书局。

(明)朱孔阳辑 《新刻瑞樟轩订正字韵合璧》,《四库存目丛书》影印湖南图书馆藏明崇祯刻本。

佛经同形字例释*

韩小荆

（武汉大学文学院，武汉，430072）

提　要："膇""䣯""腄"三个字在佛经中有用例，但其意义用法不同于传统字韵书中所列的音义项，它们与传统字韵书中的"膇""䣯""腄"是同形字关系。

关键词：佛经；同形字；膇；䣯；腄

高丽藏本《玄应音义》卷五《太子须人拏经》音义曰："三顀，直追反，《说文》：额出也。今江南言顀头胅额，乃以顇（当作"顀"）为后枕高胅之名也。经文作膇，未见所出。"金藏广胜寺本、永乐南藏本、《慧琳音义》卷三十三转录本相同。玄应所见经文作"膇"，玄应以"顀"替之，而五代经师可洪则认为玄应所言非是，可洪所见经文作"睡"，可洪认为宜作"䣯"，见《可洪音义》卷六《佛说太子须大拏经》音义："三睡，宜作䣯，都回反。䣯，面丑也。又直伪反，非也。《经音义》以顀字替之，直追反，《说文》：额出也。亦非。"

今大正藏本《太子须大拏经》作"三顇"，原文如下："时鸠留国有一贫穷婆罗门，年四十乃取妇，妇大端正。婆罗门有十二丑：身体黑如漆，面上三顇，鼻正匾匾，两目复青，面皱唇哆，语言謇吃，大腹凸臗，脚复缭戾，头复頞（当作"颓"）秃，状类似鬼。其妇恶见，呪欲令死。"校勘记曰："顇"，宋本作"腄"，元、明本作"䣯"。

据此，"顇"字共有四个异文："膇""睡""腄""䣯"，再加上玄应所替换的"顀"字，经文这个位置上就有六个字可以选择。那么，哪个字更切合经意呢？我们逐个分析一下。

首先看"顇"，《说文·页部》："顇，顇顇也。""顇顇"或作"憔悴"，是联绵词，词性是形容词，而经文"面上三顇"的"顇"字应该是个名词才合适。所以根据传统字韵书的解释，"顇"字不合经意，应该是"顀"的讹字，盖后人根据玄应的注释改经文为"顀"，进而讹为"顇"。

---

* 本文受到教育部基金项目"《川音》辑佚与研究"（20YJA740017）的资助。

反过来看，有没有可能是玄应看到某些版本作“顀”，从而推测经文原作“顀”呢？不太可能，根据他的注释体例，如果玄应看到过某部藏经作“顀”或者“顀”，一般会在释文后面注明“经文作某”“或作某”。

玄应看到的经文作“膇”，《广韵·寘韵》音“驰伪切”，《宋本玉篇·肉部》：“膇，重膇，腿病也。”《集韵·寘韵》：“膇，足肿也。”而经文是说脸面上的事儿，所以根据传统字韵书的解释，“膇”不合适，故玄应根据文意改为“顀”。

我们来看“顀”字，《广韵》音“直追切”，《说文·页部》：“顀，出頟也。”段玉裁注：“谓頟胅出向前也。”经意说此婆罗门面上有三处如頟状之突起，大概是指额头加两处高颧骨，状貌似鬼，这基本符合经意要求。不过，“顀”字是玄应据经意擅改而来，没有异文根据。

再来看“腄”，《广韵·支韵》音“竹垂切”，《说文·肉部》：“腄，瘢胝也。”朱骏声《说文通训定声》：“腄，俗谓之老茧。”老茧一般都黑黄厚硬凸起，故“腄”之词性、词义基本符合经意需求[①]。可洪所用底本之“睡”，显然是“腄”的讹字。

至于“䫌”字，《广韵·灰韵》都回切：“䫌，䪺䫌，丑面。”《集韵·沾韵》：“䫌，䪺䫌，面陋。”也就是指面目丑陋。然而“䪺䫌”是联绵词，应该连用，只一个“䫌”字不合语法，也与上下文句式、行文风格不协调。所以根据传统字韵书的解释，“䫌”字也不合经意。也有可能元、明本的“䫌”字，是后人根据可洪的注释擅自改换而来。不过，根据可洪的注释体例，他一般是以版本异文为根据来确立正字的，所以这个“䫌”字应该有所根据，只是可洪对它在经中确切含义的解释难以服人。

综此，根据玄应和可洪所用版本，我们大致可以推测早期《太子须大拏经》原文应该写作“膇”、“腄”或者“䫌”。那么，这三个异文各自什么来历，又有什么关系呢？我们可以根据其他经中相同描述来做一些推测。

《佛说罪业应报教化地狱经》云：“复有众生，其形甚丑，身体黑如漆，两目（宋、元、明本作“耳”）复青，头颊俱埠（宫本作“搥”），皰面平鼻，两目黄赤，牙齿疎缺。口气腥臭，矬短癖肿，大腹腰（宋、元、明本作“凸”；宫本作“肤”）髋，脚复缭戾，偻脊匡肋，费衣健食，恶疮脓血，水肿干痟，疥癞痈疽，种种诸恶，集在其身。”又《慈悲道场忏法》卷三：“复有众生，其形极丑，身黑如漆，两耳复青，高（甲、乙本作“双”）颊俱阜，皰面平鼻，两眼黄赤，牙齿疎缺，口气鲲臭，矬短拥肿，大腹小腰。脚复缭戾，偻脊凸肋。费衣健食，恶疮脓血，水肿干消，疥癞痈疽，种种诸恶，集

① 又考《集韵·支韵》是为切：“腄，臀也。”又株垂切：“腄，一曰马及鸟胫上结骨。”这两个部位虽然都有厚硬凸起的特征，但出现在面部，似乎不合适，故不取。

在其身。”又《法苑珠林》卷六十七:“复有众生,其形甚丑,身黑如漆,两目(耳)复青,鞠頬[1]俱堆(明、宫本作“埠”),匏面平鼻,两眼黄赤,牙齿疏缺,口气腥臭,矬短拥肿,大腹凸髋,脚复缭戾,偻脊匡肋,费衣健食,恶疮脓血,水肿干痟,疥癞痈疽,种种诸恶,集在其身。”

上面三段经文意思基本相同,形容人的头形、面頬丑陋时,皆曰“头頬俱垍”“高頬俱阜”“鞠頬俱堆”。今按,“堆”指高阜、土堆。《汉书·司马相如传上》:“触穹石,激堆埼。”颜师古注:“堆,高阜也。”《广韵·灰韵》都回切:“堆,聚土。”引申为动词,积聚;或作形容词,指高貌。《慧琳音义》卷六《大般若波罗蜜多经》第五一七卷音义:“堆阜,上都雷反,王逸注《楚词》云:堆,高也。《考声》云:土之高貌也。又云:堆,聚也。《集训》云:丘阜高状也……经文作塠,俗字也。”

“垍”是“堆”的异体字,“埠”是“堆”的俗字,《慧琳音义》卷三《大般若波罗蜜多经》第三三〇卷音义:“垍阜,上都回反。《考声》云:土之高貌上聚也。《集训》云:丘阜高也……或从土作堆,亦同。经文作塠,俗字也。”《集韵·灰韵》都回切:“堆,或作垍。”又《可洪音义》卷十三《正法念处经》第八卷音义:“三埠,都回反,聚也,正作堆。”[2]宫本《佛说罪业应报教化地狱经》的“搥”字,当为“塠”字之讹,“塠”也是“堆”的俗字,上引《慧琳音义》已经指明。

“阜”和“堆”是同义词,都指高大隆起的山丘。《尔雅·释地》:“大陆曰阜。”《释名·释山》:“土山曰阜。”引申作形容词,义为“高也”“大也”“厚也”[3]。古籍中“堆”和“阜”经常同义连用,如《长阿含经》卷十八:“转轮圣王治此阎浮提时,其地平正,无有荆棘、坑坎、堆阜。”《大正藏》校勘记曰:“堆”,宋、元、明作“埠”。又《长阿含经》卷二十二:“此地沟涧、溪谷、山陵、塠阜,无一平地。”《大正藏》校勘记曰:“塠”,宋本作“埠”,元、明本作“堆”。《十住毗婆沙论》卷五:“清净无秽,无有沙砾、瓦石、山陵、垍阜、深坑、幽壑。”《大正藏》校勘记曰:“垍”,宋、元、宫本作“埠”,明本作“塠”。不过,也有可能“高頬俱阜”中的“阜”字是“埠(堆)”字的讹省。

根据上面的分析,“头頬俱垍”“高頬俱阜”“鞠頬俱堆”都是形容人头面丑陋,头和面頬上有像山丘一样的隆起,或是骨肉堆胅不平展。经文以作“堆”字为正,作“阜”则是同义词换用。

---

① 《玄应音义》卷13《罪业报应教他地狱经》音义:“鞠頬,渠六反。案,鞠谓聚敛也,字宜作趜,《通俗文》:‘体不申谓之趜。’”

② 亦可参见韩小荆《〈可洪音义〉研究——以文字为中心》,巴蜀书社,2009年,第23页。

③ 参见宗福邦等编《故训汇纂》,商务印书馆,2003年,第2413页。

笔者认为《太子须大拏经》早期经本"面上三膇"的"膇"字,应该是"塠"的换形旁俗字,同"堆",与"重膇"之"膇"是同形字关系。因为是描写人的面部,所以换从"肉"旁。元、明本的"䬯"字,也就是可洪所说的正字,则应该是"垍"的换形旁俗字,亦同"堆",与"䬯䬯"之"䬯"同形。"面上三堆"就是说这个穷婆罗门面上多处像堆阜一样高凸隆起。

当然,"膇"也有可能是"槌"的换形旁俗字,"槌"同"椎",也是坚硬凸起的物件,也符合经意。而且"槌""頧"同音,词义有相似之处,是同源词。其实"槌(椎)"与"塠(堆)"也是音相近、义同源的关系。

其他佛经中也有"膇"字用例,如《正法念处经》卷六十五:"彼以闻慧,或以天眼,见破髀骨风。若不调顺,令其脞内汁流之脉,洪麁甚壮,令脚屈伸,两髀相近,肉重膇起。如是观破髀风已,如实知身。"根据经意,"膇"也应该是"塠"或者"槌"的换旁字,玄应也是用"頧"字替换之,见《玄应音义》卷十一《正法念经》第六十五卷音义:"頧起,直隹反,《说文》:出頟也。经文作膇,非也。"

再说"腄"字,其他经中亦有出现。如《道地经》:"九七日在磨石子上生五腄,两肩相,两膑相,一头相。"《大正藏》校勘记曰:"腄",明、宫本作"睡"。《慧琳音义》卷七十五《道地经》音义改"腄"为"埵":"五埵,当果反。其胎中精自分聚五处,名之为埵,或名五疱。经文从肉作腄,非也。正从土、垂声,或作朵、垛,并古文,皆正体字也。时不多用也。"又《观念阿弥陀佛相海三昧功德法门》:"次想耳轮垂腄,孔有七毛。""垂腄",它经作"垂埵",如《佛说观佛三昧海经》卷三:"佛耳普垂埵,旋生七毛。"《大方广佛华严经》卷九:"耳相垂埵,如悬珠状。"《慧琳音义》卷八十六《辩正论》第六卷音义:"垂埵,都果反。《字书》:耳垂下貌。或作朵,并通,从土、垂声。"

综上各例,"腄"都是"埵"的换形旁俗字。"埵"指本指土堆,《玄应音义》卷六《妙法莲华经》第二卷音义:"土埵,《字林》:丁果反,聚土也。""耳轮垂腄"指耳廓下端长着像圆土堆一样肥厚柔软的耳垂,因由肉堆积而成,所以可换从肉旁作"腄",传抄中常讹作"睡"。《道地经》中的"五腄",指像磨石子一样的肉球上长出的五处堆状凸起,像人的两个肩膀、两个胫膑和头部。《太子须大拏经》中的"面上三腄",则指贫穷老婆罗门的头面有三处堆状凸起,与"三塠""三槌"同义。虽然用"腄"的古义(《说文》"瘢胝也")解释经文也可以,但纵观整个藏经用字情况,把"腄"看作"埵"的换形旁俗字更符合当时的文字使用实态。

至此,我们大致分析清楚了《太子须大拏经》几个异文的关系:"膇"既有可能是"塠"的换形旁俗字,也有可能是"槌"的换旁俗字,不过"塠""槌"同源义近。"䬯"应该是"垍"的换形旁俗字,"垍"同"堆(塠)"。"睡"是"腄"的讹字,"腄"则是"埵"的换旁俗字。"堆"和

“埵”同源通用,经文选择哪一个都切合原意。“顀”字则是玄应因不明“膇”字来历,据文意改换的文字,也符合文意,且与“槌”“塠”“埵”等同源义近。“顊”则是“顀”的讹字,是后人根据玄应的注释擅改经文为“顀”,进而讹为“顊”。

经过如上的钩稽考辨,我们认为前代经师对《太子须大拏经》中该词条的注释皆非探本之论。究其原因,是由于他们没有将佛经在传抄过程中所造成的种种文字讹变或者混用关系厘析清楚,解释不通就改字为训的校注方法太过简单粗暴,不足以服人。

对于“膇”字,再补充一个材料。《摩诃僧祇律》卷二十三:“从今日后,拔筋人不应与出家。拔筋者,从脚跟抽至项顀,从项顀抽至脚跟,不应与出家,乃至,越比尼罪。是名拔筋。”《大正藏》校勘记曰:“顀”,宋、元、明、宫本作“膇”,圣本作“椎”。《玄应音义》卷十五《僧祇律》第二十三卷音义曰:“项顀,直追反,《说文》:額出也。今用其义。律文作膇,未见所出。”《慧琳音义》卷五十八《僧祇律》第二十三卷音义注释相同,亦传承玄应之说。

从《摩诃僧祇律》其他版本异文和玄应注释可以推知,经文原本作“膇”,或作“椎”,五代经师可洪所见经本即作“椎”,见《可洪音义》卷十五《摩诃僧祇律》第二十三卷音义:“项椎,直追反。”“项椎”即颈椎,“椎”字切合经意,异文“膇”字应该是“椎(槌)”的俗字,从肉,追声,它与“重膇”之“膇”也是同形字关系。至此,“膇”这个字形至少有三个音义项了,而传统字韵书中只列了一个,可据佛经实际用例增补。

综合玄应各条注释来看,他似乎认为“膇”就是“顀”的异构俗字,故经文中凡有此字,一概以“顀”字替之,然而有的经文改作“顀”殊不可通,比如“项顀”连用就是一例。后代刊刻佛经者迷信权威,不审经意,常常根据玄应的音释改“膇”为“顀”,实不可取。

参考文献:

韩小荆 2009 《〈可洪音义〉研究——以文字为中心》,巴蜀书社。

日本大正一切经刊行会编 1994—1996 《大正新修大藏经》,台北新文丰出版公司影印本。本文所引佛经均出自中华电子佛典协会制作的 CBETA 电子佛典,并查对了《大正藏》纸本原文。

(唐)释慧琳 1997 《一切经音义》,《中华大藏经》影印高丽藏本,第 57—58 册。

(五代)释可洪 1982 《新集藏经音义随函录》,《景印高丽大藏经》本,第 34—35 册。

(唐)释玄应 1982 《一切经音义》,台北新文丰出版公司,《景印高丽大藏经》本,第 32 册。

(唐)释玄应 1997 《一切经音义》,《中华大藏经》影印明永乐南藏本,第 57 册。

(唐)释玄应 1997 《一切经音义》,中华书局《中华大藏经》影印金藏广胜寺本,第 56 册。

臧克和 2011 《汉魏六朝隋唐五代字形表》,南方日报出版社。

张涌泉 2010 《汉语俗字研究》,商务印书馆。

《説文》疏證(三則)*

蕭　旭

(常州大學,常州,213164)

提　要:(一)《説文》"眏"訓涓目也,"涓目"之義不明,治《説文》諸家説人人殊,至有欲改字以曲從己説者。本文指出"涓目"不誤,"眏""涓"一音之轉,是聲訓字。"涓目"是"睊目"借字。"睊目"指目珠偏斜,亦稱目珠偏斜的疾病作"睊目"。(二)《説文》"忓"訓極也,由於對"極"字理解不同,治《説文》諸家説亦人人殊。本文指出"極"當是"慳"假借字,謹嚴敬愛義。(三)《説文》"頿"訓面不正也,從爰得聲的字没有理據訓面不正,本文疑"頿"是"頊"形譌,從奚得聲之字有不正之誼。

關鍵詞:説文;眏;忓;頿;疏證

一、《説文》"眏"字疏證

1.《説文》:"眏,涓目也。"《繫傳》作"眏,睊也",徐鍇又曰:"目美也。"《玉篇》《類篇》引作"眏,睊目也",《篆隸萬象名義》作"眏,睊見"。"見"是"目"形譌。諸家説云:

(1) 楊桓曰:眏,目病而決去其血也,許氏曰"涓目"①。

(2) 段玉裁曰:按鍇作"睊也",鉉作"涓目也",皆誤。假令訓睊,則當與睊字類厠。自眚而下皆係目病,《廣韻》云:"眏,目患。"可以得其解矣。《刀部》曰:"剈,一曰窐也。"此"睊也"當作"剈目",謂窐目也。窐,下也。

(3) 桂馥曰:"涓目也"者,徐鍇《韻譜》、《集韻》同,《玉篇》《類篇》並作"睊"。鍇《繫傳》以爲"目美",未詳其義。

---

* 爲論述方便,本文特以繁體字行文。

① (元)楊桓《六書統》卷五,景印文淵閣《四庫全書》第227册,臺灣"商務印書館",1986年,第128頁。

(4) 王筠曰:涓目,似謂目病常流淚也。《廣韻》:“眣,目患也。”

(5) 王筠又曰:《繫傳》作“睊也”者,蓋謂“眣”通作“睊”也。《女部》:“妜,讀若煙火炔炔。”而《火部》有‘焆’無‘炔’。《篇海》曰:“炔與焆同。”是夬、肙聲近可通之證。然當“睊”字句絶,再申之曰“目患也”,乃可通。

(6) 朱駿聲曰:按:目窒下曰睊,含怒之視,低首側目似之,故晏子云“睊睊胥讒”也。《史記・盧綰傳》:“爲群臣觖望。”《集解》:“猶冀也。”《索隱》:“猶怨望也。”以夬(觖)爲之。又按:宋刊《説文》作“涓目也”,疑目病涕出。以列字次弟求之,宋本爲是。

(7) 田吴炤曰:按《玉篇》引作“睊目”也,是大徐作“涓”,碻係字誤;小徐又脱去“目”字。兩本皆可據《玉篇》正之。

(8) 洪頤煊曰:《女部》:“妜,鼻目間貌,讀若煙火炔炔。”《火部》“焆”字注:“焆焆,煙貌。”“涓”當作“焆”,焆目謂目間出火,亦目之病也①。

(9) 馬叙倫曰:王筠説極是(引者按:指上一説,馬氏未引下説),然涓訓小流,“涓目”不可通。疑當作“痟也,目病也”②。

(10) 馬叙倫又曰:“眣”字次“眵”“蔑”“眼”“眛”之間,蓋目有蔽垢不明之義③。

(11) 張舜徽曰:大徐本作“涓目也”,王氏以目病常流淚釋之是也。小徐本作“睊也”,蓋傳寫者誤合“涓目”爲“睊”而脱去其水旁耳。許書原文果以“睊”釋“眣”,自當與“睊”字比叙。觀許叙次,“眣”之上下諸文皆目病。目常流淚,亦目病之一也。小徐解爲“目美”,誤矣。段氏注本從小徐作“睊也”,乃謂“睊”當作“肙”,以窒目釋之,亦非。本書《水部》:“涓,小流也。”人之病目常出淚者,其流自小④。

(12) 胡吉宣曰:《説文》大徐“眣,涓目也”,小徐本作“睊也”,並誤。《切韻》:“眣,目患。”是眣爲目病,非睊睊視貌義也。本書“睊目”當爲“焆目”,《説文》:“焆,焆焆,煙貌。”本書:“炔,煙出貌。”是眣爲目病熱若煙火出焆焆然也。《女部》:“妜,憂妬也。”《説文》:“妜,讀若煙火炔炔。”亦取譬憂妬之甚如炎如焚也⑤。

2. 王筠説“眣通作睊”是也,其他各説皆誤。武威漢代醫簡 84 甲:“卧不安牀,涓目泣

---

① (清)洪頤煊《讀書叢録》,(清)段玉裁《説文解字注》,(清)桂馥《説文解字義證》,(清)王筠《説文解字句讀》,(清)朱駿聲《説文通訓定聲》,(清)田吴炤《説文二徐箋異》,並收入《説文解字詁林》,中華書局,1988 年,第 3870 頁。洪氏《讀書叢録》見卷九,收入《續修四庫全書》第 1157 册,上海古籍出版社,2002 年,第 638 頁。

② 馬叙倫《説文解字六書疏證》卷七,上海書店,1985 年,本卷第 36 頁。

③ 馬叙倫《老子校詁》,中華書局,1974 年,第 507 頁。

④ 張舜徽《説文解字約注》,華中師範大學出版社,2009 年,第 817—818 頁。

⑤ 胡吉宣《玉篇校釋》,上海古籍出版社,1989 年,第 817 頁。

出。"《抱朴子外篇·守堉》:"不以窺園涓目。"可證大徐本《説文》"涓目"不誤,《集韻》引亦作"涓目"。《説文》作"涓目"是用借字,《玉篇》《類篇》作"睊目"是用本字。"眏""涓"一音之轉,是聲訓字。

3. 涓,讀爲睊。《説文》:"睊,視貌。"《玉篇》《廣韻》同。《繫傳》:"睊,目睊睊也。"《集韻》:"睊,側視貌。"《孟子·梁惠王下》:"睊睊胥讒。"趙岐注:"睊睊側目相視,更相讒惡。"孫奭《音義》:"睊,字亦作詌,張古縣切,云:'側目視貌。'[①]言睊睊然怒目相嫉而相讒也。"張舜徽曰:"側目相視謂不正視之,其目恒小,與小視義近。本書《肉部》:'肙,小蟲也。'睊從肙聲,故亦有小義。猶之小流謂之涓,小盆謂之鋗耳。"[②]張説"不正視之"是也,然謂取義於"小"則誤。"睊"的中心詞義當是"傾斜",其字從目,指斜視。胡吉宣曰:"若以字從肙推之,似爲覗察不絶之意。"[③]胡説失之。怒目相視義後出專字作"狷""悁",《説文》:"悁,忿也。"《玉篇》:"狷,急也。"字作詌(誷)者,《墨子·經上》:"詌,作嗛也。"孫詒讓曰:"《孟子》:'睊睊胥讒。'孫奭《音義》云:'睊,一作詌。'詌、睊、狷並同聲假借字。洪云:'字書無詌字,當與涓字同義。《説文》:"涓,小流也。"故此云作嗛也。嗛即慊字。'案:'詌'當爲'獧'之借字,字又作'狷'。《論語》云:'狷者有所不爲也',故《經説上》云:'爲是之詒彼也,弗爲也。'狷,《孟子》作'獧',同。作嗛者,《國策·魏策》高注云:'嗛,快也。'言狷者絜己心自快足……洪以詌爲涓,非。"[④]朱駿聲曰:"睊,字亦作誷。"[⑤]側目相視,猶言竊視,亦爲一種美態,故徐鍇曰"目美也"[⑥]。目美義專字作"妜",《説文》:"妜,鼻目間貌,讀若煙火炔炔。"《廣韻》:"妜,鼻目間輕薄曰妜也。"又"妜,娟也。"《集韻》:"妜,美貌。"怒目相視曰睊,目美亦曰睊,其取義不同,而皆爲側目相視則一也,其特徵是目珠偏斜。《古文苑》卷六王延壽《王孫賦》:"眼睚隅以晥卹,視瞷睫以眏睉。""眏"正斜視義。"睉"當是"眭"異體字,亦"眏"之音轉。《史記·盧綰列傳》:"欲王盧綰,爲群臣觖望。"望,怨恨。朱駿聲曰:"觖,叚借爲眏。"[⑦]朱説是也,瞿方梅、吴國泰説同[⑧],觖亦怒目嫉妬義。俗字亦作"抉",《等目菩薩

① 引者按,指(唐)張鎰《音釋》説。孫氏《孟子音義序》云:"爲之注者,則有趙岐、陸善經;爲之音者,則有張鎰、丁公著。"

② 張舜徽《説文解字約注》,第811頁。

③ 胡吉宣《玉篇校釋》,第810頁。

④ (清)孫詒讓《墨子閒詁》,中華書局,2001年,第313—314頁。

⑤ (清)朱駿聲《説文通訓定聲》,收入《説文解字詁林》,第3870頁。

⑥ "脈脈"同"覛覛""眽眽",目邪視皃。《説文》:"覛,衺視也。"又"眽,目財(邪)視也。"脈脈含情而視,正是美態,此是其比也。

⑦ (清)朱駿聲《説文通訓定聲》"夬"字條,武漢市古籍書店,1983年,第662頁。

⑧ 瞿方梅《史記三家注補正》卷七,《學衡》第57期,1926年,第3頁。吴國泰《史記解詁》第3册,成都居易簃叢著本,1933年,本册第61頁。

所問三昧經》卷上:“禮足彼諸如來,以盡身之化而掀,以其恭肅,而問諸佛法。”《龍龕手鑑》:“掀,掀目也。”“掀”謂不敢正視,狀恭肅之貌也。

4. 目珠偏斜的疾病亦稱作“睊目”,亦取斜視爲義。《鍼灸甲乙經》卷十二:“睊目,水溝主之。”《備急千金要方》卷十五同。《外臺秘要方》卷三十九:“水溝:主鼻不能息,不知香臭,衄不止,口噤喎僻,睊目。”《巢氏諸病源候總論》卷二十八:“睊目者,是風氣客於瞼眥之間,與血氣津液相搏,使目眥痒而淚出,目眥恒濕,故謂之睊目。”明人王肯堂《證治準繩》卷十六:“雙目睛通,亦曰睊目。《甲乙經》云:‘睊目者,水溝主之。’此證謂幼時所患目珠偏斜,視亦不正,至長不能愈。”王氏得其語源,巢氏說失之。敦煌寫卷 P. 2011 王仁昫《刊謬補缺切韻》卷四、蔣斧印本《唐韻殘卷》並云:“眏,目患。”此《廣韻》《龍龕手鏡》所本。“眏”訓目患者,即“睊目”之病,其症狀是目珠偏斜,雙目睛通。許書原文“眏”字上下各字皆訓目病,其體例自不亂,特諸家未得“涓目”之誼耳。張延昌曰:“涓目,淚水不自主流出。”[①]其說非是。

5. 馬王堆帛書《刑德占》甲篇:“其甲也,歫(距)雞鳴以至市行,則旬八日而戰;市行至日下涓,五旬五日;歫(距)下涓以至静人,則四旬三日。”亦見帛書《刑德占》乙篇。“日下涓”或“下涓”是時段名詞,其取義與“日昳”“日施”並同,所指當是同一時段。“日昳”謂日不正,“日施”謂日斜行。帛書這裏有四個時段,是“雞鳴”“市行”“日下涓”“静人”,分別對應清晨、中午、傍晚、半夜。“日下涓”就是“日昳”“日施”所指的傍晚時分,指太陽快下山的時候。胡文輝曰:“涓、澗古音完全相同,疑‘涓’通‘澗’。‘日下涓’即‘日下澗’,可能相當於‘日入’。”[②]其說非是。劉樂賢曰:“涓可讀爲晼,《集韻》:‘晼,景昳也。’‘日下涓’‘下涓’應即‘日下昳’‘下昳’。”[③]其說時段雖是,而讀涓爲晼則誤。古書用“晼晚”疊韻爲詞,“晼”即“晚”字音變。黄文傑曰:“《刑德》乙本之‘市行’‘日下涓(下涓)’‘夕’是否分別相當於《居延新簡》之‘蚤食’‘日下餔(下餔)’‘夜食’,尚有待進一步論證。”[④]“日下涓”當就是“日下餔”的時段,而所取義則不同。“日下涓”是擬人用法,指太陽向下斜視,已經不在天空正中。“涓”亦是“睊”的借字。

6.《説文》:“疾,瘑也。”[⑤]又“瘑,口咼也”。“眏”指目歪斜,“疾”指口歪斜,其義一也。

---

① 張延昌主編《武威漢代醫簡注解》,中醫古籍出版社,2006 年,第 133 頁。

② 胡文輝《中國早期方術與文獻叢考》,中山大學出版社,2000 年,第 207 頁。

③ 劉樂賢《簡帛數術文獻探論(增訂版)》,中國人民大學出版社,2012 年,第 84 頁。

④ 黄文傑《馬王堆帛書〈刑德〉乙本文字釋讀商榷》,《中山大學學報》1997 年第 3 期,第 118 頁。

⑤《集韻》引同,宋本《廣韻》引“瘑”作“爲”。余迺永曰:“《王一》《全王》、鉅宋本、巾箱本、楝亭本、元建刊本、泰定本作‘瘑’,合《説文》。”澤存堂本、林尹校訂本引亦誤作“爲”,符山堂藏板、至正南山書院刊本引又誤作“撝”。余迺永《新校互注宋本廣韻》,上海辭書出版社,2000 年,第 492 頁。

又音轉作"奊",《説文》:"奊,頭衺骫奊態也。"《廣雅》:"奊,衺也。"《廣韻》:"奊,頭邪。"指頭歪斜。《楚辭·離騷》:"恐鵜鴂之先鳴兮。"P.2494《楚辭音》作"鷤鴂",云:"鴂,又䳏,同。"《史記·曆書》索隱、《後漢書·張衡傳》李賢注引作"鷤䳏",《爾雅翼》卷十四、《增韻》卷四引作"鵜䳏"。《漢書·揚雄傳》《反離騷》:"徒恐鷤䳏之將鳴兮。"《類聚》卷五十六引《反騷》作"鷤鴂"。顔師古注:"䳏,鴂字也。"《集韻》:"䳏、鴂,鷤䳏,或從夬。"《宋景文筆記》卷中引蘇林説"鷤䳏"音殄絹,洪興祖《楚辭補注》"鵜鴂"音殄絹。《古文苑》卷三枚乘《梁王菟園賦》:"昆雞蝭蛙。"章樵注:"蝭蛙,音題決,一音第桂,字本作題鴂,或作鵜䳏,子規鳥也。"《玉篇》:"鵑,鷤䳏也,又名杜鵑。"《類聚》卷三引《臨海異物志》:"鶗鴂一名田鵑。""鶗鴂"即"子䳏",又作"子規",又名"子鵑""杜鵑"。《史記·魯仲連列傳》"棄忿悁之節",《戰國策·齊策六》《長短經·七雄略》"悁"作"恚"。《廣雅》:"鷤䳏,子鳺也。"各版本同,曹憲《音解》鳺音規。"鳺"當是從規省聲,《玉篇》作"⿱規鳥"。王念孫曰:"鳺,與'巂'同,或作'規'。"錢大昭説略同①。《史記·曆書》:"於時冰泮發蟄,百草奮(權)興(輿),秭鳺先滜。"《集解》引徐廣曰:"秭音姊,鳺音規。子鳺鳥也,一名鷤䳏。"張文虎曰:"中統、毛本'鴂',它本作'鳺'。"水澤利忠一承張説②,未作判斷。中華書局新點校本作"鳺",而無校記③。北宋景祐監本作"鳺",南宋黄善夫本、南宋紹興本、南宋淳熙本、宋乾道本作"鴂",《爾雅翼》卷十四、《能改齋漫録》卷四、《玉海》卷九、《班馬字類》卷一、《增韻》"滜"字條、《嘉祐雜誌》、《六書故》"鴂"字條引亦作"鴂"。王叔岷曰:"《索隱》單本、黄善夫本'鳺'並誤'鴂'。"④其説未必確,作"鴂"亦不誤。"鴂"與"䳏"音轉。《御覽》卷九二三引《蜀王本紀》:"望帝去時,子䳏鳴,故蜀人悲。子䳏鳴而思望帝。望帝,杜宇也。""秭鳺先滜"即《離騷》之"鵜鴂先鳴"也。北魏《宣恭趙王墓誌》:"天不崇德,鶗鴂先吟。"用典《離騷》,字作"鶗鴂"亦不誤。《説文》:"削,一曰窐也。"段玉裁曰:"窐與削音義通。"⑤《廣雅》:"圭,潔也。""圭"通"涓"。《説文》:"窐,甑空也。"《御覽》卷七五八引《通俗文》:"甕下孔曰瓺。"蔣斧印本《唐韻殘卷》:"瓺,盆底孔。""窐"同"瓺"。《集韻》"炔"同"焆","餶"同"饎","焆""烓"

① (清)王念孫《廣雅疏證》,(清)錢大昭《廣雅疏義》,並收入徐復主編《廣雅詁林》,江蘇古籍出版社,1992年,第977—978頁。

② (清)張文虎《校刊史記集解索隱正義札記》,中華書局,1977年,第310頁。(日)水澤利忠《史記會注考證校補》,廣文書局,1972年,第1253頁。

③ (漢)司馬遷《史記》(修訂本),中華書局,2014年,第1493頁。

④ 王叔岷《史記斠證》,中華書局,2007年,第1076頁。

⑤ (清)段玉裁《説文解字注》,上海古籍出版社,1981年,第180頁。

同訓明,當是異體字。皆從圭從夬從目音轉之證。吴其昌亦早指出“鵑”“鴂”“鳺”相通轉[①]。《説文》:“圓,規也,從囗,肙聲。”此是聲訓。傳本《歸藏》“規”卦[②],即《周易》“夬”卦,“規”聲、“圭”聲相通,亦其音轉之證。《埤雅》卷九:“杜鵑似非鶗鴂。”其説誤矣。“𢍏”音轉又作“頃”,俗作“傾”,《説文》:“頃,頭不正也。”音轉又作“奚”,《家語·論禮》:“是以正明目而視之,不可得而見;傾耳而聽之,不可得而聞。”《禮記·孔子閒居》同,上博竹簡(二)《民之父母》簡6“傾”作“奚”。諸家讀奚爲傾[③]。

二、《説文》“忓,極也”疏證

1.《説文》:“忓,極也。”《廣韻》引同。諸家説云:

(1)段玉裁曰:極者,屋之高處。干者,犯也。忓者,以下犯上之意。

(2)桂馥曰:極也者,本書:“憊,憖也。”《玉篇》:“憊,極也。憖,極也。”馥案:極,疲也。《世説》:“顧和謁王導,導小極,對之疲睡。”商芸《小説》載問沐啓云:“‘沐伏久勞極,不審尊體何如?’帝答之曰:‘去垢甚佳,身不極也。’”

(3)王筠曰:《廣韻》平聲引此,去聲云:“忓,善也。”《玉篇》:“忓,古安切,擾也。又胡旦切,抵也,善也。”諸説皆與“極”不合。桂氏云云。

(4)徐灝曰:段以“極”爲高處,遂謂“忓”爲下犯上,恐未確。《玉篇》云云。

(5)嚴可均、姚文田曰:“極”疑作“恆”[④]。

(6)馬叙倫曰:桂馥云云。倫謂“極”借爲“㥛”,音同群紐。下文:“㥛,勞也。”古讀群歸見,“忓”音見紐。蓋轉注字。桂説亦通。“憖”音溪紐,見、溪同爲舌根破裂音,亦轉注字。字蓋出《字林》[⑤]。

(7)張舜徽曰:嚴可均云云。舜徽按:下文:“恆,疾也。”“懁,急也。”並與“忓”雙聲。

① 吴其昌《説“梠櫝”聲例》,《國專校友會集刊》第1期,1931年,第43—44頁;又刊於《金陵學報》第10卷第1、2期合刊,1940年,第88頁。

② (清)馬國翰《玉函山房輯佚書·易類·歸藏》,收入《續修四庫全書》第1200册,上海古籍出版社,2002年,第484頁。

③ 何琳儀《滬簡二册選釋》、黄德寬《〈戰國楚竹書(二)〉釋文補正》、劉樂賢《讀上博簡〈民之父母〉等三篇札記》、孟蓬生《上博竹書(二)字詞札記》皆已指出“奚當讀傾”,四文皆見簡帛研究網,分别見2003年1月10日及1月14日、1月21日,前二文又載《學術界》2003年第1期,第85、79頁。孟蓬生指出“𢍏”亦同源,其文又正式發表於《上博館藏戰國楚竹書研究續編》,上海書店出版社,2004年,第472—473頁。劉信芳《楚簡帛通假彙釋》亦指出“奚”與“傾”通,高等教育出版社,2011年,第261頁。

④ (清)段玉裁《説文解字注》,(清)桂馥《説文解字義證》,(清)王筠《説文解字句讀》,(清)徐灝《説文解字注箋》,(清)嚴可均、姚文田《説文校議》,並收入丁福保《説文解字詁林》,第10391頁。

⑤ 馬叙倫《説文解字六書疏證》卷二十,本卷第83頁。

如“極”讀爲“亟”,則與“慖”義通矣①。

2. 諸説惟張舜徽從嚴可均説,謂“極疑作慖”近是,但所釋則誤。“極”當是“慖”假借字。

(1)《方言》卷一:“娥、嬴,好也。……趙、魏、燕、代之閒曰姝,或曰妦。自關而西,秦、晉之故都曰妍。好,其通語也。”郭璞注:“秦舊都,今扶風雍丘也。晉舊都,今太原晉陽縣也。其俗通呼好爲妍,五千反。‘妍’一作‘忏’。”王念孫曰:“‘忏’各本皆作‘妍’,下有注云:‘妍一作忏。’(盧氏抱經校本‘忏’譌作‘忏’。)此校書者所記,非郭注原文,然據此知《方言》之本作‘忏’也。蓋正文本作‘秦晉之故都曰忏’,注文本作‘忏,五干反’,衹因‘五干’譌作‘五千’,與‘妍’字之音相同,而《廣雅》‘妍’字亦訓爲‘好’,後人多見‘妍’少見‘忏’,遂改‘忏’爲‘妍’以從‘五千反’之音,而一本作‘忏’者乃是未改之原文也。請以三證明之:《廣雅》‘忏’‘妍’俱訓爲‘好’,然‘忏’字在‘妦’字之下,‘妦’‘忏’二字相承,即本於《方言》(《廣雅》又云‘忏,善也’,‘善’與‘好’義相近)。若‘妍’字則在下文‘婍’字之下,與‘妦’字中隔25字,不相承接,是《廣雅》訓‘妍’爲‘好’自出他書,非本於《方言》,則《方言》之有‘忏’無‘妍’可知。其證一也。《集韻・寒》:‘忏,俄干切,秦、晉謂好曰忏。’《翰》:‘忏,侯旰切,好也。’皆本《方言》,而‘妍’字注獨不訓爲‘好’(《類篇》同),則《方言》之有‘忏’無‘妍’甚明。《集韻》‘侯旰切’之音本於《廣雅》音,而‘俄干切’之音則本於《方言》注(‘俄干’即‘五干’),則注文之作‘五干反’又甚明。其證二也。《御覽》引《方言》云:‘娥、嬴,好也。秦、晉之故都曰忏。’又引注云:‘其俗通呼好爲忏,五干反。’是宋初人所見本皆作‘忏’,皆音‘五干反’。其證三也。”②王説甚辨,所引《御覽》見卷三八一,引注作“五干切”。華學誠氏亦據王説改作“忏”③。然“妍”“忏”都是元部字,疑母、見母旁紐雙聲,自可音轉。“妍”從幵得聲,“幵”亦是見母字。“刊”或作“栞”④,“鼾”或作“齞”⑤,是其比。“妍”亦美好慧巧之義。P. 2011 王仁昫《刊謬補缺切韻・翰韻》:“忏,善。”與《廣雅》同。故宫博物院藏王仁昫《刊謬補缺切韻・翰韻》:“忏,口(此字不可辨識)善。”字亦作嫸,《方言》卷十:“嫸、嫧、鮮,好也,南楚之外通語也。”“嫧”同“婧”,《説文》:“婧,齊也。”《廣雅》:“嫸、嫧,齊也。”又“忏、嫸、嫧、鮮,好也。”《列子・力命》“嫸斫”,《釋文》引《字林》:“嫸,齊也。”王念

---

① 張舜徽《説文解字約注》卷二十,第2579頁。

② (清)王念孫《方言疏證補》,收入《高郵王氏遺書》,江蘇古籍出版社,2000年,第59頁。

③ 華學誠《揚雄〈方言〉校釋匯證》,中華書局,2006年,第16—17頁。

④ 《説文》:“栞,槎識也,《夏書》曰:‘隨山栞木。’讀若刊。”《書・禹貢》《皋陶謨》並作“隨山刊木”,《淮南子・修務篇》《史記・夏本紀》《漢書・地理志》《文選・應詔觀北湖田收》李善注引亦作“栞木”。《書・禹貢》:“九山刊旅。”《史記・夏本紀》《漢書・地理志》引作“栞旅”。

⑤ 《集韻》:“鼾,或作齞。”

孫曰:"《方言》:'嫴、媜、鮮,好也。南楚之外通語也。'《説文》:'媜,齊也。'卷四云:'嫴、媜,齊也。'皆好之義也。'嫴'與'忓'聲近而義同。"①錢繹曰:"《廣雅》:'忓,好也,善也。'曹憲並音汗。《玉篇》:'忓,善也。''善'與'好'義亦相近。下卷二云:'嫴,好也。'(引者按:當是卷十)《玉篇》同,又音午漢切。'嫴'與'忓'聲近義同。"錢繹又曰:"《廣雅》:'嫴、鮮,好也。'《玉篇》同。《集韻》:'嫴,好也,謂婦人齊正貌。'《玉篇》'嫴'又音午漢切。前卷一云:'自關而西,秦、晉之故都曰奸(引者按:當作'姸',下同)。好,其通語也''奸(姸)'一作'忓'。《廣雅》:'忓,好也,善也。'曹憲並音汗。'忓'與'嫴'聲近義同。"②複言則曰"嫴媜""嫴斫",《玉篇》:"媜,嫴媜,鮮好皃。"錢大昭曰:"'斫'與'媜'聲相近,'嫴斫'即'嫴媜'也。"③洪頤煊説同④。章太炎曰:"嫴借爲悍。悍亦憨直之誼,故曰'悍斫'。"⑤章説未是。

(2)《説文》:"㥛,一曰謹重皃。"章太炎曰:"係借爲茍或謹。"⑥《廣雅》:"㥛,愛也。"謹嚴敬愛義。字亦作"亟",《方言》卷一:"亟、憐、憮、俺,愛也。東齊海岱之閒曰亟,自關而西,秦晉之閒,凡相敬愛謂之亟,陳、楚、江淮之閒曰憐,宋、衛、邠、陶之閒曰憮,或曰俺。"《廣雅》:"亟,敬也。"秦《石鼓文》:"吴人㜸亟,朝夕敬□。""㜸亟"即《方言》之"憐亟",同義複詞,猶言敬愛。《爾雅》:"暱,亟也。"王引之曰:"暱爲相親愛之亟。《方言》:'亟,愛也。東齊海岱之閒曰亟,自關而西秦晉之閒凡相敬愛謂之亟。'字或作㥛,《廣雅》:'㥛,愛也。'亟訓爲愛,相愛即相親暱,故云'暱,亟也'。"⑦字亦作"極",《金樓子·著書》:"性與率由,因心致極。""極"乃敬愛之義,下文云"事君事父,資敬之禮寧異?爲臣爲子,率由之道斯一",正作"敬"字。

3. "忓"爲好、善之義。"極"爲敬愛之義,二義相近,故《説文》云"忓,極也"。此"極"用借字。《説文》又云:"棟,極也。""柭,极也。""窮,極也。""屆,一曰極也。""㦖,一曰極也。"諸訓"極"與此不同。

三、《説文》"顡"字校正

1.《説文》:"顡,面不正也。"P. 2011 王仁昫《刊謬補缺切韻》、北京故宮博物院舊藏王

---

① (清)王念孫《廣雅疏證》,收入徐復主編《廣雅詁林》,第 61 頁。
② (清)錢繹《方言箋疏》卷一、十,上海古籍出版社,1984 年,第 29、563 頁。
③ (清)錢大昭説轉引自錢繹《方言箋疏》卷十,上海古籍出版社,1984 年,第 563 頁。
④ (清)洪頤煊《讀書叢録》卷十四《列子叢録》,收入《續修四庫全書》第 1157 册,上海古籍出版社,2002 年,第 679 頁。
⑤ 章太炎《膏蘭室札記》卷一,收入《章太炎全集(1)》,上海人民出版社,1982 年,第 36 頁。
⑥ 王寧整理《章太炎説文解字授課筆記》錢玄同所記筆記,中華書局,2010 年,第 433 頁。
⑦ (清)王引之《經義述聞》卷二十七,(臺北)世界書局,1975 年,第 630 頁。

仁昫《刊謬補缺切韻》並同。《篆隸萬象名義》:“頿,不正。”《集韻》:“頿,頭不正。”清代治《說文》諸家皆無說[①],近代有二家說:

(1) 馬叙倫曰:“‘面不正也’非本訓,或字出《字林》也。”[②]

(2) 張舜徽曰:“‘頿’與‘頨’雙聲義同,實即一語。”[③]

考《說文》:“爰,引也。”又“援,引也。”“援”是“爰”增旁俗字,牽引之義。“頿”字從爰從頁,没有理據訓面不正,馬叙倫指出“非本訓”,很有見地,但謂“或字出《字林》”,則臆測無據。張舜徽説“頿”是“頨”轉語,缺乏證據。

2. 《集韻》《類篇》:“頹,頭不正。”朝鮮本《龍龕手鑑》:“頹,音奚,頭不正皃。”“頿”疑是“頹”形譌,從奚之字有不正之誼(詳下文),故“頹”從頁從奚,奚亦聲,會意兼形聲字,訓爲面不正或頭不正也。“奚”“爰”相譌之例如下:

(1)《龍龕手鏡》:“䨟,俗。䨟,正。”

(2)《玄應音義》卷十六:“甘蔗:出廣州,子不堪食,生人間籬援上,作藤用。”《慧琳音義》卷六十五轉録“籬援”誤作“籬溪”。《玄應音義》卷十八:“援助:謂依據護助之言也。‘籬援’取其義矣。”《御覽》卷四七二引劉義慶《幽明録》:“海陵人黄尋,先居家單貧,常(嘗)因大風雨,散錢飛至其家,錢來觸籬援,誤落在餘處,皆拾而得之。”[④]

(3) 吴支謙譯《佛開解梵志阿颰經》卷一:“溪踶。”《可洪音義》卷十三:“𢷆(溪)踶:上二字悮(誤),是‘援頭’二字。”

(4)《玉篇》《廣韻》:“愋,恨也。”“愋”字《切韻》未收,當是“傒”形譌。《永樂大典》卷一三九九三引陸法言《廣韻》:“傒,恨足。”《廣韻》《龍龕手鏡》同。《集韻》《類篇》:“傒,慣傒,心不平。”《集韻》:“傒,恨也。”“傒”從奚得聲,指心不平,故訓恨。也有可能“傒”是“愋”形譌,字亦作“爰”“喛”,指悲恨。《廣雅》:“爰、喛、慍、愁,[恚]也。”“恚”字據王念孫説補,王氏曰:“《方言》:‘爰、喛,恚也。’郭璞注云:‘謂悲恚也。’又:‘爰,喛,哀也。’注云:‘喛哀而恚也。’《廣韻》:‘喛,恚也。’《玉篇》:‘愋,恨也。’‘愋’與‘喛’同。”[⑤]

(5)《鉅宋廣韻》:“溪,胡計切,溪换。”《集韻》:“溪、𢹂,胡計切,杭越之間謂换曰溪,或從系。”宋智圓《涅槃玄義發源機要》卷四:“溪互者:溪,胡計切,换也。或作‘係’‘奚’者。

① 丁福保《說文解字詁林》,第8835—8836頁。

② 馬叙倫《說文解字六書疏證》卷十七,本卷第13頁。

③ 張舜徽《說文解字約注》,第2167頁;其説又見第2159頁“頨”字條。

④ 《御覽》卷八三六引略同。

⑤ (清)王念孫《廣雅疏證》,收入徐復主編《廣雅詁林》,第126頁。所引《方言》分别見卷六、十二。

俱誤。""揬"無换義,疑"援"形譌,"援"是"换"音轉。杭越人"换"音轉作"援",又形誤作"揬",後世因承其既誤之音義。S.2144《韓擒虎話本》:"香湯沐浴,改揬衣裝。"則唐代已誤矣。《周易·涣》之"涣",馬王堆帛書本同,上博簡(三)《周易》作"䆞",又作"㹊"。《詩·皇矣》:"無然畔援。"《玉篇》"伴"字條引作"伴换",《文選·爲袁紹檄豫州》李善注引作"畔换"。《漢書·敘傳》:"項氏畔换,黜我巴漢。"《漢紀》卷三十作"畔奐",《類聚》卷十二引作"叛援",顔師古注引《詩》作"畔换"。《左傳·襄公二十七年》:"叔孫豹會晉趙武……陳孔奐。"《公羊傳》作"孔瑗"。《集韻》:"愌,怑愌,或作援。"

(6)《集韻》:"褼,衣褑。"《五音集韻》同,《類篇》"褑"作"褑"。當以作"褑"爲正,褑之言系也,指衣帶、衣襻。《集韻》《類篇》:"襬,衣褑。""襬"亦指衣帶。"蒵"爲履帶,亦其比也。

《正字通》:"頯,俗字。《説文》'頾''頛''顫'皆訓頭不正,'頯'訓面不正,諸字書未見有作'頯'者,舊注音奚,頭不正貌。'爰'改從'奚',因字形近似而譌。"熊加全説同[①]。二氏謂"頯"是"頯"形譌,然"頯"何以訓頭不正,則無法解釋,二氏説偵矣。"奚""爰"二字上古形殊,楷定之後,則字形甚爲相近。《玉篇》未收"頯"字,《切韻》《名義》收之,是唐人已誤矣。

3. 古音奚聲、圭聲、頃聲並相通。

3.1　古音奚聲、圭聲相通,聲轉之例證如下:

(1)馬王堆帛書《五十二病方·積》:"以奎蠡蓋其堅(腎)。"《五十二病方·蚖》"奎蠡"作"奚蠡"。整理者曰:"奎蠡,即'奚蠡'。"[②]

(2)《淮南子·俶真篇》高誘注:"鮭,[讀]傒徑之傒也。"

(3)《説文》:"謑,恥也。謉,謑或從奊。"

(4)《説文》:"鼃,蝦蟇也。從黽圭聲。"又"鼷,水蟲也,薉貉之民食之。從黽奚聲"。

(5)《説文》:"恚,恨也。"《集韻》:"傒,恨也。"

(6)《水經注·鍾水》:"雞水即桂水也,'雞''桂'聲相近,故字隨讀變,《經》仍其非矣。"

孟蓬生舉上引諸例,云:"圭聲、奚聲相通。'鼷''鼃'音義相通。'傒''恚'音義相通。"[③]其中例(4)説《説文》"鼃"即"鼷"字,吴其昌早年亦有此説[④]。其中例(6)《水經注》

---

① 熊加全《〈玉篇〉疑難字研究》,河北大學2013年博士學位論文,第327頁。

② 《馬王堆漢墓帛書[肆]》,文物出版社,1985年,第52頁。

③ 孟蓬生《釋"豽"》,收入《清華簡〈繫年〉與古史新探》,中西書局,2016年,第425—426頁。其説又見孟蓬生《"彖"字形音義再探》,香港浸會大學《饒宗頤國學院院刊》第4期,香港中華書局,2017年,第101頁。

④ 吴其昌《説"梎樌"聲例》,《金陵學報》第10卷第1、2期合刊,1940年,第89—90頁。

例,趙一清曰:"案'鷄'當作'灌'。"王先謙、陳橋驛皆從趙説。熊會貞曰:"朱'灌'並訛作'雞',戴、趙改。會貞按:此釋本篇之'灌水'。桂陽郡及縣置於西漢,則桂水之名自古,至《水經》始作'灌水','灌'字明是後世訛變,而《經》沿之。若俗本作'雞',則與'桂'聲不近矣,又傳抄之差也。"[1]"鷄"字亦音轉,諸家皆未達。《元和郡縣志》卷三十云"雞水在縣南,即桂水也",字仍作"雞"。"桂水"音轉又作"灕水""離水",亦與"雞"相通。

(7) 睡虎地秦簡《日書》甲種《入官》:"十四日奊訽……代主及奊訽,不可取妻。"整理者括注"奊"爲"謑"[2]。"奊訽"即"奊詬""謑訽""謑詬",亦作"謑訽""謑詬""謑呴"[3]。

(8)《廣雅》:"恚,怒也。"P. 3696V《箋注本切韻》、P. 2011 王仁昫《刊謬補缺切韻》、蔣斧印本《唐韻殘卷》並曰:"謑,怒言。"《集韻》:"謑,怒聲。""謑""恚"一音之轉。"謑""愱"當是異體字。

(9)《莊子·達生》:"倍阿鮭蠪。"方以智曰:"'鮭蠪'即《白澤》之'徯龍'。"[4]方説是也,《御覽》卷八八六引《白澤圖》:"室之精名徯龍,如小兒,長一尺四寸,衣黑衣,赤幘大冠,帶劍持戟。"《搜神記》卷十二引《白澤圖》:"兩山之間,其精如小兒,見人則伸手欲引人,名曰傒囊,引去故地則死。"馬王堆漢簡《十問》"閨誦"亦其音轉。

(10)《廣雅》:"袿、褑,袖也。"王念孫曰:"夏侯湛《雀釵賦》云:'理袿襟,整服飾。'是'袿'爲'袖'也。《集韻》引《埤倉》云:'褑,衣袖也。'"錢大昭説略同[5],二氏猶未悟"袿""褑"二字乃一音之轉的異體字。

(11)《慧琳音義》卷五十:"鮭䲅(䱶):上夏皆反,《吴志》亦以爲'膎䏢'之膎也,陸杌(抗)《上疏》'絡給其鮭糧'是也。"又卷九十七:"酒鮭:户佳反,《説文》:'膎䏢也。'或從月作膎也。"又卷一百:"鮭米:上核皆反,陸坈(抗)《上疏》云'給其鮭糧',是也。或作膎,乾魚。"唐栖復《法華經玄贊要集》卷十八:"佳(皆音)䏢(良將反,兩音):賀云:'江南呼小犢子肉爲膎䏢,南地呼皆爲膎也。'"《爾雅翼》卷二十九:"鮭,音如鞵。""鮭""膎"是一音之轉的異體字。

(12) 北京故宫博物院舊藏王仁昫《刊謬補缺切韻》:"鞵,屩,亦作鞋。"《慧琳音義》卷三

① (清)王先謙《合校水經注》卷三十九,光緒十八年思賢講舍刻本,本卷第4—5頁。(清)陳橋驛《水經注校證》卷三十九,中華書局,2007年,第913頁。楊守敬、熊會貞《水經注疏》卷三十九,收入《續修四庫全書》第727册,上海古籍出版社,2002年,第706頁。

② 《睡虎地秦墓竹簡》,文物出版社,1990年,第209頁。

③ 參見(清)王念孫《廣雅疏證》、(清)錢大昭《廣雅疏義》,並收入徐復主編《廣雅詁林》,第309頁。

④ (明)方以智《通雅》卷二十一,收入《方以智全書》第1册,上海古籍出版社,1988年,第727頁。

⑤ (清)王念孫《廣雅疏證》,(清)錢大昭《廣雅疏義》,並收入徐復主編《廣雅詁林》,第586—587頁。

十五:“鞵屩:上蟹皆反,經中作‘鞋’,俗字也。”又卷六十三:“鞋屨:上解皆反,俗字也,正體從奚作‘鞵’。”《説文繫傳》:“鞵,今俗作‘鞋’。”《希麟音義》卷九:“鞾鞵:下户佳反,今作‘鞋’。”

(13)《説文》:“黊,鮮明黄也(色)。”①《廣雅》:“黊,黄也(色)。”P. 3696V《箋注本切韻》:“黊(引者按:此字與下文同,疑當作‘黊’),鮮黄色。《説文》作‘黊’,黄美色。”P. 2011王仁昫《刊謬補缺切韻》、蔣斧印本《唐韻殘卷》並曰:“黊,鮮黄色。”S. 2071《箋注本切韻》:“䵷,黄病色。”《鉅宋廣韻》:“䵷,黄病色也。”《玄應音義》卷五:“璭䵷:呼奚反,依字,黄病也。”“䵷”當是“黊”分别字。

(14) P. 2011王仁昫《刊謬補缺切韻》“蹄”字條云:“胜字胡嵇反。”《廣韻》“蹄”字條云:“胜音奚。”《龍龕手鏡》亦云:“胜音奚。”

(15)《龍龕手鏡》:“溪,音奚。”《字彙補》:“溪,音奚,義闕。”元魏瞿曇般若流支譯《正法念處經》卷六十一:“能生無漏法,猶如畦種稻。”宫本“畦”作“溪”。《毗尼作持續釋》卷七《音義》:“畦,音奚,田五十畝爲畦。”“溪”是“畦”改易聲符的俗字,字亦作“畦”。

(16)《初學記》卷三十引《春秋説題辭》:“雞之爲言佳也,佳而起,爲人期,莫實也。”②

(17)“繫䋦”音轉作“緀䋦”“絓䋦”“觟䚗”。《説文》:“䋦,繫䋦也,一曰維也。”《集韻》“䋦”“繫”二字條引同。《玉篇殘卷》“䋦”字條引“維”作“絓”,皆有脱誤,當從宋本《玉篇》作“一曰絓䋦也”。《集韻》:“繫,《説文》:‘繫䋦也。’今惡絜,或作緀。”《太玄·難》:“角觟䚗,終以直之也。”角傾曰觟䚗。

(18)《抱朴子外篇·審舉篇》:“寒素清白濁如泥,高第良將怯如雞。”《新唐書·魏元忠傳》、宋刻本《册府元龜》卷八三二載袁楚客以書規魏元忠引“雞”作“黽”。

3.2 古音奚聲、頃聲相通。《家語·論禮》:“傾耳而聽之。”《禮記·孔子閒居》同,上博簡(二)《民之父母》簡6“傾”作“奚”,“奚”“傾”亦一聲之轉③。“奚”是“頯”省借。

3.3 古音圭聲、頃聲相通。《荀子·勸學》:“故不積蹞步,無以至千里。”楊倞注:“半步曰蹞。‘蹞’與‘跬’同。”《治要》卷三十八、《初學記》卷六、《白氏六帖事類集》卷二④、《事類賦注》卷六引作“跬”,《大戴禮記·勸學》同。《方言》卷十二:“半步爲跬。”《説文》作“趌”,云:“趌,半步也。”《禮記·祭義》:“故君子頃步而弗敢忘孝也。”鄭玄注:“‘頃’當爲‘跬’,聲之誤也。”《釋文》:“頃,讀爲跬。”《慧琳音義》卷六十、八十七、九十九、《御覽》

① 《玉篇》《鉅宋廣韻》“也”作“色”。

② 《御覽》卷九一八引同,《白氏六帖事類集》卷二十九引下“佳”形誤作“往”。

③ 見前頁104注③。

④ 引者按:《白孔六帖》在卷六。

卷三九四引作“跬步”。唐薛元超《諫皇太子牋》:“君子跬步,不敢忘孝之道。”本於《禮記》,字亦作“跬步”。《集韻》:“趌,《説文》:‘半步也。’或作跬、頃、蹞。”楊慎曰:“頃,讀作跬。《祭義》:‘頃步而弗敢忘孝。’古字‘跬’多借‘規’字,用《論衡》‘拯溺不規行’,是也,疑‘頃’字亦‘規’之誤。”①“拯溺不規行”不出《論衡》,見《舊唐書·朱敬則傳》《論刑獄表》,楊氏失記,又謂“頃”是“規”誤,非是。北大漢簡(三)《周馴(訓)》簡111:“(上文殘)車,爲下飧,挂而餔之,餓人再咽而能視矣。”陳劍認爲“挂”即“挂”,讀作傾,他舉敦煌寫卷Дx.0970《類林》作“傾壺漿以哺之”,S.078《語對》、S.2588《失名類書》作“傾壺飧以哺之”,P.2524《語對》作“傾壺饗哺之”爲證②。《淮南子·原道篇》:“禹之趨時也,履遺而弗取,冠掛而弗顧。”胡敕瑞曰:“挂讀如頃(傾)。‘冠挂/掛冠’應該是指帽子傾斜。……‘冠挂而弗顧/冠挂不顧’謂冠弁傾側而無暇顧及。”並引《淮南子·修務篇》高誘注“聖人趍時,冠戴弗顧,履遺不取”爲證③。周庾信《徵調曲》:“湯則救旱而憂勤,禹則正冠而無暇。”其言“無暇正冠”,可爲胡説佐證④。

4.《説文》:“頃,頭不正也。”俗字作“傾”。《説文》:“奊,頭衺骫奊態也。”黄侃曰:“‘奊’同‘頃、傾、隕’。”⑤古音奚聲、圭聲、頃聲並相通,故從奚之字借用,亦有不正之誼。《玄應音義》卷七引《通俗文》:“邪道曰徯,步道曰徑。”從奚得聲之字有不正之義,從巠得聲之字有直義,故邪道曰徯,直道曰徑。“徯”亦作“蹊”。《釋名》:“步所用道曰蹊。蹊,係也,射疾則用之,故還係於正道也。”劉成國謂“蹊”訓邪道取義於係,非是。段玉裁曰:“凡始行之以待後行之徑曰蹊,引伸之義也。”⑥謂“蹊”訓邪道取義於待(《説文》:“徯,待也。”),亦非是。“奊”訓頭衺,“頃”訓頭不正,則“顜”當作“頚”,三字是一音之轉的同源詞。故“頚”亦訓頭不正。

5.“圭(珪)”爲瑞玉,上鋭下方(即上端呈三角形,下端呈長方形),似圭(珪)的特立之門曰“閨”,均取頭衺之義。“畦”指田岸,取徯徑(即邪道)爲義。《説文》:“哇,諂聲也。”《廣雅》:“哇,衺也。”《玉篇殘卷》:“鼃,《字書》或‘哇’字也。哇,聲也,謳也,邪也,在《口

① (明)楊慎《轉注古音略》卷三,收入景印文淵閣《四庫全書》第239册,臺灣“商務印書館”,1986年,第369頁。

② 陳劍《〈周馴〉“爲下飧挂而餔之”解》,復旦古文字網2016年6月18日。

③ 胡敕瑞《一段話中的兩個疑誤》,北京大學《第一屆古典學國際學術研討會論文集》,2017年11月18—19日,第84—86頁。又胡敕瑞《〈吴越春秋〉“悉考績”“冠掛不顧”解》,《古漢語研究》2018年第2期,第12—14頁。

④ 古人亦有讀挂如字者,字亦作絓、罣。《御覽》卷八十二引《淮南子》舊注云:“冠有所挂著,去不暇顧視。”《後漢書·崔駰傳》《達旨》:“與其有事,則褰裳濡足,冠挂不顧。”《劉子·知人》:“冠絓不暇取,經門不及過。”《路史》卷二十二:“冠罣而弗顧,屐税而弗納。”

⑤ 黄侃《説文同文》,收入《説文箋識》,中華書局,2006年,第69頁。又第51、54、103頁説同。

⑥ (清)段玉裁《説文解字注》,上海古籍出版社,1981年,第76頁。

部》。”《鉅宋廣韻》:“珪,邪皃。”“珪(哇)”指邪聲、淫聲。《釋名》:“婦人上服曰袿,其下垂者上廣下狹如刀圭也。”諸字皆不離不正之本義。“畦”用作量詞,指田五十畝;“頃”作量詞,指田一百畝。二字同源,皆取田埒爲義,而所指有別。章太炎曰:“畦轉爲頃,猶跬步轉爲頃步,支、青對轉。頃爲百畝,據全數言也。畦爲五十畝,以再易之田言之也,合之亦爲百畝。《孟子》‘圭田’,即畦田。”[①]章氏又曰:“《祭義》以‘頃步’爲‘跬步’。《韓詩》傳云:‘頃筐,攲器也。’攲本作攱,此皆支、清對轉,則百畝爲頃,借爲畦也。……《莊子・天地篇》‘方將爲圃畦。’李頤‘埒中曰畦。’古亦耤頃爲之。《詩・小雅》傳:‘戰不出頃,田不出防。’《鄭志》答張逸云:‘戰有頃數,猶今戰場者不出其頃界。’頃亦畦也。”[②]章説皆是也。《孟子・滕文公上》:“圭田五十畝。”趙岐注:“古者卿以下至於士皆受圭田五十畝,所以供祭祀也。圭,潔也。”趙氏圭訓潔,則認爲“圭”是“蠲”的借字,其説非是。

6. 附帶辨正古籍中的一個錯字。《後漢書・郡國志》劉昭注引《博物記(志)》:“(麋)千千爲群,掘食草根,其處成泥,名曰麋畯,民人隨此畯種稻,不耕而穫,其收百倍。”麋畯,《御覽》卷八三九、《爾雅翼》卷二十引同,《太平寰宇記》卷一三〇引作“麋㽋”,《埤雅》卷三、《海録碎事》卷二十二引作“麋暖”。此字當作“畽”,形譌作“暖”,因又誤作“暖”“㽋”“畯”。《集韻》:“蹊、畽,徑也,或從田。”桂馥、王筠引“麋㽋”以證《説文》“㽋,城下田也”之誼[③],非是。段玉裁曰:“畽亦作暖……今《後漢書》譌爲‘畯’,《埤雅》引此又譌‘暖’,然因《埤雅》可以校正也。”[④]段説“暖”即“畽”,周德清《中原音韻》卷下《辨明古字略》説同,當本於《集韻》《類篇》“畽,或作暖”,“童”“爰”形聲俱遠,没有相爲異體字的理據。《楚辭・九思・悼亂》:“鹿蹊兮躖躖,貒貉兮蟫蟫。”《初學記》卷二十四引《周易》:“艮爲徑路。”又引鄭玄注:“田間之道曰徑路,艮爲之者,取山間鹿兔之蹊。”“鹿畽”即“鹿蹊”,指鹿行走不由正道而成的路。《釋名》:“鹿兔之道曰亢,行不由正,亢陌山谷草野而過也。”“亢”是“远(踥)”省文,《説文》:“远,獸迹也。踥,远或從足從更。”其名雖異,而取譬則同。《文選・西京賦》:“結罝百里,远杜蹊塞。”蹊、远同義對舉,都指獸道。

7. 西晉安法欽譯《阿育王傳》卷三:“雞頭摩寺。”《可洪音義》卷二十二作“鷄頭”,云:“上古兮反,正作‘雞’也。”此“鷄”同“雞”,是另一同形異字,附識於此。

① 王寧整理《章太炎説文解字授課筆記》,第572頁。

② 章太炎《小學答問》,收入《章太炎全集(7)》,上海人民出版社,1999年,第438頁。

③ (清)桂馥《説文解字義證》,(清)王筠《説文解字句讀》,並收入丁福保《説文解字詁林》,第13345—13346頁。

④ (清)段玉裁《説文解字注》,第698頁。其説又見(清)段玉裁《詩經小學》卷一,收入《續修四庫全書》第64册,上海古籍出版社,2002年,第195頁。

參考文獻:

丁福保　1988　《説文解字詁林》,中華書局。

胡吉宣　1989　《玉篇校釋》,上海古籍出版社。

華學誠　2006　《揚雄〈方言〉校釋匯證》,中華書局。

黄　侃　2006　《説文箋識》,中華書局。

馬叙倫　1985　《説文解字六書疏證》,上海書店。

(清)錢　繹　1984　《方言箋疏》,上海古籍出版社。

(清)王念孫　2000　《方言疏證補》,收入《高郵王氏遺書》,江蘇古籍出版社。

王寧整理　2010　《章太炎説文解字授課筆記》,中華書局。

徐復主編　1992　《廣雅詁林》,江蘇古籍出版社。

余迺永　2000　《新校互注宋本廣韻》,上海辭書出版社。

張舜徽　2009　《説文解字約注》,華中師範大學出版社。

章太炎　1999　《章太炎全集》,上海人民出版社。

《尔雅·释训》训释现象解析*

潘　杰

（太原师范学院文学院，晋中，030619）

提　要：《尔雅》虽堪称我国最早的一部“词典”，但从《尔雅·释训》的训释来看，其释义与现代意义的“词典”有很大区别，训释内容不仅有“词”还有“词组”和“句子”；训释特点侧重被训释内容在具体文本中的意义，体现了中国古典经学诠释学理解与解释的原则，所以《尔雅》不是现代科学意义上的“词典”，而是运用中国古典经学的诠释原则，有别于随文释义注疏形式的一部解释经文文本意义的重要著作。

关键词：尔雅；释训；训释；诠释学；文本意义；经学；中国古典学

一、引　　言

《尔雅》堪称我国最早的一部按义类编纂的“词典”，既然被视为“词典”，必然涉及对“词义”的“训释”。《释训》是《尔雅》的第三篇，关于《尔雅·释训》（以下简称《释训》）的命名，宋邢昺曾对此做了具体的说明：“《释诂》云：训，道也。”“此篇以物之事义形貌告道人也，故曰释训。”（1980：2589）。这一说明表明《释训》是对事物的“事义形貌”进行“表述”以“告之于人”，“告人”的目的是使人能够“理解”其对“物之事义形貌”的“表述”。那《尔雅·释训》的这种“表述”对于现代人而言，能够被“理解”吗？这引发我们进一步的思考：从现代的角度怎样理解《释训》的训释和特点？对其训释现象又将如何解释和对待？我们试从中国传统的训释原理和西方的诠释原则两个维度加以分析，以此为基点上升到对《尔雅》的理解和认识。

* 本文研究得到2020年度国家语言文字推广基地建设一般项目“中小学汉字教育实践范式与培训策略研究”（205DYB02）的资助。

二、从训释原理看《尔雅·释训》中的训释

王宁先生在《论词义训释》一文中对"训释"的基本单位,"(词)义"和"训"的内涵,"词"的两种存在状态及特点都做了明确的阐释。"训释的基本单位是词(包括某些必须在整体上理解的词组),""(词)义是词形所负载的客观内容,它是在词进入使用状态后在确定的语境中自然显现的,而训则是对这种客观内容的人为表述。""词是词汇的个体,它通常以两种状态存在:一是贮存状态,一是使用状态。贮存状态的词是作为全民语言的建筑材料而存在的,一般情况下,这种状态的词是没有表现出来的,因而是无形的,它的有形存在是人们编纂的词典。词典把语言中可能用来交际的词尽可能全面地搜集在一起,标示出它们的书面符号和读音,按义项整理出它们的意义,以备人们说与听时查检与选用。"为不同状态的词做训释,其目的亦不相同。"为这种贮存状态的词作训释,目的是把通过长期使用而被巩固到词形中、为使用这一语言的人共同理解的内容表达出来,贮存起来,作为整个社会使用这个词的共同依据。贮存状态的词,意义大都是多项的,每项意义又是经过概括的,因而必然含有广义,义值也是笼统的。""对使用状态中的词加以训释,目的是为了沟通。即,使说话人(作者)和听话人(读者)对言语作品中的词所含的具体内容有共同的理解,以便通过语言信号,沟通说(作)者与听(读)者的共同经验。"(王宁 1988)

《释训》总计 123 个训释条目,其中既有对"词"的训释(数量总计 182 个,其中单音词 24 个,复音词 158 个);又有对"词组"的训释(数量总计有 7 个);还有对"句子"的训释(数量总计为 10 个)。也就是说从训释原理来看《尔雅·释训》中的训释,其训释单位已经不只是词或词组,还包括对句子的训释。

《尔雅·释诂》云:"训,道也。"(1980:2589)用现代的词义来解释"训"的意思,即所谓的"述说、表述";"释",许慎在《说文解字·釆部》释云:"解也。"(许慎 2013:22)即表明"释"是"解释、说明"之义。所以"训释"是指用语言表述、解说"词义"的工作。

据王宁先生的词义训释原理来考察《释训》的训释,我们发现《释训》的训释,其意义往往是单一的,并未把词义的多项、概括、广义、笼统的特点表现出来。如:"明明、斤斤,察也。条条、秩秩,智也。穆穆、肃肃,敬也。诸诸、便便,辩也。肃肃、翼翼,恭也。廱廱、优优,和也。兢兢、憴憴,戒也。子子孙孙,引无极也。颙颙卬卬,君之德也。丁丁、嘤嘤,相切直也。蔼蔼、萋萋,臣尽力也。噰噰、喈喈,民协服也。佻佻、契契,愈遐急也。宴宴、粲粲,尼居息也。哀哀、悽悽,怀报德也。儵儵、嘒嘒,罹祸毒也。晏晏、旦旦,悔爽忒也。皋皋、琄琄,刺素食也。懽懽、愮愮,忧无告也。宪宪、洩洩,制法则也。謔謔、謞謞,崇谗慝也。翕翕、訿訿,

莫供职也。速速、蹙蹙,惟逑鞫也。”(1980:2589—2591)等等,这种方式是《释训》训释的主要方式,它们都是以单一的意义训释出现的,并且其中既包含“词义训释”也包含“文意训释”,二者不加分辨。

如“明明、斤斤,察也”(1980:2589)中的“明明”为“察”的训释。我们在《十三经注疏》中找到包括《尔雅》在内“明明”一词的十个文本出处,它们分别是《诗经·小雅·小明》:“明明上天。”(1980:464)《诗经·大雅·江汉》:“明明天子。”(1980:574)《礼记·孔子闲居》引用的正是《诗经·大雅·江汉》的这句诗(1980:1618)。《诗经·泮水》:“明明鲁侯。”(1980:611)《诗经·大雅·大明》(1980:506)和《尚书·吕命》皆为:“明明在下。”(1980:248)《尚书·吕刑》:“明明棐常。”(1980:2548)《尚书·五子之歌》:“明明我祖。”(1980:157)《尚书·尧典》:“明明扬侧陋。”(1980:123)及《尔雅·释训》:“明明、斤斤,察也。”(1980:2589)除《尔雅》之外,“明明”在“十三经”经文文本中体现的都是具体的“使用意义”,《十三经注疏》中的“训释”正是对其“文本意”的解释,由此我们可知“明明”在不同经文文本中“指向确定”的意义表达。

在《诗经·小雅·小明》“明明上天”一句中,郑玄笺云:“明明上天,喻王者当光明,如日之中也。”孔颖达疏云:“言明明之上天,日中之时,能以其光照临下土之国,使无幽不烛,品物咸亨也。以喻王者处尊之极,当以其明察理于天下之事,然无屈不伸,劳逸得所也。”又疏云:“言照临,故知有日,日之明察,唯中乃然,故云王者光明,当如日中之照也。昭五年《左传》曰:‘日上其中。’《易·丰卦》彖曰‘王宜日中,以王明之光照临天下,如日中之时’是也。必责王令明如天日者,以王者继天理物,当与日同,故《易》曰‘大人与日月合其明’是也。”(1980:464)通过注疏的详解我们可知“明明”在此处是对圣明君王的颂赞,形容其如日中升之时光明盛大的样子,位尊、聪慧、正直。“位尊”则表示拥有绝对的权柄,“聪慧”则表示能够明察万事拥有治理天下的能力,“正直”表示其能够使天下无屈不伸、劳逸得所,所以贤明的君主可以普照万民。由此我们可以感受到注疏的训释是“具体”的,完全是在个人经验方面的理解分析,并没有对“明明”的词义进行提炼和概括,这是“随文释义”的“注疏”在训释方面的突出特点。

在《诗经·大雅·江汉》“明明天子”句中,孔疏云:“又令此明明显盛之天子,其善声闻长见称诵,不复有已止之时。”(1980:574)在此处的“明明”仍然是对君主的颂赞,表示天子的“伟大贤明”。

在《诗经·鲁颂·泮水》“明明鲁侯”句中,郑笺云:“言僖公能明其德,修泮宫而德化行,于是伐淮夷,所以能服也。”孔疏云:“明明然有明德之鲁侯,甚能明其德也。又说其明德之事，既作泮水之宫，以行其德化，谋伐淮夷。而淮夷所以顺服，是其德之明也。”（1980：611）此句中的“明明”是形容鲁侯拥有“贤明之德”。

在《诗经·大雅·大明》“明明在下”一句中，毛亨传曰：“明明，察也。文王之德，明明于下，故赫赫然著见于天。”郑笺云：“明明者，文王、武王施明德于天下，其征应炤晢见于天，谓三辰效验。”孔疏云：“毛以为，文王施行此明明然光显之德，在于下地，其征应赫赫然著见之验，在于上天，由此为天所祐。弃纣命之故，反而美之云：若是，则天之意难信，斯不可改易者，维王位耳。”又疏云：“‘明明，察也’，《释训》文。以此文上下相对，谓施德于下，能感上天。”孔疏云：“以下言纣之政教不达四方，为天下所弃，是武王时乃然，则此章为总目，其辞兼文、武矣，故曰文王、武王施明德于天下也。以其理当兼之，故并言武耳。不以两明两赫之文分之，使有所属也。谓三辰有效验者，《周礼·春官·神仕职》曰：‘掌三辰之法。’注云：‘日月星辰，其著位也。’桓二年《左传》曰：‘三辰旂旗，昭其明也。’服虔云：‘三辰，日月星也。’谓之辰者，辰，时也。日以照昼，月以照夜，星则运行于天，民得取其时节，故谓之辰也。有效验者，谓日月扬光，星辰顺轨，风雨以时，寒暑应节，乃知君德能动上天，民皆见其征应，所以言赫赫在上也。”（1980：506）此句中的“明明”是形容文王拥有光明之圣德，所以能够“聪明鉴察”于天下。

在《尚书·吕刑》“明明在下”句中，孔安国传曰：“尧躬行敬敬在上，三后之徒秉明德明君道于下，灼然彰著四方，故天下之士无不惟德之勤。”（1980：248）“明明”为“贤明盛德彰显”之义。

在《尚书·吕刑》“明明棐常”句中，孔安国传曰：“群后诸侯之逮在下国，皆以明明大道辅行常法，故使鳏寡得所，无有掩盖。”（1980：2548）“明明”为“盛大光明”之义。

在《尚书·五子之歌》“明明我祖”句中，孔颖达疏曰：“有明明之德，我祖大禹也。以有明德为万邦之君，谓为天子也。”（1980：157）“明明”为“光明盛实”之义。

在《尚书·尧典》“明明扬侧陋”句中，孔安国传云：“尧知子不肖，有禅位之志，故明举明人在侧陋者。广求贤也。”（1980：123）“明明”为“光明正大”之义。

通过对“明明”在这些具体文中“使用意义”的分析可知，“明明”几乎都是在形容贤明君王的“圣德”如日中天、光明彰显，全部都是“文意训释”。《尔雅·释训》是通过对这些“使用意义”的提炼，进一步概括而产生出“明明、斤斤，察也”的“词义训释”。所以郭璞在此条下注曰：“皆聪明鉴察。”邢昺为之疏云：“明明言其明甚。孙炎曰：明明，性理之察也”（1980：2589）。可见“注疏”皆围绕《释训》进一步解释“明明、斤斤”为“察”之义训释的正确性与合理性。“明明”一词延续至今，但因时代已发展，君臣观念已淡化，因此表现对君主品德颂赞之义的“明明”已不再用,《现代汉语词典》中“明明”的释义为“表示显然如此或确实”(2012:909),此义是由“聪明鉴察”引申而来。

再如“噰噰、喈喈,民协服也。”(1980:2590)这个释训亦为“文意训释”。因为“噰噰、喈喈”是《诗经·大雅·卷阿》中的原句,“凤皇鸣矣,于彼高冈。梧桐生矣,于彼朝阳。菶菶萋萋,雝雝喈喈”(1980:547)。“噰噰”在《诗经》原文中写作“雝雝”,对于“噰噰喈喈”的意思,注疏中仍然采用句意串讲的方式。郑玄笺云:“菶菶萋萋,喻君德盛也。雝雝喈喈,喻民臣和协。”孔颖达疏曰:“毛以为……其凤皇之鸣,则雝雝喈喈而和协,是太平之实验矣。郑以为……凤皇之鸣也,则雝雝喈喈然音声和协,以兴民臣亦和协也。”又疏曰:“《释训》云:‘雝雝喈喈,民协服也。’不为凤皇鸣。此传与《尔雅》异者,毛意以为,由万民协服,故凤声雝和,亦得合《尔雅》也。……雝雝喈喈,凤皇之声,上以凤皇比贤者,其鸣似贤者之政教,故以凤皇声闻于人,人闻之而知其雝和,以喻政教加被于民,民应之而相与和协。《尔雅》言民协服者,彼言所喻之意也。”(1980:547)对此,在《释训》中郭璞在此条下注曰:“凤凰应德鸣相和,百姓怀附兴颂歌。”邢昺疏曰:“《大雅·卷阿》云:‘蔼蔼王多吉士。’郑笺云:‘王之朝多善士蔼蔼然。’又云:‘菶菶萋萋,雝雝喈喈。’毛传云:‘梧桐盛也,凤皇鸣也,臣竭其力,则地极其化;天下和洽,则凤皇乐德。’郑笺云:‘菶菶萋萋,喻君德盛也。雝雝喈喈,喻民臣和协。’是皆臣下尽力,民人协服也。故郭云:‘梧桐茂,贤士众,地极化,臣竭忠’,‘凤凰应德鸣相和,百姓怀附兴颂歌’也”(1980:2590)。由此可知,《释训》中的“噰噰、喈喈,民协服也”的训释,正是对其在《诗经》文本中“使用意义”的解释,是典型的“文意训释”。

此外《释训》中的训释,还有一些既不是“词义训释”,也不是“文意训释”。如:“舞、号,雩也。”(1980:2591)在此,“舞”和“号”并不是“雩”的意思,即“雩”不是对“舞”和“号”词义的解释。在《现代汉语词典》中对“舞”的释义是:① 舞蹈。② 做出舞蹈的动作。③ 拿着某种东西而舞蹈。④ 挥舞。⑤ 耍,玩弄。⑥ 搞,弄。(2012:1383)“号”的释义是:① 拖长声音大声叫唤,即“呼号”。② 大声哭。(2012:515)。“雩”的词义是指“古代求雨的祭祀”(1980:1587)。这是《现代汉语词典》对“舞、号、雩”的“词义训释”。在《释训》中“舞、号、雩”的意义,与现在“词义训释”中的义项“舞蹈”“呼号”及“古代求雨的祭祀”是相同的,但《释训》却以“舞、号,雩也”的方式进行训释,且只指这些词义中的某一具体义项,由此已明显表现出二者在训释方式上的极大不同。《释训》的训释不是直接对“舞、号”词义为“舞蹈”“呼号”进行解释,而是说明“舞蹈”和“呼号”在“雩”这种祈雨祭祀活动中为主要内容,是祈雨祭祀活动的重要事项和特征标志。所以郭璞在此条下注曰:“雩之祭,舞者吁嗟而请雨。”(1980:2591)即指人以舞蹈的动作和发出吁嗟的声音这种特定内容,作为求雨祭祀活动的程序乃至仪式。不仅如此,《释训》中所体现的意义是特定的义项,而不是指这些词的所有义项。而《现代汉语词典》中的训释则是对“舞、号、雩”在储存状态下的所有义项的训释。

又如《释训》:“鬼之为言归也。”(1980:2592)此处《释训》所用的训释方法是“声训”,声训的特点是利用音同或音近的词对被训释词的命名缘由或词义特点进行解释,《释训》的训释正是说明“鬼”名之为“归”的原因,这种训释也不是对“鬼”的词义进行解释,而是对“鬼”所具有的词义特征加以说明,表明“鬼”是人最终的归宿,是人死后的状态;所以郭璞在此条下注曰:“尸子曰:古者谓死人为归人。”(1980:2592)即把人生比作客旅,把死亡比作归家,是人真正的永恒居所。《现代汉语词典》中对“鬼”的释义是:① 迷信的人所说的人死后的灵魂。② 对人的憎称或蔑称。③ 躲躲闪闪;不光明。④ 不可告人的打算或勾当。⑤ 恶劣的;糟糕的。⑥ 机灵。⑦ 对人的昵称。⑧ 二十八宿之一。(2012:491)这里的训释是对“鬼”在储存状态下的“词义训释”。在“鬼”的词义中,“迷信的人所说的人死后的灵魂”这一义项,《释训》的训释与《现代汉语词典》的释义是相同的,从中也可以明显地看出二者在训释方式上的不同。

除此之外,《释训》还有对句子的训释,所训释的是“句子”在具体经文文本语境中所体现的意义,如“如切如磋,道学也;如琢如磨,自脩也”(1980:2591)。“如切如磋,如琢如磨”是《诗经·卫风·淇奥》(1980:321)中的原句,《释训》的解说是在训释句子“如切如磋,如琢如磨”在《诗经·卫风·淇奥》中的文本意,“如切如磋”是在解释“为学”的状态如同制作兽骨象牙一般,故“道学”在此是词组而非词,“道”是指“言、说”之义,“学”是指“学习”。“如琢如磨”是在解释“自脩”的状态如同雕刻碧玉宝石一般,故“自脩”在此同样是词组而非词,“自”是指“自己、自身”之义;“脩”通“修”,是指“修养、修身”。所以郭璞注曰:“骨象须切磋而为器,人须学问以成德。玉石之被琢磨,犹人自修饰”(1980:321),阐释说明“如切如磋,如琢如磨”的句义是喻说为人要精心钻研学问,精益求精以达拥有德行;注重品德修养以达日臻完美的为人境界;可见《释训》的释义是对“如切如磋,如琢如磨”这一句子在《诗经·卫风·淇奥》文本意义的解释而非对“切磋琢磨”词义的解释。

“切磋琢磨”和“道学”“自修”这些词在现代都依然存在,但是要想了解这些词的词义却不能依据《释训》中的训释,因为《释训》并非对词义的解释,而且“道学”“自修”在此都不是词而是词组。“切磋琢磨”在《现代汉语词典》中释为:“古代把骨头加工成器物叫‘切’,把象牙加工成器物叫‘磋’,把玉加工成器物叫‘琢’,把石头加工成器物叫‘磨’。比喻互相商量研究,学习长处,纠正缺点(2012:1048)。”“道学”在《现代汉语词典》中释为:“① 理学。

② 形容古板迂腐(2012:270)。”“自修”在《现代汉语词典》中释为:“① 自习。② 自学(2012:1728)。”与《释训》的解释完全不同,《现代汉语词典》中的释义是对这些词在储存状态下的各种义项的归纳与解释。

这种训释现象在《释训》中大量存在,如“瑟兮僩兮,恂栗也。赫兮咺(烜)兮,威仪也。有斐君子,终不可谖兮。道盛德至善,民之不能忘也。既微且尰,骭疡为微,肿足为尰。是刈是濩,濩煮之也。有客宿宿,言再宿也。有客信信,言四宿也。其虚其徐,威仪容止也。猗嗟名兮,目上为名。式微式微者,微乎微者也。徒御不惊,辇者也”(1980:2591—2592),这些都是对句子在具体的《诗经》文本中的“文意释训”。

通过对《释训》的训释材料的分析,我们以为《释训》中的训释并非对“贮存状态”下的“词”作词义训释,而是侧重在对具体经文文本语境中的“词”作文意释训;其训释目的也不是为把巩固到词形中,为使用这一语言的人所共同理解的词义内容表达出来、贮存起来,作为整个社会使用这个词的共同依据;而是为词进入到一定的语言环境表达个人经验或反映特指对象的意义进行解释,所以《释训》中的训释表现出的义项往往是固定的、单一的、具体的。因此从训释原理来看《尔雅·释训》的训释,可以明确《尔雅》不是现代科学意义上的“词典”,不能与现代意义的“词典”等同,因此不能用现代“词典”的标准来看待和使用《尔雅》。那我们应该怎样看待《尔雅》呢?

三、从诠释原则看《尔雅·释训》中的训释

诠释学(Hermeneutics)最初是指严格的文本意义上的“注经”[①](exegesis)原则,由于这一原则也同样适用于其他著作文本,因而渐变成诠释的普遍原则。由此,“诠释学”成为了一门运用诠释的普遍原则,对非常宽泛意义[②]上的著作文本进行意义解读的学科;成为所有人文学科即所有从事于诠释人类作品的学科基础。(帕尔默 2014:22—63)但无论诠释学在多元层面上被定义为什么——研究方法论、学科、抑或哲学思潮,诠释学的核心要素始终都是“理解”(understanding)和“解释”(interpretation)。“理解”是对文本内容的理解,“解释”是对文本内容理解的表述与说明。据此,诠释学又可以被看作“是对理解,尤其是对理解文

① 此处的“经”特指《圣经》,“注经”是指对《圣经》经义内容的解释。《圣经》在基督教神学领域有着不可僭越的崇高地位,因为西方的基督教神学家们认为:《圣经》的内容完全是永生神藉先知指示给世人的“道”,完全是神的默示和启示,所以对《圣经》内容的解释必须以还原神的旨意为原则,不能凭己意发挥,要以神意来阐释,表现为“以经解经”的自解原则。

② 非常宽泛意义上的文本,是指除了语言、文学、艺术、历史、哲学等等之外,还包括精神领域,如“梦”也是文本,甚至神话中的符号。(参见(美)理查德·E. 帕尔默《诠释学》,潘德荣译,2014 年,第 63 页)。

本之任务的研究。”（帕尔默 2014：19）“理解”文本之任务主要体现为把不理解变为理解，其中介是“解释”，即通过“解释”把某些在意义上陌生、遥远、晦涩的内容，变为真实、切近、可理解的内容；通过“解释”把某些在时空或经验中被分割开来的异质的、陌生的内容，变为熟悉的、当下的和可理解的内容。（帕尔默 2014：26—27）

从这个角度来看，《尔雅》的存在正是为了把因时空或经验被分割开来的，在意义上陌生、遥远、晦涩的内容，通过“陈述、解释和翻译”而变成熟悉的、切近的和可理解内容的一种有效作为，《尔雅》之所以如此命名，正体现了这层含义。对此我国古代的注释家也颇有体会，唐陆德明就曾在《经典释文·序录》中指出：“《尔雅》者，所以训释五经，辩章同异，实九流之通路，百氏之指南，多识鸟兽草本之名，博览而不惑者也。尔，近也；雅，正也。言可近而取正也（1984：68）。”即明确指出《尔雅》是为了把“五经”在意义上已遥远、陌生、晦涩的内容通过“训释”达到“近而取正”的目的。

如《释训》在对“明明、斤斤，察也。条条、秩秩，智也。穆穆、肃肃，敬也。诸诸、便便，辩也。肃肃、翼翼，恭也。廱廱、优优，和也。兢兢、憴憴，戒也。战战、跄跄，动也。晏晏、温温，柔也。业业、翘翘，危也。惴惴、憢憢，惧也。番番、矫矫，勇也。桓桓、烈烈，威也。洸洸、赳赳，武也。蔼蔼、济济，止也。悠悠、洋洋，思也。蹶蹶、踖踖，敏也。薨薨、增增，众也。烝烝、遂遂，作也。委委、佗佗，美也。忯忯、惕惕，爱也。偁偁、格格，举也。蓁蓁、孽孽，戴也。㤤㤤、媞媞，安也。祁祁、迟迟，徐也。丕丕、简简，大也。存存、萌萌，在也。懋懋、慔慔，勉也。庸庸、慅慅，劳也。赫赫、跃跃，迅也。绰绰、爰爰，缓也。坎坎、壿壿，喜也。瞿瞿、休休，俭也。旭旭、跻跻，㤭也。梦梦、訰訰，乱也。爆爆、邈邈，闷也。儚儚、洄洄，惛也。版版、荡荡，僻也。爞爞、炎炎，熏也。居居、究究，恶也。仇仇、敖敖，傲也。佌佌、琐琐，小也。悄悄、惨惨，愠也。痯痯、瘐瘐，病也。殷殷、惸惸、忉忉、慱慱、钦钦、京京、忡忡、惙惙、怲怲、弈弈，忧也。畇畇，田也。畟畟，耜也。郝郝，耕也。绎绎，生也。穮穮，苗也。绵绵，穮也。挃挃，获也。栗栗，众也。溞溞，淅也。烰烰，烝也。俅俅，服也。峨峨，祭也。锽锽，乐也。穰穰，福也（1980：2589—2590）”这些词做“训释”时，都是利用当时人们熟悉的常用词做“训释词”，来“解释”这些因时空遥远而词义变得陌生和晦涩的叠音词，使之成为切近、熟悉和可理解的词义。

在文章的第一部分，我们曾从“释训原理”的角度考察了《尔雅·释训》中的训释，得知《释训》的训释特点是侧重被训释内容在具体经文文本中的意义，所以我们以为把《尔雅》定性为“词典”，似与现代意义上的“词典”性质不相吻合；同时我们又清楚地看到，《尔雅·释训》的训释特点虽然是侧重被训释内容在具体经文文本中的意义，但其训释方式显然又不同于“随文释义”的“注疏”。因此从训释的角度来为《尔雅》定性则似乎显得不太容易,但若从诠释学的角度来看《尔雅・释训》中的训释,一切就都很容易理解了,因为《尔雅・释训》的训释目的、训释角度、训释方式等都与诠释学的要素完全吻合。

我们仍以“舞、号”为例。《释训》:“舞、号,雩也(1980:2591)。”在这个训释中,“舞”和“号”其实并非同义词,其词义也不是“雩”所指的古代求雨的一种祭祀。但《释训》为什么要以这样的方式进行训释呢?实际上“舞、号”在《释训》中的意义,与在《现代汉语词典》中“舞蹈”和“呼号”这个义项上的释义是完全相同的,但二者训释方式却不相同,根本原因就在于训释的目的不同。《释训》对“舞、号”的训释,是对在经文文本中“舞、号”同时出现时所表达的具体意义的解释,解释“舞蹈”和“呼号”是古时求雨祭祀活动中的必须要素,说明“舞、号”在求雨祭祀活动中的作用,《释训》的训释解释的不是“舞、号”的词义,因为“舞蹈”和“呼号”是常用义,是人们熟悉、理解的,不需要解释。而“求雨的祭祀”这项活动因时代的发展,在现实生活中已成为陌生的、遥远的、晦涩的东西,因此需要解释,于是《释训》就以“舞、号,雩也”这种经文文本注释的方式来进行释训;其目的正是为了使之成为真实的、切近的和可理解的内容。

再如《释训》:“峨峨,祭也。”在此《释训》的训释方式同样不是在解释“峨峨”的词义是“祭祀”,因为“峨峨”也的确不是“祭祀”的意思,《释训》的训释是在说明“峨峨”的状态在祭祀中有助祭的作用。所以邢昺在此条下疏云:“释曰《大雅・棫朴》云:‘奉璋峨峨。’毛传云:‘半圭曰璋;峨峨,盛壮也。’郑笺云:‘璋,璋瓒也。祭祀之礼,王祼以圭瓒,诸臣助之;亚祼以璋瓒。奉璋之仪峨峨然。’故郭云:‘执圭璋助祭也。’”可知“峨峨”是盛壮的样子,是指在祭祀中手拿圭璋的仪态很庄重很威严的形象。

所以就《尔雅・释训》的训释内容来看,其视域为儒家经典“经文文本”的范围,这也正是《释训》的释义不同于后代“词典”的根本原因;其训释目的并非为“词”在“贮存状态”下的所有义项进行训释,而是针对“经文文本”的语境义作训释。所以“孔子曰:‘《尔雅》以观于古,足以辩言矣。’……夫《尔雅》之为书也,文约而义固;其陈道也,精研而无误。真九经之检度,学问之阶路,儒林之楷素也(1980:2567)”。的确《尔雅》中的“训释”不是为了供人们说与听时查检与选用,而是为阅读儒家经典服务的,是以“解经”为目的的。正因为古人把“小学”作为攻读经书的工具,故此小学类向来作为经学的附属,列在经部之末(顾廷龙、王世伟 2008:27—28)。这就是《尔雅》在我国历代目录分类中一直被列于经部,定位于“小学”类属的原因。但在小学类的文字、音韵、训诂之学中只有《尔雅》被纳入《十三经》,其原因恐怕就在于《尔雅》所训释内容为“经文文本意”。对此,杨乃乔在《中国经学诠释学及其释经的自解原则——论孔子“述而不作,信而好古”的独断论诠释学思想》一文中有更明确的表述,他说:“《尔雅》之所以被纳入《十三经》,正因为《尔雅》是训释‘六经’的古典诠释学经典,《尔雅》作为中国古代文化传统上的第一部字典,负载着‘六经’文本在那个时代的言说、铭刻、书写与阅读的文化语境与文字学意义。”(杨乃乔 2015)借用杨乃乔的话说,正是因为《尔雅》所释训的内容负载着对“经文”文本在那个时代的书写与阅读的文化语境意义的理解与解释,因此才拥有了被纳入《十三经》的资格。亦如孔颖达在《毛诗正义》中所言:“诂训传者,注解之别名。毛以《尔雅》之作多为释《诗》,而篇有《释诂》《释训》,故依《尔雅》训而为《诗》立传。传者,传通其义也。《尔雅》所释十有九篇,独云诂、训者,诂者古也,古今异言,通之使人知也;训者道也,道物之貌,以告人也。《释言》则《释诂》之别,故《尔雅序篇》云:《释诂》《释言》,通古今之字,古与今异言也。《释训》言形貌也。然则‘诂训’者,通古今之异辞,辨物之形貌,则解释之义尽归于此。”(1980:269)在此孔颖达所言“毛以《尔雅》之作多为释《诗》”,似是事实。但通过我们对《尔雅·释训》训释词条的分析,我们以为实际上并非“毛以《尔雅》之作多为释《诗》”,而是《尔雅》本来就是针对《诗经》文本内容所做的解释,自然可以拿来“释《诗》”。为此,我们把《释训》词条中被训释内容在《诗经》中的用例做了详细的统计,其数量高达 160 句之多。例如:

《释训》:“明明、斤斤,察也。”《诗经·大雅·常武》:赫赫明明,王命卿士。《诗经·周颂·执竞》:斤斤其明。

《释训》:“穆穆、肃肃,敬也。”《诗经·大雅·文王》:穆穆文王,於缉熙敬止。《诗经·大雅·思齐》:肃肃在庙。

《释训》:“廱廱(或作“雝雝”)、优优,和也。”《诗经·大雅·思齐》:雝雝在宫。《诗经·商颂·长发》:敷政优优。

《释训》:“兢兢、憴憴,戒也。”《诗经·小雅·小旻》:战战兢兢。《诗经·大雅·抑》:子孙憴憴。

《释训》:“晏晏、温温,柔也。”《诗经·卫风·氓》:言笑晏晏。《诗经·大雅·抑》:温温恭人。

《释训》:“业业、翘翘,危也。”《诗经·大雅·召旻》:兢兢业业。《诗经·豳风·鸱鸮》:予室翘翘。

《释训》:“殷殷、惸惸、忉忉、慱慱、钦钦、京京、忡忡、惙惙、怲怲、弈弈,忧也。”《诗经·邶风·北门》:忧心殷殷。《诗经·小雅·正月》:忧心惸惸。《诗经·齐风·甫田》:劳心忉忉。《诗经·桧风·素冠》:劳心慱慱兮。《诗经·秦风·晨风》:忧心钦钦。《诗经·小雅·正月》:忧心京京。《诗经·召南·草虫》:未见君子,忧心忡忡。《诗经·召南·草虫》:忧心惙惙。《诗经·小雅·頍弁》:忧心怲怲。《诗经·小雅·頍弁》:忧心弈弈。

《释训》:"穰穰,福也。"《诗经·周颂·执竞》:降福穰穰。

《释训》:"子子孙孙,引无极也。"《诗经·小雅·楚茨》:子子孙孙,勿替引之。

《释训》:"如切如磋,道学也。如琢如磨,自脩也。瑟兮僩兮,恂栗也。赫兮咺兮,威仪也。有斐君子,终不可谖兮,道盛德至善,民之不能忘也。"《诗经·卫风·淇奥》:如切如磋,如琢如磨。瑟兮僩兮!赫兮咺兮!有斐君子,终不可谖兮。

《释训》:"既微且尰,骭疡为微,肿足为尰。"《诗经·小雅·巧言》:既微且尰。

《释训》:"是刈是濩,濩煮之也。"《诗经·周南·葛覃》:是刈是濩。

《释训》:"履帝武敏,武,迹也。敏,拇也。"《诗经·大雅·生民》:履帝武敏。

《释训》:"张仲孝友,善父母为孝,善兄弟为友。"《诗经·小雅·六月》:张仲孝友。

《释训》:"有客宿宿,言再宿也。有客信信,言四宿也。"《诗经·周颂·有客》:有客宿宿,有客信信。

这些例子足以说明《释训》与《诗经》文本意义之间的解释与被解释的关系,也充分表明《释训》中的训释不是"词典"意义上的训释,而是"诠释学"意义上的训释,这种训释体现了中国经学诠释学的思想,展现了中国经学诠释学的理解与解释原则。

中国经学诠释学的理解与解释原则,与西方诠释学的"注经"原则一样,都是"以经解经"的"自解原则"。在文章的第一部分,我们从"训释原理"的角度对《释训》"明明"一词的训释内容的展示中,就足以看出"注疏"的训释方式是"随文释义",解释的内容是针对"明明"在一经之中的具体文本的意义;《尔雅》不同于"随文释义"的"注疏"的训释,其训释的视域更为广泛,所以才能够使《释训》中"明明"的释义适合众经经义文本的解释,可见《尔雅》是一部针对诸多经文的汇通性诠释著作。此外,通过"明明"一词的分析,我们还感受到,《释训》中"词义训释"正是从众多经义文本的"使用意义"中归纳提炼出来的,当然适宜对众经文本意义的释训,而在《释训》的注疏中又是利用经文经义来解释《释训》的训释,这正是"以经解经"的具体表现。

之所以会如此,杨乃乔在《中国经学诠释学及其释经的自解原则——论孔子"述而不作,信而好古"的独断论诠释学思想》一文中专就孔子治"六经"时所宣示的"述而不作,信而好古”这个命题做了深入而细致的分析，他指出：“中国经学诠释学的自解传统及历代经学家的释义告诉我们，‘述而不作’的‘述’这个书写符号的字义与词义就其原初意义及其惟一性读解，只能是‘循’或‘遵循’，”“总纳而言，‘述而不作’之‘作’的字义在这个诠释学命题的整体语境中秉有一字双关的词义，即‘制作’与‘兴作’。可以说，孔子治‘六经’，在信仰论与目的论上遵循周公及其礼乐制度，不制作与不兴作，这是一个重要的原始经学诠释学立场。”故此他总结道：“孔子以‘述而不作，信而好古’在方法论与信仰论两个维度上封闭了‘六经’文本的意义，使其获取了意义的惟一性与纯粹性——周公礼乐制度。”（杨乃乔 2015）这就是“疏不破注”“六经互注”现象存在与实现的理论基础，也是《尔雅》虽然能够脱离经文，但却可以实现诠释经义的前提与基础。

《尔雅》及其注疏所证引的文本及其语用文献，都恪守着经学诠释学的自解原则，就其《释训》中的训释内容，理解与解释大都是遵循《十三经》之经传注笺疏传统所进行的自解。如对“训”的解释，《毛诗故训传》中孔颖达对“训”的解释与《尔雅注疏》中邢昺对《释训》之“训”的解释是相同的，皆引用《尔雅·释诂》的训释：“训，道也。”这同样可以看作是“六经互注”原则的体现。

四、结　　语

既然如此，我们该以怎样的态度来对待《尔雅》以至于不误读和误用《尔雅》呢？我们以为一部著作只有当它性质明确的时候才好发挥它的作用，以往人们总是以传统小学的身份视《尔雅》为经学的附庸，若仅从训释的视角来看待《尔雅》，这种认定似乎是符合事实的。但囿于这种视角看《尔雅》，则既降低了《尔雅》在文字、音韵、训诂方面的作用，又湮没了《尔雅》在古典经学诠释学方面的价值；使众人的眼光只局限在《尔雅》字词句意的解释，而忽视了《尔雅》诠释经义文本的原则与立场；在专注字句的情况下，就只会注重《尔雅》的字句解释功能（按：这也正是把《尔雅》当作词典的原因）；而忘记了《尔雅》在中国古典经学诠释学体系背景下的种种呈现。事实上，《尔雅》既不是现代意义上的词典，也不仅仅是一种训释材料的类编，而是一部脱离具体文本、独立的中国古典经学诠释学著作。《尔雅》中的训释材料在中国古典诠释学思想理论与原则方面的价值是巨大的，有许多内容是值得深入挖掘和探讨的；尤其是在中国古典经学诠释学的学科建设方面，既能在理论上提供充分的论据，又能在材料上提供充足的论证。这才应是《尔雅》的现代作用与价值，也是我们使用和利用《尔雅》应有的方式。在此我们仅是以《尔雅·释训》为例进行抛砖引玉，细致的工作将有待于后续对《尔雅》全部内容的深入挖掘与探究；同时也希望引起有识之士对此问题的关注。

参考文献:

顾廷龙、王世伟 2008 《尔雅导读》,中国国际广播出版社。

(晋)郭璞注,(宋)邢昺疏 1980 《尔雅注疏》,收入《十三经注疏》,中华书局(影印世界书局阮元校刻本),下册。

(美)理查德·E.帕尔默著,潘德荣译 2014 《诠释学》,商务印书馆。

(唐)陆德明 1984 《经典释文》,上海古籍出版社(影印北京图书馆藏宋刻本),上册。

(西汉)毛亨传,(东汉)郑玄笺,(唐)孔颖达等正义 1980 《毛诗正义》,收入《十三经注疏》,中华书局(影印世界书局阮元校刻本),上册。

王 宁 1988 论词义训释,《辞书研究》第1期。

(东汉)许 慎 2013 《说文解字》,中华书局。

杨乃乔 2015 《中国经学诠释学及其释经的自解原则——论孔子“述而不作,信而好古”的独断论诠释学思想》,《中国比较文学》第2期。

中国社会科学院语言研究所词典编辑室编 2012 《现代汉语词典》(第6版),商务印书馆。

《新修玉篇》俗字拾遗*

熊加全

(湖南科技学院人文与社会科学学院,永州,425199)

提　要:《新修玉篇》是金代的一部重要字书,在辞书史上具有重要的地位。它收录了大量俗字,给后人识读造成了不便。论文选取《新修玉篇》所收的80个俗字进行了考释,以期对相关字的解读提供参考。

关键词: 新修玉篇;俗字;考释

金人邢准的《新修累音引证群籍玉篇》(本文简称《新修玉篇》)和金人韩道昭的《改并五音类聚四声篇》(本文简称《篇海》)都是在金人王太的《类玉篇海》的基础上各自独立成书的,并为金代的两部重要字书。它们收录了《类玉篇海》所收的大量字形,可以为近代汉字的研究及现代大型字书的编撰与修订提供重要的参考资料。由于《新修玉篇》在其成书不久后即湮没无闻,学界对《新修玉篇》的研究成果不多,对其的利用也很不充分。通过对《新修玉篇》进行全面测查与研究,可以发现《新修玉篇》收录了大量现代大型字书如《汉语大字典》和《中华字海》都失收的俗字。事实上,这些俗字对于现代大型字书的编撰与修订及近代汉字的研究都具有重要的价值。本文即选取了《新修玉篇》所收而现代大型字书如《汉语大字典》和《中华字海》都未予收录的80个俗字进行了考释。

1. 互:《新修玉篇》卷一《一部》引《龙龛》:“亘互,古文。丁礼、丁奚二切。并星名。”(7下左)

按:“互”当即“氐”之异体字。《龙龛》卷四《一部》:“亙互,二俗;氐𠀑,二或作;亘,古

* 本文是国家社科基金青年项目“《新修玉篇》整理与研究”(项目编号:14CYY055)研究成果之一。

文。丁礼、丁奚二反。并星名。五。”(525)此即其证也。

2. 禬:《新修玉篇》卷一《示部》引《川篇》:“禬,古文。仕佳切。祭天也。”(12上右)

按:《篇海》同。《说文·示部》:“祡,烧柴燓燎以祭天神。从示,此声。《虞书》曰:‘至于岱宗,祡。’禬,古文祡,从隋省。”(2上)“禬(祡)”,《广韵》音“士佳切”。“禬”与“禬”音义并同,“禬”即“禬”字俗讹。

3. 禴:《新修玉篇》卷一《示部》引《龙龛》:“禴,奴礼切。祖禴也。又姓。”(12上左—12下右)

按:《篇海》同。“禴”当即“禰”字之俗。《龙龛》卷一《示部》:“祢,俗;禴,或作;禰,今。奴礼反。祖禰也。又姓。三。”(112)此是其证也。

4. 畟:《新修玉篇》卷二《田部》引《类篇》:“畟,音遷。”(20下右)

按:《篇海》同。“畟”当即“署”字之俗。《说文·廾部》:“舁,升高也。从舁,囟声。署,或从卩。”(54)“署”即“遷”之古字,故“畟”与“署”音同形近,“畟”当即“署”字之俗。

5. 偬:《新修玉篇》卷三《人部》引《川篇》:“偬,初讲切。众齐也。”(26上左)

按:《篇海》同。《玉篇·人部》:“傯,初讲切。众齐也。”(15上左)“偬”与“傯”音义并同,“偬”即“傯”字之俗。

6. 媎:《新修玉篇》卷三《女部》引《川篇》:“媎,子吕切。人姓。”(31下左)

按:《篇海》卷五《女部》引《川篇》:“嬁,子吕切。人姓也。”(656下)“媎”“嬁”皆收于十一画内,“媎”字除去部首“女”旁正十一画,而“嬁”字《大字典》《字海》皆录作“嬁”,“嬁”字除去部首“女”旁为十三画,故当以作“媎”为是。《大字典》《字海》“嬁”字皆应据《新修玉篇》校作“媨”。然“媨”从“笡”而音“子吕切”,“笡”《广韵》音“迁谢切”,形音不谐,其右旁声符“笡”字当即“苴”字之俗,因为“苴”字《广韵》音“子鱼切”,又音“子与切”,故此字当校作“媨”,而“媨”当即“苴”之增旁俗字。《广韵》平声鱼韵子鱼切:“苴,姓。《汉书·货殖传》有平陵苴氏。亦音疽。”(37)“媨”与“苴”音义并同,故“媨”当即“苴”字之俗。

7. 嬙:《新修玉篇》卷三《女部》引《省韵》:“嬙,慈良切。嫔嬙,妇人官名。”(32上左)

按:《说文新附·女部》:“嫱,妇官也。从女,牆省声。”(265下)“嫱”,《广韵》音“在良切”。“嬙”与“嫱”音义并同,“嬙”即“嫱”字之俗。

8. 覡:《新修玉篇》卷四《见部》引《川篇》:“覡,音戚。面柔。”(42下右)

按:《篇海》同。《玉篇·见部》:“覙,且狄切。覙覣,面柔也。”(23下右)“覡”“覙”音义并同,“覡”当即“覙”字之俗。

9. 䏎:《新修玉篇》卷五《口部》引《川篇》:“䏎䏎,二音铲。炙肉具。”(48上左)

按:《篇海》同。《广韵》上声“产韵”初限切:“弗,炙肉弗也。”(194)《集韵》上声“产韵”楚限切:“弗,燔肉器。”(373)“䏎”“䏎”与“弗”音义并同,并即“弗”字之俗。又《龙龛》卷二《口部》:“䏎叫㘼,三俗;噭,正。古吊反。鸣也;远声也;亦唤也。与叫同。四。”(273)此“䏎”即“叫”字之俗。此“䏎”与上文“䏎”字即为同形字。

10. 喿:《新修玉篇》卷五《口部》引《类篇》:“喿,音嚌。野人言也。”(48下左)

按:《篇海》卷二《口部》引《类篇》:“喿,音嚌。”(600上)《说文·口部》:“嚌,野人言之。从口,质声。”(25下)徐锴《系传》作:“野人之言。”“喿”与“嚌”音义并同,“喿”即“嚌”之异体字。

11. 嗂:《新修玉篇》卷五《口部》引《奚韵》:“嗂,余肖切。乐也。”(49上左)

按:《篇海》同。《说文·口部》:"嗂,喜也。从口,䍃声。"(26下)"嗂",《广韵》音"余昭切"。"嗒"与"嗂"音义并同,"嗒"即"嗂"字之俗。

12. 齓:《新修玉篇》卷五《齿部》引《类篇》:"齕齓,音齓。"(50下右)

按:"齕""齓"音"齓",并即"齓"字俗写。"齓"又即"龀"字俗省。《龙龛》卷二《齿部》:"齓,今;龀,正。初靳、初谨二反。毁齿也。"(312)故"齕""齓"亦并即"龀"字之俗。

13. 齩:《新修玉篇》卷五《齿部》引《龙龛》:"齩,古(五)巧切。"(50下右)

按:《篇海》卷十一《齿部》引《龙龛》:"齩,五巧切。"(744下)《龙龛》卷二《齿部》:"齩,俗。五巧反。"(312)"齩"即"齩"字转录之误,"齩"又即"齩"字之俗。《可洪音义》卷八《大威德陁罗尼经》第十六卷:"齩,五巧反。正作齩。"(59,p838c2)此即其证也。

14. 擣:《新修玉篇》卷六《手部》引《切韵》:"擣,都晧切。擣筑。出陆生《古切韵》。"(60上右)

按:《集韵》上声"晧韵"覩老切:"捣,《说文》:'手推也。'一曰筑也。或作擣、㨶。"(401)"擣"即"㨶"之异体字。

15. 肥:《新修玉篇》卷七《肉部》引《龙龛》:"肥,落管切。古文。"(67下左)

按:《篇海》卷十五《肉部》引《龙龛》:"肥,古文。落管切。"(836上)《龙龛》卷四《肉部》:"肥,古文。落管反。"(412)《说文·卵部》:"卵,凡物无乳者卵生。象形。"(287上)"卵",《广韵》音"卢管切"。"肥"与"卵"音同形近,"肥"当即"卵"字之俗,而非其古文;而《篇海》录作"肥",转录失真。

16. 䏹:《新修玉篇》卷七《肉部》引《广集韵》:"䏹,而允切。韦绔。"(70下左)

按:《集韵》上声"肿韵"乳勇切:"䩸,《说文》:'羽猎韦绔。'引《虞书》'鸟兽䩸毛'。或作褏。"(303—304)"藤"与"褏"音义并同,"藤"即"褏"字之俗。

17. 䫲:《新修玉篇》卷七《肉部》引《广集韵》:"䫲,田候切。项脰。同作脰。"(71上左)

按:《集韵》去声"候韵"大透切:"脰,《说文》:'项也。'亦作䫲。"(619)"䫲""䫲"即同字异写,并即"脰"之异体字。

18. 𢙃:《新修玉篇》卷八《心部》引《龙龛》:"𢙃,音臣。"(73上左)

按:《篇海》同。《龙龛》卷一《心部》:"𢙃,音臣。"(65)上文又曰:"㤁,音臣。"(64)"𢙃""㤁"音同形近,当即一字之变。《集韵》平声"真韵"丞真切:"臣,《说文》:'牵也;事君也。象屈服之形。'一曰男子贱称。唐武后作㤁。"(117)"𢙃"当即"㤁"字之俗,亦当即"臣"字。

19. 𢡃:《新修玉篇》卷八《广集韵》:"𢡃,此芮切。《说文》:'谨也。'"(74上左)

按:《说文·心部》:"慤,谨也。从心,㱿声。读若毳。"(218下)"𢡃""慤"音义并同,"𢡃"即"慤"之偏旁易位俗字。

20. 詅:《新修玉篇》卷九《言部》引《川篇》:"詅,音巧。不知。"(79下左)

按:《篇海》卷三《言部》引《川篇》:"詅,音玢。不知。"(608下)"詅"字,《新修玉篇》与《篇海》直音用字不同,《篇海》所言当是。《玉篇·言部》:"訜,笔云切。人不知。"(43下右)"詅"与"訜"音义并同,"詅"即"訜"字俗写。

21. 𠫠:《新修玉篇》卷九《云部》引《龙龛》:"𠫠,音卒。"(84下左)

按:《篇海》同。《龙龛》卷一《云部》:"𠫠,音卒。"(191)"𠫠"音"卒",疑即"卒"字之俗。韩小荆《〈可洪音义〉研究》"卒"俗作"卆""𠦃""卒"等,"𠫠"与上述"卒"字诸俗体形近,故"𠫠"亦当即"卒"字之俗。

22. ⿰幸鸟:《新修玉篇》卷九《幸部》引《广集韵》:“⿰幸鸟,居六切。《说文》曰:‘秸⿰幸鸟,尸鸠。’”(85下左)

按:《广韵》入声“屋韵”居六切:“⿰鞠鳥,《说文》曰:‘秸⿰鞠鳥,尸鸠。’《尔雅》作‘鴶鵴’。郭璞云:‘今之布谷也。’”(370)《集韵》入声“屋韵”居六切:“⿱匊鸟,鸟名。《说文》:‘秸⿱匊鸟,尸鸠。’或从匊。”(647)“⿰幸鸟”当即“⿱匊鸟”或“⿰鞠鳥”字俗省,同“鵴”。

23. ⿰彳盧:《新修玉篇》卷十《彳部》引《广集韵》:“⿰彳盧,余廉切。进也。”(90下右)

按:《广韵》《集韵》皆未见收录此字形,“⿰彳盧”疑即“餤”之异体字。《尔雅·释诂上》:“餤,进也。”《集韵》平声“盐韵”余廉切:“餤,进也。”(286)“⿰彳盧”与“餤”音义并同,“⿰彳盧”当即“餤”之异体字。

24. ⿺走垂:《新修玉篇》卷十《走部》引《川篇》:“⿺走垂,山洽切,又音插。走皃也。”(92上左)

按:《篇海》同。《玉篇·走部》:“𧺟,山洽、士洽二切。行疾也。”(49上左)“⿺走垂”与“𧺟”音义并同,“⿺走垂”当即“𧺟”字之俗。

25. ⿰立貪:《新修玉篇》卷十《立部》引《龙龛》:“⿰立貪,音韻。”(96下右)

按:《篇海》同。《龙龛》卷四《立部》:“⿰立貪,俗。音韻。”(519)“⿰立貪”音“韻”,疑即“韻”字之俗。韩小荆《〈可洪音义〉研究》“韻”俗作“⿰音貟”,“⿰立貪”当即“⿰音貟”经过进一步俗写并省略“日”旁而形成的俗讹字。

26. ⿱此𨾴:《新修玉篇》卷十《此部》引《切韵》:“⿱此𨾴,古丸切。⿱此𨾴鹊。”(97上右)

按:《集韵》平声“桓韵”古丸切:“雚鸛,水鸟也。或从鸟。”(147)《玉篇·鸟部》:“鸛,古乱切。鸛鸟,鹊属。”(113下左)“⿱此𨾴”与“雚”音义并同,“⿱此𨾴”当即“雚”字俗讹。

27. 歼:《新修玉篇》卷十一《歹部》引《龙龛》:“歼,音舛。义同。”(102 上右)

按:《篇海》同。“歼”当即“舛”字之俗。《龙龛》卷四《歹部》:“歼殀殊,三俗;舛,正。昌究反。残也;尽也;又对卧也。四。”(514)《玉篇·舛部》:“舛,尺兖切。相背也。《说文》曰:‘对卧。从夊㐄相背。’”(48 下右)“歼”“殀”“殊”“舛”与“舛”音义并同,当皆为“舛”字之俗。

28. 耋:《新修玉篇》卷十一《老部》引《类篇》:“耋,音点。”(103 下右)

按:《篇海》同。“耋”当楷定作“黨”,“黨”当即“耆”字之俗。《说文·老部》:“耆,老人面如点也。从老省,占声。读若耿介之耿。”(171 上)段玉裁注:“谓老人面上有黑瘢之处也。点者,小黑也。”“耆”,《广韵》音“多忝切”。“黨”与“耆”音义并同,“黨”即“耆”之俗体会意字,从老、黑会老人面上黑点之义。

29. 桗:《新修玉篇》卷十二《木部》引《川篇》:“桗,音滔(滔)。木也。”(111 下左)

按:《篇海》同。《尔雅·释木》:“槄,山榎。”郭璞注:“今之山楸。”“槄”,《广韵》音“土刀切”。“桗”与槄音义并同,“桗”当即“槄”字之俗。

30. 篌:《新修玉篇》卷十四《竹部》引《广集韵》:“篌,胡遘切。篌䁢,贪财之皃。亦作睺。”(131 下右)

按:《广韵》去声“候韵”胡遘切:“睺,睺䁢,贪财之皃。”(352)“篌”与“睺”音义并同,“篌”当即“睺”之增旁俗字。

31. 籗:《新修玉篇》卷十四《竹部》引《川篇》:“籗,音贯。”(131 下右)

按:《篇海》卷五《竹部》引《川篇》:“籗,音贯。”(646 下)“籗”“籗”当即一字之变。《集韵》平声“桓韵”沽丸切:“觀,视也。古作雚。”(147)“贯”,《广韵》音“古玩切”,又音“古丸切”。“籗”“籗”当即“雚”字之俗。

32. 宂:《新修玉篇》卷十五《宀部》引《类篇》:“宂,音冗。”(140下右)

按:《篇海》同。“宂”音“冗”,当即“冗”字之俗。

33. 冢:《新修玉篇》卷十五《宀部》引《类篇》:“冢,音冢。”(140下右)

按:《篇海》同。“冢”音“冢”,当即“冢”字俗省。

34. 卺:《新修玉篇》卷十六《卮部》引《切韵》:“卺,居隐切。出《切韵》。”(147上右)

按:笺注本《切韵》(斯2071)上声“隐韵”居隐反:“卺,瓢,酒器,婚礼用。”(133)敦煌本《王韵》上声“隐韵”居隐反:“卺,敬。”(391)同一小韵下字:“巹,瓢,酒器,婚礼所用。”(391)故宫本《王韵》上声“隐韵”居隐反:“卺,敬。”同一小韵下字:“巹,瓢,酒器,婚礼用酌浊酒。”(478)《广韵》上声“隐韵”居隐切:“卺,以瓢为酒器,婚礼用之也。巹,上同。”(189)“卺”与“卺”音同形近,“卺”当即“卺”之异体字。

35. 医:《新修玉篇》卷十六《匚部》引《川篇》:“医,音翳。”(147下右)

按:《说文·匚部》:“医,盛弓弩矢器也。从匚,从矢。”(268上)“医”,《广韵》音“于计切”。“医”与“医”音同形近,“医”当即“医”字之俗。

36. 澌:《新修玉篇》卷十九《水部》引《川篇》:“澌,音斯。水涯皃(也)。”(169下左)

按:《篇海》同。《广韵》平声“支韵”息移切:“漇,涯也。”(19)“澌”与“漇”音义并同,“澌”当即“漇”字之俗。

37. 瀤:《新修玉篇》卷十九《水部》引《川篇》:“瀤,户乖切,又乌淮切。水也。”(171上左)

按:《篇海》同。《说文・水部》:“瀤,北方水也。从水,褱声。”(227下)“瀤”,《广韵》音“户乖切”,《集韵》音“乌乖切”。“瀤”与“瀤”音义并同,“瀤”即“瀤”字之俗。

38. 冲:《新修玉篇》卷二十《冫部》引《川篇》:“冲,音虫。飞也。”(175上右)

按:《玉篇・冫部》:“冲,直中切。俗沖字。”(93上左)“冲”,《篇海类编》训“飞也”。故“冲”与“冲”音义并同,“冲”当即“冲”字之俗,亦即“沖”字。

39. 隰:《新修玉篇》卷二十二《阜部》引《川篇》:“隰,音习。湿也。”(187上右)

按:《篇海》卷八《阜部》引《龙龛》:“隰,音习。湿也。”(706下)“隰”字,《新修玉篇》与《篇海》引书不同,当以《新修玉篇》为是,通行本《龙龛》未见收录此字形。《集韵》入声“缉韵”席入切:“隰,《说文》:‘坂下湿也。古作隰。’”(765)故“隰”与“隰”音义并同,“隰”当即“隰”字之俗,亦即“隰”字。

40. 駬:《新修玉篇》卷二十三《马部》引《川篇》:“駬,音聂,又音捻也。马行皃。”(189上左)

按:《篇海》同。“駬”当即“馲”字之俗。《说文・马部》:“馲,马步疾也。从马,耴声。”(200上)“馲”,《广韵》音“尼辄切”。“駬”与“馲”音义并同,“駬”当即“馲”字之俗。

41. 牂:《新修玉篇》卷二十三《牛部》引《龙龛》:“牂,则郎切。羝羊也。”(190下右)

按:《篇海》同。《龙龛》卷一《牛部》:“牂,俗。则郎反。羝羊也。”(114)《说文・羊部》:“牂,牡羊也。从羊,爿声。”(72下)段注改作:“牂,牝羊也。”并注:“各本作‘牡羊’,误。”“牂”,《广韵》音“则郎切”。“羝羊”即“牝羊”,故“牂”与“牂”音义并同,“牂”当即“牂”字俗讹。

42. 羝:《新修玉篇》卷二十三《羊部》引《馀文》:“羝,莫袍切。公车也。通作羝,同

軞。”(191 下右)

按:《集韵》平声“豪韵”谟袍切:“軞,公车也。通作旄。”(191)“粍”与“軞”音义并同,“粍”当即“軞”字俗讹。

43. 豱:《新修玉篇》卷二十三《豕部》引《川篇》:“豱,音卓。龍卓(车)也。”(195 上左)

按:《篇海》同。《玉篇·豕部》:“豱,音卓。龍车(尾)。”(111 下右)“豱”与“豱”音义并同,“豱”当即“豱”字之俗。

44. 蚚:《新修玉篇》卷二十五《虫部》引《龙龛》:“蚚,丑介切。毒虫也。”(207 下右)

按:《龙龛》卷二《虫部》:“蠆,丑介反。毒虫也。”(223)“蚚”与“蠆”音义并同,“蚚”当即“蠆”字之俗。

45. 螩:《新修玉篇》卷二十五《虫部》引《川篇》:“螩,音脆。虫也。”(209 下右)

按:《说文·虫部》:“蝅,虫也。从虫,毳声。”(279 上)《广韵》去声“祭韵”此芮切:“蝅,虫名。”(274)“螩”与“蝅”音义并同,“螩”当即“蝅”字之俗。

46. 蝃:《新修玉篇》卷二十五《虫部》引《广集韵》:“蝃,昨结切。蝃蟊。《韵》注。”(210 上右)

按:《集韵》未见收录此字形。《说文·蚰部》:“蠿,蠿蟊,作罔蛛蟊也。从虫,㡭声。”(285 上)“蠿”,《广韵》音“朱劣切”。“蝃”与“蠿”音义并同,“蝃”当即“蠿”字之俗。

47. 螛:《新修玉篇》卷二十五《蚰部》引《龙龛》:“螛,户瞎切。蝼蛄别名。”(210 下右)

按：通行本《龙龛》未见收录此字形。《说文·䖵部》："⿱害䖵，蝼蛄也。"（285 上）"⿱害䖵"，《广韵》音"胡瞎切"。"⿱害虫"与"⿱害䖵"音义并同，"⿱害虫"当即"⿱害䖵"字之俗。

48. ⿱羽隶：《新修玉篇》卷二十六《羽部》引《类篇》："⿱羽隶，音肆。"（213 上左）

按：《篇海》同。"⿱羽隶"音"肆"，当即"肆"字之俗。《字汇补·彐部》："⿱彐隶，《字略》：'古肆字。'"（67 上）"⿱羽隶"与"⿱彐隶"音同形近，"⿱羽隶"亦当即"肆"字之俗。

49. ⿰毛叟：《新修玉篇》卷二十六《毛部》引《川篇》："⿰毛叟，音搜，又所胡、素侯二切。"（214 下左）

按：《玉篇·毛部》："⿰毛叜，音搜。氍⿰毛叜，织毛。又素侯切。"（122 上右）"⿰毛叟"与"⿰毛叜"音同形近，"⿰毛叟"当即"⿰毛叜"字之俗。

50. 觽：《新修玉篇》卷二十六《角部》引《奚韵》："觽，许规切。角锥，童子佩之。《说文》曰：'觽，[佩]角锐端可以解结也。'"（216 上右）

按：《说文·角部》："觿，佩角锐端可以解结。从角，巂声。《诗》曰：'童子佩觿。'"（88 下）"觿"，《广韵》音"户圭切"，又音"许规切"。"觽"与"觿"音义并同，"觽"当即"觿"字之俗。

51. ⿰纟龠：《新修玉篇》卷二十七《纟部》引《类篇》："⿰纟龠，音蠒。"（222 上左）

按：《广韵》上声"铣韵"古典切："繭，蚕衣也。蠒，俗。"（195）"⿰纟龠"与"繭"音同形近，"⿰纟龠"当即"繭"字之俗。

52. ⿱⿰米夂巾：《新修玉篇》卷二十八《巾部》引《川篇》："⿱⿰米夂巾，徐廉切。巾也。"（225 上右）

按：《篇海》同。《玉篇·巾部》："⿱粦巾，似廉切。覆也；巾也。"（127 上左）"⿱⿰米夂巾"与"⿱粦巾"音义并同，"⿱⿰米夂巾"当即"⿱粦巾"字之俗。

53. ⿰出目:《新修玉篇》卷二十九《出部》引《类篇》:“⿰出目,音看。”(231 上左)

按:《篇海》同。“看”字,《说文》篆文作“⿱手目”。“⿰出目”当即“看”字《说文》篆文“⿱手目”字楷定之误。

54. ⿰東申:《新修玉篇》卷二十九《東部》引《龙龛》:“⿰東申,亦振切。”(231 下左)

按:《龙龛》卷四《東部》:“⿰東申,亦振反。”(542)“⿰東申”当即“⿰柬申”字之俗。《说文·申部》:“⿰柬申,击小鼓引乐声也。从申,柬声。”(313 上)“⿰柬申”,《广韵》音“羊晋切”。“⿰東申”与“⿰柬申”音同形近,“⿰東申”当即“⿰柬申”字俗讹。

55. ⿰禾東:《新修玉篇》卷二十九《東部》引《类篇》:“⿰禾東,音秿。”(231 下左)

按:《篇海》同。《玉篇·禾部》:“秿,扶甫切。禾积也。”(74 上左)“⿰禾東”音“秿”,当即“秿”字之俗。

56. ⿰爿戠:《新修玉篇》卷二十九《床部》引《广集韵》:“⿰爿戠,子冉切。《说文》:‘羹也。’或作臟同。”(233 上左)

按:《集韵》上声“琰韵”子冉切:“膱,羹也。”(451)“⿰爿戠”与“膱”音义并同,“⿰爿戠”当即“膱”字俗讹。

57. ⿱弋日:《新修玉篇》卷二十九《弋部》引《川篇》:“⿱弋日,音哉。”(233 下左)

按:“⿱弋日”字,《篇海》作“杙”,“⿱弋日”“杙”音“哉”,当即“哉”字俗讹。

58. ⿰酉弋:《新修玉篇》卷二十九《弋部》引《类篇》:“⿰酉弋,音鹹。”(233 下左)

按:《篇海》同。“⿰酉弋”音“鹹”,当即“鹹”字俗讹。韩小荆《〈可洪音义〉研究》(467)“鹹”俗作“醎”“⿰酉弋”,此是其佐证也。

59. 𠦒:《新修玉篇》卷三十《半部》引《广集韵》:“𠦒,在《省韵》。旋芮切。注:彗从右持𠦒。”(236 上左)

按:《说文·又部》:“彗,扫竹也。从又持甡。”(59 上)“甡”,《说文》篆文作“□”。“𠦒”当即“甡”之《说文》篆文“□”字楷定之俗。“甡”字《广韵》音“所臻切”,而“彗”字《广韵》音“徐醉切”,故“𠦒”字下“旋芮切”一音当为“彗”之读音,而非“𠦒”之读音。

60. 嗕:《新修玉篇》卷三十《辰部》引《广集韵》:“嗕,而陇切。不肖也。一曰傝嗕,劣也。或作搈茸,又作毶毻。”(238 下左)

按:《集韵》上声“肿韵”乳勇切:“傉,不肖也。一曰傝傉,劣也。通作茸。”(303)“嗕”与“傉”音义并同,“嗕”当即“傉”字俗讹。

61. 奠:《新修玉篇·龙龛馀部·天部》引《类篇》:“奠,音尊。”(241 上左)

按:“奠”音“尊”,当即“尊”字俗讹。韩小荆《〈可洪音义〉研究》(847)“尊”俗作“奠”,此是其证也。

62. 𨓈:《新修玉篇·龙龛馀部·元部》:“𨓈,市勇切。”(241 下右)

按:《龙龛》卷一《元部》:“𨓈,市勇反。”(191)《广韵》上声肿韵时宂切:“尰,足肿病。”(160)“𨓈”与“尰”音同形近,“𨓈”当即“尰”字之俗。

63. 𡄌:《新修玉篇·龙龛馀部·学部》引《川篇》:“𡄌,音璺,又亡运切。器之损也。”(241 下左)

按:《集韵》去声“稕韵”许慎切:“璺,器裂。”(543)“𡄌”与“璺”音义并同,“𡄌”当即“璺”字之俗。

64. 欝:《新修玉篇·龙龛馀部·学部》引《川篇》:"欝,音欝,古文。"(241 下左)

按:《广韵》入声"物韵"纡物切:"鬱,香草。又气也;长也;幽也;滞也;腐臭也;悠思。欝,俗。"(386)"欝"与"鬱"音同形近,"欝"当即"鬱"字之俗。

65. 𨊠:《新修玉篇·龙龛馀部·卓部》引《川篇》:"𨊠,乌活切。"(242 上右)

按:《广韵》入声"末韵"乌括切:"斡,转也。"(395)"𨊠"与"斡"音同形近,"𨊠"即"斡"字之俗。

66. 𥇍:《新修玉篇·龙龛馀部·卷部》:"𥇍,音睦。"(242 上右)

按:《说文·目部》:"睦,目顺也。从目,坴声。一曰:敬和也。𥈲,古文睦。"(66 下)"𥇍"与"𥈲"音同形近,"𥇍"当即"𥈲"字之俗。

67. 𩠐:《新修玉篇·龙龛馀部·开部》:"𩠐,音鼻。首也。"(242 上右)

按:《篇海》卷九《自部》引《余文》:"𩠐,音鼻。首也。"(726 下)"𩠐""𩠐"音义并同,当即一字之变。《集韵》去声"至韵"毗至切:"𩠐頔,犬初生子。一曰首子。亦从页。"(481)"𩠐"与"頔"音同形近,"𩠐"当即"頔"字之俗。《新修玉篇》《篇海》训"首也",当皆为"首子也"之脱误。

68. 𡚁:《新修玉篇·龙龛馀部·八部》:"𡚁,音備。近也。"(242 上右)

按:《广韵》去声"至韵"平秘切:"𡚁,怒也。又一曰:迫也。"(245)"近也""迫也"义同,故"𡚁"与"𡚁"音义并同,"𡚁"即"𡚁"字之俗。

69. 鬲:《新修玉篇》引《龙龛杂部》:"鬲,古文。音戈。三足釜也。又音螺。今作锅锞。"(242 上右)

按:《龙龛》同。《广雅·释器》:“䰛,釜也。”王念孙疏证:“䰛,即今锅字也。”“䰛”,《广韵》音“古禾切”。“䰛”与“䰛”音义并同,“䰛”当即“䰛”字之俗。

70. ⿰⿱丿白彡:《新修玉篇》引《龙龛杂部》:“⿰⿱丿白彡,之忍切。颜[色]⿰⿱丿白彡类(纇)慎之事也。”(242 下右)

按:《龙龛》卷四《杂部》:“⿰⿱丿白彡,之忍反。颜[色]~类(纇)慎之事也。”(550)“⿰⿱丿白彡”“⿰⿱丿白彡”当即同字异写。《说文·页部》:“⿰㐱页,颜色⿰㐱页纇慎事也。从页,㐱声。”(180 下)“⿰㐱页”,《广韵》音“章忍切”。“⿰⿱丿白彡”“⿰⿱丿白彡”与“⿰㐱页”音义并同,当即“⿰㐱页”字俗讹。

71. ⿰亢瓦:《新修玉篇·龙龛杂部》引《川篇》:“⿰亢瓦,丘少、丘召二切。”(242 下右)

按:《玉篇·亢部》:“⿰亢几,丘召切。⿰亢几⿰亢虎,不安也。”(21 上右)“⿰亢瓦”与“⿰亢几”音同形近,“⿰亢瓦”当即“⿰亢几”字之俗。

72. ⿸广古:《新修玉篇》引《龙龛杂部》:“⿸广古,音害。”(242 下左)

按:《龙龛》卷四《杂部》:“⿸广古,音害。”(551)“⿸广古”音“害”,当即“害”字之俗。

73. 囟:《新修玉篇》引《龙龛杂部》:“囟,古文。信、四二音。”(242 下左)

按:《龙龛》卷四《杂部》:“囟,古文。信、四二音。”(551)“囟”音“信”,当即“囟”字之俗;而“囟”音“四”,当即“四”字之俗。

74. 鞋:《新修玉篇》引《龙龛杂部》:“鞋,俗。音脊。”(242 下左)

按:《龙龛》卷四《杂部》:“鞋,俗。音睿。”(551)“脊”“睿”当即“睿”字之俗。“鞋”音“睿”,当即“睿”字之俗。《说文·𣦼部》:“叡,深明也;通也。从𣦼,从目,从谷省。睿,古文叡。壡,籀文叡,从土。”(79 下)“鞋”尧“壡”音同形近,“鞋”当即“壡”字之俗。

75. 𩍹:《新修玉篇》引《龙龛杂部》:“𩍹,音到(至)。”(242 下左)

按:《龙龛》卷四《杂部》:“𩍹,音至。”(553)“𩍹”当即“縶”字之俗。《广韵》入声“缉韵”陟立切:“縶,系马。”(430)“𩍹”与“縶”形音皆近,“𩍹”当即“縶”字之俗。

76. 𡏡:《新修玉篇》引《龙龛杂部》:“𡏡,苦没切。突~。又胡瞎切。”(243 上右)

按:《龙龛》卷四《杂部》:“𡏡,苦没反。突~。又胡瞎反。”(555)《说文·土部》:“𡑿,囚突出也。从土,叡声。”(291 上)“𡑿”,《广韵》音“苦骨切”,又音“胡瞎切”。“𡏡”当即“𡑿”字之俗。

77. 𥓓:《新修玉篇》引《龙龛杂部》:“𥓓,俗。音畧。”(243 上右)

按:《龙龛》同。“𥓓”当即“䂮”字俗讹。《尔雅·释诂下》:“䂮,利也。”“䂮”,《广韵》音“离灼切”。“𥓓”与“䂮”音同形近,“𥓓”即“䂮”字俗讹。

78. 乇:《新修玉篇》引《龙龛杂部》:“乇,音薄。”(243 上右)

按:《龙龛》卷四《杂部》:“乇,音薄。”(556)“薄”“亳”二字,《广韵》皆音“傍各切”,故“乇”与“亳”音同形近,“乇”当即“亳”字俗讹。

79. 㚀:《新修玉篇·龙龛杂部》引《川篇》:“㚀,蒲木切。行皃。”(243 上右)

按:《说文·夊部》:“夎,行夎夎也。从夊,阙。读若仆。”(107 下)《集韵》入声“屋韵”步木切:“夎,夎夎,行皃。”(636)“㚀”与“夎”音义并同,“㚀”当即“夎”字之俗。

80. 䰈:《新修玉篇》引《龙龛杂部》:“䰈,俗。音佛。”(243 上右)

按:《龙龛》卷四《杂部》:“䰈,俗。音佛。”(556)《龙龛》卷四《角部》又曰:“𧥮,音佛。~理。”(512)朝鲜本《龙龛》卷八《角部》:“𧥮,音佛。角(理)也。䰈,同上。”(43)“䰈”与

“[illegible]”“[illegible]”音同形近,当即异体字。

以上通过举例的方式考释了《新修玉篇》所收的80个俗字,然而其中还贮存着大量的俗字有待考释。由于《新修玉篇》在我国辞书史上具有重要的地位,对《新修玉篇》所收俗字进行系统的考释,具有重要的意义。这些研究,不但可以为近代汉字的研究提供大量有用的字形,而且可以为现代大型字书的编撰与修订提供重要的参考资料。

参考文献:

(宋)陈彭年 1983 《钜宋广韵》,上海古籍出版社。

(宋)丁 度 1985 《集韵》,上海古籍出版社。

(梁)顾野王 1987 《大广益会玉篇》,中华书局。

(金)韩道昭 《改并五音类聚四声篇》,《四库存目丛书》影印明成化七年募刻本。

韩小荆 2009 《〈可洪音义〉研究——以文字为中心》,巴蜀书社。

汉语大字典编辑委员会 2010 《汉语大字典》(第二版),四川辞书出版社、崇文书局。

冷玉龙等 1994 《中华字海》,中华书局、中国友谊出版公司。

(辽)行 均 1982 《龙龛手镜》,中华书局影印高丽本。

(金)邢 准 《新修累音引证群籍玉篇》,《续修四库全书》影印金刻本。

(汉)许 慎 1963 《说文解字》,中华书局。

裴务齐正字本《刊谬补缺切韵》注音失误举隅*

刘亚丽

〔河南中医药大学基础医学院(仲景学院),郑州,450046〕

提　要：裴务齐正字本《刊谬补缺切韵》(下简称《裴韵》)作为《切韵》系韵书的一种，书中保留了大量的文字、音韵和训诂材料；然而由于传抄失误和编纂失误，《裴韵》字形、注音和释义也不免存在种种失误之处。就《裴韵》注音而言，主要有正切误作又音、注音用字形讹以及注音用字误脱等三个方面的问题。

关键词：裴务齐正字本；刊谬补缺切韵；注音；失误

裴务齐正字本《刊谬补缺切韵》，旧藏于故宫博物院，卷首题有“承奉郎行江夏县主簿裴务齐正字”，因而称为“裴务齐正字本《刊谬补缺切韵》”，书后有项子京的跋五行，故又称之为“项跋本《王韵》”。《裴韵》作为工具书性质的一部韵书，在据前出韵书编纂的过程中，由于传抄失误和编纂失误，其字头、注音、释义等方面也难免存在讹误之处。就《裴韵》注音而言，主要有正切误作又音、注音用字形讹以及注音用字误脱等三个方面的问题。《裴韵》这种字和读音脱节的现象，对小韵收字注音、归韵和释义都带来了一定的困难，同时也进一步影响了《裴韵》的利用价值。

一、正切误作又音

《裴韵》收字，其小韵首字误植于相邻小韵之中，致使原本为正切的反切注音，遂误作又音。

* 基金项目：本文为2019年度河南省社会科学规划项目(项目编号：2019CYY025)、2019年度河南省教育厅人文社会科学研究一般项目(项目编号：2019—ZZJH—638)2018年度河南中医药大学“博士科研基金”(项目编号：BSJJ2018—16)阶段性成果。

1. 下平声“衔韵”:“滥,蒱衔反。泥行。二。”“嵌,~岩,山谷深邃皃。又口衔反。”(566.1)①

按:《裴韵》“嵌”字音音滥,同时代其他《切韵》系韵书不收。“嵌”字杨宝忠师《疑难字三考》“嵌”字条谓:“‘嵌’亦‘嵚’字俗讹。……《裴韵》‘嵌’字又蒱衔反,读音有误。疑《裴韵》据古书误本增收‘嵌’于‘衔韵’末,‘衔韵’末蒱衔反本仅一‘滥’字,误将‘嵌’字置于该小韵之下,‘嵌’字遂有蒱衔反一读。”②杨宝忠师所言甚是,《裴韵》“嵌(嵚)”字与上文“滥”字误合为同一小韵,从而使小韵首字“嵌(嵚)”字正切口衔反,误作又音。

2. 上声“尾韵”虚岂反(音豨):“磈,~硊,石山皃。又于鬼反。”(573.9)

按:“磈”字音豨,形音不谐。笺注本《切一·尾韵》:“磈,~硊,石出(山)皃。于鬼反。一。”(131.5)敦煌本《王韵·尾韵》:“磈,于鬼反。磈硊,石山皃。二。”(387.8)故宫本《王韵·尾韵》:“磈,于鬼反。[磈硊],石山皃。二。”(474.8)③笺注本《切一》、敦煌本《王韵》、故宫本《王韵》上声“尾韵”并以“磈”为小韵首字,别为一纽音于鬼反,与“磈”字《裴韵》注文又音于鬼反读音相同。殆《裴韵》“磈”字及下文“嵔”字,与上文虚岂反(音豨)小韵误合为同一小韵,遂使小韵首字“磈”字正切于鬼反误作又音。“磈”作为小韵首字,其注文应据此补计数字“二”,而上文小韵首字“豨”字注文计数字“五”,也应据此改作“三”为宜。

3. 上声“语韵”:“阻,侧吕反。碍。八。”“龃,~龉。锄吕反。”“咀,~嚼。兹吕反。”(574.4)

按:“龃”字又见笺注本《切一·语韵》:“龃,~龉。锄吕反。二。”(131.11)敦煌本《王韵·语韵》、故宫本《王韵·语韵》:“龃,锄吕反。龃龉。一。”(388.2、474.17)“咀”字又见笺注本《切一·语韵》“咀,咀嚼。慈吕反。二。”(131.11)敦煌本《王韵·语韵》、故宫本《王

---

① 本文所用《裴韵》及唐五代韵书主要以周祖谟《唐五代韵书集存》中所收录的韵书材料为主。除此之外,关于故宫本《王韵》材料的使用,同时参考了龙宇纯《唐写全本王仁昫〈刊谬补缺切韵〉校笺》中对其书的摹写材料。

② 杨宝忠《疑难字三考》,中华书局,2018年,第94页。

③ 故宫本《王韵·尾韵》:“磈,于鬼反。石山皃。二。”(474.8)龙宇纯曰:“‘反’下《王一》有‘磈硊’二字,《切三》《王二》同,当据补。‘山石皃’,《王一》《王二》《广韵》并云:石山皃;《切三》云:石出皃,盖亦‘石山皃’之误。”(龙宇纯《唐写全本王仁昫〈刊谬补缺切韵〉校笺》,香港中文大学出版社,1968年,第303页中栏。)

韵·语韵》"咀,慈吕反。咀嚼。五。"(388.2、477.17)①笺注本《切一》、敦煌本《王韵》、故宫本《王韵》"龃""咀"二字与上文音阻小韵别为三个小韵。《裴韵》"龃""咀"二字误夺计数字,与上文"阻"纽字误合为同一小韵,遂使小韵首字"龃"字正切锄吕反、"咀"字正切兹吕反,误作又音。"龃"字注文应补计数字"一","咀"字注文应补计数字"五",而上文"阻"字注文计数字"八",则又应据此改作"二"为是。

4. 去声"寘韵"乡义反(音馐):"諈,~诿。置睡反。"(585.5)

按:《裴韵》"諈"音馐,形音不谐,疑有误。《尔雅·释言》:"諈诿,累也。"郭璞注:"以事相属累为諈诿。"②陆德明音义:"諈,谢[峤]之睡反。郭[璞]置睡反。"③"諈"字《裴韵》注文又音置睡反,与《尔雅》陆德明引郭璞注读音相同。《裴韵》"諈"字音馐,应是与上文误合为同一小韵,遂使小韵首字"諈"字正切置睡反误作又音。故宫本《王韵·寘韵》竹恚反(音娷):"諈,~诿。"(490.12)④《广韵·寘韵》竹恚反(音娷):"諈,諈诿,累也。"(100上)《集韵·寘韵》:"諈、娷,竹恚切。《说文》:'諈诿,絫也。'郭璞曰:以事相属。又姓。或从女。"(469)《裴韵》不收"娷"字,故宫本《王韵》及后出韵书《广韵》《集韵》"諈"字以"娷"字为小韵首字音竹恚反,与《裴韵》注文又音置睡反读音相同,又为其证。

5. 入声"烛韵"余蜀反(音欲):"躅,踯~。又直录反。"(606.5)

按:"躅"字音欲,形音不谐。《裴韵》同小韵共八字,除小韵韵尾"躅"字外,其他各字分别作"欲""浴""鹆""谷""輍""狢""峪",与小韵首字"欲"字读音相合。笺注本《切一·烛韵》《唐韵·烛韵》:"躅,踯躅。直录反。一"(141.9、691.1)敦煌本《王韵·烛韵》:"躅,直录反。踯躅。亦作蠋。[一]"(423.4)故宫本《王韵·烛韵》:"躅,直录反。一。"(511.13)同时代其他《切韵》系韵书"躅"字别为一纽音直录反。《裴韵》"躅"音欲,当是与上文误合为同一小韵,遂使小韵首字"躅"字正切直录反误作又音。

---

① 故宫本《王韵·语韵》:"咀,慈吕反。嚼。五。"(477.1)按:故宫本《王韵》注文"嚼"字前脱"咀"字。

② (清)阮元校刻《十三经注疏》,中华书局,1982年,第2582页上栏。

③ (唐)陆德明《经典释文》,上海古籍出版社,1985年,第1610页。

④ 故宫本《王韵·寘韵》竹恚反(音娷):"諈,诿~。"(4901.12)按:注文"诿~"二字误倒。

二、注音用字形讹

《裴韵》正切注音用字形讹或又音注音用字形讹,会导致小韵收字注音与实际读音不符或又音注音用字误作释义等问题的出现。

1. 下平声"冥韵":"竮,着丁反。竛~,行不正。亦伶俜。"(554.12)

按:笺注本《切一·青韵》:"竮,竛竮,行不止(正)。或作俜。普丁反。"(125.4)故宫本《王韵·青韵》:"竮,普丁反。竛竮,行不正。或作俜。"(465.4)"竮"字又见《裴韵·冥韵》薄经反(音瓶):"竮,竛~。"(555.5)《裴韵》"竮"音着丁反,反切上字"着"字,与笺注本《切一》、故宫本《王韵》反切上字"普"字以及又音反切上字"薄"字,声不同类;《裴韵》"竮"字反切上字"着"字,应是"普"字形近而误。

2. 去声"霁韵":"篴,丑戾反。又杖胡反。竹名。《方言》:以里为箓。亦笨也。"(590.3)

按:"篴"字音丑戾反,形音不谐,且同时代其他《切韵》系韵书不收。《广韵·霁韵》:"篴,胡竹名也、丈也。丑戾切。"(108上)葛信益《〈广韵〉讹夺举证》(修订稿)曰:"疑'戾'盖'居'之形误,既误为'戾',写者不审,遂据入《霁韵》。"[①]余迺永曰:"葛氏《举正》疑'戾'乃'居'字形讹羼入。今本《霁韵》乃四等,四等韵例无彻母字,是亦足为'丑戾'固'丑居'之误。"(840)"篴"字又作"箓",敦煌本《王韵》、故宫本《王韵》上平声《鱼韵》勑居反(音摅):"箓,箎。"(362.1、443.6)[②]《广韵·鱼韵》丑居切(音摅):"箓,竹箎名也。"(18上)"篴(箓)"字敦煌本《王韵》、故宫本《王韵》音勑居反,反切下字正作"居"字;故《裴韵》"篴"字注音反切下字"戾"字,葛、余二人校改为"居"字之误,不误。《集韵·霁韵》:"箓、篴,丑戾切。竹名。一曰竹里为箓。或作篴。"(509)后出韵书《集韵》音丑戾切亦为丑居切之误。《大字典》"箓"字下据《广韵》注音拼读作音 chì。(3203A)递相承袭而无所辨正,亦非是。

---

① 葛信益《广韵丛考》,北京师范大学出版社,1993年,第60页。

② 小韵首字误作"櫖",今正。

3. 下平声“盐韵”室廉反(音苫):“婝,妗。又尹廉反。”(563.13)

按:故宫本《王韵》下平声“盐韵”:“婝,妗。又尹廉反。”(468.13)《裴韵》、故宫本《王韵》“婝”字注文又音尹廉反,形音不谐。“婝”字又见《裴韵·盐韵》丑廉反(音觇):“婝,妗也。又失廉反。”(563.10)敦煌本《王韵》、故宫本《王韵》同小韵:“婝,妗。又失廉反。”(381.2、468.12)《裴韵》及同时代其他《切韵》系韵书“婝”又音丑廉反(音觇)。《裴韵》、故宫本《王韵》“婝”字音苫,注文又音尹廉反,反切上字“尹”应为“丑”字形近而误。

4. 下平声“覃韵”口含反(音龛):“欿,贪惏也。又口含反。”(564.11)

按:“欿”音龛,同时代其他《切韵》系韵书及后出韵书《广韵》不收。“欿”音口含反(音龛),与注文又音口含反读音完全相同。《裴韵·禫韵》胡感反(音颔):“歃,欲得。”(581.1)敦煌本《王韵》正注文同本书。(397.1)故宫本《王韵·感韵》胡感反(音颔):“嵚,欲得。贪得无厌。”(483.16)[①]“欿”字《裴韵》及同时代《切韵》系韵书又音胡感反。《广雅·释诂一》:“欿,欲也。”[②]曹宪:“欿,口感反。”《广雅·释诂二》:“欿,贪也。”曹宪:“欿,口感反。”[③]原本《玉篇》“欠部”:“嵌(欿),口感、口含二反。《方言》:江湖之间谓贪惏曰㰹(欿)。郭璞曰:坎(歁)惏,难憖也。《说文》:欲得也。”(335)《万象名义·欠部》:“欿,口含反。欲得。”(90上)《龙龛·欠部》:“欿,胡感反。欲得也。”(354)“欿”《裴韵》音口含反,与原本《玉篇》、《万象名义》“欿”音口含反读音相同。“欿”,《裴韵》《龙龛》音胡感反,又与原本《玉篇》、《广雅》曹宪音释口感反读音相同。《裴韵》“欿”音龛,注文又音“口含反”,反切下字“含”应是“感”之误。

5. 下平声“覃韵”口含反(音龛):“麽,和。又江谈反。”(564.12)

按:《说文·甘部》:“麽,和也。从甘,从麻。麻,调也。甘亦声,读若函。”(100上)“麽”字《裴韵》注文又音江谈反,与其正切音口含反及《说文》“读若函”,声不同类。故宫本

---

① 龙宇纯曰:“‘嘾’字无义,盖误衍。《王一》止‘欲得’二字,《王二》《广韵》同。‘贪得无厌’四字疑后人所增。”(龙宇纯《唐写全本王仁昫〈刊谬补缺切韵〉校笺》,第371页中栏。)

② (清)王念孙《广雅疏证》,中华书局,1983年,第43页下栏。

③ 同上,第396页下栏。

《王韵·覃韵》:"磨(磨),和。又红谈反。"(460.14)[①]原本《玉篇》"甘部":"磨,公含、红谈二反。《说文》:磨,和也。"(367)《万象名义·甘部》:"磨,红谈反。和也,调也。"(93上)《龙龛·广部》:"磨,口含、胡甘二反。和也。"(298)《玉篇·甘部》:"磨,古三、红谈二切。和也。"(185)"磨"字《裴韵》、故宫本《王韵》、《龙龛》音口含反(音龛),与原本《玉篇》音公含反读音相同。"磨"字,故宫本《王韵》、原本《玉篇》、《万象名义》又音红谈反、《玉篇》又音红谈切,与《龙龛》又音胡甘反读音相同,故《裴韵》注文又音反切上字"江"应为"红"字形近而误。

6. 上声"旨韵":"牝,肤履反。又略忍反。"(572.3)

按:《说文·牛部》:"牝,畜母也。从牛,匕声。《易》曰:畜牝牛吉。"(29上)《裴韵》"牝"又音反切上字"略"为"来"母字,与"牝"字从牛、匕声,声不同类。笺注本《切一·旨韵》:"牝,肤履反。又毗忍反。"(130.10)敦煌本《王韵》、故宫本《王韵》上声"旨韵":"牝,肤履反。又毗忍反。雌。"(386.7、473.8)[②]同时代其他《切韵》系韵书注文又音并作毗忍反。《裴韵》又音反切上字"略"应为"毗"字形近而误。"牝"字又见《裴韵》上声"轸韵":"牝,毗忍反。又扶履反。雌。四。"(578.4)"牝"音肤履反、毗忍反,二者又音互见,又为其证。

三、注音用字误夺

《裴韵》正切或又音注音用字误夺,不仅会导致正切或又音无法拼读,还会导致原本读音不同的两个小韵误合为同一小韵以及又音注音用字误作释义等问题的产生。

1. 下平声"歌韵":"虵,夷柯反,又吐何、食遮二反。蝮。二。""伽,反法。"(556.9)

按:"伽"字无训"反法"者。敦煌本《王韵·歌韵》:"伽,去迦反。怯(法)。[一]。"(372.11)故宫本《王韵·歌韵》:"伽,求迦反。法。一。"(459.9)敦煌本《王韵》、故宫本《王韵》"伽"字别为一纽,音去迦反,《裴韵》注文作"反法",当是误脱"伽"字反切上下字"求迦",遂与上文"虵"字误合为同一小韵。《裴韵》"伽"字应别为一纽音去迦反,而"虵"字注

---

① 龙宇纯曰:"'磨'字,《王二》作'磨',《广韵》作'磨'。案当作'磨'。"(龙宇纯《唐写全本王仁昫〈刊谬补缺切韵〉校笺》,第204页中栏。)

② 故宫本《王韵·旨韵》:"牝,扶履反。毗忍反。雌。一"(473.8)龙宇纯曰:"'毗'上各书均有'又'字,此脱。"(龙宇纯《唐写全本王仁昫〈刊谬补缺切韵〉校笺》,第294页上栏。)

文计数字“二”,又应改作“一”为是。

2. 下平声“佳韵”楚佳反(音钗):“蠣,口偏张。”“蕐,姊杂。”(556.13)

按:“蠣”“蕐”二字音钗,读音有误;且小韵首字“钗”注文计数字为“七”而实止于九字。笺注本《切一》下平声《歌韵》:“蠣,物不正。火呙反。一。”(113.2)故宫本《王韵》:“蠣,火呙反。不正。三。”(447.4)“蠣”字笺注本《切一》、故宫本《王韵》别为一纽音火呙反。故宫本《王韵》“蠣”音火呙反,与笺注本《切一》相比又增收“蕐”字作:“蕐,升错。”(447.5)《裴韵》“蠣”“蕐”音钗,应是误夺“蠣”字注音“火呙反”及注文计数字“二”,遂与上文音钗合为同一小韵。“蕐”字故宫本《王韵》注文“升”、《裴韵》注文“姊”,又为“舛”字之误。

3. 下平声“麻韵”:“牙,五加反。齿正。亦。十三。”(558.1)

按:《裴韵》“牙”音五加反,同一小韵有“牙、芽、衙、玡、齖、摣(揸)、溠、蒩、抯、皻、皻、齇、涉”等十三字,其中“摣(揸)、溠、蒩、抯、皻、皻、齇、涉”等字又与音牙形音不谐。笺注本《切一》、故宫本《王韵》下平声“麻韵”音牙小韵下紧接有小韵“樝,似梨而醋。侧加反。四。”(121.18)“樝,侧加反。似梨而醋。[八]。”(460.3)笺注本《切一》、故宫本《王韵》“樝”字音侧加反,《裴韵》不见,但读音却与“摣(摣)、溠、蒩、抯、皻、皻、齇、涉”等几字读音相合。《裴韵》在传抄过程中,误脱作为小韵首字的“樝”字及其注文,而使本属此小韵的字与上文五加反小韵合为一个小韵。故《裴韵》应据同时代其他《切韵》系韵书补小韵首字“樝”字及其注文,而“牙”字注文中计数字“十三”,则应据此改作“五”为是。

4. 下平声“豪韵”卢刀反(音劳):“嫪,妒。又报。”(550.11)

按:“嫪”字《裴韵》训“报”,语义费解。敦煌本《王韵》、故宫本《王韵》下平声“豪韵”:“嫪,妬。又力报反。”(371.1、457.16)《万象名义·女部》:“嫪,力高、力报二反。姻(婣)也、妬也、惜也、恋不去也。”(26下)[①]《裴韵》同时代其他《切韵》系韵书及《万象名义》等字

① 《万象名义·女部》:“嫪,力高反、力报二反。姻(婣)也、妬也、惜也、恋不去也。”(26下)按:注文第一个“反”误衍。

书“嫪”字又音力报反。《裴韵》“嫪”字注文“又报”，应是又音反切上字“力”字及“反”字误夺，遂使注音用字误作释义所致。“嫪”字又见《裴韵》去声“号韵”：“嫪，卢到反。忲（悋）物。四。”（598.7）“嫪”音劳，注文又音［力］报［反］，与卢到反读音相同，二者又音互见。《广雅·释诂一》：“嫪，妬也。”[①]《裴韵》训“妲”，又为“妬”字形近而误。

5. 下平声“谈韵”胡甘反（音酣）：“虪，白虎。亦含。”（565.4）

按：笺注本《切一》、故宫本《王韵》：“虪，白虎。”（122.10、464.2）二书注文无“亦含”二字。《尔雅·释兽》：“虪，白虎。”郭璞注：“汉宣帝时，南郡获白虎，献其皮骨爪牙。”邢昺疏：“虪，音含。”[②]陆德明音义：“虪，《字林》下甘反。又亡狄反。”[③]邢昺“虪”又音含，而《裴韵》注文作“亦含”，当是“含”字前误夺“音”字，遂使直音用字误作释义。

6. 上声“语韵”丁吕反（音贮）：“杼，相又。”（574.1）

按：《裴韵》“杼”字正作“杼”，注文训“相又”，语义费解；且注文“又”字下有空白，疑此处原有注文而《唐五代韵书集存》本《裴韵》今残。敦煌本《王韵》、故宫本《王韵》上声“语韵”：“杼，梱。又时渚反。”（387.14、474.14）[④]“杼”字又见《裴韵·语韵》神与反（音纾）：“杼，《庄子》：徂（狙）公赋～。”（574.7）笺注本《切一》、敦煌本《王韵》、故宫本《王韵》上声“语韵”神与反（音纾）：“杼，《庄子》：徂（狙）公赋杼。”（131.13、388.4、475.2）[⑤]《裴韵》同时代《切韵》系韵书“杼”字音贮，注文又音时渚反，与神与反读音相同。《裴韵》“杼”音贮，注文作“又”，应是误夺又音“时渚反”所致；且注文“相”又为“梱”字形近之误。

---

① （清）王念孙《广雅疏证》，第40页上栏。

② （清）阮元校刻《十三经注疏》，第2651页上栏。

③ （唐）陆德明《经典释文》，第1707页。

④ 故宫本《王韵·语韵》丁吕反（音贮）：“柠，梱。又时渚反。”（474.14）龙宇纯曰：“‘柠’当依《王一》作‘杼’。”（龙宇纯《唐写全本王仁昫〈刊谬补缺切韵〉校笺》，第306页上栏。）

⑤ 故宫本《王韵·语韵》署与反（音墅）：“纾，《庄子》云：狙公赋杼。”（475.2）龙宇纯曰：“本书‘纾’下注文误脱，又脱‘杼’字，此注文‘杼’字可证（又案《集韵》本韵无船纽，‘纾’‘杼’二字与‘墅’字共上与切，非本书‘纾’在署与反下之证）。”（龙宇纯《唐写全本王仁昫〈刊谬补缺切韵〉校笺》，第308页下栏。）

参考文献:

(宋)陈彭年　1982　《广韵》,中国书店影印张氏泽存堂本。

(宋)陈彭年等　1983　《重修玉篇》,中国书店影印张氏泽存堂本。

(宋)丁　度　2005　《宋刻集韵》,中华书局影印述古堂影宋钞本。

(梁)顾野王　《玉篇》(残卷),《续修四库全书》影印日本昭和八年京都东方文化学院编《东方文化丛书》本。

汉语大字典编辑委员会　2010　《汉语大字典》(第二版),四川辞书出版社、崇文书局。

(日)释昌住　1993　《新撰字镜》(《佛藏辑要》第三十三册),巴蜀书社。

(日)释空海　1995　《篆隶万象名义》,中华书局缩印日本《崇文丛书》本。

(辽)释行均　1985　《龙龛手镜》,中华书局影印高丽本。

(汉)许　慎　1963　《说文解字》(附检字),中华书局。

杨宝忠　2005　《疑难字考释与研究》,中华书局。

杨宝忠　2011　《疑难字续考》,中华书局。

杨宝忠　2018　《疑难字三考》,中华书局。

周祖谟　1983　《唐五代韵书集存》,中华书局。

《改并四声篇海》引书研究*

郭敬燕

（南京审计大学文学院，南京，211815）

提　要：本文详细考察了大型字书《改并四声篇海》（以下简称《篇海》）的引书情况，《篇海》继承了六种字书，并新标记了其他四种，本文主要对后四种通过定量和定性相结合的方法进行了详细考察和分析，从它们所领属的字位于《篇海》中某部首笔画后面的具体位置及其号样的统辖范围入手，来探讨它们的具体情况，由此或验证或推翻了一些原有的观点。

关键词：改并四声篇海；引书；统辖范围

韩孝彦、韩道昭父子把前代字书汇集起来，在创新字书编纂体例的基础上，再佐以自己增加和改并的内容编纂成书，即《改并四声篇海》。《篇海》引用的字书共有八种：《玉篇》《余文》《奚韵》《类篇》《龙龛》《川篇》《对韵音训》《搜真玉镜》，另外韩氏改并部分为“并了部头”，增加部分为“俗字背篇”①。书中在每个部首下按笔画多少分段排字，再在每一笔画下按照一定的顺序排列这些字书中的字和增改的字。书中分别用不同号样代替不同的字书以及增改部分，《篇海》序言后有：“五音改并增添明头号样：每段下 玉篇　○余文　●奚韵　◒类篇　◓龙龛　◐川篇　⊙对韵音训　◎搜真玉镜　⊕并了部头　⊕俗字背篇。”

一、《篇海》继承的六种字书

韩孝彦在金代大型字书王太《类玉篇海》的基础上改并编纂成书为《五音篇》，后来其子韩道昭又增订改并《五音篇》成《篇海》，所以这一脉相承的字书在引书方面自然也有很大的

* 本文得到江苏省社会科学基金青年项目“基于字料库的《四声篇海》异体字整理与研究”（项目编号：18YYC005）的支持。

① 对于其中的《对韵音训》、“并了部头”和“俗字背篇”是否是字书，学界有不同观点，下文详细论证。

继承性,因为《五音篇》《类玉篇海》均已亡佚,所以我们从邢准的《新修累音引证群籍玉篇》书前保留的无名氏为《类玉篇海》作的序言《大定甲申重修增广类玉篇海序》来考察和推测。无名氏序中提道:"《玉篇》原有字二万二千八百七十二言,又八家篇韵内增加大字三万九千三百六十四言,经及音训计六十万余字,集成一书,号曰《增广类玉篇海》。""篇内号样:每段下 玉篇 ○余文 ◓龙龛 ◐川篇 ●奚韵 ◒类篇"。梁春胜《〈新修玉篇〉〈四声篇海〉引书考》(2008)一文中写道:"《类玉篇海》各笔画下引用各书的排列顺序是先《玉篇》,次《余文》,次《龙龛》,次《川篇》,次《奚韵》,最后是《类篇》。这一排列顺序亦被其后的《新修玉篇》和《四声篇海》所继承。"确实如此,根据我们对《篇海》引书号样的观察和统计,《玉篇》和其余五种字书的排列顺序绝大部分与《类玉篇海》顺序相同。而且它们的号样所统辖的范围也是清楚的,一个号样统辖其后,一直到下一个号样之前的所有字,一般有多个字。这六种继承字书的先后顺序基本上是固定的,此不赘述。

二、《篇海》新标记的其他四种

《篇海》除了上述继承的六种字书外,还有新标记的其他四种,分别是《搜真玉镜》《对韵音训》、"并了部头"和"俗字背篇",它们所属的字位于《篇海》中某部首笔画后面的具体位置如何?以及它们的号样所统辖字的范围与前六种字书又有什么不同呢?

(一)《搜真玉镜》在《篇海》中的位置及其号样的统辖范围

《搜真玉镜》,现已亡佚,著者、成书年代和编纂体例均无记载。杨正业《篇海世家》(2006)一文指出"从明人张嘉和在《篇海类编》附录里辑录的《字学书目》得知,全书八卷。除《玉篇》《龙龛》外,韩道昭《改并五音类聚四声篇海》引用《搜真玉镜》是最多的。"所以我们可以从《篇海》的引用中略窥一斑。《篇海》增字很大一部分来自于《搜真玉镜》,并且注明号样为◎,所以类聚这些材料,我们可以从中观察其所属的字在《篇海》中的位置。

据我们观察,《搜真玉镜》所属的字在《篇海》中的位置有两种情况:一是位于每个笔画的末尾。因为这些字是《篇海》增收之字,所以置于笔画末容易理解。

如:《篇海·巾部》

四画:玉篇—余文—龙龛—川篇—奚韵—俗字背篇—**搜真玉镜**

六画:玉篇—余文—龙龛—类篇—俗字背篇—**搜真玉镜**

七画:玉篇—余文—龙龛—川篇—**搜真玉镜**

八画:玉篇—余文—龙龛—川篇—余文—类篇—**搜真玉镜**

十画:玉篇—余文—龙龛—川篇—**搜真玉镜**

十七—二十画:玉篇—龙龛—川篇—余文—**搜真玉镜**

如上,《篇海·巾部》的四画、六画、七画,均引用了《搜真玉镜》,而且无论它紧挨的前一种字书是什么,它都处于笔画末尾。再如:

《篇海·㐺部》二十三:玉篇—川篇—**搜真玉镜**

《篇海·九部》二十五:玉篇—俗字背篇—龙龛—川篇—类篇—**搜真玉镜**

《篇海·鼓部》二十六:玉篇—余文—龙龛—川篇—类篇—川篇—**搜真玉镜**

《篇海·廾部》二十八:玉篇—俗字背篇—余文—俗字背篇—俗字背篇—龙龛—**搜真玉镜**

《搜真玉镜》所属的字在《篇海》中位置的另一种情况是:随机插在其他引书中间。如《篇海·宀部》:

六画:玉篇—余文—龙龛—**搜真玉镜**—并了部头—川篇—类篇

七画:玉篇—余文—龙龛—川篇—奚韵—**搜真玉镜**—并了部头

八画:玉篇—余文—龙龛—川篇—奚韵—**搜真玉镜**—并了部头

九画:玉篇—余文—龙龛—并了部头—**搜真玉镜**—川篇—奚韵

十画:玉篇—余文—龙龛—川篇—类篇—俗字背篇—**搜真玉镜**—并了部头

十二:玉篇—余文—龙龛—**搜真玉镜**—并了部头—川篇—类篇

十三:玉篇—余文—**搜真玉镜**—并了部头

二十:龙龛—**搜真玉镜**—类篇

又如《篇海·门部》

门部第九:玉篇—余文—龙龛—俗字背篇—**搜真玉镜**—川篇—类篇

五画:玉篇—余文—龙龛—川篇—**搜真玉镜**—奚韵

八画:玉篇—搜真玉镜—余文—龙龛—川篇—奚韵—类篇—**搜真玉镜**—俗字背篇

从以上具体材料中可以看出,《搜真玉镜》所属的字的位置是很不固定的,可以在《玉篇》后,《余文》后,《龙龛》后,《川篇》后,《奚韵》后,"俗字背篇"后等等。所以我们认为《篇海》是根据所收字的特点,把增收《搜真玉镜》之字随机根据需要插在其他引书之间。

梁春胜认为:"《搜真玉镜》是《四声篇海》增收的,所以一般置于每笔画之末,即《类篇》之后。"这种观点是不确切的,首先是《搜真玉镜》之字不一定置于每个笔画之末。据统计,在《篇海》第二卷中,共引用《搜真玉镜》106 处,其中有 57 处《搜真玉镜》不在笔画末尾,有 49 处《搜真玉镜》在末尾;在《篇海》第七卷中,42 处《搜真玉镜》不在末尾,65 处《搜真玉镜》在末尾。在《篇海》中收字较多的这两卷中,都可以看出《搜真玉镜》在《篇海》中的位置情况是很复杂的,不能一概而论,所以"《搜真玉镜》一般置于每笔画之末"之论值得商榷。其次,《搜真玉镜》之字除去不在笔画末尾的,就算在笔画末尾的也不一定在《类篇》之后。从上述举例的《篇海·巾部》《篇海·鼓部》中可以看到《搜真玉镜》之字不在《类篇》之后的情况随处可见。

《搜真玉镜》在《篇海》中的号样为◎,那么该号样的统辖范围如何呢?我们认为其同《玉篇》和上述五家篇韵一样,即如果它在笔画末尾,它统辖号样之后所有的字;如果它在其他引书中间,它统辖其号样之后和下一个号样之前的所有字。主要原因如下:

第一,处于笔画末的《搜真玉镜》,其统辖范围自然是清晰的,即统辖其符号之后所有的字。

第二,根据在笔画末尾的《搜真玉镜》的收字情况,我们可以发现《搜真玉镜》的特点,即《搜真玉镜》的绝大部分字都只有注音没有释义[①];而且"在注音方面反切与直音比例相当",与其他字书相比,其直音注音的情况较多。根据这两个特点再来检验和核实处于各字书之间的《搜真玉镜》号样的统辖情况,可以发现它能统辖其号样之后和下一个号样之前的所有字。

(二)《对韵音训》在《篇海》中的位置及其号样的统辖范围

《对韵音训》,现已亡佚,作者、成书年代和编纂体例不详。"从明人张嘉和在《篇海类编》附录里辑录的《字学书目》得知,全书八卷"(杨正业,2006)《篇海》引《对韵音训》一书增字而成,那么《对韵音训》所属的字在《篇海》中的位置是怎样的?以及其号样的统辖范围如

---

① 徐凯敏《〈四声篇海〉所引〈搜真玉镜〉研究》:"经整理辑佚,《搜真玉镜》共收字 5 208 例,绝大部分只有注音,没有释义。其中,存有释义者仅 122 例。"

何呢？我们先来观察以下材料。

《篇海·口部》：

六画：玉篇—**对韵音训**—**对韵音训**—**对韵音训**—**对韵音训**—俗字背篇—余文—龙龛—川篇—搜真玉镜—奚韵—类篇

十二：玉篇—**对韵音训**—**对韵音训**—余文—龙龛—川篇—类篇—搜真玉镜

十四：玉篇—**对韵音训**—余文—**对韵音训**—搜真玉镜—龙龛—川篇

《篇海·犬部》：

九画：玉篇—**对韵音训**—**对韵音训**—龙龛—搜真玉镜—川篇—俗字背篇—类篇

《篇海·木部》：

玉篇—并了部头—**对韵音训**—俗字背篇—余文—**对韵音训**—龙龛—川篇—类篇

七画：玉篇—**对韵音训**—**对韵音训**—龙龛—川篇—奚韵—类篇—搜真玉镜—俗字背篇

首先，我们来看《对韵音训》所属字的位置，我们发现绝大部分《对韵音训》所属的字位于《玉篇》之后。据我们统计，《篇海》第二卷共引用《对韵音训》19 处，其中有 16 处《对韵音训》在《玉篇》之后，仅有 3 处例外；《篇海》第五卷共引用《对韵音训》15 处，其中 14 处《对韵音训》在《玉篇》之后，仅有 1 处例外；《篇海》第七卷共引用《对韵音训》16 处，其中有 11 处《对韵音训》在《玉篇》之后，有 5 处例外。

其次，我们知道《对韵音训》在《篇海》中的号样为⊙，观察以上材料可以发现，《对韵音训》的出现情况与其他字书多不相同，特点是：它的号样⊙经常连续出现。我们认为这种情况只能有一种解释，就是《对韵音训》的号样只能统辖一个字。所以每出现一个字就要标一次号样，以至于在每个笔画下连续出现就连续标其号样，间歇出现就间歇标其号样；当然了，如果某个笔画下只引用了《对韵音训》一个字，那就标其号样一次。梁春胜也认为“‘并了部头’和‘对韵音训’符号的统属权比较清楚，每个符号统领其后的那个字，因此是一个符号对应一个字”。其说可从。

对于《对韵音训》是否是一部字书这一问题，学界有不同看法。其中周国光、宁忌浮、刘志成、张涌泉等认为《对韵音训》是《篇海》所引字书之一，而梁春胜、刘晓伟等认为《对韵音训》并非一部字书，在他们的文章中记为“对韵音训”。

梁春胜认为标有“对韵音训”号样的那些字基本都是《玉篇》已收入的字，不可能是从“对韵音训”中增收而来。这一观点是值得商榷的。因为，假如《对韵音训》之字都是《玉篇》已收之字，那么作者为什么还要另外收录《对韵音训》并标记号样呢？梁文也指出，《篇海》标“对韵音训”的字是韩道昭又从韵书中补充了音义的字。杨苗苗《〈四声篇海〉所引〈对韵音训〉与〈玉篇〉的对比研究》(2012)一文经过详细对比，“得出《对韵音训》源于《玉篇》，并在其基础上有所创新的结论”①，我们认为此文的结论应该是《对韵音训》的实际情况，即其是在《玉篇》基础上有所发明的一部字书。

(三)“并了部头”在《篇海》中的位置及其号样的统辖范围

“并了部头”，在《篇海》中的号样为⊕，《篇海》卷一《重编并部依三十六母再显之图》称：“今将并了部头篇中立在团田号下，永为正矣。自来元部五百四十有二，并篇末类聚杂部三十有七，除了今用四百四十有四外，有弃了者，一百三十有五，各并在今用部中，并无遗阙。”《篇海》卷一成化七年万安的《重刊考订五音篇韵总序》中称韩道昭“见篇中部目太繁，即形相类，杂在他部者悉加改并。如吅、品随口入溪，雔、雥随隹入照，麤随鹿、羴随羊之类是已。”

《篇海·干部》：

干部第七：玉篇—余文—**并了部头**—俗字背篇—**并了部头**

《篇海·口部》：

口部第五十：玉篇—**并了字头**—俗字背篇—俗字背篇—**并了部头**—余文—川篇—类篇—搜真玉镜

四画：玉篇—余文—搜真玉镜—龙龛—俗字背篇—俗字背篇—**并了部头**—川篇—类篇

① 虽然杨苗苗文在《对韵音训》号样统辖的范围上可能与本文观点有出入，但是其统计数据得出的结论应该可信。

七画:玉篇—对韵音训—余文—**并了部头**—搜真玉镜—龙龛—川篇—类篇

九画:玉篇—**并了部头—并了部头**—余文—**并了部头**—搜真玉镜—龙龛—川篇—**并了部头**—奚韵—类篇

《篇海·竹部》:

六画:玉篇—**并了部头**—余文—**并了部头**—龙龛—川篇—类篇—搜真玉镜

《篇海·皿部》:

皿部第十九:玉篇—余文—龙龛—川篇—类篇—**并了部头—并了部头**—搜真玉镜

首先,从以上材料中我们可以看出"并了部头"所属的字的位置也不是固定的,它可以在《玉篇》之后,在《余文》之后,在《川篇》之后,在"俗字背篇"之后等等。梁春胜认为"'并了部头'之字也是原本就属于《玉篇》的字,所以一般也放在《余文》之前",这一观点是值得商榷的。据我们统计,《篇海》第二卷共引用"并了部头"32 处,其中在《余文》之前的有 10 处,而不在《余文》之前的达到 22 处之多;《篇海》第七卷共引用"并了部头"27 处,其中在《余文》之前的有 10 处,而不在《余文》之前的有 17 处。以上数据均可说明"并了部头"所属字在《篇海》中的位置并不能一概而论。我们认为其在《篇海》中的位置是不固定的,作者很可能是根据每个笔画下所收字的特点随机将"并了部头"之字插入其间的。

其次,我们发现"并了部头"在同一个笔画下出现的特点跟《对韵音训》出现的情况相似,即它的号样⊕经常连续出现。所以我们认为,大多数情况下,"并了部头"的号样在《篇海》中统辖一个字。所以在每个笔画下连续出现"并了部头"的字就要连续标其号样,间歇出现就间歇标其号样,如果某个笔画下只引了"并了部头"一个字,那就标一次号样[①]。

对于"并了部头"是否是一部字书这一问题,学界也有不同观点。与《对韵音训》情况不

① 另据王亚彬《泰和本〈篇海〉卷二至卷三与明刻本对比研究》(2017)考察,"并了部头"号样可以统辖不只一个字,主要有两种情况:一是当被归并了的部首及其所辖之字被《篇海》编者集中类聚在一起的时候,一个"并了部头"符号就可以统辖多个字;二是被归并了部首的字按照各自的笔画多少分散分布在相应的笔画中,当被归并了的部首原本所辖的字中符合这个画段笔画数的有两个或两个以上的时候,一个"并了部头"符号可以统辖多个字。可备参考。

同的是,多数学者认为“并了部头”不是一部字书,如周国光、宁忌浮、张涌泉、梁春胜等;只有少数学者如杨正业、杨苗苗等认为它是一部字书。

关于“并了部头”,大家对于这部分字的来源是可以达成共识的,即韩道昭把《五音篇》的 579 部合并成《篇海》的 444 部,弃了的 135 部的字并在了现在的 444 部之下,所以称为“并了部头”。那么这部分字到底有没有成书,便成了关键所在:如果韩道昭在《篇海》成书之前已经将这部分字辑录成书,那么《篇海》所引即是《并了部头》一书;又或者他人在《篇海》成书之前已经将这部分字辑录成书,那么它也是一部字书。但韩氏在《篇海》之前将其辑录成书的可能性并不大,而他人在《篇海》未出之前也不可能将这部分字辑录成书,所以我们倾向于认为“并了部头”并不是一部字书,而是韩氏在《篇海》成书过程中对于自己改并过的部头和字进行的标记。目前仅见的《篇海类编》附录中的《字学书目》所记载的“《并了部头》二卷”,很可能是后人据《篇海》伪称。

(四)“俗字背篇”在《篇海》中的位置及其号样的统辖范围

“俗字背篇”,是《篇海》增字的一个主要来源。《篇海》卷一韩道昇《重编改并五音篇序》:“背篇隐注睹偏傍散在诸门,十五单身觑头尾布于众部,添减笔俗传之字少约二千。”《篇海》卷一成化七年万安的《重刊考订五音篇韵总序》中称韩道昭“见篇中部目太繁,即形相类,杂在他部者悉加改并。如吅、品随口入溪,雔、雥随隹入照,麤随鹿、羴随羊之类是已。……仍增减俗字于篇韵各母部下,凡若干。”即《篇海》把原《五音篇》等字书隐注中的俗传字列为字头,增加在各部中为“俗字背篇”,标记符号为➕。

如:
《篇海·骨部》:➕骴,前赐切,本部髊字下隐注,今改大字显之。
《篇海·骨部》:髊,前赐切,《周礼·蜡氏》掌除髊死人骨。或作骴。

《篇海·土部》:➕坻,直饥切,土部中坻下隐于注。俗作,今改明头显之。
《篇海·土部》:坻,直饥切,水中可居曰坻,《方言》云:“坻场也。梁宋间蚍蜉犁鼠之场谓之坻。”又音□,《埤苍》云:‘坂也。’俗作坻。

《篇海·隶部》:➕隸,相利切,貄下隐注。俗作,今改隶部明显之。
《篇海·希部》:貄,相利切,豕声也,俗作隸。

那么,它插入在《篇海》中与其他字书相较的先后位置和号样统辖范围,是我们首先要关注的。

“俗字背篇”所属的字在《篇海》中的位置比较复杂。我们分类来考察。

第一类材料如下：

卯部二十一：玉篇—**俗字背篇**—川篇

舛部二十二：玉篇—余文—**俗字背篇**—龙龛—奚韵

米部二十三：玉篇—搜真玉镜—龙龛—川篇—**俗字背篇**—对韵音训

六画：玉篇—余文—龙龛—**俗字背篇**—搜真玉镜

九画：玉篇—搜真玉镜—余文—龙龛—川篇—**俗字背篇**—类篇

十七：玉篇—余文—**俗字背篇**—川篇—类篇

面部第二十四：玉篇—余文—龙龛—川篇—**俗字背篇**—搜真玉镜

第二类材料如下：

门部十二：玉篇—**俗字背篇**—**俗字背篇**—**俗字背篇**—并了部头—龙龛—类篇—搜真玉镜

巳部十八：玉篇—余文—**俗字背篇**—**俗字背篇**—对韵音训—**俗字背篇**—并了部头—**俗字背篇**—搜真玉镜—**俗字背篇**

几部二十七：玉篇—龙龛—类篇—**俗字背篇**—**俗字背篇**—**俗字背篇**—**俗字背篇**—搜真玉镜

彐部三十三：玉篇—余文—龙龛—**俗字背篇**—**俗字背篇**—搜真玉镜

凵部第五十三：玉篇—龙龛—**俗字背篇**—类篇—**俗字背篇**—**俗字背篇**—搜真玉镜—**俗字背篇**

首先，从这两类材料中我们都可以发现“俗字背篇”所属的字在《篇海》中的位置是不固定的，几乎呈现随机分布状态，可以在《玉篇》之后，在《余文》之后，在《龙龛》之后，在《川篇》之后，在《类篇》之后等等。所以我们认为，很可能是作者在编纂的过程中根据已收字的情况和“俗字背篇”字的情况适时插在其他字书之间的，并没有特定把它安排在某部字书之前或之后的位置。

其次，关于“俗字背篇”在《篇海》中的号样的统辖范围，我们观察到如上两类材料，第一类材料中“俗字背篇”的号样单独出现，第二类材料中“俗字背篇”的号样连续出现。之所以分两类情况，是因为“俗字背篇”号样连续出现的情况与《对韵音训》和“并了部头”有很大不同:后两者的号样是经常连续出现,而单独出现的较少,而“俗字背篇”号样单独出现的居大多数,连续出现的情况较少。据我们统计,《篇海》第二卷中引“俗字背篇”共有52处,仅有9个笔画下其号样连续出现的;《篇海》第五卷中引“俗字背篇”共有12处,仅有1个笔画下其号样连续出现的;《篇海》第七卷中引“俗字背篇”共有35处,仅有3个笔画下其号样连续出现的。

据我们观察“俗字背篇”的号样在《篇海》中的实际统辖情况,无论是在其他字书之间的“俗字背篇”号样还是在笔画末的“俗字背篇”号样,其统辖范围似乎都没有一定的规律,即都可以统辖号样后的一个字或多个字,所以它与其他号样之间也多有混淆不清的情况。但是标记有“俗字背篇”号样的字多有“元在×部今改×部”“元在×部今改于此部”“元在×部收之今改于×部为正也”“本部×字下隐注今改大字显之”“俗用”“俗×字”等等表述,所以虽然“俗字背篇”号样的统辖范围不是特别清楚,但是我们也可以据此辨别出大多数属于“俗字背篇”的字。另外,在其他号样的统辖范围都比较清楚的情况下,也可以帮助确定“俗字背篇”之字。

对于“俗字背篇”是否是一部字书这一问题,学界也有不同看法,大多数学者认为其并非一部字书,因为其内涵还是很清楚的,即韩道昭把《五音篇》等字书隐注中的俗传字在《篇海》成书过程中列为了字头,增加在各部中,命名为“俗字背篇”,用➕标记。韩氏或他人不大可能在《篇海》成书之前已经把这部分字辑录成书。目前仅见的明人张嘉和《篇海类编》附录里辑录的《字学书目》称“《俗字背篇》,全书四卷”,很可能是后人据《篇海》伪称。

综上所述,本文考察了《篇海》的引书情况,以定量和定性相结合的方法对《篇海》新标记的其他四种“字书”进行了详细的考察和分析,我们主要从它们所属字在《篇海》某部首笔画后面的具体位置及其号样的统辖范围入手,来探讨它们的具体特点,由此或验证或推翻了一些原有的观点,希望能为学界提供一些参考。

参考文献:

(金)韩道昭　1995—2002　《改并五音类聚四声篇海》,《续修四库全书》收成化丁亥重刊本,第229册,上海古籍出版社。

梁春胜　2008　《〈新修玉篇〉〈四声篇海〉引书考》,《中国典籍与文化》第4期。

王亚彬　2017　《泰和本〈篇海〉卷二至卷三与明刻本对比研究》,河北大学硕士学位论文。

(金)邢　准　1995—2002　《新修累音引证群籍玉篇》,《续修四库全书》影印金刻本,上海古籍出版社。

杨苗苗　2012　《〈四声篇海〉所引〈对韵音训〉与〈玉篇〉的对比研究》,温州大学硕士学位论文。

杨正业　2006　《篇海世家》,《辞书研究》第2期。

吐鲁番出土《唐垂拱三年(687)西州高昌县杨大智租田契》笺证

王启涛

(西南民族大学敦煌吐鲁番文献研究所,成都,610041)

提　要: 吐鲁番出土契券具有很高的语言文字学价值和史学价值。《唐垂拱三年(687)西州高昌县杨大智租田契》便是其中的代表作。本文首次对该契进行了全面识读和校注,特别是对其中的俗语、术语进行深入诠释,以期在出土文献的整理与研究方面做出新的尝试。由于吐鲁番出土文献主要来自墓葬,且多应用型文书。因此,它与敦煌文献相比,与当时的政治、经济、商贸、军事、法律、民族、社会诸方面的联系更加紧密,对其进行笺证,必须以语言文字学为依据,将字词讲准;以史学为依靠,将字词讲透;以考古学为依凭,将字词讲明。

关键词: 吐鲁番文书;西州;租田契;笺证

一、题　　解

该件文书原编号为"64TAM35:20",藏新疆维吾尔自治区博物馆。图版见唐长孺主编图录本《吐鲁番出土文书》第叁册,文物出版社,1996 年,第 493 页(以下行文简称 3—493)。图版又见新疆维吾尔自治区博物馆《吐鲁番阿斯塔那-哈拉和卓古墓群发掘简报(1963—1965)》,《文物》1973 年第 10 期,第 7—27 页,图 42;《新疆考古三十年》,乌鲁木齐:新疆人民出版社,1983 年,第 71—91 页;池田温、山本达郎 *Tunhuang and Turfan Documents concerning Social and Economic History*, Ⅲ. Contracts(B),东洋文库,1986 年,第 24 页。录文见池田温、山本达郎:*Tunhuang and Turfan Documents concerning Social and Economic History*, Ⅲ. Contracts(A),东洋文库,1987 年,第 57 页;张传玺主编《中国历代契约会编考释》(上),北京:北京大学出版社,1995 年,第 305—306 页。陈国灿指出此件文书:"全 10 行,契载:'宁戎乡杨大智交与小麦肆斛,於前里正史玄政边,租取逃走卫士和隆子新兴张寺潢口分田贰亩半,其租价用充隆子兄弟二人庸緤直。’尾署‘租田人杨’‘田主史玄政’‘知见人侯典仓’。”(氏著《吐鲁番出土唐代文献编年》,台北新文丰出版公司,2002 年,第 125—126 页)

吐鲁番的唐代租佃契约,是唐代均田制下的均田农民以及一些经济较为富裕的小地主签订的,订立契约的目主要是为了更好地进行农业生产。租田人所租田地相对集中在一块,有利于租田人集中耕地进行生产。比如宁戎乡杨大智从史玄政处所租之田位于新兴张寺潢,从其他文书看,新兴在高昌城北二十里处,而杨大智所在的宁戎乡也在高昌城北二十里。这就证明逃走卫士和隆子的田地与杨大智住居之地相近。这种现象在青苗簿中也存在。竹辰住分别租种竹达子田一亩,张汉姜田二亩,索僧奴田二亩,连同自己占有的田二亩,总共四块七亩田都集中在西州成家堰王渠一带,竹辰住又是该渠堰堰头,管理与耕种都极为方便。在大谷 2845《西州高昌县佃人文书》(《大谷》壹,图版八五,录文第 113 页)、大谷 2851《西州高昌县佃人文书》(《大谷》壹,图版八五,录文第 115 页)中,有三人各租两块田,这些田都集中在某堰内,利用租佃,把耕地集中在一块,形成了当地进行农业生产的趋势。

该件文书涉及逃走卫士的土地出租,由于当时战事频繁激烈,逃兵数量很大,但不见逃兵之土地被收回,看起来,逃亡户、逃亡口之土地,在当还未还之间,都由里正(前里正)代管。也有学者如堀敏一、罗彤华认为史玄政侵占逃户田。文书中涉及的人物杨大智是前庭府的卫士,逃走的卫士和隆子是其同乡或同县人,也是前庭府卫士,其口分田最先转租给同府卫士手中,此事发生在垂拱三年九月,可能与当年十月的番代有关,逃走卫士被正式除名,可能在每年的全府番代之时,因而其土地可以由里正在此时租与他人。又检 73TAM221:62—1(a)《唐永徽三年(652)士海辞为所给田被里正杜琴护独自耕种事》(3—312):“□徽三年▭海辞:口分[常]▭县司:士海蒙给田,[已]▭[贰][载]未得田地。今始闻田共同城人里正杜琴护连风。其地,琴护独自耕种将去,不与士海一步,谨以谘陈讫。谨请勘当,谨辞。”可以看出,里正利用职权私自占有逃户田和已经给予农民的田,有的是官府夺田转赐,同时,僧寺也占有大量土地。他们往往通过高利贷方式完成土地兼并。从吐鲁番出土的大量借贷契可以看出,如果贷款本利“延引不还”,就任凭债主“掣夺家资杂物口分田园”,或以“口分常田折充钱直”。夺田抵债是土地兼并的重要手段,无法偿债只有丧失土地。此外,还有采取租佃形式兼并土地使用权者,低价租入土地,以经营牟利(转租以收取高额地租,或雇人耕种),也是一种土地兼并手段。唐代租佃契约中,有一种租价低、年限长,保人之一往往是田主亲属,由田主画节记(佃人不画)的租约,实际上是钱主兼并土地使用权的契约,其中有些农民在口分田还没有到手的前一年,就把它租出去了,有的在谷麦将熟的季节租出土地,这显然是不得已的。

二、录　　文

1　垂拱三年九月六日,宁戎乡杨大智交[用]

2　小麦肆斛【1】,於前里正【2】史玄政边【3】租取逃

3　走【4】卫士和隆子【5】新兴张寺潢口分田【6】贰亩

4　半【7】。其租价用充隆子兄弟二人庸緤直【8】。

5　如到种田之时,不淂田佃者,所取租价麦【9】,

6　壹罚贰入杨。有人悋护【10】者,仰史玄应当【11】。

7　两和立契,画指为记。

8　租佃人:杨。

9　田主:史玄政(在“史玄政”上画有三横画指)【12】;

10　知见人:侯典仓(在“侯典仓”上画有三横画指)【13】。

三、校　　注

【1】　垂拱三年:公元687年。宁戎:高昌国时期县名及山谷名,唐灭高昌,降为乡,属高昌县,地址可能在火焰山的木头沟(一说在吐鲁番市胜金台)。72TAM151:50《高昌丑岁兵额文书》(2—102):“丑岁兵额:交何付康阿陁儿,永昌付主薄阿郁;宁戎付吏青守,永安付参军怀嵩,威神付主薄延海,田地付参军天护,黄截付参军天养,林川付主薄棱之。”64TAM29:97《武周(?)宁戎驿马及马草踖文书》(3—352):“□贰[车]□□□□宁戎驿马肆拾贰□□□□ □□□□得驿长□□□□ □□□□饲马草□□□□ □□□□当敖玖拾[陆]□□□□”考伯2009《西州图经》:“宁戎窟寺一所,右在前庭县界山北廿二里,宁戎谷中……见有僧祇,久著名额。”王素指出:“宁戎县:见《梁书·高昌传》(误作由宁),建昌元年(555)十二月廿三日造寺布施记。”(氏著《高昌史稿·交通编》,北京:文物出版社,2000年,第39页。又参考同著第6页、第71页)“宁戎”既是地名,又是官名(《晋书》卷一二二《吕光载记》有宁戎将军,同书卷八六《张轨附曾孙重华传》有“宁戎校尉”,从字面意义上讲,“宁戎”即平定、安抚西戎,是否与平定、安抚西北其他民族如匈奴、鲜卑、柔然、突厥等有关,可以研究)。杨大智:此名字又见于另一件吐鲁番文书(但不一定是同一人),大谷3025《兵役关系

文书》(《大谷》贰图版五一,录文第 6 页):“廿五人分番,校尉杨古峻,队正辛君贞,昌。队副安□▭卫士赵仫□、令狐海隆、阚祐洛、李▭左弨子,去。孙寅住,去。樊孝通,曾▭和护军,去。杨大智,去。安伏力,守府。”斛:十斗,与“石”是同一个容量单位的不同名称,从汉代到隋唐五代均使用,又作“硕”,段玉裁《说文解字注 · 石部》:“石,或借为硕大字。”高昌国时期的量制单位主要有“斛”“斗”“升”,不仅用于容量粮食(大麦、小麦、粟、床、糜、白罗面、粟细米等)、酒类及饮料(酒、木酒、苦酒、糟、甜酱等)、事物(如豆、炉饼、麻子饭等),还用于容量其他食品(油、胡瓜子、枣等)、用品(石灰、酢、甜酱曲等)。交[用]小麦肆斛:租价预付小麦,违者罚两倍。

【2】　前里正:前任里正。“里正”是乡以下一级编制“里”的负责人,掌管调查户口(包括造籍帐)、劝农、治安、征税以及均田授受等事,不一定是正式官制或正式官员(往往属杂职掌),常常由勋官、品子或白丁能干者充任。唐代的里正可以在临近的里简择使用,也可以跨乡担任。里正不一定天天到县衙上班,他们是唐代最基层的负责人,主要活动场所在乡里。72TAM150:41(a)《唐贞观十九年里正赵延洛等牒》(3—21):“贞观十九年月日里正赵延洛,里正康隆士,里正左相柱,里正张庆相。连仁判示。十一日。”73TAM504:36《唐永徽六年(655)阳士通墓表》(侯 483):“惟永徽六年,岁次癸卯,十二月丙申朔,十三日戊申。故安西乡里正阳士通,春秋廿四,殡葬斯墓。”65TAM42:90(a),91(a)《唐令狐鼠鼻等差科簿》(一)(3—112):“七人里正,王善会年廿八单身下上户。”67TAM83:6《唐先天二年(713)队副王奉琼牒为当队兵见在及不到人事(二)》(4—7):“韩善住,已上里正,部曲[赵]丰洛转事天山县人麴洪感。”73TAM509:8/16(a)之三《唐开元二十一年(733)西州都督府案卷为勘给过所事》(4—286):“又问里正赵德宗,款:上件人户当第六。其奴婢先来漏藉,已经州司首附下乡讫。在后虽有小男二人,并不堪祇承第六户。有同藉弟嘉瓒见在,请追问能代兄承户否?”“里正”又称为“百家之长”。LI. 4. 38《唐龙朔三年(663)范隆仁墓志》(侯 507):“一县铨擢,任为百家之长。乡闾叹其平恕,邻里谠其无私,駈役数年,选任高昌县佐使。”考杜佑《通典》卷三《食货》三“乡党”载唐《户令》:“诸户以百户为里,五里为乡,四家为邻,五家为保。每里置正一人,掌按比户口、课植农桑、检察非违,催驱赋役。”又:“诸里正,县司选勋官六品以下、白丁清平强干者充,其次为坊正,若当里无人,听于比邻里简用。”《唐会要》卷六九“丞簿尉”:“开元十六年五月二十五日敕:州府及县仓督,府司佐史、县录事、里正等,若有景行,明闲案牍,任经十年,不在解限。”《唐律疏议》卷六《名例》“称反坐罪之”条疏议曰:“以枉法论者,《户婚律》云:里正及官司,妄脱漏增减以出入课役,赃重入己者,以枉法论。”《唐律疏议》卷三十《断狱》“监临自以杖捶人”:“答曰:里正、坊正、村正等,唯掌追呼

催督,不合辄加笞杖,其有因公事相殴击者,理同凡斗而科。主典检请是司,理非行罚之职,因公事捶人者,亦与里正等同。"《太平广记》卷二百六十"梁士会"条(出《朝野佥载》):"唐滑州灵昌尉梁士会,官科鸟翎,里正不送。举牒判曰:'何物里正,不送鸟翎?'佐使曰:'公大好判,鸟翎太多。'"又请比较王梵志诗第269首《富饶田舍儿》:"里正追役来,坐著南厅里。广设好饮食,多酒劝遣醉。追车即与车,须马即与马。须钱便与钱,和市亦不避。索面驴驮送,续后更有雉。官人应须物,当家皆具备。"又第270首《贫穷田舍汉》:"里正追庸调,村头共相催。"又:"租调无处出,还须里正陪。"李方指出:"在唐代(尤其是在唐代前期),里正既是乡官,又是色役,在乡里享有一定的统治权力,并且自身享有免除兵役在内的各种劳役和租调的权利。"(氏著《唐西州诸乡的里正》,《敦煌吐鲁番研究》第九卷,第187—217页,引文见第187页)刘再聪指出,唐朝立国不久,就废除了乡正长,里正长成为地方基层管理的重要力役。吐鲁番出土文书反映了高宗武后、武周时期,西州一带里正超期任职的现象突出,而且有跨里、跨乡任用的现象,里正任用在文化上有一定的要求,特别是要能够按比户口、催驱赋役、簿帐少解、明闲案牍、一无违愆,但是在户等上没有必然的要求,这与宋代不一样(氏著《唐西州里正铨拟、上直与县吏分片管理制度》,《西域研究》2011年第2期,第46—54页)。又参考冻国栋《汉唐间"伍伯"浅识》,《魏晋南北朝隋唐史资料》第十七辑,武汉大学出版社,2000年,第39—45页(特别是第44—45页);又参看贺昌群《贺昌群文集》第二卷第651页。

【3】 史玄政:粟特人,从其名字可以看出已经相当汉化(只有姓是粟特语音译,名字"玄政"是典型的汉语语素),他曾经做过崇化乡的里正,"崇化乡"的名字意思是推崇慕化,所以这里应该是粟特人的聚居地,粟特人做里正,也算是以粟特人管理粟特人。有关史玄政的履历,我们汇集吐鲁番出土相关文书,共计如下:64TAM35:33《唐麟德元年(664)西州高昌县里正史玄政纳当年官贷小子抄》(3—485):"崇化乡里正史玄政纳麟德元年官贷小子贰斫。其年十二月叁拾日拾贰月,史。史。史。史汜守达,仓督,仓督张䴢智。"64TAM35:30《唐咸亨五年(674)张君々领当队器仗、甲弩、弓、陌刀等抄》(3—486):"前付官器丈、甲弩、弓、陌刀□等抄,张君々遗失。其物见在,竹武秀队佐史玄政等本队将行,后若得真抄,宜令对面毁破。为人无信为验。咸亨五三月十八日张君々记。"64TAM35:29(a)《武周载初元年(689)史玄政牒为请处分替纳逋悬事》(3—496):"牒:玄政今年春始佃上件人分地二亩半,去年田地乃是索拾拾力佃食,地子见在拾力腹内,隆贞去年五月身死,地亦无人受领。昨被里正成忠追征,遣替纳逋悬,又不追寻拾力。今年依田忽有科税,不敢词诉,望请追征去年佃人代纳,请裁,谨牒。"(武周新字已经改为现代汉字)64TAM35:40(a)《武周圣历元年

(698)前官史玄政牒为四角官萄已役未役人夫及车牛事》(3—521):“四角陶所,合陶内抽枝、覆盖、踏浆并收拾槅(覆?)枝、埋柱等,惣料得夫玖拾陆人,々各役单功,各合伍日。七十七人役讫,一十九人未役。……右陶内昨准往例,料得夫及车牛数,各具件如前,请处分。”(武周新字已经改为现代汉字)64TAM35:32《唐史玄政等纳钱代车牛役帐》(3—548):“史玄政入七文。竹住欢二日十文更四文。靳义府一日六文更四文。张祐隆一日五文更二文。张还运一日二文更二文。康毗达一日五文更三文。黄鸽仁一日六文。”64TAM35:28《武周如意元年(692)里正李黑收领史玄政长行马价抄》(3—517):“史玄政付长行马价银钱贰文,准铜钱陆拾肆文。如意元年八月十六日里正李黑抄。其钱是户内众备马价,李黑记。”(武周新字已经改为现代汉字)64TAM35:15《武周长安三年(703)曹保保举钱契》(3—524):“长安三年二月廿七日,顺义乡曹保々并母目于史玄政边举取铜钱叁伯贰拾文,月别依乡法生利入史。月满依数送利。如史须钱之日,利本即须具还。如延引不还,及无本利钱可还,将来年辰岁石宕渠口分常田贰亩,折充钱直。如身东西不在,一仰收后保人当代知。两和立契,画指为信。钱主。举钱人曹保々(在“々、曹保々”上画有三横画指),曹宝々;母阿目十金(在“目十金”书写完毕后,其下空白处画有三横画指),保人女师子(在“师子”书写完毕后,其下空白处画有三横画指),知见人杜孝忠,知见人吴申感。”(武周新字已经改为现代汉字)73TAM501:109/4《武周(?)西州高昌县石宕渠某堰堰头牒为申报当堰见种苗亩数即田主佃人姓名事》(3—393):“[石][宕][渠]。一段贰[亩]种床主曹米々,佃人史玄政,平。▭西渠,南辛▭一段贰亩种床□辛充户(?),顺。自佃▭[南][贾]□[信]▭ ▭ ▭佃人史玄政,平。▭ ▭[玄][政],北▭ ▭ ▭史玄政,平。自佃▭ ▭一段▭一[段]▭牒件通当堰见种苗▭具姓名如前,[谨][牒]。”边:身上、那里,往往附着在人名后。

【4】 租取:租借。考《说文·又部》:“取,捕取也。从又,从耳。”“取”在吐鲁番文献中是一个极为活跃的词,可以单用,表示贷入、收入,也可以组成“贷取”“租取”形式,此处的“取”,实词色彩依然相当浓郁,与其说是及物动词后缀,还不如说是复合词语素,但这也正是实词虚化、最终走向语法化的重要步骤。逃走:逃亡,此指逃户。《全唐文新编》卷二九载唐玄宗《置劝农使诏》指出逃户的困境:“违亲越乡,盖非获已,暂因规避,旋被兼并。既冒刑纲,复损产业。居且常惧,归又无依。积此艰危,遂成流转。或因人而止,或庸力自资。怀土之思空盈,还本之途莫遂。”敦煌文献《燕子赋》也反映了逃户的情况。又检大谷 2835《长安三年(703)三月括逃使牒并敦煌县牒》(《大谷文书集成》壹图版一二〇、一二一、一二四,

录文第105页;录文又参考池田温《中国古代籍帐研究》,北京:中华书局,2007年,第199页)亦言:“承前逃户业田,差户出子营种。所收苗子,将充租赋。假有余賸,便入助人。今奉明敕,逃人括还,无问户第高下,给复二年,又今年逃户所有田业,官贷种子,付户助营。逃人若归,苗稼见在,课役俱免,复得田苗。”关于史玄政,吐鲁番阿斯塔那35号墓有许多涉及此人的文书,有纪年的最早为龙朔三年(663),最晚是长安三年(703)。其身份,龙朔三年为崇化乡里正,咸亨五年(上元元年,674)是队佐,垂拱三年(687)是前里正,圣历元年(698)的牒件则称他为“前官”。

【5】　卫士:唐府兵制下军府所领兵士,唐代卫士承担上番宿卫和征镇防戍的任务,负责戍卫京师和要冲,有事还被差远行或远戍边镇、上烽(往往要自备资装)。在唐代,卫士差行由府司,其差行服役亦有名簿。但是,从武周时期开始,卫士的身份大大降低,上番宿卫往往被卫官派往豪贵之家服仆僮之役,以致充当卫士被人所贱视。在吐鲁番出土文书的开元户籍中,有下下户卫士。另外,从阿斯塔那35号墓出土的《神龙三年西州高昌县崇化乡点籍样》可以看出,课丁中充当卫士的竟占总课丁数的61%,其中必然有许多八九等户。68TAM103:20/4《唐贞观十八年(644年)西州某乡户口帐》(2—121):“合当乡新[旧]▭一千二百▭六口新附。三百卌四杂任、卫士、老小、三疾等;二百八十七白丁,见输。”68TAM103:20/1(a)《唐西州某乡户口帐(草)》(2—123):“杂任、卫士及殲资、侍丁▭二百七十三人白丁▭”60TAM337:11/8,11/5《唐贞观二十三年(649)西州高昌县范欢进买马契》(2—223):“贞观廿三年▭乡卫士犯欢□▭于蒲州汾阴▭𫘪父八岁▭草,一仰▭海[者],▭有政[法],民▭画指为□。练主犯欢进,马主王▭知见葛垣[曲],知见李障[传],知见党积善。”64TAM5:99《唐残户籍一(二)》(3—176)“▭园宅▭卫士殲资妻▭小男▭佐史。”68TAM101:6/5,6/3《唐某府旅帅杨文俊等马匹簿(一)》(4—349):“▭□卅疋。▭马一疋,骠父,旅帅杨文俊马一疋▭[马]一疋,𫘪驮,队正康海护马一□。▭马一,骆父。队副康海憙马一疋。者白。[队]副贺毛同马一疋,[赤]骠。卫士索富奴马一疋,赤父。□古素何▭汜建护马一匹,骒父。”隋炀帝大业三年(607),健全了卫府制,确立十六府,由十二卫分领府兵,《隋书·百官志下》:“其军士,左右卫所领名为骁骑,左右骁卫所领名豹骑……左右候卫所领名佽飞,而总号卫士。”唐前期沿用此称号,《旧唐书·职官志二》:“凡兵士隶卫,各有其名……总曰卫士。”考《唐律疏议》卷二八《捕亡》“宿卫人亡”:“诸宿卫人在直而亡者,一日杖一百,二日加一等。即从驾行而亡者,加一等。疏议

曰'宿卫人',谓诸卫大将军以下,当番卫士以上。在直番限内而有逃亡者,一日杖一百,二日加一等,计一十七日流三千里。直满以后,即同在家亡法。即从驾行者,以其陪从事重,故加宿卫一等之坐,亡者一日徒一年,二日加一等,十五日流三千里。问曰:卫士于宫城外守卫,或于京城诸司守当,或被配于王府上番,如此之徒而有逃亡者,合科何罪?答曰:宫城之外,兼及皇城、京城,若有逃亡,罪亦与宿卫不别。若其准减三等之例,即太轻于在家而亡。是知守当杂犯有减三等之科,逃亡之辜得罪与宿卫不异。"《唐六典》卷五"尚书兵部":"凡兵士隶卫,各有其名:左右卫曰骁骑,左右骁卫曰豹骑,左右武卫曰熊渠,左右威卫曰羽林,左右领军卫曰射声,左右金吾卫曰佽飞,东宫左右卫率府曰超乘,左右司御率府曰旅贲,左右清道率府曰直盪,总名为卫士,皆取六品以下子孙及白丁无职役者点充。凡三年一简点,成丁而入,六十而免,量其远迩以定番第。"唐代律令要求先拣点富室强丁充当卫士,吐鲁番出土文书反映在太宗、高宗时期的卫士均点自七等户以上、户内有兼丁的人户。但是,随着战事的频繁,卫士征行、死亡、没落、逃亡以及投充色役、真假三疾等种种避役手段的出现,导致拣点卫士的准则,大致自武周以来再也不能维持了。唐代卫士承担上番宿卫和征镇防戍的任务。卫士常规性的任务大致可以分为三大类(征行临时点行,远镇实际上无一定的番期,均非常规):一是宿卫,二是番上诸镇戍充防人,三是在上州、守府、倚团,即是在各级机构中充当上至参军、傔人,下及府、史等职务,以及仗身、门子等杂役,由府直接差遣的烽子、屯田等也属此类,自仗身以下都属短番。参考唐长孺《吐鲁番文书中所见的西州府兵》,收入《敦煌吐鲁番文书初探二编》,武汉:武汉大学出版社,1990 年,引文见第 52 页、第 64 页、第 100 页。又参考唐长孺《魏晋南北朝隋唐史三论》,武汉:武汉大学出版社,1998 年,第 416 页;季羡林《敦煌学大辞典》"卫士"条(上海:上海辞书出版社,1998 年);张国刚《唐代府兵制若干问题的探讨》,载《文史》2002 年第 3 辑。和隆子:鲜卑人或胡人。"和"姓人氏又见于以下文书:大谷 2845+大谷 2851《西州高昌县佃人文书》(《大谷》壹图版八五,录文第一卷第 113 页、第 115 页,录文又见池田温《中国古代籍帐研究》第 189 页):"白荀始田肆亩,佃人杨辈子,东桓王寺,西县公廨佐史田,南王赤奴,北渠。王赤奴田壹亩,佃人王孝道,东桓王寺,西县公廨佐史田,南康多允,北白荀始。康多允田贰亩,佃人索武海,东桓王寺,西县公廨佐史田,南和隆子,北渠。和隆子田壹亩,佃人索武海,东桓王寺,西县公廨佐史田,南渠,北康多允。县公廨佐史田拾亩,佃人氾义感,东康多允,西康倚山,南渠,北渠。县令田贰亩,佃人奴集聚,东县公廨佐史田,西安文通,南渠,北宋神讬。康倚山田贰亩,佃人奴集聚,东,西,南,北。安文通田贰亩,自佃,东,西,南,北。宋神讬田壹亩,佃人高君定,东县公廨佐史田,西罗行感,南安文通,北索粟□。罗行感田贰亩,佃人高君定,东宋讬,西和隆定,南安文通,北匡点子。和隆定田贰亩,佃人匡鼠辈,东罗行感,西道,南县令朧,北申屠大韵。白未隆田贰亩,佃人苏感达,东,西,南,北。白赤奴田叁亩,佃人史行成,东,西,南,北。县令田贰亩,自佃,东白赤奴,西道,南张子仁,北和隆定。张子仁田贰亩,佃人赵孤诺,东白赤奴,西道,南渠,北县令。牒件通当堰青苗地段四至亩数,佃人具□▭(后缺)”(武周新字已改为现代汉字)。又请比较 64TAM24:35,32《高昌延昌酉岁屯田条列得横截等城葡萄园顷亩数奏行文书》(2—169):“通事令史史□□,□□□□和隆□,阴□▭西岁九月十五日▭□□□□军[肤][叠]□吐诺他跛毁鍮屯发高昌令尹麴伯[雅]。”卢向前认为此处之和隆子,有一兄弟即“和仲子”,检 72TAM230:55(a)《唐借贷仓量粮纳本利帐》(4—81):“宋[君][纳][本]▭小麦张知远纳本三石,曹行通纳▭苏才纳本六石,麴先择利▭和仲子纳本二石二斗五升。和▭僧玄英欠利四斗八升不纳。孟表欠[利]▭贾琮利六斗七升五合。麴和纳本▭汜瑜纳本六斗。张元感纳本一石▭五升。翟纯纳本一石。令狐忠纳本▭索慈敏纳本二斗四升三合。白美□纳▭赵郍舍纳本三升。张康[明]纳[本]▭”64TAM35:44(a)《唐永昌元年(689)西州高昌县籍坊勘地牒》(3—494):“藉坊。户主和仲子肆拾叁,男怀感拾捌。一段二亩永业陶。城西十里武城渠,东刘阿留,西张玄逸,南严知奴,北自[至]。一段二亩陶。城西十里武城渠,东渠,西张玄逸,南左德子、北荒。一段八十步菜。城北二里张渠,东唐隆仕,西牛义感,南道,北白海德。[右]依检上件人垂拱二年藉应授地人及常田地段四至如前。牒件捡如前,谨牒。本典王达勘同。永昌元年二月日典王君达牒。”(朱雷对此分析道:“大约王君达抄录了垂拱二年籍和仲子户的记载后,或是又作了实地勘查,亦或勘对原由县所下符牒中记载的和仲子户土地情况,二者相同,故又批上‘勘同’。”见氏著《敦煌吐鲁番文书论丛》第 143 页)

【6】 新兴:曾经是高昌国时期的县名,贞观十四年唐灭高昌后,将原有许多县改为城,新兴县隶属于高昌县之城,高昌县为下县,下县令是从七品下阶,则新兴城副城主至少在从七品下阶之下。LI. 4. 38《唐龙朔三年(663)范隆仁墓志》(侯、杨 507):“蔺抚强能,补于新兴副城主。在城检校,百姓歌谣。”“新兴谷”即山谷名,其地址可能在今胜金口峡谷(新兴谷的涧泉水是高昌城周围灌溉用水的水源,城北满水渠是条重要的渠道,很可能是承受新兴谷内水源的主干渠);新兴谷为新兴水系上游之所在,新兴谷水经满水渠(高昌县城北面之总干渠),绕高昌县城周围诸渠,分流向东西南浇溉土地。73TAM509:23/1—1(a)《唐开元二十二年(734)西州高昌县申西州都督府牒为差人夫修堤堰事》(4—317):“[高]昌县为申

修堤堰人▭新兴谷内堤堰一十六所修塞,料单功六百人。城南草泽堤堰及箭干渠,料用单功八百五十人。”(可见上游堤堰的修塞预算人夫单功反不及南面下游之堤堰,可见西州高昌县官府为提高水位以浇溉县城周围土地之努力倾向)67TAM78:46《唐西州高昌县宁戎乡邓明□夏田契》(2—66):“▭宁戎乡人邓明□▭ ▭夏新兴㙞边▭ ▭夏[价]▭ ▭内上▭。”“新兴”又写作“辛兴”,《宁朔将军麴斌造寺碑》(图版见黄文弼《吐鲁番考古记》,北京:线装书局,2009 年,第 51—53 页):“年十九,擢拜威远将军横截令……寻转折冲将军新兴令。……其后属突厥雄强,威振朔方。”

张寺:张姓佛寺,由张姓家族出资建立或捐房而成的佛教寺院,常见于高昌国时期文书,我们统计共得以下文书,它们是 67TAM80:12《高昌延寿元年(624)张寺主明真雇人放羊券》(1—393)、67TAM92:49(b),44(b),50/1(b),50/2(b),45(b),46(b)之一《高昌诸寺田亩帐(一)》(2—255)、72TAM151:58《高昌义和二年(615)七月马帐(一)》(2—91)、72TAM151:99.100《高昌合计马额帐》(一)(2—94)、72TAM151:58《高昌义和二年(615)七月马帐(一)》(2—91)、72TAM152:32(a)《唐焦延寿等居宅间架簿一》(2—148)、73TAM517:20/1(b),06/4(b),06/6(b),20/5—4(b)《高昌某年洿林道人保训等入酒帐(三)》(1—261)(文书中不仅有“张寺”,还有“民部郎中寺”)、大谷 1216《周天授二年(691)西州高昌县诸堰头等申青苗亩数佃人牒 7》(池田温《中国古代籍帐研究》第 184 页)、67TAM92:51/2 文书残片(2—263),此件文书应该是高昌某岁诸寺官绢帐,文书中两次出现了“张寺”,还出现了麴寺、赵寺,我们注意到此墓出土的文书中还有“太后寺”“赵元夏寺”,这可能是此人捐资修建的。关于此件文书的大致时代,唐长孺图录本《吐鲁番出土文书》“说明”:“本墓为合葬墓,出高昌延寿十六年(公元六三九年)阳保救妻张氏墓志及唐总章元年(公元六六八年)杨保救墓志各一方。女尸纸鞋拆出文书为四二至五一号,虽无纪年,然据墓志,知皆在延寿十六年以前。”可见该墓的随葬文献主要是高昌国晚期和唐初)、72TAM151:57《高昌买驮、入练、远行马、郡上马等人名籍》(2—97)、64TAM34:12,14《高昌延和元年(602)张寺主元祐举钱券》(1—302)、72TAM153:31—33《高昌计人配马文书》(1—281)、67TAM80:12《高昌延寿元年(624)张寺主明真雇人放羊券》(1—393)。关于高昌国的佛寺命名,又检 72TAM151:58《高昌义和二年(615)七月马帐(一)》(2—91):“谏议令护白马,史令寺赤马,宁远阿都莫赤马,常侍安居留马,威远孟悦吐旱马,张寺法朗白马。”72TAM151:99.100《高昌合计马额帐》(一)(2—94):“▭建武二疋,小威远高□□,张子回,中郎显仁,参军雅行▭ ▭苏司马、明威□□,将智□。[侍]郎庆哲,左调和,冯明▭ ▭麴善亮、田众欢、董伯珍、王□□、匡买得、圣仪寺弘光▭ ▭寺弘慈、严寺、氾都寺、员□、□寺怀儒、左卫寺、史令▭ ▭张寺法朗、伍塔寺、北[许]□、赵寺法瑜、威远孟悦▭ ▭[常]侍庆嵩、威远保悦、□[议]令护、张相受、张欢悦▭ ▭[严]欢岳、中郎师苟、□□□将阿婆奴、竺相伯、竺惠[皃]▭惠。”72TAM151:57《高昌买驮、入练、远行马、郡上马等人名籍》(2—97):“外屈张寺法朗□□赵寺法瑜,威远孟悦、员寺,明威庆武。”72TAM151:56《高昌买驮、入练、远行马、郡上马等人名籍》(2—96):“史凌江、校尉相明,威远保悦,麴阿住、鞏□、范寺思惠、卜寺、武卫寺、北许寺、史令寺、氾都寺、绾曺[寺]、大韩寺、波寅寺、和郎中寺、王寺、弘慈、大司马寺、□张、王寺、弘光寺、外伍塔、左寺。”72TAM151:58《高昌义和二年(615)七月马帐(一)》(2—91):“建武留马,和长史洛马,小威远驳马,西主寺赤马。”72TAM151:59,61《高昌某年郡上马帐》(2—93):“中主寺赤马,北刘都寺瓜马。”72TAM151:99.100《高昌合计马额帐》(一)(2—94):“严寺、氾都寺、员□、□寺怀儒、左卫寺、史令▭张寺法朗、伍塔寺、北[许]□、赵寺法瑜。”67TAM92:46(a),45(a),50/2(a),50/1(a),44(a),49(a)之一《高昌某岁诸寺官绢捎本》(2—261):“北刘都寺绢二绵二,氾都寺绵二绢。”其中的“刘都寺”“氾都寺”是刘都、氾都两人支持修建的寺庙,“刘都”“氾都”的构词理据可能跟“张都”一样,相当于“刘都师”“张都师”(郑炳林、高启安考察了敦煌文献所载晚唐五代宋初的“都师”,认为都师主要是寺院中负责仓库储物的保管和僧众伙食管理者;也可能指从事某项专门技术的手艺人。详参郑炳林《晚唐五代宋初敦煌文书所见都师考》,收入郑炳林主编《敦煌归义军史专题研究》,兰州:兰州大学出版社,2003 年,第 585 页;高启安《唐五代敦煌饮食文化研究》,北京:民族出版社,2004 年,第 211—212 页。田德新认为“都师”是低级僧官,具体负责管理寺院经济入支帐目与仓库事务,指挥并从事押油等加工产业,与寺院僧徒、常住百姓之间的经济活动非常密切。氏著《敦煌寺院中的“都头”》,《敦煌学辑刊》1996 年第 2 期;田德新《敦煌寺院中的“都师”》,《敦煌学辑刊》1997 年第 2 期)。小田氏义久考察了吐鲁番出土文书中出现的唐西州佛寺名,分为“一字寺名”与“二字寺名”,认为一字(单姓)寺仅七个,比之高昌国时代的 52 个少了很多,这与唐占领高昌后,迁豪族往长安,家寺因失去支持基础而衰废有关。二字寺也只有 30 个,比之高昌也少了很多。这与唐朝对无额佛堂的整顿,对僧尼要作“试经”(大谷 3475 号)素质检查有关(详参陈国灿为小田氏义久《大谷文书の研究》写的书评,《敦煌吐鲁番研究》第三卷第 388 页)。关于高昌佛寺的命名和性质,我们建议最好与北魏佛寺与佛教联系起来考察。北朝佛教非常重视功德(这与南朝佛教重视义理颇为不同),汤用彤指出:“北土佛教深怵于因果报应之威,汲汲于福田利益之举,塔寺遍地,造像成林,不问其财帛之来源,而大作功德,不知檀密之义,而仅知布施。”(汤用彤《汉魏两晋南北朝佛教史》,收入刘梦溪主编《中国现代学术经典·汤用彤卷》,第373—374页)特别是北魏,无论是帝王将相,文武百官,还是庶民百姓,三教九流,都以捐资建寺或捐房立寺为荣幸之事。考北魏杨衒之《洛阳伽蓝记》卷二“城东”:“正始寺,百官等所立也。正始中立,因以为名。在东阳门外御道南,所谓敬义里也。里内有典虞曹。檐宇清净,美于丛林(引者按:丛林当为景林)。众僧房前,高林对牖,青松绿柽,连枝交映。多有枳树,而不中食。有石碑一枚,背上有侍中崔光施钱四十万,陈留侯李崇施钱二十万,自馀百官各有差,少者不减五千已下。后人刊之。”而北魏的佛教也同北魏经学、行政、法律、艺术、教育等一样,对高昌佛教产生了深远影响(详参王启涛《吐鲁番文献合集》第一卷《儒家经典卷》,巴蜀书社,2017年,第52—71页),所以,高昌佛寺之得名,当然可以与北魏佛寺之情形相比较,甚至说高昌佛教具有浓郁的北魏佛教影响和因子亦不为过。为此,我们穷尽考察了北魏杨衒之所撰《洛阳伽蓝记》,以便于我们观照和联想古代吐鲁番(特别是高昌国时期)的佛寺建造和命名情况。关于北魏洛阳的佛寺之取名,共有以下五种情况:一是取自方位,如“王南寺”(见《洛阳伽蓝记》“序”原注)。二是取自汉文化的核心价值观,如“永宁寺”(《洛阳伽蓝记》卷一“城内”);还有取自中土星宿名者,如瑶光寺。三是以官署、职官、名号命名,前面往往还有姓氏,检《洛阳伽蓝记》卷五“城北”:“寺有一千三百六十七所。天平元年迁都邺城,洛阳馀寺四百二十一所。北芒山上有冯王寺、齐献武王寺。京东石关有元领军寺、刘长秋寺。嵩高中有闲居寺、栖禅寺、嵩阳寺、道场寺,上有中顶寺,东有升道寺。京南关口有石窟寺、灵岩寺。京西瀍涧有白马寺、照乐寺。”又有“宗正寺”(见《洛阳伽蓝记》卷一“城内”)、太仆寺(《洛阳伽蓝记》卷一“城内”)、昭仪尼寺(《洛阳伽蓝记》卷一“城内”)、司农寺(《洛阳伽蓝记》卷一“城内”)、长秋寺(请比较《洛阳伽蓝记》卷一“城内”:“长秋寺,刘腾所立也。腾初为长秋卿,因以为名。”)、秦太上君寺(请比较《洛阳伽蓝记》卷二“城东”:“秦太上君寺,胡太后所立也。当时太后,正号崇训,母仪天下,号父为秦太上公,母为秦太上君。为母追福,因以名焉。”)。四是以年号命名,如“正始寺”(《洛阳伽蓝记》卷二“城东”:“正始寺,百官等所立也。正始中立,因以为名。”)、“景明寺”(《洛阳伽蓝记》卷三“城南”:“景明寺,宣武皇帝所立也。景明年中立,因以为名。”)。五是取自佛教术语,包括与佛教有关的名物,如崇真寺、灵觉寺、宝明寺、般若寺、融觉寺、禅林寺、灵觉寺(以上佛寺名见《洛阳伽蓝记》卷二“城东”)、禅虚寺(《洛阳伽蓝记》卷五“城北”)、崇立寺(《洛阳伽蓝记》卷四“城西”)、庄严寺(《洛阳伽蓝记》卷二“城东”)、宝光寺(《洛阳伽蓝记》卷四“城西”)、愿会寺

(《洛阳伽蓝记》卷一“城内”:“池西南有愿会寺,中书侍郎王翊舍宅所立也。”)三宝寺(《洛阳伽蓝记》卷三“城南”:“里有文觉、三宝、宁远三寺。周回有园,珍果出焉,有大谷梨承光之柰。承光寺亦多果木,柰味甚美,冠於京师。劝学里东有延贤里,里内有正觉寺,尚书令王肃所立也。”)、修梵寺(《洛阳伽蓝记》卷一“城内”:“修梵寺,在清阳门内御道北。嵩明寺,复在修梵寺西。并雕墙峻宇,比屋连甍,亦是名寺也。”还有与佛教名物有关者,如璎珞寺(请比较《洛阳伽蓝记》卷二“城东”:“璎珞寺,在建春门外御道北,所谓建阳里也。即中朝时白社地,董威辇所居处。里内有璎珞、慈善、晖和、通觉、晖玄、宗圣、魏昌、熙平、崇真、因果等十寺。里内士庶,二千馀户,信崇三宝。众僧利养,百姓所供也。”)关于北魏洛阳佛寺的来历,共有六类:一是来自帝王将相所建,往往是为了追福感恩,如“瑶光寺”乃世宗宣武皇帝所立(《洛阳伽蓝记》卷一“城内”),景明寺亦为宣武皇帝所立(《洛阳伽蓝记》卷三“城南”),永明寺亦宣武皇帝所立(《洛阳伽蓝记》卷四“城西”),报德寺乃高祖孝文皇帝所立,为冯太后追福。”(《洛阳伽蓝记》卷三“城南”);秦太上公寺为太后及皇姨所建(《洛阳伽蓝记》卷三“城南”);龙华寺乃广陵王所立(《洛阳伽蓝记》卷三“城南”);追圣寺乃北海王所立(《洛阳伽蓝记》卷三“城南”);景乐寺乃太傅清河文献王怿所立(《洛阳伽蓝记》卷一“城内”);永宁寺乃熙平元年灵太后胡氏所立(《洛阳伽蓝记》卷一“城内”),龙华寺乃宿卫羽林虎贲等所立(《洛阳伽蓝记》卷二“城东”),明悬尼寺乃彭城武宣王勰所立(《洛阳伽蓝记》卷二“城东”);胡统寺乃太后从姑所立(《洛阳伽蓝记》卷一“城内”);秦太上君寺乃胡太后所立也(《洛阳伽蓝记》卷二“城东”);招福寺乃三公令史高显略所造(《洛阳伽蓝记》卷三“城南”)。二是来自于官僚的旧宅,或主动捐赠,或被动罚没与变更。检《洛阳伽蓝记》卷四“城西”:“经河阴之役,诸元歼尽,王侯第宅,多题为寺。寿丘里闾,列刹相望,祇洹郁起,宝塔高凌。四月初八日,京师士女多至河间寺。观其廊庑绮丽,无不叹息,以为蓬莱仙室亦不是过。入其后园,见沟渎蹇产,石磴嶕峣,朱荷出池,绿萍浮水,飞梁跨阁,高树出云,咸皆唧唧,虽梁王兔苑想之不如也。”这些旧宅原本非常富丽堂皇,有的因官僚主人倒台后没收而为寺,如建中寺,本是阉官司空刘腾旧宅(《洛阳伽蓝记》卷一“城内”),高阳王寺乃高阳王雍之宅(《洛阳伽蓝记》卷三“城南”),大觉寺乃广平王怀舍宅立(《洛阳伽蓝记》卷四“城西”),冲觉寺亦太傅清河王怿舍宅所立(《洛阳伽蓝记》卷四“城西”),宣忠寺乃侍中司州牧城阳王徽所立(《洛阳伽蓝记》卷四“城西”);景宁寺乃太保司徒公杨椿所立(《洛阳伽蓝记》卷二“城东”);光明寺乃苞信县令段晖舍宅为光明寺(《洛阳伽蓝记》卷一“城内”):三、来自阉官所立。如昭仪尼寺乃阉官等所立(《洛阳伽蓝记》卷一“城内”);魏昌尼寺乃阉官瀛州刺史李次寿所立(《洛阳伽蓝记》卷二“城东”);景兴尼寺亦阉官等所共立(《洛阳伽蓝记》卷二“城东”);凝圆寺乃阉官济州刺史贾璨所立(《洛阳伽蓝记》卷四“城西”)。检《洛阳伽蓝记》卷四“城西”:“宣忠寺东王典御寺,阉官王桃汤所立也。时阉官伽蓝皆为尼寺,唯桃汤独造僧寺,世人称之英雄。”四、平民所建。检《洛阳伽蓝记》卷二“城东”:“孝义里东市北殖货里。里有太常民刘胡兄弟四人,以屠为业。永安年中,胡杀猪,猪忽唱乞命,声及四邻。邻人谓胡兄弟相殴斗而来观之,乃猪也。胡即舍宅为归觉寺,合家人入道焉。”又检《洛阳伽蓝记》卷四“城西”:“阜财里内有开善寺,京兆人韦英宅也。英早卒,其妻梁氏不治丧而嫁,更纳河内人向子集为夫,虽云改嫁,仍居英宅。英闻梁氏嫁,白日来归,乘马将数人至于庭前,呼曰:‘阿梁!卿忘我也?’子集惊怖,张弓射之,应弦而倒,即变为桃人。所骑之马亦变为茅马,从者数人尽化为蒲人。梁氏惶惧,舍宅为寺。”五、胡人所立。如“菩提寺乃西域胡人所立(《洛阳伽蓝记》卷三“城南”),法云寺乃西域乌场国胡沙门昙摩罗所立(《洛阳伽蓝记》卷四“城西”)六、沿用古迹。检《洛阳伽蓝记》卷三“城南”:“崇虚寺,在城西,即汉之濯龙园也。延熹九年,桓帝祠老子于濯龙园,设华盖之座,用郊天之乐,此其地也。高祖迁京之始,以地给民,憩者多见妖怪,是以人皆去之,遂立寺焉。”古代吐鲁番,特别是高昌国时期的佛寺来源和命名,亦可作如事观(参看拙文《北魏佛教与高昌佛教》,2018 年“走向未来的吐鲁番学”国际高峰论坛论文)。潢口分田:口分潢田。“潢田”指水浸渍的低洼田地。北图〈四〉(a)《北凉承平年间(443—460)高昌郡高昌县赀簿》:“常田十四亩半,无他潢田十二亩。”68TAM103:18/7(b)《唐佃田簿》(2—136):“潢田六亩,中价;官部田廿九亩,下价。”72TAM189:14《唐西州高昌县梁仲德等户主田亩簿(一)》(4—110):“一段壹[亩]常田。城东廿里柳中县,东至道,西辛怀尉,南至道,北辛父师。一段三亩潢田,城东卌里柳中县魏略渠,东废寺,西至渠,南至荒,北至渠。一段壹亩潢田,城东卌里柳中县,东至渠,西康义才,南至渠,北曹龙[达]。一段壹亩半潢田,城东卌里柳中县杜渠,东安君善,西安善,南至荒,北康海龙。户主梁仲德,老男,一段贰亩,[薄]□□[渠]。北何答盆□白□”关于“潢口分田”的确切含义,马雍认为“潢”就是蓄水的陂塘,潢田就是靠潢水灌溉的田,他指出:“‘潢田’是高昌地区对於某种田地的专称,在当地出土文书中屡见不鲜。什么是‘潢田’?按《说文·水部》:‘潢,积水池也。’《左传·隐公三年》:‘潢汙,行潦之潢汙也。’由此可知,‘潢’就是蓄水的陂塘,‘潢田’应当指靠潢水灌溉的田,‘行潦’正相当于上文所提到的‘漫水’。在吐鲁番出土文书中又常见到‘秋潢田’的名称。‘秋潢田’当然也是‘潢田’的一种,但特别标明‘秋’字,似指这种潢只在秋季才保证有水,其余季节可能干涸。因为夏秋之间溶雪量最大,秋季也就是水源最丰富的季节,平时无水的潢到这时也能蓄水灌溉了。”(马雍《西域史地文物丛考》,第 157 页)池田温认为“张寺潢口分田”即张寺潢的蓄水灌溉之便(其观点引自见孔祥星《唐代前期的土地租佃关系——吐鲁番文书研究》,《中国历史博物馆馆刊》1982年第4期,收入沙知、孔祥星编《敦煌吐鲁番文书研究》,第236—276页)。但张传玺言:"潢口分田,以潢田为口分田。潢田为一种田地的名称。但为何名潢田,其说不一。马雍说,潢田'应当指靠潢水灌溉的麦田'(马雍《麴斌造寺碑所反映的高昌土地问题》,《文物》1972年12期),朱雷则说:'潢'字本意包含有'下处'之意。因而那些由于地势低洼,又近渠潢,或平时由于渠、潢水的渗透,或在行水浇溉之时,易于造成水浸渍现象的土地,被称为潢田。……其产量必低於常田。'(朱雷《吐鲁番出土北凉赀簿考释》,《敦煌吐鲁番文书研究》第20页)此'潢'或为渠名,或为'渠'字之误。"我们认为朱雷的说法为当。考《左传·隐公三年》"潢汙行潦之水。"孔疏引服虔注:"畜小水谓之潢。"《说文·水部》:"潢,积水池也。"因此"潢田"可能是地势低洼容易积水的地方,由于修建堤堰抬高水位,也容易造成一些农田遭到水渍,形成潢田。请比较大谷3377号文书唐开元二十九年前后(741)西州高昌县退田簿及有关文书47(录文参考池田温《中国古代籍帐研究》,第268页):"城北廿里新兴满水潢。"朱雷指出:"那些由于地势低洼,又近渠潢,或平时由于渠潢水的渗透,或在行水浇溉之时,易于造成水浸渍现象的土地,被称为潢田。承程喜霖同志见告:今河南息县尚将水浸渍的低洼田地称之为'潢田'。"见氏著《敦煌吐鲁番文书论丛》,第9—11页。丘古耶夫斯基认为"秋潢田"即秋季容易潮湿、汪水的地段(氏著《敦煌汉文文书》,王克孝译,王国勇校,第208页、第223页)。"口分地"即根据均田令限制继承和禁止买卖、转让、贴赁及质佃的部分土地,计口给授,丁、中、老、小、疾和寡妻妾受田数量有异,去世之后,其田便收入官府,授给另外的人,唐代按人口分田地(不只是授给均田制下的农民以获取赋税,还包括授给僧尼道士、以及作为户主的老男笃疾废疾以及寡妻妾、官户等)。又说成"口分""分地"(分埊)"口分田""分田"。又有"口分部田",即口分性质的部田,限制继承和禁止买卖的、一熟或休耕的田地(休耕之田,一年一易)。

【7】 逃走卫士的田地要通过前里正史玄政租借,看来史玄政负责看管这些田地。

【8】 庸綵:庸緤("綵"乃避讳字,本作緤,后用"云"换掉右上角的"世"。为排印方便,后面行文写作緤),算作"庸"的緤,以庸代役的价钱。唐代民众得到官方给予的田地后,要尽到各种义务(比如不上番服役者,所纳之课物,按丁摊派),此义务即为"庸",可以用棉布代替,每户所交即为"户緤"(西州丁庸直的征收也以緤布记,有产出者交緤,无者折铜钱交纳)。"庸"即唐代以人丁为本征派的赋的并称。租庸调是唐前期的主要税收,导源于北魏到隋代的租、调、力役制度。元末年均田制破坏,这种承袭北魏的赋役制度渐不适用;安史之乱后,为两税法所代替。又有"庸物"即算作庸的"物","物"一般指绢等丝织品;

64TAM4:39《唐乾封元年(666)郑海石举银钱契》(3—216):“所掣之物,壹不生庸。”73TAM517:05/3(b)《唐开耀二年(682)狼泉驿长竹□行牒为驿丁欠阙事》(1—270):“下[县]▭准令给庸,情不愿丁,被问□□[谨][牒]。”64TAM29:110/1—110/6,120(a)《唐处分庸调及折估等事残文书(一)—(七)》(3—353):“段者若配诸州庸调,每▭折庸调多少及估价高□▭”72TAM230:46/2(a)《唐仪凤三年(678)尚书省户部支配诸州庸调及折造杂练色数处分事条启(二)》(4—67):“诸州庸调折纳米粟者,[若][当][州]应须官[物][给]用,约准一年须数,先以庸物支留,然后折□米粟。无米粟处任取□□以堪久贮之物。庸调送纳杨府转[运]▭纲典部领,以□[船]□□[船]▭还,并请递▭府库物,若□[杂]用不足,请府司准一年应须用数量留,诸州折租市充讫,申所司。”72TAM230:63(a)《唐西州高昌县史张才牒为逃走卫士送庸緤价钱事(一)》(4—85):“逃走卫士后送庸緤价银钱壹伯陆▭五分便合在县取床小豆价。”《北史》卷十一《隋纪上·文帝》:“(开皇)三年……始令人以二十一成丁,岁役功不过二十日,不役者收庸。”《唐律疏议》卷四《名例》“以赃入罪”条疏议曰:“庸,谓私役使所监临及借车马之属,计庸一日为绢三尺,以受所监临财物论。”《新唐书》卷一《高祖皇帝》:“二月乙酉,初定租庸调法。”《新唐书》卷五一《食货一》:“凡授田者,丁岁输粟二斛,稻三斛,谓之租。丁随乡所出,岁输绢二匹,绫、絁二丈,布加五之一,绵三两,麻三斤,非蚕乡则输银十四两,谓之调。用人之力,岁二十日,闰加二日,不役者日为绢三尺,谓之庸。有事而加役二十五日者免调,三十日租调皆免。通正役不过五十日。”唐长孺指出:“唐代法定的正项赋役租调都按丁征发,正役和杂徭本来应与户等高下为先后次序,但自纳庸普遍化以后,庸基本上也是按丁征发。杂徭则因见役丁中减耗,征发遍及下户,实际上也是按丁(中)征发。”(氏著《魏晋南北朝隋唐史三论》,第296页。)李锦绣指出永徽时,经常的主要课税只有租、调、地税三种,可见永徽时庸仍然不是百姓普遍交纳的课税之物,只可能是一部分课户交纳的课税之物,而且不稳定,庸作为役的替代物,仍具有不固定性。庸、调所纳虽然同为绢布等丝麻织品,但是在庸、调未合成一税前,庸物多留当州支用,而调则依常制由国家统一支配,或折纳米粟,或运至中央。这体现了庸的不确定性。庸、调的合二为一共同交纳,不再区分,每丁二匹,可能是受了食实封制下封户交纳封物方法的影响。从吐鲁番出土文书可以看出,开元九年,庸、调布已为一税目,同时缴纳而不再区分了。(氏著《唐代财政史稿》第二册,北京:社会科学文献出版社,2007年,第8—10页。)

【9】　所取租价麦:所收取的租价是用麦子来计算和兑现的。

【10】 悋护:侵占,争占,扰乱侵侮,同义连用。“悋”同“吝”。《正字通·心部》:“悋本作吝。”《商君书·更法》:“吾闻穷巷多悋,曲学多辨。”《孔子家语·致思》:“甚悋于财。”又考《说文·口部》:“吝,恨惜也。”引申为争夺、冒犯义。请比较南朝梁天监九年九月二十七日《乔进臣买地券》:“其钱交付讫,其地更不淂忏悋。如有忏悋,将作九千,使□作奴婢。”(北京图书馆金石组《北京图书馆藏中国历代石刻拓本汇编》二册,第 144 页)又请比较《宋京买地券》:“故气邪精,不得忏悋。”(原载成都市文物考古研究所《四川成都北宋宋京夫妇墓》,《文物》2006 年第 12 期)而宋熙宁八年《江注地券》:邪精故炁,各不在争占。”(原载成都市文物考古研究所、成都市文物考古工作队《成都市二仙桥南宋墓发掘简报》,《考古》2004 年第 5 期),“忏悋”与“争占”正好可以比较。“护”即侵占。《南史》卷五四《羊玄保传附羊希》:“占山护泽,强盗律论。”又参考毛远明《释“忏悋”》,《中国语文》2008 年第 4 期。吴震将“悋护”录为“恠获”,并认为“恠”即“赃”,今不取。

【11】 史玄:即“史玄政”的缩略。在这件契约里,此人是强势一方,但是在另外的地方,处于下级弱势一方时,就说“玄政”,所以,姓名的省说,怎么省,还是有讲究的。请比较64TAM35:29(a)《武周载初元年(689)史玄政牒为请处分替纳逋悬事》(3—496):“牒:玄政今年春始佃上件人分地二亩半,去年田地乃是索拾拾力佃食,地子见在拾力腹内,隆贞去年五月身死,地亦无人受领。昨被里正成忠追征,遣替纳逋悬,又不追寻拾力。今年依田忽有科税,不敢词诉,望请追征去年佃人代纳,请裁,谨牒。”(武周新字已改为现代汉字)关于史玄政,吐鲁番至少出土了十六件有关此人的文书(参看李方《唐西州九姓胡人生活状况一瞥——以史玄政为中心》,《敦煌吐鲁番研究》第四卷,第 265—285 页),这十六件文书有纪年者最早为龙朔三年(663),最晚为长安四年(704)(罗彤华说长安三年),时间跨度四十余年。此人大约二十一岁(龙朔三年,663)担任崇化乡里正,十一年后(咸亨五年,674)上战场担任队佐,开耀元年(680)搬迁到太平乡做里正(开耀元年 680、永淳元年 682 里正上直名籍、太平乡符文可以为证),垂拱三年(687)辞官(租契著录为前里正)。此后又以前官身份历事杂任(可以《圣历元年官陶役夫牒》等为证),长安年间(701—704)作为判官判案(在武周军府文书中,玄政为判官,书“检案”“玄政白”“知,谘”“玄政白”),成为唐朝的一名官员。此人作为里正,家境比较富裕,本人汉化程度深,履行了许多里正职责,同时也从中获取了不少好处,这种乡里实际统治者的身份,为他以后出任流内官奠定了基础。应当:承当,承担,类似的词语还有“知当”“当了”“酬当”“承祇”“承支”。

【12】 “史玄政”三字左边空白处有三横画指。此处的“田主”史玄政,实际上是逃亡卫士还在此地时的里正,由他来代为管理逃人的土地,承担一些责任。他没有兼并逃人的

土地,而是将其转租,使土地不荒废,逃人的义务也有人代为完成。

【13】 侯典仓:三字的第三个音节“仓”左边空白处及向下位置有三横画指。“典仓”字面意义是“管理仓库之人”,但常常用于人名中;“典计”乃管理庄园田地家财或为主人从事商贩之人。67TAM83:11《唐知白人安浮㖧盆等名籍》(4—11):“竹留师,二十四日,知白人康钹子□[二]十五日知白人史君、张仁欢、典仓、左[尾]□(下残)。”东京国立博东洋馆书道博物馆《唐开元四年(716)西州柳中县高宁乡籍》(录文参考池田温《中国古代籍帐研究》,第102页):“奴典仓年叁拾叁岁,丁奴,奴孤易年贰拾伍岁,丁奴,奴来德年陆拾岁,老奴。”“典”有“掌管”义。《尚书·多方》:“克堪用德,惟典神天。”又请比较伯3697《捉季布传文》:“莫唤典仓称下贱,总交唤作大郎君。”考《唐六典》卷二七“家令率更仆寺”之“典仓署”:“凡户奴婢及番户、杂户皆给其资粮及春、冬衣服等,数如司农给付之法。”(又参考《新唐书》卷四九上《百官四上》“典仓署”、周一良《周一良集》第贰卷《魏晋南北朝史札记》,第243页、钱锺书《管锥编》,第756页、项楚《敦煌变文选注》(增订本),第218页。

参考文献:

(日)白须净真 1989 《唐代の西州の武城城の前城主と沙洲の寿昌城主——唐代西州の城及びその城主に关する考察のための序章》,《西北史地》第3期。

鲍晓娜 1987 《唐代“地子”考释》,《社会科学战线》第4期。

北京图书馆金石组 1989 《北京图书馆藏中国历代石刻拓本汇编》,中州古籍出版社。

陈国灿等 1999 《唐代的经济社会》,台北文津出版公司。

陈国灿 2002 《吐鲁番出土唐代文献编年》,台北新文丰出版公司。

(日)池田温 1975 《中国古代の租佃契》(中),《东洋文化研究所纪要》第65号。

(日)池田温 2007 《中国古代籍帐研究》,中华书局。

贺昌群 2003 《贺昌群文集》第二卷,商务印书馆。

孔祥星 1982 《唐代前期的土地租佃关系——吐鲁番文书研究》,《中国历史博物馆馆刊》,收入沙知、孔祥星编《敦煌吐鲁番文书研究》,兰州:甘肃人民出版社,1984年。

(日)堀敏一著、韩国磐等译 1984 《均田制的研究》,福建人民出版社。

(日)堀敏一 1986 《均田制研究》(中译本),弘文馆出版社。

(日)堀敏一 1986 《唐户令乡里、坊村、邻保关系条文の复元をめぐつて,中村治兵卫先生古稀记念》,载《东洋史论丛》,刀水书房。

(日)堀敏一 1996 《中国古代の家と集落》,汲古书院。

李 方 1999 《唐西州九姓胡人生活状况一瞥——以史玄政为中心》,载《敦煌吐鲁番研究》第四卷,北京大学出版社。

李 方 2002 《唐西州行政体制考论》,黑龙江教育出版社。

李锦绣　2007　《唐代财政史稿》第二册,社会科学文献出版社。

卢向前　2001　《唐代西州土地关系述论》,上海古籍出版社。

罗彤华　2009　《唐代民间借贷之研究》,北京大学出版社。

马　雍　1990　《西域史地文物丛考》,文物出版社。

孟宪实　2017　《出土文献与中古史研究》,中华书局。

裴成国　2011　《从高昌国到唐西州量制的变迁》,载孟宪实、荣新江、李肖主编《秩序与生活:中古时期的吐鲁番社会》,中国人民大学出版社。

钱锺书　1986　《管锥编》,中华书局。

(俄)丘古耶夫斯基著,王克孝译,王国勇校　2000　《敦煌汉文文书》,上海古籍出版社。

丘光明、邱隆、杨平　2001　《中国科学技术史·度量衡卷》,科学出版社。

(日)山根清志　1982　《唐前半期における邻保とその机能——いおゆる摊逃の弊を手がかりとして》,《东洋史研究》41—2。

汤用彤　1996　《汉魏两晋南北朝佛教史》,载刘梦溪主编《中国现代学术经典·汤用彤卷》,河北教育出版社。

唐耕耦　1985　《关于唐代租佃制的若干问题——以吐鲁番敦煌租佃契为中心》,《历史论丛》第5辑。

唐长孺　1998　《魏晋南北朝隋唐史三论》,武汉大学出版社。

(日)町田隆吉　1998　《张寺小考——六~七世纪トウルフアン盆地における寺院经济の一例》,《东洋史苑》50·51。

王启涛　2017　《吐鲁番文献合集》第一卷《儒家经典卷》,巴蜀书社。

王　素　2000　《高昌史稿·交通编》,文物出版社。

王云路　2010　《中古汉语词汇史》,商务印书馆。

文　欣　2011　《府兵番代文书的运行及垂拱战时的西州前庭府——以吐鲁番阿斯塔那501号墓所出军事文书的整理为中心》,载孟宪实、荣新江、李肖主编《秩序与生活:中古时期的吐鲁番社会》,中国人民大学出版社。

吴　震　1982　《近年出土高昌租佃契约研究》,载《新疆历史论文续集》,新疆人民出版社。

吴震主编　1994　《中国珍稀法律典籍集成》甲编第四册《吐鲁番出土法律文献》,科学出版社。

吴　震　2009　《吴震敦煌吐鲁番文书研究论集》,上海古籍出版社。

(日)西村元佑　1980　《高昌国および唐代西州の诸契约文书にみえる乡名记载とその消长の意义について》,载《中国聚落史の研究——周边诸地域との比较を含めて》(唐代史研究会报告第Ⅲ集)。

项　楚　2006　《敦煌变文选注》(增订本),中华书局。

(日)小口彦太　1975　《〈吐鲁番发见唐代赁贷借·消费贷借文书について〉——〈文物〉1973年第10期所载文书より》,《比较法学》10—1。

(日)小田义久　1982　《唐西州における僧田と寺田について》,《小野胜年博士颂寿记念东方学论集》,朋友书店。

(日)小田义久　1989　《西州佛寺考》,《龙谷史坛》93·94。

(日)小田义久　1998　《吐鲁番文书からみた西州人士の生活について》,《龙谷大学论集》452号。

新疆维吾尔自治区博物馆　1983　《吐鲁番阿斯塔那—哈拉和卓古墓群发掘简报》(1963—1965)》,《文物》第10期,载新疆社会科学院考古研究所编《新疆考古三十年》,新疆人民出版社,1983年,第71—91页。

杨际平　1986　《麴氏高昌与唐代西州、沙洲租佃制研究》,载《敦煌吐鲁番出土经济文书研究》,厦门大学出版社。

杨际平　1986　《隋唐均田、租庸调制下的逃户问题——兼谈宇文融括户》,《中国社会经济史研究》第4期。

(日)伊藤正彦　1980　《七、八世纪トウルフアンの田主佃人关系》,载《中岛敏先生古稀记念论集》(上),汲古书院。

张传玺主编　2014　《中国历代契约粹编》,北京大学出版社。

周一良　1998　《周一良集》第贰卷《魏晋南北朝史札记》,辽宁教育出版社。

朱　雷　2012　《敦煌吐鲁番文书论丛》,上海古籍出版社。

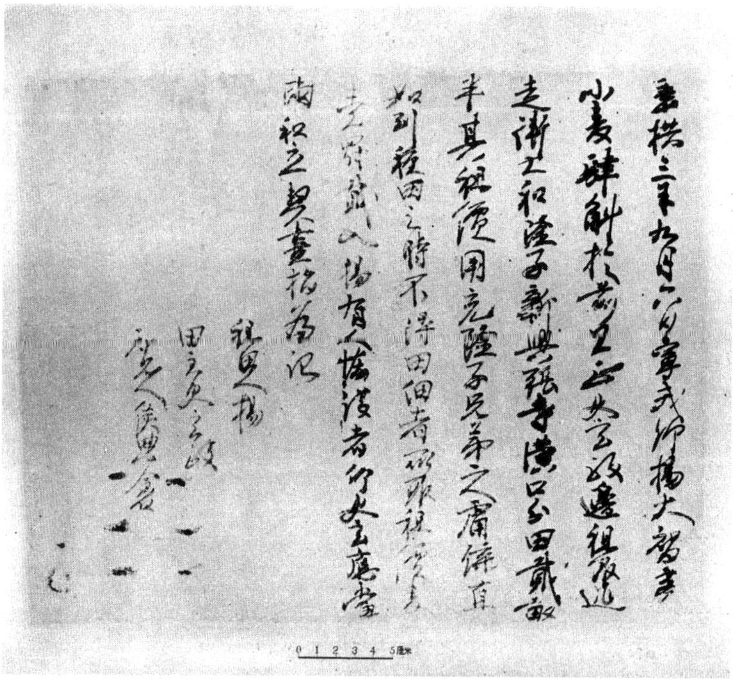

一四　唐垂拱三年(公元六八七年)西州高昌縣楊大智租田契　64TAM35:20

黄侃《〈通俗编〉笺识》与俗语词探源*

曾昭聪

(暨南大学文学院,广州,510632)

提　要:黄侃曾为清代翟灏《通俗编》作了笺识。立足于词源研究对黄侃笺识进行分类总结与疏证,可以对黄侃关于俗语词的研究方法和关于“发明”的学术研究观点以及汉语词源学史有更为深入的理解。

关键词:黄侃;通俗编;通俗编笺识;词源;发明;词源学史

清代翟灏《通俗编》是清代俗语辞书中成绩最大者,共 38 卷,采集方言俗语 5456 条,分 38 类,每类下面分别收录相关词目。每一词目下引用书证以明词义与来源,或加按语。中国近代民主革命家、语言文字学家黄侃先生极重《通俗编》,曾在书眉对该书 364 个条目作了“笺识”。笺识原收录于《量守庐群书笺识》①。因学界对《〈通俗编〉笺识》的系统研究尚付阙如,故拟对其作系统整理与研究。

《通俗编》是一部俗语辞书,所谓俗语词,指“汉语词汇史上各个时期流行于口语中的词”②。黄侃的笺识可以从不同的角度进行研究。本文拟立足于汉语词源研究,对《〈通俗编〉笺识》中的相关内容进行分类总结与疏证。词源是词的音义的历史来源,词源的探求不仅要注意探求原初造词的音义来源,同时也要注意探求因语言随着历史发展变化而形成的新词的音义来源,也就是说,词的起源和历史来源都是汉语词源探求的工作。黄侃笺识在准确释义的同时还能探讨词的历史来源,解释也就更为深入。对黄侃笺识中的词源研究进行总结归纳,可以在俗语词词源研究方法上指示后进,并由此看出黄侃关于“发明”的学术

---

* 基金项目:国家社科基金重大项目“汉语词源学理论建设与应用研究”(17ZDA298)。

① 黄侃笺识,黄焯编次《〈通俗编〉笺识》,载《量守庐群书笺识》,武汉大学出版社,1985 年,第 417—460 页。颜春峰点校《通俗编》时又将黄侃笺识以当页脚注形式一一过录在相应条目之下,颇便利于治学者,见《通俗编(附直语补证)》,中华书局,2013 年。

② 曾昭聪《明清俗语辞书及其所录俗语词研究》,上海辞书出版社,2015 年,第 492 页。

观,同时对于汉语词源学史的深入研究也是一个基础性的工作。

本文所引《通俗编》据乾隆无不宜斋刻本,并参考了颜春峰点校本的标点;本文所引黄侃笺识据《〈通俗编〉笺识》,引文后标示笺识在《量守庐群书笺识》中的页码。篇幅所限,每类详述三例,其他例则略述。

一、注意语音的历时变化,从音转角度揭示词源

时有古今,地有南北。语言的古今之异中包含了语音的历时变化,语音的变化往往跟语义的变化结合进行,因而形成语转现象。语转或称声转、音转,扬雄《方言》中已有此术语,指因时地不同而使语音与语义有所转变。音转(或者音转义变)可以分化为不同的词,即同源词。黄侃在笺识中常常指出"某词为某词之声转",从而揭示出清代学者所撰辞书《通俗编》中的俗语词的词源,即通过考察因为古今音转而形成的字面不同但实为同源词的语言现象,因而指出了俗语词的词源。例如:

(1)《通俗编》卷一"雨毛"条:"苏轼诗:'毛空暗春泽。'自注云:'蜀人以细雨为雨毛。'"

黄侃于词目下笺识:"此'霡霂'之声转。"(p. 417)

按,"霡霂"语出《诗·小雅·信南山》:"益之以霡霂,既优既渥。"毛传:"小雨曰霡霂。"《说文·雨部》:"霂,霡霂也。""毛",《说文·毛部》:"眉发之属及兽毛也。"引申指细小轻微。《广雅·释诂三》:"毛,轻也。"三字古音均为明母。黄侃所说此"'霡霂'之声转"当理解为,今见于多地方言之"毛毛(雨)"一词是"霡霂"声转。

(2)《通俗编》卷十二"敁敠"条:"《博雅》:'敠,都果反,量也。'《集韵》:'敁,丁廉切。敁敠,以手称物也。'按:《庄子·知北游》篇:'大马之捶钩者。'郭象云:'捶,丁果反,谓玷捶钩之轻重。'则'敁敠'字本作'玷捶'①,而'玷'读如'点',然方俗音有高下四声转易,不独'玷'也。《集韵》又有'敠'字,音与'掇'同,训云:'度知轻重曰敁敠。'朱子《与吴宜之简》有云'点掇'者,则又借字用之。"

黄侃于《集韵》引文"敁敠,以手称物也"之后笺识:"本作'商度''章度'。"(p. 423)

---

① "玷捶",颜春峰点校本误作"敁捶"。

按,据《通俗编》,以手估量轻重之词有“战掇”“玷掇”“战敠”“点掇”。“掇”即“掇”,《广雅·释诂三》:“掇,量也。”王念孙疏证:“《说文》:‘娺,量也。’又云:‘揣,量也。度高下曰揣。’昭三十二年《左传》:‘揣高卑。’《释文》音丁果反。《庄子·知北游》篇:‘大马之捶钩者,年八十矣,而不失豪芒。’司马彪注云:‘捶者,玷捶铁[钩]之轻重也。’《释文》:‘玷,丁恬反。捶,丁果反。’掇、娺、揣、捶并字异而义同。‘玷捶’或作‘战掇’,《集韵》:‘战掇,以手称物也。’转之则为‘战掇’。《玉篇》:‘战,战掇,称量也。’今俗语犹谓称量轻重曰‘战掇’,或曰‘战掇’矣。”[①]可知“战掇”“玷捶”“战敠”为同源词,“点掇”则如《通俗编》所言是“借字用之”。“商”,《说文·㕯部》:“商,从外知内也。”《广雅·释诂一》:“商,度也。”《汉语大词典》“商度”条义项一:“测量。”举一例:“《后汉书·循吏传·王景》:‘景乃商度地埶,凿山阜,破砥绩,直截沟涧,防遏冲要,疏决壅积。’”又,王引之《经义述闻·左传上·商密》:“古字商与章通。”《汉书·律历志上》:“商之为言章也,物成孰可章度也。”“商度”“章度”与“战掇”诸词,古音及词义均相近,黄侃“本作‘商度’‘章度’”之说,不能理解为本字,当理解为诸词具有语转关系[②]。

(3)《通俗编》卷十五“懵懂”条:“《广韵》:‘懵懂,心乱也。’《传灯录》石霜庆诸有‘太懵懂’语。《谈薮》:‘甄龙友平生给捷,一时懵懂。’《画继》:‘翟耆年嘲米元晖诗:善画无根树,能描懵懂山。’”

黄侃于词目下笺识:“正作‘䁅兜’‘懞兜’。”(p.424)

按,“懵懂”一词,近代汉语中用例甚多,或作“懵董”“懞懂”,义为糊涂。黄侃说“正作‘䁅兜’”,“䁅”即“瞢”,多作“矇”。《说文·目部》:“眵,目伤眥也。从目,多声。一曰瞢兜。”徐锴《系传》:“瞢兜,目汁凝也。”即眼屎。段玉裁校改为“瞢兜”,注:“瞢,各本讹作瞢,今依玄应正。瞢兜者,今人谓之眼眵是也。”是东汉已有“瞢兜”一词,指眼眶有病,或指眼屎,均易使人视力受损,视物不清,与“懵懂”义通。又作“懞兜”,《说文·心部》:“懞,忘也,懞兜也。”徐锴《系传》:“不晓了之意也。”段玉裁注:“疑当作‘懞兜,忘也。’懞兜,盖古语,忘之皃也,犹今人曰‘糊涂不省事’。”《汉语大词典》“懞兜”条:“糊涂不省事。”举一例:许地山

① 参见萧旭《〈鬼谷子〉校补(二)》“揣篇”条,复旦大学出土文献与古文字研究中心网站论文,http://www.gwz.fudan.edu.cn/SrcShow.asp? Src_ID=1937,2012/10/4。

② 黄侃的“正字”“正作某”“本作某”等,绝大多数不能理解为正字、本字,而是多指同源词。参见曾昭聪《〈通俗编〉黄侃评语“正字”辨》,《中国文字研究》第二十一辑,上海书店出版社,2015年。

《缀网劳蛛·无法投递之邮件》:“合卺酒是女人底懑兜汤,一喝便把儿女旧事都忘了。”数种写法均为明母字与端母字。黄侃所说“正作‘懵兜’‘懑兜’”亦当理解为“懵兜”“懑兜”与“懵懂”是同源词。相关同源词还有不少,例如清黄生《义府》卷下:“酩酊二字,古所无。《世说》:‘茗艼无所知’,盖借用字,今俗云‘懵懂’,即茗艼之转也。”

此外,如《通俗编》卷一“秋孛辘,损万斛”条,黄侃于“雷声也”后笺识:“‘孛辘’即‘丰隆’声转。”(p. 417)按,“丰”“孛”上古音均为並母,“隆”“辘”均为来母。故“丰隆”“孛辘”具有声转关系。

又,《通俗编》卷十一“没雕当”条,黄侃于词目后笺识:“‘雕当’即‘俶傥’,亦即‘侜张’‘周章’。”(p. 422)按,“雕当”首见于宋代,即“的当、恰当”。“俶傥”首见于《史记》,有卓异不凡义。“侜张”首见于汉,有“嚣张”义(与“恰当”“不凡”义相反)。“周章”首见《楚辞》,有“回旋舒缓”义。除“侜张”之外,诸义均有“善”之语源义。“侜张”与之反义同源①。从语音角度来说,“雕当”“俶傥”“倜张”“周章”古音相同相近。黄侃的笺识可以理解为四词为历时音变形成的同源词。

又,《通俗编》卷十五“泼赖”,黄侃于词目下笺识:“即‘剌址’。”(p. 425)按,“剌址”即通常所谓“狼狈”。“剌址”反言之即为“泼赖”。“剌”《广韵》来母曷韵,“赖”,来母泰韵;“址”,《广韵》帮母末韵,“泼”,滂母末韵。故“剌址”与“泼赖”语音关系是很近的。语义上“泼赖”有“凶恶毒辣”等义,《通俗编》又记其有“丑恶”“诬陷人”等义,与“狼狈”(剌址)等语义相近,均含“不顺、丑恶”之语源,所以黄侃说“泼赖”“即‘剌址’”,二者应当视为同源词。

又,《通俗编》卷十七“啰唣”条,黄侃于词目下笺识:“即‘呶唠’之略变,今人云‘覶琐’。”(p. 426)按,“啰”,《广韵》鲁何切,来母歌韵。“唣”从“阜”声,“阜”《广韵》昨早切,从母晧韵。“呶”,《广韵》女交切,娘母肴韵;“唠”,《集韵》有郎刀切之读音(今音 láo),来母豪韵。可见“啰”与“唠”声同,“唣”与“呶”韵近。从语义上来说,“啰唣”与“呶唠”也一致。又《通俗编》卷十七“口唠噪”条,黄侃于词目“口唠噪”下笺识:“《说文》作‘呶’‘唠’。呶,女交切。唠,敕交切。”(p. 426)“口唠噪”即言语啰嗦繁复。“啰唣”“呶唠”“唠噪”三者存在语转关系。又,“覶”,《广韵》落戈切,来母戈韵。“琐”,《广韵》苏果切,心母果韵。“覶”与“啰”声同,“琐”与“唣”韵近(戈韵、果韵仅有平、上之不同)。“覶琐”,现代汉语中通常写

① 同源词中有一种较为特殊的反义同源现象,参见曾昭聪《同声符反义同源词研究综述》,《古汉语研究》2003 年第 1 期。

作“啰嗦”。“覼”在古籍中多与“缕”连用,“覼缕”是联绵词,有“繁多”之语源义,清代始有“覼琐”一词。“啰嗦”与“啰唣”一样,纯为记音。“覼琐”“啰嗦”与“啰唣”“呶唠”“唠噪”也存在语转关系。

又,《通俗编》卷十八“爹”条,黄侃于词目下笺识:“正作‘奓’。”(p. 427)按,“奓”,《说文·女部》:“奓,美女也。从女,多声。㚩,奓或从氏。”《方言》卷六:“南楚瀑洭之间,谓妇妣曰母奓,称妇考曰父奓。”《广雅·释亲》:“妻之父谓之父奓,妻之母谓之母奓。”王念孙疏证:“媞与奓声义相近。”《说文·女部》:“媞,江淮之间谓母为媞。”《广韵·纸韵》:“媞,江淮呼母也。”《通俗编》卷十八“爺”条黄侃笺识说“‘奓’,本以呼母,转以呼父”。又,《说文·女部》“奓”朱骏声《通训定声》:“奓,俗字作爹。”此条黄侃说“正作‘奓’”,语音上,“奓”“爹”均从多声,“多”古音为歌部。今天的读音始自《广韵》陟邪切(《通俗编》说“《集韵》始增有陟邪一切”,欠确),知母麻韵。故黄侃之说可理解为“奓”与“爹”同源。

又,《通俗编》卷十八“阿八”条,黄侃于“《玉篇》有‘爸’字,训‘父也’”下笺识:“‘爸’即父也。”(p. 427)按,《广雅·释亲》:“爸,父也。”王念孙疏证:“爸者,父声之转。”“爸”在《广韵》中是捕可切,帮母果韵。“父”(父亲义)上古音是並母鱼部,《广韵》中是扶雨切,奉母麌韵。“爸”与“父”声母相近,故王念孙说“爸者,父声之转”。黄侃说“‘爸’即父也”亦应作同样理解,即二者是音转同源词。

又,《通俗编》卷二十二“妈妈”条,黄侃于词目下笺识:“即‘娒’之音转。”(p. 429)按,《通俗编》以为“妈”“本音姥,今转读若马”。《玉篇·女部》:“妈,母也。”《玉篇·女部》:“姥,老母也。”《说文·女部》:“娒,女师也。从女,每声,读若母。”段玉裁注:“许作‘娒’,《字林》及《礼记》音义作‘姆’也。”即“娒”“姆”为异体关系。诸字古音均为明母。王力《同源字典》:“母”“妈”之鱼旁转,“姆(娒)”“姥”之鱼旁转。“母”“妈”“姆(娒)”“姥”为同源词。之部,黄侃称咍部;鱼部,黄侃称模部。黄侃认为“妈”“即‘娒’之音转”,揭示了其同源关系。

又,《通俗编》卷二十四“卯眼”,黄侃于词目下笺识:“‘卯’即冒、瑁。诸侯执圭朝天子,天子执玉以冒之。似犁錧,盖取上下相合。今谓枘凿相合曰‘对卯’,不合曰‘不对卯’。人意相顺违,道之亦然。”(p. 432)按,“瑁”是古代天子所执的瑞玉,用以合诸侯之圭者。因冒其上,故名瑁。“瑁”,《广韵》明母号韵;“卯”,明母巧韵。二者音义相通,故黄侃所说“‘卯’即冒、瑁”实际是指“卯”与“冒、瑁”同源。

又,《通俗编》卷二十六“谁有闲钱补笊篱”条,黄侃于词目下笺识:“‘笊’即‘罩’之转。”(p. 433)按,“罩”在《广韵》中是知母效韵,“笊”是庄母效韵。二者同源。

又,《通俗编》卷三十四“媌条”条,黄侃于词目下笺识:“‘媌’即古‘妙’字。”(p. 450)按,《说文·女部》:“媌,目里好也。”段注:“目里好者,谓好在匡之里也。”王筠《句读》引《通俗文》:“容丽曰媌。”《方言》第一:“秦晋之间,凡好而轻者,谓之娥;自关而东,河济之间,谓之媌。”郭璞注:“今关西人亦呼好为媌。”又,《广雅·释诂一》:“妙,好也。”《汉书·外戚传》有“妙丽”一词。黄侃笺识当理解为同源词而非古今字。

又,《通俗编》卷三十四“彭亨”条,黄侃于词目下笺识:“‘彭亨’正作‘孛㔬’,亦即‘奰屃’。”(p. 451)按,“孛㔬”指草木盛多。“彭亨(膨脝)”“孛㔬”语音上有关系,但“正作”不能理解为本字,只能理解为同源关系。“奰屃”为壮大之貌。“奰屃”“彭亨”也只能视作同源关系。

二、注意语音的地域变化,从音转角度揭示词源

语音的地域变化主要是指共时变化,但不限于共时变化,而往往是跟历时变化结合在一起。为讨论方便,故而单独列出“地域变化”这一项。地域的不同可以造成语音(包括语义)的转变。由于汉语方言的语音差异,当不同地域的人根据方言语音记录某一个词时,可能会用到不同的汉字,因此该词在字面上有可能完全看不出其音义的关联性。黄侃的笺识充分注意到方言音转的普遍性,常能破除字面障碍,揭示俗语词的词源。例如:

(1)《通俗编》卷二“浜”条:“《集韵》:‘沟纳舟者为浜。’按:潘之恒《半塘小志》谓:‘吴音以滨为邦,俗作浜字。’不知‘浜’自在庚韵中,《广韵》亦载,并未因‘滨’转也。”

黄侃于全条之末笺识:“‘浜’是‘滨’之转语。”(p. 418)

按,《半塘小志》的意思是说吴方言中“滨”读为邦,“滨”的俗字写作“浜”。《正字通·水部》:“浜,俗滨字。”明确认为“浜”是“滨”的俗字。又,《集韵·庚韵》:“沟纳舟者为浜。”《广韵·耕韵》:“浜,安船沟。”《通俗编》以韵书中已收录“浜”就得出“浜”“并未因‘滨’转也”的结论。黄侃则认为“‘浜’是‘滨’之转语”,盖因“浜”“滨”二字古音均为帮母,语义上密切相关:《广雅·释丘》:“滨,厓也。”即水边;“浜”则为可纳舟之沟,即河沟。二者音义关系密切,故视为转语。

(2)《通俗编》卷十六“藏头伉脑”条:“《朱子语录》论《周易》云:‘圣人有甚么说话

要与人说,便分明说了,不应恁地千般百样,藏头伉脑,教后人自去多方推测。'"

黄侃于词目下笺识:"'伉'犹阁也。"(p.425)

按,"藏头伉脑",《朱子语类》又或作"藏头亢脑",卷一二三:"因说乡里诸贤文字,以为皆不免有藏头亢脑底意思。"徐时仪先生认为:"亢""伉"是方言记音词。考《集韵》:"囥,藏也。"亢、伉、囥音同义通,所表"藏"义仍保留在今吴语、湘语、闽语等方言中①。黄侃说"'伉'犹阁也",《广雅·释诂二》:"阁,载也。"《释诂三》:"载、阁,攱也。"王念孙疏证:"皆谓庋阁也。""阁",古音见母铎部;"亢""伉"溪母阳部(黄侃称唐部)。见溪旁纽,铎阳对转。所以语音是很接近的。黄侃说"'伉'犹阁也",应理解为"伉"(亢、囥)是"阁"的音转。

(3)《通俗编》卷三十四"焦巴巴"条:"《埤雅》:'蕉不落叶,一叶舒则一叶焦,故谓之蕉,俗以干物为焦巴巴,亦取芭蕉之义。'"

黄侃于词目下笺识:"'巴'正作'脯',农师说误也。"(p.454)

按,"巴"可以指干燥或粘着之物。明李实《蜀语》:"干肉及饼曰巴。牛肉曰牛干巴,荞饼曰荞巴,盐块曰盐巴,土块曰土巴之类。"清钱大昕《恒言录·常语·巴》:"日晒肉曰巴,凡物之干而腊者皆曰巴。""巴"之得名,《通俗编》引宋陆佃(字农师)《埤雅》以为"取芭蕉之义",殊不可取。黄侃认为"'巴'正作'脯'",指出"巴"的词源实为"脯",按《说文·肉部》:"脯,干肉也。"引申可指其他动物的干肉和干燥脱水的水果。方言中以"巴"称一切干燥或粘着之物,应该跟"脯"是有同源关系的。

此外,如《通俗编》卷十五"乖"条,黄侃于词目下笺识:"即'姡'字。"(p.425)按,"乖"本指背离、谬误(即《通俗编》所谓"本义为戾,为睽,为背异";《菽园杂记》所谓"戾也,背也,离也"),反向引申(反训)为聪明(即《通俗编》所谓"慧"、《水东日记》所谓"警悟有局干")、狡诈(即《菽园杂记》所谓"黠")。"姡",《方言》卷二:"剿蹶,狯也。楚郑曰蔿,或曰姡。"郭璞注:"今建平郡人呼狡曰姡。"又《方言》卷十:"姡,狯也。凡小儿多诈而狯或谓之姡。"《玉篇·女部》:"姡,多诈也。"《集韵·末韵》:"姡,诈也。""姡",古音匣母月部(黄侃称曷末部);"乖",见母微部(黄侃"脂""微"合为灰部)。见母与匣母均为牙音,旁纽。黄侃说"乖""即'姡'字",应当理解为"姡"是"乖"的方言音转字。

---

① 徐时仪《〈朱子语类〉词汇研究》,上海古籍出版社,2013年,第297页。

又,《通俗编》卷二十二“嫖”条,黄侃于词目下笺识:“正作‘姘’,犹‘萍’之为‘薸’也。”(p. 430)按,黄侃所说的“正作‘姘’”,当理解为表示淫邪义的“嫖”本字当作“姘”。读作阳平当是方言音转,并借用“嫖”字记录此义。又,黄侃说“犹‘萍’之为‘薸’”,“萍”,《广韵》薄经切,並母青韵;“薸”,《广韵》符霄切,並母宵韵。“萍”转为“薸”,是青韵转宵韵,与“姘”转为“嫖”音转规律相同。故黄侃说“正作‘姘’,犹‘萍’之为‘薸’也”,揭示了音转规律与“嫖”的音义来源。

又,《通俗编》卷二十四“东司”条,黄侃于全条之末笺识:“‘司’当为‘厕’字之声讹。”(p. 432)按,《说文·广部》:“厕,清也。从广,则声。”段玉裁注:“清、圊,古今字。圊言至秽之处,宜常修治使洁清也。”“厕”在《集韵》中初母职韵,入声,“司”在《广韵》中是心母之韵,平声。二字声母相近,韵母方面,元明之后入派三声,二者亦近。故表示厕所义的“茅厕”被书作“茅司”或“毛司”。黄侃说“‘司’当为‘厕’字之声讹”,视为方言音讹。实则当视作方言音转。

又,《通俗编》卷三十四“龙钟”条,黄侃于词目下笺识:“‘龙钟’,正作‘癃肿’,倒言则为‘独漉’。《说文》又有‘趗起’。”(p. 450)按,《通俗编》举“龙钟”“陇种”“东笼”“笼东”“儱偅”“趗趚”诸书面形式,并说明“大凡古人形似之辞,皆无定字,而其音皆二合”,“随其音之轻重高下,以变其字,均不可以义说也”,是也。黄侃笺识欲进一步探明词源:“正作‘癃肿’”。按“癃肿”指肿大。“癃肿”跟诸词同源,但并非源词或本字。“倒言则为‘独漉’。《说文》又有‘趗起’”,说明连绵词的两个音节有倒言的形式,这在汉语词汇中也是多见的。

又,《通俗编》卷三十四“郎当”条,黄侃于词目下笺识:“亦‘龙钟’也。”(p. 450)按,“龙钟”有衰老貌、行进难难貌、失意潦倒貌等不同含义。“郎当”有颓败、疲软无力、潦倒等意义(参见《汉语大词典》),两者在这几个义项上是基本上重合的。语音上,均为来母、章/端母字。故黄侃说“亦‘龙钟’也”,可以理解为同源词。

又,《通俗编》卷三十四“胍肫”条,黄侃于“胍音孤,肫音都”下笺识:“正当作‘壶庐’‘果蓏’。”又于“俗因谓杖头大者为胍肫,后讹为骨朵”下笺识:“‘骨朵’即‘科斗’也。”又于“今凡纳闷而气胀于唇颊之间,俗诮之曰‘嘴胍肫’,元乔孟符曲作‘嘴骨都’”下笺识:“即‘掩口胡庐’之‘胡庐’。”(p. 451—452)按,黄侃笺识所说“骨朵”“壶庐”“果蓏”“科斗”“胡庐”与“果蠃”可以说是一组同源词,其语义都跟“突起的圆状物”有关。果蠃即栝楼,果实卵圆形。《诗·豳风·东山》:“果蠃之实,亦施于宇。”郑玄注:“果蠃,栝楼也。”明李时珍《本草纲目·草七·栝楼》:“栝楼即果蠃,二字音转也。”清人程瑶田《果蠃转语记》分析了“果蠃”一词的演变,列出二百多个名称,认为均为其语转。

又,《通俗编》卷三十四“教窣”条,黄侃于‘媻姗教窣,上乎金堤’下笺识:“四字皆与‘婆娑’同义,今云‘薄相’‘白相’。”(p.452)按,黄侃所说“四字皆与‘婆娑’同义”,“四字”应该是指《子虚赋》中的“媻姗”与韦昭注中的“匍匐”,二词皆有行步迟缓、蹒跚之义,故为同义。“今云‘薄相’‘白相’”者,可以联系《通俗编》卷十二“孛相”条“《吴江志》:‘俗谓嬉游曰孛相。’《太仓志》作‘白相’。《嘉定志》作‘薄相’。按:皆无可证,惟东坡诗有‘天公戏人亦薄相’句。”黄侃于词目“孛相”后笺识:“即‘婆娑’‘媻姗’‘嫳屑’‘勃屑’之转。”诸词同源。“薄相”“白相”可由行步迟缓、蹒跚之义引申指嬉游。

三、注意同源通用现象,从同源字角度揭示词源

凡有同一来源、语义相通且声音相近的词为同源词,记录这些同源词的汉字即为同源字。同源字的产生,源于因词义的引申分化而孳乳出的新字,新字承担了源字引申分化出的新义,但在使用时仍有新字与源字通用、新字互相通用的现象,是为同源通用。黄侃笺识,往往能破除字形的束缚,指明同源通用现象。虽然他所使用的仍然是某字乃某字之“转语”或“转音”这样的术语,但通过细心疏证可以发现,他实际上是指明同源通用现象,这在一定程度上揭示了俗语词的词源。例如:

(1)《通俗编》卷三十三“不能彀”条:“《汉书·匈奴传》:‘平城之下亦诚苦,七日不食,不能彀弩。’《唐书·张巡传》:‘士才千余人,皆癯劣不能彀。’按,世凡不胜任、不满意,俱借此以为辞,王实甫曲有‘谁能彀’句。”

黄侃于词目下笺识:“‘不能彀弩’不当引。‘彀’当作‘餶’。作‘够’,亦借字。”(p.440)

按,《说文·弓部》:“彀,张弩也。”即张满弓弩。如《孟子·告子上》所说:“羿之教人射,必志于彀。”黄侃说《汉书》中的“‘不能彀弩’不当引”,是也。因“不能彀弩”的语法形式是“不能/彀弩”,而不是“不能彀/弩”。同样,《唐书·张巡传》“士才千余人,皆癯劣不能彀”也不当引,此语的语法形式是“不能/彀”。表示“不胜任、不满意”叫“不能彀”,反之则为“能彀”。“彀”又写作“够”。黄侃指出“‘彀’当作‘餶’,“彀”本义为张弩。“餶”,《说文·勹部》:“餶,饱也。从勹𣪊声。民祭,祝曰:‘厭餶。’”段注:“厭当作猒,饱也。求鬼神之猒饫也。”“够”“夠”异体。《字汇·夕部》:“夠”,同“够”。《广韵·候韵》:“夠,多也。”又《集韵·㑿韵》:“夠,聚也。”《文选·左思〈魏都赋〉》:“繁富夥夠,不可单究。”李善注引《广

雅》曰:“夠,多也。”“彀”是张满弓弩义,“餉”是猒饱义,“够(夠)”是聚多义,三者语音相近,语义则均有聚多圆满之义,可视为同源字,只不过“够(夠)”产生时代稍晚而已。所以说,如果仅视“餉”为本字而视“彀”“够”为借字,似有所未妥。三者同源通用,写作“能彀”“能餉”“能够”都是可以的。

(2)《通俗编》卷三十四“俏”条:“《集韵》:‘俏,好貌。’《三梦记》有‘鬟梳嫽俏学宫妆’句。《五灯会元》有‘眉毛本无用,无渠底波俏’语。《武林旧事》供奉杂扮有‘胡小俏’‘郑小俏’,又有曰‘自来俏’者。按,《列子·力命篇》:‘佹佹成者,俏成也,初非成也。佹佹败者,俏败也,初非败也。故迷生于俏。’其义但与‘肖’通。近世云容貌美好之字,疑当为‘釥’,扬雄《方言》:‘釥,错眇反,好也,青徐海岱之间曰釥。’《广雅》亦云:‘釥,好也。’又《北史》温子升曰:‘诗章易作,逋峭难为。’《宋景文笔记》曰:‘齐魏人以有仪矩可喜者,谓之庸峭。’《广韵》曰:‘峬峭,好形貌。’世或又因此言之,省改‘峭’为‘俏’。”

黄侃于“扬雄《方言》:‘釥,错眇反,好也,青徐海岱之间曰釥’”。下笺识:“是也。然《说文》当为‘陗’,‘陗,陵也。’今亦云‘俏俊’。”(p. 450)

按,《方言》第二:“釥,好也。青徐海岱之间曰釥,或谓之嫽。”郭璞注:“今通呼小,姣洁喜好者为嫽釥。”章炳麟《新方言·释言》:“今人谓好曰釥。俗作俏。釥之言峭也。”又,《广雅·释诂一》:“釥,也。”王念孙疏证:“《玉篇》:‘釥,美金也。’《尔雅》:‘白金谓之银,其美者谓之镣。’是金之美者谓之釥,亦谓之镣,义与釥、嫽同也。”则釥、镣、嫽、俏、峭为同源词。黄侃说“《说文》当为‘陗’”,考《说文·𨸏部》:“陗,陵也。”段注:“凡斗直者曰陗。”“俏”字晚出。《广韵·笑韵》:“俏,俏醋,好貌。”山以陵陗为美,人以“俊俏”为美,“陵陗”“俊俏”/“陗陵”“俏俊”为同源通用。

(3)《通俗编》卷三十六“趬”条:“《广韵》:‘趬,丘召切,高趬。’又,《集韵》:‘翘,苦弔切,高也。’按,凡言耸起者,当择用此二字,明人小说用‘趫’字,非。”

黄侃于全条之末笺识:“当用‘蔚’。”(p. 457)

按,《通俗编》以为凡言耸起者,“趬”“翘”是而“趫”非,黄侃则以为“当用‘蔚’”。趬,《广韵》丘召切,溪母笑韵。《广韵·笑韵》:“趬,高趬。”翘,音同“趬”。《集韵·啸韵》:

“㪣,高也。”趫,《广韵》巨娇切,群母宵韵。《说文·走部》:“趫,善缘木走之才。”又与“蹻”同源通用。《说文》“趫”徐灏注笺:“趫,‘足部’蹻音义略同。”《玉篇·走部》:“趫,举足。”蔜,《广韵》呼到切,晓母号韵。“蔜”《说文》释为草貌,但又有物体变形翘起义,《玉篇·艸部》:“蔜,耗也,缩也。”章炳麟《新方言·释言》:“今谓物不妥贴,偏颇暴起为蔜。”“䞶”“㪣”“趫(蹻)”“蔜”音义俱近,同源通用,《通俗编》“凡言耸起者,当择用此二字,明人小说用‘趫’字,非”的观点自然不妥,黄侃“当用‘蔜’”的观点也应该理解为同源通用。

此外,《通俗编》卷三十六“䁺”条,黄侃于“于[①]建切。《广韵》:‘物相当也’”之下笺识:“《后汉书》作‘傿’。”(p. 458)按,《广雅·释诂三》:“䁺,当也。”王念孙疏证:“《玉篇》:‘䁺,物相当也。’《广韵》《集韵》《类篇》并同。《广韵》又云:‘䁺,引与为价也。与傿同。’《说文》:‘傿,引为贾也。’引为贾,谓引此物以为彼物之值,即相当之意也。”由“相当”义可引申为“以两物较其长短”。又,《说文·人部》:“傿,引为贾也。”段注:“引,犹张大之。贾,今价字。引为贾,所谓豫价也。”段注以为是虚张其价,抬高价格义,与王念孙所说不同,王说为优。据《广韵》“‘䁺,引与为价也。与傿同’”,则“䁺”又可用作“傿”字。“䁺”“傿”当为同源。

四、注意古音的系统变化,从语音的系统演变角度揭示词源

历时音变和地域音变总是与古音的系统变化相一致,如果有例外,也是有规律可循的。离开古音的系统谈语音的演变即使不是臆想,也是缺乏说服力的。古音的系统,诸家历来的说法或略有差异。有的差异只是名称分合的不同,其内部实有一致性。黄侃的笺识中谈及古音时自然是他本人的语音系统,有时虽未明言,但经疏证之后我们亦可确定是与其古音系统一致的。立足于古音的系统变化,从语音系统演变角度揭示俗语词词源,是值得后学效仿的谨慎的做法。例如:

(1)《通俗编》卷一“靠天”条:“史弥宁《友溪乙稿》:‘人事当先莫靠天。’按:《说文》‘靠’训相违,无依倚义,唐曹松‘靠月坐看山’,始以俗训入诗。宋人用之者,如范致明《岳阳风土记》:‘江南回曲,或远或近,虽无风涛之患,而常靠阁。’朱子《答吴伯起札》:‘不可只靠一言半句,便以为足。’林逋诗:‘瘦靠阑干搭梵巾。’赵汝鐩诗:‘愁来独靠清尊遣。’数条外亦不多见。”

---

① 于,《广韵·阮韵》作“於”。

黄侃于词目下笺识:"……或曰:'倚''靠'本一语,'倚'亦入溪纽。'倚'之与'靠',犹'觭'之与'角'、'架'之与'构'、'㔾'之与'丂'、'果'之与'覈'也。"(p. 417)

按,"倚"从"奇"声,"奇"古音见母,"靠"为溪母,二者旁纽。"觭",《说文·角部》:"角一俛一仰也。""觭",古音溪母。"角",见母。二字旁纽。"架",《广韵·祃韵》:"架,架屋。"《诗·召南·鹊巢》郑玄笺语中有"冬至架之"语。"构",《说文·木部》:"盖也。"指架屋。"架""构"均为见母,双声。"㔾",《说文·丂部》:"反丂也。读若呵。"朱骏声《通训定声》:"气之舒也。"指气行畅达。"丂",《说文·丂部》:"丂,气欲舒出。""㔾",晓母。"丂",溪母。二字旁纽。"果",《说文·木部》:"木实也。""覈",《说文·襾部》:"实也。"朱骏声《通训定声》:"覈,凡物包覈其外,坚实其中曰覈,故艸木之果曰覈。""果",见母。"覈",匣母。二字旁纽。又"倚"与"靠"、"觭"与"角"、"架"与"构"、"㔾"与"丂"、"果"与"覈",语义均密切相关。因此,黄侃"本一语"之说,当理解为同源词。

(2)《通俗编》卷二"盩厔"条:"《汉书·地理志》:'右扶风有盩厔县。'《寰宇记》:'山曲曰盩,水曲曰厔。'按:二字音若'辀质',今以事费曲折者曰'盩厔',其字应如此写。"

黄侃于全条之末笺识:"非也。作'周折'自通。正作'侜张''周章'尔。"(p. 418)

按,黄侃说"作'周折'自通",意指"盩厔"与"周折"在表示"事费曲折"时为异形词,此处不赘论。"盩",端母幽部,"厔",端母质部,"侜",端母幽部,"张",端母阳部。"周",章母幽部,"章",章母阳部。"侜"与"周"、"张"与"章"声母,黄侃端、章相合,韵部相同。"侜张"最早见于汉仲长统《昌言》:"于是淫厉乱神之礼兴焉,侜张变怪之言起焉。"《汉语大词典》"侜张"条义项一释为"欺诳;欺谩",首举此例。"欺诳;欺谩"即言辞曲折、隐瞒,与"事费曲折"意义有相通之处但并非就是"事费曲折"之义。因此,"正作'侜张''周章'尔"不能理解为表示"事费曲折"的本字当作"侜张",而只能理解为"侜张"是"盩厔""周折"的同源词。又,"周章",《汉语大词典》义项一:"回旋舒缓。"首举《楚辞·九歌·云中君》:"龙驾兮帝服,聊翱游兮周章。"此用法亦非"事费周折"或言辞曲折义,因此也只能理解为"周章"是"盩厔""周折"的同源词。

(3)《通俗编》卷十七"荒唐"条:"《庄子·天下篇》:'庄周以谬悠之说,荒唐之言,时恣纵而不傥。’音义曰：‘荒唐，谓广大无域畔也。’按：‘荒’与‘唐’皆空之义，或者庄又取此。”

黄侃于词目下笺识：“犹‘旷荡’。”（p. 426）

按，“荒”“唐”“旷”“荡”四字上古音皆阳部（黄侃称唐部），声母方面，“荒”“旷”晓溪旁纽，“唐”“荡”定母双声。语义上，“荒唐”，《庄子·天下》：“以谬悠之说，荒唐之言，无端崖之辞，时恣纵而不傥，不以觭见之也。”成玄英疏：“荒唐，广大也。”郭庆藩《集释》：“荒唐，广大无域畔者也。”“旷荡”亦有此义。汉张衡《南都赋》：“上平衍而旷荡，下蒙笼而崎岖。”《文选·王褒〈洞箫赋〉》：“弥望傥莽，联延旷荡。”李善注：“傥莽、旷荡，宽广之貌。”《后汉书·马融传》引马融《广成颂》：“徒观其垧场区宇，恢胎旷荡。”此极言其广大。故黄侃所说“荒唐”“犹‘旷荡’”是指明了二词音近义通之同源关系。

此外，如《通俗编》卷一“月亮光光”条，黄侃于词目下笺识：“亮，犹朖也。”（p. 417）按，“朖”同“朗”。《说文·月部》：“朖，明也。”段玉裁注：“朖，今字作朗。”“亮”“朖”二字古音均在来母，阳部（黄侃称为“唐部”）。故可视为同源词。

又，《通俗编》卷八“飞扬拔扈”条①，黄侃于词目下笺识：“‘拔扈’正作孛㚟。”（p. 422）按，《通俗编》“拔扈”即“跋扈”，“跋扈”是常见词形。“跋扈”指人骄横（贬义）或勇壮（褒义）；“孛㚟”指草木茂盛。从认知角度来说都含有“活力旺盛”乃至“生命力充沛逼人”的语源义。从语音角度来看，“拔”“跋”，並母月部（黄侃称曷末部）；“扈”，匣母鱼部（黄侃称模部）。“孛”，並母物部（黄侃称没部），“㚟”，匣母物部（黄侃称没部）。“拔”“跋”与“孛”，並母双声，月物旁转；“扈”与“㚟”，匣母双声，物部叠韵。因此，黄侃所说的“‘拔扈’正作孛㚟”不能理解为“拔扈”的正字是“孛㚟”，而只能理解为“拔扈”与“孛㚟”是同源词。

又，《通俗编》卷十一“拉答”条，黄侃于词目下笺识：“‘拉答’即邋遢，实‘落拓’之转也。”（p. 422）按，“拉”，来母缉部（黄侃称合部）；“邋”，来母叶部（黄侃称帖部）；“落”，来母铎部。三字声同韵近。“答”，端母缉部；“遢”，定母叶部；“拓”，透母铎部。三字声韵皆近。从语义来看，联系原文，黄侃所说“‘拉答’即邋遢”当是《汉语大词典》“邋遢”条第二个义项：“鄙陋糊涂”，“落拓”，有“放浪不羁”义，是外在的行为上的“鄙陋糊涂”，与心理上的“鄙陋糊涂”都有“不合常理、不近事理”的共同成分。因此，“‘拉答’即邋遢，实‘落拓’之转也”表明三词音近义通，“拉答”在引文中义同“邋遢”，是“落拓”的语义的变化（义通但不是同一义位）。

---

① 原刻本全部作“拔”字，商务印书馆 1958 年排印本均排作“跋”。

五、注意复合词的语素的音义来源分析,从语素角度揭示词源

汉语词汇从以单音词为主发展到以复合词为主,因而词源的探求尤其是中古近代汉语俗语词的词源探求更应注重对复合词的语素进行分析。对复合词的几个或某一个语素进行深入考察,有助于俗语词的词源探讨。黄侃充分注意到复合词的语素,在笺识中对复合词的某个语素的音义来源作了重点探讨,因而揭示了复合俗语词的词源。例如:

(1)《通俗编》卷十二:"巴急"条:"张国彬[宾]《合汗衫》曲有'空急空巴'语。按"'巴'似'波'音转。"

黄侃于词目下笺识:"'巴'即迫也。"(p. 423)

按,元张国宾《合汗衫》第二折:"家私、家私且莫夸,算来、算来都是假,难镇难压,空急空巴,总是天折罚。"《汉语大词典》释为"干着急,无可奈何",仅举此例。《通俗编》未有明确释义,但以"巴急"立目,陈鳣《恒言广证》卷二"巴"条举《合汗衫》例之后说:"今俗有'巴急'语。"其释义似认为"巴"即"巴急"。清史梦兰、近人黎锦熙训"巴急"之"巴"为"奔赴"之说不妥。[①] 然《通俗编》亦非确诂,"巴"似"波"音转之说不确,当代学者未作分析。"波",《说文·水部》:"波,水涌流也。"据《汉语大字典》,"波"引申有水流、动摇、影响、潮流等多个义项;亦有与本义无关的"急走;跑;逃散"义。《通俗编》所谓"'巴'似'波'音转"只能理解为"急走;跑;逃散",则"巴"亦"奔赴"义。黄侃说:"'巴'即迫也。"当为确诂。据肖建春研究,"巴"或"巴巴"有"急"义。"迫",《说文·辵部》:"迫,近也。"引申为急迫义。《广雅·释诂一》:"迫,急也。"《汉书·王莽传下》:"性好时日小数,及事迫急,亶为厌胜。"《合汗衫》"空急空巴","巴"即"急"义,与上文"难镇难压"一致,"镇""压"亦同义也。从语音角度来看,"巴",古音帮母鱼部(黄侃称模部);"迫",帮母铎部。帮母双声,鱼铎对转。故"巴"不是"波"之音转而是"迫"之音转。

(2)《通俗编》卷十七"打诨"条:"《辽史·伶官传》:'打诨的不是黄幡绰。'《道山清话》:'刘贡父言每见介甫《字说》,便待打诨。'《古今诗话》:'山谷云:"作诗如杂剧,临了须打诨,方是出场。"'《石林诗话》:'东坡"系懑割愁"之语,大是险诨,何可屡打。'

① 肖建春《多义词"巴"词义及其引申轨迹考》,《西南民族学院学报》2001年第7期。

按:《唐书·元结传》:'谐官颖臣,怡愉天颜。'《李栖筠传》:'赐百官宴曲江,教坊倡颖杂侍。'《吕氏童蒙训》云:'颖即诨字。'李肇《国史补》云:'颖语始自贺兰广、郑涉。'"

黄侃于全条之末笺识:"'诨''郓'皆今所谓'顽'也。"(p. 426)

按,"诨",《玉篇·言部》:"诨,弄言。"指逗趣或逗趣的话。"颖"从页,本指秃顶,指逗趣(的话)是通假用法。《篇海类编·身体类·页部》:"颖,谐剧。《玉篇》作'诨,弄言也'。"《正字通·言部》:"诨,弄言也。与颖通。"严格来说,应该是"颖"通"诨"。明方以智《通雅》卷四九:"颖,即诨。《吕氏童蒙训》摘《总龟诗话》颖即诨,今打颖是也。"《汉语大词典》"打诨"条:"亦作'打颖''打浑'。"黄侃说"'诨''郓'皆今所谓'顽'也","顽",《说文·页部》:"顽,梱头也。""梱",《说文·木部》:"梱,梡木未析也。""梡,梱木薪也。""顽"即"梱头",也就是未劈开的无树枝的囫囵木头。因其浑圆无外物,故引申为粗钝,《广雅·释诂三》:"顽,钝也。"又引申为顽愚。《广韵·删韵》:"顽,顽愚。"用作逗趣、嬉耍义,是通"玩"或"翫"。《通俗编》卷十二"顽"条:"陈造《田家谣》:'小妇初嫁当少宽,令伴阿姑顽过日。'自注:'房俗谓嬉为顽。'"黄侃于词目"顽"后笺识:"即'玩'字。"(p. 165)"玩",《说文·玉部》:"玩,弄也。从玉,元声。貦,玩或从贝。"引申为嬉玩。《玉篇·玉部》:"玩,玩戏也。"《荀子·非十二子》"好治怪说,玩琦辞"杨倞注:"玩,与翫同。"又"翫",《说文·习部》:"翫,习猒也。"王筠《句读》:"猒,饱也,谓习之而至于猒足也。"引申有戏弄义。《易·系辞上》"而翫其辞"李鼎祚《集解》引虞翻曰:"翫,弄也。"《荀子·礼论》"尔则翫"杨倞注:"翫,戏狎也。""顽""玩""翫"古音均为疑母元部(黄侃称寒恒部),《广韵》疑母换韵;"诨",《广韵》疑母慁韵;"颖",《篇海类编》胡困切。"顽""玩""翫"与"诨""颖"是语音相近,故能通。

(3)《通俗编》卷十八"阿嬭"条:"《博雅》:'嬭,母也,奴解反,楚人呼母曰妳。'按:《说文》'爾'本作尒,故'嬭'亦变体为'妳',今吴俗称祖母曰'阿妳'。李商隐《杂俎》七不称意,其一曰'少阿妳','少'读去声,或云此盖谓祖母也。《柳贯集》有《祭孙秬》文,曰:'阿翁与汝阿爹阿妳,以家馔祭于中殇童子阿秬之魂。'其云'阿爹阿妳',乃实秬之父母。《广异记》载荥阳郑会呼其妻之乳母曰'阿妳'。盖凡妇人尊老者,概有'阿妳'之称,今亦然也。"

黄侃于词目下笺识:"'嬭'本'乳母'之合音而变也。俗亦作'奶',又转为'孃'。"(p. 427)

按,“嬭”可以用同“奶”。《玉篇·女部》:“嬭,乳也。”因母亲以乳育子,故又可指母亲。《广雅·释亲》:“嬭,母也。”《广韵·荠韵》:“嬭,楚人呼母。”《通俗编》说:“《说文》‘爾’本作尒,故‘嬭’亦变体为‘妳’。”;黄侃说“俗亦作‘奶’”。其说是也。又,“乳”是日母,“嬭”古音是泥母,日泥准双声。又,“嬭”从“爾”声,“爾”在支部;“母”在之部。支、之同为阴声韵。故黄侃说“‘嬭’本‘乳母’之合音而变也”。“嬭”与“孃”的关系,“嬭”是泥母,“孃”作母亲义,《广韵》中是娘母。二者声母相同。“嬭”可以用同“奶”,又可指母亲;《玉篇·女部》:“孃,母也。”俗书又或借用“娘”。故黄侃说“嬭”“又转为‘孃’”。又《通俗编》卷十八“孃”条,黄侃笺识:“由‘乳’声转为‘嬭’,‘嬭’又作‘孃’‘娘’”。故可从黄侃之说,“嬭(奶)”“乳”“孃(娘)”三词同源。

此外,如《通俗编》卷十七“淄牙扯淡”条,黄侃于词目下笺识:“‘淄’当为‘啧’之转。”(p.426)按,“啧”,《说文·口部》:“啧,大呼也。从口,责声。讃,啧或从言。”“大呼”与“扯淡”(哆诞)语义一致。语音上,“啧”,古音庄母(黄侃“照二归精”,庄母归精母)锡部;“缁”“淄”,庄母之部(黄侃称咍部)。语音关系较近,则“淄牙”之“淄”“为‘啧’之转”。

又,《通俗编》卷十七“唠呶”条,黄侃于“俚俗有云‘唠叨’者,即此小转”下笺识:“‘叨’正作‘詾’:往来言也,大牢切。‘往来言’即俗所谓‘话说三徧’。”(p.426)按,“詾”,《说文·言部》:“詾,往来言也。一曰小儿未能正言也。一曰祝也。从言,匋声。詯,詾或从包。”此取“往来言”之义项,即反复、多次言语。“詾”在《广韵》中是徒刀切,定母豪韵。“叨”则是土刀切,透母豪韵。二字语音相近,义亦相通,故为同源词。

六、结　　语

本文对黄侃《〈通俗编〉笺识》中关于俗语词词源探讨的方法进行了总结、疏证,由此我们可以得出三条结论:

其一,俗语词的研究要注意挖掘词源。已有的近代汉语俗语词研究以考释词义为基础工作,而词义的考释必然要探其词源,这在宏观上指示了俗语词研究的方向之一。在俗语词词源探寻的方法上,也须注意从不同角度进行。黄侃精通语言文字研究,强调语言研究必须形、音、义相结合。“形、声、义三者,形以义明,义由声出,比而合之,以求一贯,而剖解始精密矣”[①]。因而在其惜字如金般的笺识中,时时有意识地从不同角度指明词源,值得后学者效仿。

---

① 黄侃述,黄焯编《文字声韵训诂笔记》,上海古籍出版社,1983年,第8页。

其二,要重视“发明”的学术研究方法。黄侃治学,强调“发明”。他曾说:“所贵乎学者,在乎发明,不在乎发见。今发见之学行,而发明之学替矣。”①“发见”(即发现)是指由新资料尤其是出土文献出发而进行研究,而“发明”则是由已有的传世文献出发进行更为深入的研究。“罗振玉、王国维两人的学问,从哪个方面看都是发现,换句话说是倾向资料主义的。而发明则是对重要的书踏踏实实地用功细读,去发掘其中的某种东西。”②黄侃的《〈通俗编〉笺识》就是其“发明”的表现之一。从以上论述可以看出,黄侃的研究站在语言文字学的高度,其所“发明”的俗语词词源研究方法对传统的训诂方法有丰富、补充之功。本文踵步前贤,用“发明”之法对黄侃笺识中体现出的方法进行了分类总结。

其三,汉语词源学史的研究要重视基础工作。汉语词源学史的研究到现在已经颇有规模,但是前人的相关研究工作甚多,很多基础材料如果未能充分发掘,未能总结归纳,势必影响到词源学史研究的深度与广度。通过本文的研究工作,我们不但可以对黄侃关于俗语词词源研究的方法、关于“发明”的学术研究观点有更为深入的理解,也可以为全面、深入的汉语词源学史研究打下更为坚实的基础。

参考文献:

黄侃笺识,黄焯编次 1985 《〈通俗编〉笺识》,载《量守庐群书笺识》,武汉大学出版社。

黄侃述,黄焯编 1983 《文字声韵训诂笔记》,上海古籍出版社。

黄焯记录 1993 《黄先生语录》,载《蕲春黄氏文存》,武汉大学出版社。

(日)吉川幸次郎著,钱婉约译 1999 《我的留学记》,光明日报出版社。

肖建春 2001 《多义词“巴”词义及其引申轨迹考》,《西南民族学院学报》第7期。

徐时仪 2013 《〈朱子语类〉词汇研究》,上海古籍出版社。

颜春峰点校 2013 《通俗编(附直语补证)》,中华书局。

曾昭聪 2003 《同声符反义同源词研究综述》,《古汉语研究》第1期。

曾昭聪 2015 《明清俗语辞书及其所录俗语词研究》,上海辞书出版社。

曾昭聪 2015 《〈通俗编〉黄侃评语“正字”辨》,《中国文字研究》第二十一辑。

---

① 黄焯记录《黄先生语录》,载《蕲春黄氏文存》,武汉大学出版社,1993年,第221页。

② (日)吉川幸次郎著,钱婉约译《我的留学记·黄侃给予我的感动》,光明日报出版社,1999年,第63页。

汉语双音“介+时”介宾结构副词化*

陈宝勤

（沈阳大学国际语言文化研究所，沈阳，110044）

提　要： 上古开始，由单音介词与单音时词名词构成一些双音“介+时”介宾结构，在语位、语音、语法、语义、语用五个条件的相互作用下，双音“介+时”介宾结构于句子状语位置上逐渐词汇化与语法化，其中介词逐渐虚无化，时间名词逐渐时间副词化，导致双音“介+时”介宾结构重新分析为双音时间副词。

关键词： 介宾结构；固化虚化；时间副词

汉语双音“介+时”介宾结构副词化，即在语位、语音、语法、语义、语用五个条件的相互作用下、于句子状语位置上双音“介+时”介宾结构中，介词逐渐丧失了语法功能与语法意义而成为一个无义音节、时间名词逐渐虚化为一个时间副词，导致双音“介+时”介宾结构重新分析为双音时间副词的演化。

上古开始，由单音介词与单音时间名词构成一些双音“介+时”介宾结构，如“于先、于前、于时、于今、于古、自古、自先、自前、自今、自后、往前、往后、向前、向后、从今、从前、从初、自初、当初、当时、当今”等双音“介+时”介宾结构，这些双音“介+时”介宾结构在语位、语音、语法、语义、语用五个条件的相互作用下，于句子状语位置上逐渐时间副词化，其中介词“于、自、往、向、从、自、当”的引介功能与语法意义逐渐丧失而成为一个无义音节，时间名词“先、前、今、古、后、初、时”逐渐虚化为一个时间副词，导致双音“介+时”介宾结构重新分析为一个双音时间副词，由介语与宾语两个成分作状语演化为一个时间副词作状语，由表示引介人物行为、事物变化的时间而演化为表示人物行为、事物变化的时间。

---

* 本文为国家社科 14BYY116 课题《汉语双音语法形式与连用形式词汇化与语法化》第一章“汉语双音语法形式词汇化与语法化”中“汉语双音介宾结构词汇化与语法化”中部分研究内容。

下面以上古(殷商至西汉)、中古(东汉至中唐)、近古(唐末至清末)各个历史时段传世文献与出土文献为语料,试对双音“介+时”介宾结构时间副词化进行考察研究。

1 介宾结构“于今”时间副词化

上古以降,迄时与现时介词“于”与时间名词“今”开始构成介宾结构“于今”,引介人物动作行为、事物发展变化的迄时点与现时点;迄时介词“于”意同介词“到”,现时介词“于”意同介词“在”;介宾结构“于今”是在状语位置上由引介人物动作行为、事物发展变化迄时点与现时点两条路径共同词汇化与语法化为“现在、现今”义现时副词的。

1.1 介宾结构“于今”引介迄止时点

上古初期,迄时介词“于”与时间名词“今”开始构成介宾结构“于今”,常在时间分句前作状语,表示人物动作行为、事物发展变化之迄止时点,意为“到今时、到现时”。例如:

(1) 自我不见,于今三年[①]。(《诗经·豳风·东山》)

(2) 不穀即位,于今五年。(《左传·襄公十八年》)

(3) 主相晋国,以为盟主,于今七年矣[②]。(《左传·昭公元年》)

(4) 子教寡人和诸戎狄而正诸华,于今八年。(《国语·晋语七》)

(5) 章,自吾失晏子,于今十有七年,未尝闻吾过不善。(《说苑·君道》)

上举例中“于今”均为引介迄时点介宾结构,皆位于复句后一时间分句之首作状语,表示人物动作行为、事物发展变化之迄止时间;例(1)、例(5)介宾结构“于今”位于后一时间分句句首作状语,表示人物动作行为、事物发展变化时间之迄止点,前一分句句首有起时介词“自”与第一人称代词“我”“吾”构成介宾结构位于否定状动谓“不见”、动宾“失晏子”前作状语,表示人物行为变化之起始点,前后两个分句是起止时间相承之语义关系;例(2)、例(3)、例(4)介宾结构“于今”位于后一时间分句句首作状语,表示人物动作行为迄止点,前一分句表示人物动作行为之起始点,前后两个分句是起止时间相承之语义关系。

上古中晚期,介宾结构“于今”常位于主谓分句或谓语前作状语,表示人物动作行为、事

① 此例意为“自从我们不相见面,到现在已经三年了”。

② 此例意为“您辅佐晋国作为盟主,到现在已经七年了”。

物发展变化之讫止时点,意为“到今时、到现时”。例如:

(1) 自臣之祖,以无大援于晋国,世隶于栾氏,于今三世矣①。(《国语·晋语八》)

(2) 三后之姓,于今为庶②。(《左传·昭公三十二年》)

(3) 不常厥邑,于今五邦③。(《尚书·盘庚上》)

(4) 夫田氏国门击柝之家,父以托其子,兄以托其弟,于今三世矣。(《晏子春秋·外篇·谏十》)

(5) 殷受夏,周受殷,所不辞也,于今为烈④。(《孟子·万章下》)

(6) 且秦以事於胡,陈胜等起,于今创痍未瘳,哙又面谀,欲摇动天下。(《史记·季布栾布列传》)

上举例中“于今”均为引介讫时点介宾结构,都位于复句后一分句句前或谓语前作状语,表示人物动作行为、事物发展变化之讫止时点,意为“到今时、到现时”;上举例(1)介宾结构“于今”位于定中谓语“三世”前作状语,表示自祖父起三代隶属于栾氏之讫止时点,起句句首有起时介词“自”与后句讫时介词“于”相应;例(2)介宾结构“于今”位于动宾“为庶”前作状语,表示三个朝代帝王后裔姓变之讫止时点;例(3)介宾结构“于今”位于定中谓语“五邦”前作状语,表示殷商五次迁都之讫止时点;例(4)介宾结构“于今”位于定中谓语“三世”前作状语,表示田氏国门击柝之家之讫止时点;例(5)介宾结构“于今”位于动宾“为烈”前作状语,表示杀人越货现象越来越厉害之讫止时点;例(6)介宾结构“于今”位于因果复句后一结果分句前作状语,表示人物发展状态之讫止时点。

1.2　介宾结构“于今”引介现在时点

上古末期,现时介词“于”与时间名词“今”开始构成介宾结构,现时介词“于”同介词“在”,时间名词“今”意为“今时、现时”,介宾结构“于今”意为“在今时、在现时”;介宾结构“于今”都位于谓语前作状语,引介人物行为状态、事物发展变化的现在时点。例如:

---

① 此例意为“世代隶属于栾氏,到现在已经三代了”。

② 此例意为“三个朝代的帝王后裔,到现在已经沦落为百姓了”。

③ 此例意为“不能长久住在一个地方,到现在已历经五个国都了”。

④ 此例意为“殷从夏接受这条法规,周又从殷接受这条规,这是他们所不愿意更改的。到现在这种杀人越货的现象越来越厉害”。

(1) 甚矣！道之于今难行也！吾比执道委质以当世之君，而不我受也。(《说苑·反质》)

(2) 古之伐国，不杀黄口，不获二毛，于古为义，于今为笑。(《淮南子·氾论训》)

上举例中“于今”均为引介现时点的介宾结构，位于动谓前作状语，表示“在今时、在现时”意义；例(1)介宾结构“于今”位于状谓“难行”前作状语，引介现时事物的发展变化；例(2)介宾结构“于今”与“于古”相对在前后两个动宾结构“为笑”与“为义”前作状语，引介古时与现时人物不同的行为状态。

中古初期，引介现时的介宾结构“于今”或位于谓语前作状语，引介人物行为状态、事物发展变化的现时点。例如：

(1) 呜虖！向言山陵之戒，于今察之，哀哉！指明梓柱以推废兴，昭矣！① (《汉书·楚元王传》)

(2) (魏太祖)裁缣帛以为帢，合于简易随时之义，色别其贵贱，于今施行，可谓军容，非国容也。(傅玄《补遗上》)

上举例中“于今”都为引介现时点的介宾结构，现时介词“于”意为“在”，时间名词“今”意为“今时、现时”；介宾结构“于今”意为“在今时、在现时”；例(1)介宾结构“于今”位于动宾“察之”前作状语，引介人物行为状态的现时点；例(2)介宾结构“于今”位于动谓“施行”前作状语，引介人物动作行为的现时点。

1.3 介宾结构“于今”时间副词化

上古末期，在汉语双音句节韵律之制约下，介宾结构“于今”于状语位置上开始逐渐词汇化与语法化，其中介词“于”逐渐丧失引介迄时、现时点的功能与介词“到”与“在”的意义，时间名词“今”逐渐时间副词化，在高频率的语用中，最终介词“于”彻底丧失了引介迄时、现时点功能与介词“到”“在”意义而虚化为一个无义音节，时间名词“今”虚化为时间副词，导致“于今”由引介迄时与现时点的介宾结构重新分析为一个双音现时副词，一般位于句子之首或句中谓语前作状语，意为“现时”，语义指向其后的句子或谓语成分，表示人物现

① 此例意为“啊！刘向论述山陵的告诫，在今天来察看，令人哀痛！指明梓木之柱的事来推断废兴，多么明白啊！”

时的行为状态、事物现时的发展状况。在西汉典籍中,有的“于今”在状语位置上发生了结构词汇化与语法化,由引介迄时与现时点的介宾结构重新分析为一个双音现时副词。例如:

(1)(禹)涂山娶妻生子,名启。于今涂山有禹庙,亦为其母立庙。(扬雄《蜀王本纪》)

(2)且代王又亲高帝子,于今见在,且最为长①。(《史记·齐悼惠王世家》)

(3)弘,汉之名相,于今亡比②,而尚见轻。(李寻《对诏问灾异》)

上举例中“于今”皆已结构词汇化与语法化为现时副词,表示“当今、现在”意义,在句中位于句子前或谓语前作状语,表示人物现时之发展状态;例(1)现时副词“于今”位于并列复句前一分句之首作状语,表示涂山有禹庙及禹母庙之现时状况;例(2)现时副词“于今”位于动谓“见在”前作状语,表示代王(刘恒)现时生活状态;例(3)现时副词“于今”位于动宾“亡比”前作状语,表示人物无可比拟的现时状态。

中古初期,在汉语双音句节韵律之制约下,引介迄时点与现时点的介宾结构“于今”在状语位置上进一步词汇化与语法化,其中迄时与现时介词“于”引介功能与介词“到”和“在”意义逐渐丧失、时间名词“今”逐渐弱化,在频繁的语用中,最终现时介词“于”引介语法功能与介词“到”“在”意义完全丧失而成为一个无义音节,时间名词“今”虚化为时间副词,导致“于今”实现了结构词汇化与语法化,由引介迄时点与现时点的介宾结构重新分析为双音现时副词,一般位于句子之首前或句中谓语前作状语,表示人物现时的动作行为与事物现时的发展状态,意为“现时”。

在东汉史书与奏疏等文献中,有些“于今”于状语位置上已实现了结构词汇化与语法化,由引介迄时点与现时点的介宾结构重新分析为现时副词,意为“现时”,于句子之首或句中谓语前作状语,表示人物现时的动作行为、事物现时的发展变化。例如:

(1)主笑曰:“此出吾家,常骑从我,奈何?”左右曰:“于今尊贵无比。”(《汉书·卫青传》)

---

① 此例意为“代王的母亲家薄氏,是善良又厚道的人家;况且代王是高帝的儿子,今健在,年龄最为大”。
② 亡比,即“无比”,意为“无可比拟”。“于今亡比”意为“现在无可比拟”。

(2) 臣闻周室既衰，四夷并侵，猃狁最强，于今匈奴是也。(《汉书·韦贤传》)

(3) 老夫处粤四十九年，于今抱孙焉[①]。(《汉书·赵佗传》)

(4) 于今迎当置长安槁街，一胡人耳，不如在匈奴有益。(《汉书·王莽传》)

(5) 于今遭清明之世，饬躬力行之秋，而怨仇丛兴，讥议横世，盖富贵易为善，贫贱难为工也。(冯衍《上疏自陈》)

(6) 臣伏料北单于所欲致汉使者，欲以离南单于，令西域诸国耳，故汲汲以致汉使。使既到，偃蹇自若。臣愚以为于今宜且勿答。(郑众《上疏谏遣使报单于》)

上举例中“于今”均已结构词汇化与语法化为现时副词，意为“现时”；例(1)现时副词“于今”位于形容主谓句“尊贵无比”前作状语，表示卫青现时生活状态；例(2)现时副词“于今”位于主谓判断句“匈奴是也”前作状语，表示匈奴现时发展变化；例(3)现时副词“于今”位于动宾“抱孙焉”前作状语，表示赵佗现时生活状态；例(4)现时副词“于今”位于状动宾“迎当置长安槁街”前作状语，表示大司马严尤谏言现时对匈奴应当采取的行动；例(5)现时副词“于今”位于转折复句前一分句句首作状语，表示现时清明之世呈现出的种种状况；例(6)现时副词“于今”位于状动谓“宜且勿答”前作状语，表示现时对北单于致汉使者事应暂且勿答。

在东汉汉译佛经中，有的“于今”已结构词汇化与语法化为现时副词，在句子前或谓语前作状语，表示人物现时的行为状态、事物现时的发展变化，意为“现时”。例如：

(1) 于今在上方过六百三十亿佛国，佛揵陀罗耶，其国名尼遮揵陀波勿，萨陀波伦菩萨于彼间止。(《道行般若经》卷九)

(2) 世中常相敬相重相贪相爱，同于我经戒中得道，于今夫妻相见如兄弟。(《摩邓女经》)

(3) 时谏师者，舍利弗是也。吾种此栽，于今始毕。(《中本起经》卷下)

上举例(1)现时副词“于今”位于状动宾句“在上方过六百三十亿佛国”前作状语，表示人物现时行为状况；例(2)现时副词“于今”位于主动宾句“夫妻相见如兄弟”前作状语，表示人物现时生活状态；例(3)现时副词“于今”位于状动谓“始毕”前作状语，表示佛现时行为状态。

---

① 此例意为“我在粤地已有四十九年，现在已经抱上孙子了”。

三国时期,于状语位置上“于今”继续结构词汇化与语法化,由引介迄时点与现时点的介宾结构重新分析为现时副词,意为“现时”,表示人物现时的行为状态、事物现时的发展变化。例如:

(1) 臣闻昔有哀叹而霜陨,悲哭而崩城者。每读其书,谓为信然,于今况之,乃知妄作[①]。(袁绍《上书自讼》)

(2) 于今现在世,若受苦恼时,虽有父母兄,不能受少分。(《本缘经》卷上)

(3) 在昔异时王宝盖者,于今得佛名宝成如来。(《维摩诘经》卷下)

(4) 扬子云潜心著述,有补于世,泥蟠不滓,行参圣师,于今海内谈咏厥辞[②]。(秦宓《与王商书》)

(5) 众皆摧退,而张悌不反,丧军过半。孤甚愧怅,于今无聊[③]。(孙皓《与舅何植书》)

(6) 然今所以能敌之,但以操时兵众,于今适尽,而后生者未悉长大,正是贼衰少未盛之时[④]。(诸葛恪《出军论》)

上举例(1)现时副词“于今”位于动宾“况之”前作状语,表示人物现时的认知状态;例(2)现时副词“于今”位于让步复句前个分句时间状语“现在世若受苦恼时”前作状语,表示众生的现时状况;例(3)现时副词“于今”位于动宾“得佛名宝成如来”前作状语,表示王宝盖者得佛名宝成如来的现时状况;例(4)现时副词“于今”位于状动宾“海内谈咏厥辞”前作状语,表示扬子云在海内大展文才的现时状况;例(5)现时副词“于今”位于动宾“无聊”前作状语,表示孙皓现时愧怅无聊的状态;例(6)现时副词“于今”位于动补“适尽”前作状语,表示曹操现时衰弱的军力状态。

两晋时期,在高频率的语用中,在状语位置上“于今”较多结构词汇化与语法化为现时副词,都位于句子前或谓语前作状语,意为“现时”,表示人物现时的行为状态、事物现时的发展状况。

---

① 此例意为“臣听说从前有人悲哀叹息而上天感动得下霜,有人伤心痛哭而城墙为之倒塌。每次读到这种书,我以为真是这样,以现今的情形比况这些,才知虚妄”。

② 谈咏:谈论吟咏;厥辞:铺张辞藻。

③ 愧怅:羞愧惆怅;无聊:枯燥无味、没有意思。

④ 此例意为“然而今日所以能够抵抗魏国,是因为曹操手上的兵员,现在已损耗殆尽,而后来出生的人还未长成,正是敌人衰弱兵少尚未强盛之际”。

在西晋竺法护汉译佛经中，在状语位置上“于今”多实现了结构词汇化与语法化，现时副词“于今”应用频率很高，都位于句子前或谓语前作状语，意为“现时”。例如：

(1) 于今十方土，现在天人尊①。一切有为业，归大仁师子。(《顶王经》)

(2) 我等不解亦不觉了，于今悉住罗汉之地，而谓灭度。(《正法华经》卷五)

(3) 于今天时大霖雨，汝促开户恼我，且持食来活我命。(《生经》卷五)

(4) 于今沙门察我住，以得视息复欲喘。(《普曜经》卷五)

(5) 于今宾自者，人中雄善乐法清戒。(《般泥洹经》卷上)

(6) 开导大难亦复希有，如吾于今所立教训。(《持人菩萨经》卷一)

(7) 吾今嘱累，殷懃告勅，于今住在如来之前。(《渐备一切智德经》卷五)

(8) 诸天于今为获善利心入妙法，我亦颁宣当何所作。(《顺权方便经》卷下)

(9) 汝等皆无知，但作强法语。已为放逸行，于今甫啼泣。(《方等般泥洹经》卷下)

上举例中“于今”都已结构词汇化与语法化为现时副词，位于句子前或谓语前作状语，意为“现时”，表示人物现时的行为变化、事物现时的发展状态；例(1)现时副词“于今”与“现在”相对在前后句定中“十方土”与主谓“天人尊”前作状语，表示“十方土”与“天人尊”的现时状态；例(2)现时副词“于今”位于状动宾“悉住罗汉之地”前作状语，表示五百无著现时修行状态；例(3)现时副词“于今”位于主谓句“天时大霖雨”前作状语，表示天时的现时变化状态；例(4)现时副词“于今”位于主谓句“沙门察我住”前作状语，表示沙门的现时行为状态；例(5)现时副词“于今”位于主谓句“宾自者，人中雄善乐法清戒”前作状语，表示宾自者的现时状态；例(6)现时副词“于今”位于动宾“所立教训”前作状语，表示如来现时行为状态；例(7)现时副词“于今”位于动补“住在如来之前”前作状语，表示佛子现时行为状态；例(8)现时副词“于今”位于连动宾“为获善利心入妙法”前作状语，表示诸天现时行为状态；例(9)现时副词“于今”位于状动谓“甫啼泣”前作状语，表示释梵天龙鬼神等现时行为状态。

在西晋汉文表疏中，在状语位置上“于今”较多实现了结构词汇化与语法化，由双音“介+时”介宾结构重新分析为现时副词，现时副词“于今”在表疏中应用较多，都位于句子

① “天人尊”指佛是“天与人中之尊”，“十方土”意指“大千世界”。

前或谓语前作状语,意为“现时”,表示人物现时的行为状态、事物现时的发展状况。例如:

(1) 古人称“荣华于顺旨,枯槁于逆违”,诚哉斯言,于今信①矣。(石崇《自理表》)

(2) 于今国家大计,使异姓无裂土专封之邑,同姓并据有连城之地。(段灼《上表陈五事》)

(3) 于今困劣②,救命呼噏,父兄见出,妻息长诀。(皇甫谧《让徵聘表》)

(4) 河朔萧条,崤函险涩,宛都屡败,江汉多虞,于今平夷,东南为愈。(周馥《上书请迁都寿春》)

(5) 若昌父及二母于今各存者,则前母不废,已有明徵也。(陈寿《驳虞溥议王昌前母服》)。

(6) 于今亲掌者动受成于上,上之所失,不得复以罪下,岁终事功不建,不知所责也。(刘颂《除淮南相在郡上疏》)

(7) 旧京荒废,今既散亡,音韵曲折,又无识者,则于今难以意言。(贺循《答尚书下太常祭祀所用乐名》)

上举例中“于今”皆已结构词汇化与语法化为现时副词,位于句子前或谓语前作状语,意为“现时”,表示人物现时的行为状态、事物现时的发展变化;例(1)现时副词“于今”位于动谓“信”前作状语,表示上表者现时心理状态;例(2)现时副词“于今”位于句首作状语,表示国家现时应采取的措施;例(3)现时副词“于今”位于形谓“困劣”前作状语,表示上表者现时身体状态;例(4)现时副词“于今”位于动宾“平夷”前作状语,表示上表者现时行为状况;例(5)现时副词“于今”位于状动谓“各存”前作状语,表示人物现时状况;例(6)现时副词“于今”位于现时副词“于今”位于句首作状语,表示人物现时状况;例(7)现时副词“于今”位于现时副词“于今”位于状动谓“难以意言”前作状语,表示人物现时状态。

在东晋汉译佛经中,现时副词“于今”应用频率很高,均位于句子前或谓语前作状语,意为“现时”。例如:

(1) 于今我首上,已生衰耗毛;天使已来至,宜当时出家。(《增壹阿含经》卷一)

① 信:动词“相信”。

② 困劣:形容词“虚弱”。

(2) 鸣呼！苦哉！世间眼灭，众生于今无所归依。(《大涅槃经》卷上)

(3) 因彼故，诸尼乾于今受极重苦①。(《中阿含经》卷四)

(4) 我于今分别道说。(《梵志问种尊经》一卷)

(5) 过去作善业，果报于今现，我以于珠贯。(《大庄严经》卷十五)

(6) 汝以身口意业，于今现在供养恭敬尊重于我。(《小品般若经》卷十)

(7) 世尊久远来，勤苦所求愿，无上正真道，于今始乃得。(《十住经》卷二)

(8) 我昔所志愿，于今悉成满，唯愿俱往诣，供养彼如来。(《华严经》卷五十六)

(9) 不兰六师等，少出家学道，于今积年形神俱乏，不能得成无上道。(《出曜经》卷十三)

上举例中“于今”都已结构词汇化与语法化为现时副词，位于句子前或谓语前作状语，表示人物现时的行为状态、事物现时的发展变化，意为“现时”；例(1)现时副词“于今”位于主动宾“我首上已生衰耗毛”前作状语，表示诸大王现时状态；例(2)现时副词“于今”位于连动谓“无所归依”前作状语，表示众生现时状态；例(3)现时副词“于今”位于动宾“受极重苦”前作状语，表示诸尼乾子现时状态；例(4)现时副词“于今”位于状动谓“分别道说”前作状语，表示頞波罗延婆罗门对五百婆罗门人分别道说的现时行为；例(5)现时副词“于今”在动谓“现”前作状语，表示大王现时状态；例(6)现时副词“于今”与“现在”同义并列位于动补“供养恭敬尊重于我”前作状语，表示阿难现时对佛供养恭敬尊重状态；例(7)现时副词“于今”位于状动谓“始乃得”前作状语，表示现时才得世尊久来勤苦所求无上正真道的状况；例(8)现时副词“于今”与“现在”同义并列位于状动补“悉成满”前作状语，表示太子妃所愿现时悉成满的状态；例(9)现时副词“于今”位于因果复句“积年形神俱乏，不能得成无上道”前作状语，表示不兰六师等现时修行学道状态。

在东晋汉文典籍中，现时副词“于今”应用较多，都位于句子前或谓语前作状语，意为“现时”，表示人物现时的行为状态、事物现时的发展状况。例如：

(1) 北岸有一白鹿，鹿泅过江，行人见之，乘刀竞逐，谓至山下必得鹿，忽然若飞超冈而去，于今此壁谓之白鹿山。(袁豹《白鹿诗序》)

(2) 密与刘禅表疏，说欲伪服事钟会，因杀之以复蜀土，会事不捷，遂至泯灭，蜀人

① 尼乾：是“尼乾陀若提子”之简称，也简称作“尼乾子”，“尼乾”为“修行外道之总名”。

于今伤之。(孙盛《〈晋阳秋〉评姜维谋复蜀》)

(3) 此或四公所预,于今亦无以辩之,但求古贤之心,宜存之远大耳。(殷仲堪《答桓玄四皓论》)

(4) 若更仕一君,便绝前君,足下疑于今为人吏是也。(徐邈《答虞道恭问》)

(5) 流目视西园,晔晔荣紫葵。于今甚可爱,奈何当复衰。(陶潜《和胡西曹示顾贼曹》)

(6) 古秤金一斤,于今为二斤,率不过直三十许万,其所用杂药差易具。(《抱朴子·内篇·金丹》)

(7) 受爵即第,为骠骑营立宅舍于博望里。于今基兆石础存焉。(《抱朴子·内篇·自叙》)

(8) 故善围棋之无比者,则谓之棋圣,故严子卿、马绥明于今有棋圣之名焉。善史书之绝时者,则谓之书圣,故皇象、胡昭于今有书圣之名焉。善图画之过人者,则谓之画圣,故卫协、张墨于今有画圣之名焉。善刻削之尤巧者,则谓之木圣,故张衡、马钧于今有木圣之名焉。(《抱朴子·内篇·辩问》)

上举例中"于今"都已由介宾结构重新分析为现时副词,位于句子前或谓语前作状语,意为"现时",表示人物现时的行为状态、事物现时的发展变化;例(1)现时副词"于今"位于主动双宾句"此壁谓之白鹿山"前作状语,表示此壁现时称谓情况;例(2)现时副词"于今"位于动宾"伤之"前作状语,表示蜀人现时状况;例(3)现时副词"于今"位于状动宾"亦无以辩之"前作状语,表示人物现时状态;例(4)现时副词"于今"位于主谓"为人吏是"前作状语,表示人物现时状态;例(5)现时副词"于今"位于状谓"甚可爱"前作状语,表示西园紫葵现时状态;例(6)现时副词"于今"位于动宾"为二斤"前作状语,表示秤金的现时状况;例(7)现时副词"于今"位于主谓句"基兆石础存"前作状语,表示基兆石础存的现时状况;例(8)在四个因果复句后个句首前,现时副词"于今"分别位于动宾"有棋圣之名""有书圣之名""有木圣之名""有画圣之名"前作状语,表示"棋圣""书圣""画圣""木圣"的现时状况。

南北朝时期,在长期频繁的语用中,在状语位置上"于今"较多结构词汇化与语法化为现时副词,都位于句子前或谓语前作状语,意为"现今、现在,语义指向其后的句子或谓语成分,表示人物现时的行为状态、事物现时的发展状况。

在南北朝佛教文献中,现时副词"于今"出现的频率很高,都位于句子前或谓语前作状

语,表示“现时”意义。例如:

(1) 于今複作如是大施,供养如来及比丘僧。(《悲华经》卷二)

(2) 如来于今临般涅槃,方更转于无上法轮。(《大般涅槃经》卷十四)

(3) 我于一切天人之中最尊最胜,无量生死于今尽矣。(《因果经》卷一)

(4) 我于彼等不得自在,是故于今五浊极恶白法损减。(《大集经》卷四十九)

(5) 于今在此受天欲乐,如是大仙、彼天童子、天女相随。(《毘耶娑问经》卷下)

(6) 如来虽灭度,于今已千岁,彼所制律仪,我悉已备足。(《杂阿含经》卷二十五)

(7) 于过去世中,能作实语,消除我病,于今现世亦以实言而愈我病。(《杂宝藏经》卷七)

(8) 何况菩萨于今现在,若得闻遇此三昧经,受持读诵其福如上已不可量。(《菩萨念佛三昧经》卷五)

上举例中“于今”都已结构词汇化与语法化为现时副词,位于句子前或谓语前作状语,语义指向其后的句子或谓语成分,表示人物现时的行为状态、事物现时的发展变化,意为“现时”;例(1)现时副词“于今”位于目的复句前个分句之首作状语,表示梵志现时的行为状况;例(2)现时副词“于今”位于条件复句前个分句动宾“临般涅槃”前作状语,表示如来现时弘扬佛法的状况;例(3)现时副词“于今”位于动谓“尽”前作状语,表示现时无量生死的变化;例(4)现时副词“于今”位于主谓句“五浊极恶白法损减”前作状语,表示现时五浊极恶白法变化;例(5)现时副词“于今”位于状连动“在此受天欲乐”前作状语,表示童子现时行为状态;例(6)现时副词“于今”位于状谓“已千岁”前作状语,表示现时如来所制律仪的影响;例(7)现时副词“于今”与“现世”同义并列位于状动双宾“亦以实言而愈我病”前作状语,表示十力迦叶以实言使子病愈现时状态;例(8)现时副词“于今”与“现在”同义并列位于假设复句前个分句之首,表示菩萨遇此三昧经的现时状态。

在南北朝汉文典籍中,现时副词“于今”应用较普遍,均位于句子前或谓语前作状语,语义指向其后的句子或谓语成分,表示人物现时的行为状态、事物现时的发展状况,意为“现时”。例如:

(1) 袁孝尼尝请学此散,吾靳固不与,广陵散于今绝矣!(《世说新语·雅量》)

(2) 足下所闻者高,于今犹可豹变[1]也。(刘宋・宗炳《又答何衡阳书》)

(3) 寻告郊克辰,于今宜改,告事而已。(《宋书・礼志三》)

(4) 御府诸署池田邸冶,兴废沿事,本施一时,于今无用者,详所罢省。(《南齐书・郁林王本纪》)

(5) 本制著存,是周五室也;于今不同,是汉异周也。(北魏・袁翻《明堂议》)

(6) 此江小不足泻水,禹更开今峡口,水势并冲,此江遂绝,于今谓之断江也[2]。(《水经注・江水二》)

(7) 史官据成事而书,于今观之,有别明矣。(《魏书・游雅传》)

(8) 于今但是折净五子所说,以此推之,老喜为佛,虚妄可笑。(甄鸾《五佛并出五》)

上举例中"于今"都为现时副词,位于句子前或谓语前作状语,表示人物现时的行为状态、事物现时的发展变化,意为"现时";例(1)现时副词"于今"位于动谓"绝"前作状语,表示广陵散现时已经绝迹的状况;例(2)现时副词"于今"位于状动谓"犹可豹变"前作状语,表示尚有高升的现时变化;例(3)现时副词"于今"位于状动谓"宜改"前作状语,表示应该改变郊祀的现时状况;例(4)现时副词"于今"位于动宾"无用"前作状语,表示无用的应审慎废除的现时状况;例(5)现时副词"于今"位于状谓"不同"前作状语,表示本制与周不相同的现时状况;例(6)现时副词"于今"位于动双宾"谓之断江"前作状语,表示断江现时状况;例(7)现时副词"于今"位于动宾"观之"前作状语,表示史官据成事而书现时有别明的状况;例(8)现时副词"于今"位于果因复句内套因果复句前个结果分句前作状语,表示现时折净五子所说而推之老喜为佛虚妄可笑的状况。

隋唐时期,随着汉语双音复合词的发展,在状语位置上"于今"多结构词汇化与语法化为现时副词,都位于句子前或谓语前作状语,意为"现时",语义指向其后的句子或谓语成分,表示人物现时的行为状态、事物现时的发展状况。

在隋唐佛教文献中,现时副词"于今应用普遍,都位于句子前或谓语前作状语,表示"现时"意义。例如:

---

① 豹变:本义为"像豹子花纹那样变化"。《周易・革》:"上六,君子豹变,小人革面。"《三国志・蜀书・后主传》:"降心回虑,应机豹变。"比喻义为"比喻润饰事业或文字"。《晋书・应贞传》:"位以龙飞,文以豹变。"比喻义为"地位高升而显贵"。(梁)刘孝标《辨命论》:"视彭、韩之豹变,谓鸷猛致人爵。"

② 此例意为"因此江太小,泄水木畅,于是禹又另开了今天这道峡口,水势全从这里直冲而下,此江于是就断了,现在称之为断江"。

(1) 我等今者当于此处必应得脱,我等于今定当讫了。(《起世因本经》卷四)

(2) 若我于今欲修学,应当如昔观作田。(《佛本行集经》卷二十五)

(3) 于今如来至真之言,宣斯菩萨之所应行。(《大宝积经》卷十三)

(4) 汝等于今悲哀惜我,以是因缘于旧生爱。(《大乘理趣经》卷三)

(5) 若我于今犹行是事,则为欺诳三世诸佛。(《华严经》卷二十一)

(6) 无量百千劫,具慈悲喜舍,禅定智慧通,于今证涅槃。(《大庄严经》卷八)

(7) 彼善男子、善女人等曾于过去无量佛所多种善根,故于今生能办是事。(《大般若经》卷三百四十六)

(8) 我等于今当何所往,妙喜国土虽入此界,然其众相无减无增,堪忍世间亦不迫迮。(《无垢称经》卷六)

上举例中“于今”均已结构词汇化与语法化为现时副词,位于句子前或谓语前作状语,意为“现时”,语义指向其后的句子或谓语成分,表示人物现时的行为状态、事物现时的发展状况;例(1)现时副词“于今”位于状动谓“定当讫”前作状语,表示佛欲令诸众生等脱离生死轮回到达涅槃的现时愿望;例(2)现时副词“于今”位于假设复句前个分句假设连词“若”后、状动宾“欲修学”前作状语,表示我等现时修行的愿望;例(3)现时副词“于今”位于主谓句句首作状语,表示如来现时的言行状况;例(4)现时副词“于今”位于状动宾“悲哀惜我”前作状语,表示汝等现时悲哀惜我的状态;例(5)现时副词“于今”位于假设复句前个分句假设连词“若”后、状动宾“犹行是事”前作状语,表示我现时不应有的行为状况;例(6)现时副词“于今”位于动宾“证涅槃”前作状语,表示地狱中诸众生等现时行为状态;例(7)现时副词“于今”位于因果复句后个结果连词后、状动宾“今生能办是事”前作状语,表示善男善女现时修学的愿望;例(8)现时副词“于今”位于状宾动“当何所往”前作状语,表示我等现时应有的行为状态。

在唐代诗歌中,在状语位置上的“于今”应用频率很高,多已结构词汇化与语法化为现时副词,意为“现时”,语义指向其后的句子或谓语成分,表示人物现时的行为状态、事物现时的发展变化。例如:

(1) 在昔高门内,于今岐路傍。余基不可识,古墓列成行。(王绩《过汉故城》)

(2) 下车惭政美,闭阁幸时康。多谢南征术,于今尚不亡。(崔湜《襄阳作》)

(3) 昨来属欢游,于今尽成昔。努力持所趣,空名定何益。(苏晋《过贾六》)

(4) 白沙留月色,绿竹助秋声。却笑严湍上,于今独擅名。(李白《题宛溪馆》)

(5) 伊昔望霄汉,于今倦蒿莱。男儿命未达,且尽手中杯。(高适《宋中遇陈二》)

(6) 东蒙赴旧隐,尚忆同志乐。休事董先生,于今独萧索。(杜甫《昔游》)

(7) 于今年少尚如此,历睹远代无伦比。(朱逵《怀素上人草书歌》)

(8) 世上于今重检身,吾徒耽酒作狂人。(元稹《送复梦赴韦令幕》)

上举例中“于今”均为现时副词,位于句子前或谓语前作状语,意为“现时”;例(1)现时副词“于今”与“在昔”相对位于谓语“高门内”与“岐路傍”前作状语,表示现时与昔时人物的变化,“高门内”意为“在高门内”,“岐路傍”意为“在岐路傍”;例(2)现时副词“于今”位于状动谓“尚不亡”前作状语,表示现时人物的状态;例(3)现时副词“于今”与“昨来”相对位于状动宾“尽成昔”与动宾“属欢游”前作状语,表示现时与昨时人物的变化;例(4)现时副词“于今”位于状动宾“独擅名”前作状语,表示现时新安江严子滩的状态;例(5)现时副词“于今”与“伊昔”相对位于动宾“倦蒿莱”与动宾“望霄汉”前作状语,表示现时与昔时人物的变化;例(6)现时副词“于今”位于状形谓“独萧索”前作状语,表示人物的现时状态;例(7)现时副词“于今”位于状动宾“年少尚如此”前作状语,表示人物现时状态;例(8)现时副词“于今”位于状动宾“重检身”前作状语,表示人物现时行为状态。

在唐诗之外的文献中,在状语位置上的“于今”也多已结构词汇化与语法化为现时副词,意为“现时”,语义指向其后的句子或谓语成分,表示人物现时的行为状态、事物现时的发展状况。例如:

(1) 经启之功,于今是赖,巍巍荡荡,无得而名。(陆贽《祭大禹庙文》)

(2) 胡姓本出安定,后徙清河,于今为宗城,属贝州。(韩愈《送湖南李正字序》)

(3) 然不登兹选,未足其心。故吾于今归汝职业,仍迁秩为五兵郎中,勉继颜、陈,无辱吾举。(白居易《冯宿除兵部郎中知制诰制》)

(4) 开明之没玉垒,李冰之穿二江。嘉而保之,沃此黎首,水旱不作,于今赖之。(李景让(《南渎大江广源公庙记》)

(5) 玉烛调化,金镜照耀,所谓轮瑞之运,于今见矣。(僧空海(《献梵字并杂文表》)

上举例中“于今”皆为现时副词,位于句子前或谓语前作状语,意为“现时”;例(1)现时副词“于今”位于宾动“是赖”前作状语,表示人物现时行为状态;例(2)现时副词“于今”位于动宾“为宗城”前作状语，表示胡姓现时属地；例(3)现时副词“于今”位于动双宾“归汝职业”前作状语，表示人物现时职业状态；例(4)现时副词“于今”位于动宾“赖之”前作状语，表示现时依赖于江水的生态状况；例(5)现时副词“于今”位于动谓“见”前作状语，表示轮瑞之运现时而见的状况。

介宾结构“于今”是于状语位置上、在汉语双音句节韵律之制约下实现词汇化与语法化的，是以介词“于”逐渐丧失引介迄时与现时点功能与介词“到”与“在”意义、时间名词“今”逐渐虚化为始点，以介词“于”彻底丧失了引介迄时与现时点功能与介词“到”“在”意义而虚化为一个无义音节、时间名词“今”虚化为一个时间副词为结点；“于今”结构词汇化与语法化的过程是其由引介迄时与现时点的介宾结构重新分析为一个现时副词的过程，是由表示介词“到、在”与时间名词“今时、现时”两个意义虚化融合为一个现时副词“现时”意义的过程；介宾结构“于今”词汇化与语法化，是在高频率的语用中通过人们的主观认知实现的，其结构词汇化与语法化开始于上古末期，发展于中古前中期，成熟于中古末期，终结于近古晚期；介宾结构“于今”词汇化与语法化的路程是漫长的，需经历一个双音介宾结构与双音现时副词同形并用历史阶段后，方能走完其词汇化与语法化的里程。

2　介宾结构“于古”时间副词化

于古，作为古时副词，是在状语位置上由引介古时点与起时点的介宾结构词汇化与语法化而来。引介古时点介词“于”同介词“在”，引介起时点介词“于”同介词“自、从”，时间名词“古”意为“古代、古时”；上古末期，介词“于”与时间名词“古”开始构成介宾结构“于古”，引介古时点与起时点，古时点介宾结构“于古”意为“在古代、在古时”，起时点介宾结构“于古”意为“从古代、从古时、自古代、自古是”。

引介古时点介宾结构“于古”一般位于句子前或谓语前作状语，表示人物动作行为或事物发展变化的古时点。例如：

(1) 古之伐国，不杀黄口，不获二毛，于古为义，于今为笑。(《淮南子·泛论训》)

(2) 其于古犹有余，而食之甚不足者，其咎安在？(汉文帝《求言诏》)

(3) 其余罪次，于古当生，今触死者，皆可募行肉刑。(《汉书·刑法志》)

(4) 然则嫡孙于古则有殊制，于今则无异等。(庾纯《孙为祖持重议》)

(5) 天子先祫后时，诸侯先时后祫。此于古为当，在今则烦。(《魏书·礼志》)

(6) 故君自未成童，品常第四，人犹曰于古为薄。(柳宗元《送南涪州量移澧州序》)

上举例中“于古”均为介宾结构,意为“在古代、在古时”,皆位于动词性谓语前作状语,表示人物动作行为或事物发展变化的古时点;例(1)介宾结构“于古”与“于今”相对于前后两个动宾结构前作状语,表示人物在古时与在今时两个相异的行为状态;例(2)介宾结构“于古”位于状动宾“犹有余”前作状语,表示人物在古时的状态;例(3)介宾结构“于古”位于状动谓“当生”前作状语,表示人物在古时的罪刑状态;例(4)介宾结构“于古”与“于今”相对在前后句两个动宾结构“有殊制”与“无异”前作状语,表示人物在古时与在今时两个不同的状态;例(5)介宾结构“于古”与“在今”在前后句动宾“为当”与状谓“则烦”前作状语,表示人物在古时与在今时两种不同情状;例(6)介宾结构“于古”位于动宾“为薄”前作状语,表示人物官级在古时的状态。

引介起时点介宾结构“于古”一般位于句子前或谓语前作状语,表示人物动作行为或事物发展变化的起时点。例如:

(1) 有一于此,犹可以称,况乃忠兼三义,文备三德,于古志不悖。(东汉·蔡邕《朱公叔谥议》)

(2) 权群臣议,以为宜称上将军、九州伯,不应受魏封。权曰:“九州伯,于古未闻也。”(《三国志·吴书·吴主传》裴注引《江表传》)

(3) 顷代人君不复躬牵,相承丹阳尹牵牲,于古无取。(何佟之《省牲牵牲割牲议》)

(4) 先生揭德振华,于古有光,贤者故事有易名,况士栽!(韩愈《贞曜先生墓志铭》)

(5) 新宫既成,崇报孔明,于古有经,公粹厥诚。(柳宗元《道州文宣王庙碑》)

上举例中“于古”均为介宾结构,意为“自古代、自古时”,均位于句子前或谓语前作状语,语义指向其后的句子或谓语成分,表示人物动作行为或事物发展变化的起时点;例(1)介宾结构“于古”位于主状谓“志不悖”前作状语,表示人物“志不悖”的起时点;例(2)介宾结构“于古”位于状动谓“未闻”前作状语,表示人物“未闻九州伯”的起时点;例(3)介宾结构“于古”位于状动谓“无取”前作状语,表示“无取省牲牵牲割牲”的起时点;例(4)介宾结构“于古”位于动宾“有光”前作状语,表示人物“有光”的起时点;例(5)介宾结构“于古”位于动宾“有经”前作状语,表示人物“有经”的起时点。

近古以降,在汉语双音句节韵律的制约下,介宾结构“于古”在状语位置上开始逐渐词汇化与语法化，介词“于”引介古时点与起时点的语法功能与“在、自、从”意义逐渐丧失，时间名词“古”逐渐时间副词化，近古开始介词“于”语法功能与语法意义彻底丧失而成为一个无义音节，时间名词“古”虚化为时间副词，导致“于古”由引介古时点与起时点的介宾结构重新分析为一个古时副词，意为“古代、古时”，位于句首或句中作状语，语义指向其后的句子或谓语成分，表示人物古时的动作行为、事物古时的性质状态。例如：

(1) 是则府君于古实为盛，于今实为窒，儒之职固愿伸白其道，编次于文。(黄溍《陈府君墓志铭》)

(2) 今之学者，于古圣贤所皇皇汲汲者。(欧阳修《答李诩第二书》)

(3) 今以群守，选属列曹。任人之隆，于古为重。(苏轼《乔执中可朝请郎尚书吏部郎中》)

(4) 丧服，如至尊之丧，小官及士庶等服，于古皆差。(《朱子语类》卷八十九《礼六・丧》)

(5) 考满洲旧壤，本在白山黑水之间。于古为肃慎，汉为辰韩，魏晋为勿吉，隋唐为靺鞨，宋为女真之完颜部，明初为建州左、右卫。(《满清外史・总论》)

上举例中“于古”均已结构词汇化与语法化为古时副词，位于句首或句中作状语，意为“古代、古时”；例(1)古时副词“于古”与现时副词“于今”相对于前后句状动宾“实为盛”与“实为窒”前作状语，表示府君古今“盛”与“窒”不同状态；例(2)古时副词“于古”位于判断句“圣贤所皇皇汲汲者”前作状语，表示古时圣贤急切匆忙的状态；例(3)古时副词“于古”位于动宾“为重”前作状语，表示古时以任人为重的状态；例(4)古时副词“于古”位于状动谓“皆差”前作状语，表示古时小官及士庶等服都差的情况；例(5)古时副词“于古”位于动宾“为肃慎”前作状语，表示满洲旧壤在古时的归属情况。

3 介宾结构“于先”时间副词化

于先，作为先时副词，是在状语位置上引介先时点的介宾结构词汇化与语法化而来。中古以降，先时点介词“于”与时间名词“先”开始构成引介先时点的介宾结构，先时点介词“于”同介词“在”，时间名词“先”意为“先时、先前”，先时点介宾结构“于先”意为“在先时、在先前”。引介先时点的介宾结构“于先”主要应用于中古以降佛教文献中，均位于句子前或谓语前作状语，引介人物行为状态的先时点或事物发展变化的先时点。例如：

(1) 尔时,众中有……迦叶、目连等未受具戒众中有一均头沙弥,于先受筹监拔圣路。(《须摩提女经》)

(2) 诸大臣中有一大臣,于先遥见彼辟支佛缘觉世尊。(《摩诃僧祇律》卷六十八)

(3) 汝于先去为僧处分受食厨,勿令初夜过。(《摩诃僧祇律》卷六十八)

(4) 有人……于先所学法中求萨婆若。(《大智度论》卷上)

(5) 诸大力者,于先持去,我不能得。(《杂宝藏经》卷七)

(6) 有一天子始生此天,于先诸天三事特胜。(《杂阿含经》卷四十六)

上举例中“于先”均为介宾结构,皆于句子前或谓语前作状语,意为“在先时、在先前”,引介人物动作行为、事物发展变化之先时点;例(1)介宾结构“于先”位于动宾“受筹监拔圣路”前作状语,引介僧伽受筹监拔圣路的先时点;例(2)介宾结构“于先”位于状动宾“遥见彼辟支佛缘觉世尊”前作状语,引介大臣遥见辟支佛缘觉世尊的先时点;例(3)介宾结构“于先”在连动谓“去为僧处分受食厨”前作状语,引介佛告优波离去为僧处分受食厨的先时点;例(4)介宾结构“于先”在状动宾“所学法中求萨婆若”前作状语,引介有人所学法中求萨婆若的先时点;例(5)介宾结构“于先”在动补“持去”前作状语,引介诸大力持去的先时点;例(6)介宾结构“于先”在主谓“诸天三事特胜”前作状语,引介诸天三事特胜的先时点。

中古中期,在汉语双音句节韵律的制约下,介宾结构“于先”在状语位置上逐渐词汇化与语法化,介词“于”语法功能与语法意义逐渐丧失,时间名词“先”逐渐时间副词化,最终在高频率语用中介词“于”语法功能与语法意义彻底丧失而虚化为一个无义音节,时间名词“先”虚化为一个时间副词,导致介宾结构“于先”重新分析为一个先时副词,位于句子前或谓语前作状语,表示人物先时动作行为、事物先时发展变化,意为“先前、起先”。因引介先时点介宾结构“于先”也多应用于中古以降佛教文献中,故其中古中期词汇化与语法化为先时副词以后,大都应用于中古中期以降佛教文献中。例如:

(1) 然于先所闻法独一静处思惟观察。(《杂阿含经》卷二十一)

(2) 大仙世尊无量智,于先已雨如是雨。(《大集经》卷四十七)

(3) 此外道于先已在痴暗。(《俱舍释论》卷二十二)

(4) 于先所有五欲功德在目前者,皆没不现。(《起世经》卷四)

(5) 我是持法人,我本于先不闻是等。(《陀罗尼经》卷十六)

(6) 何缘此众见,然今利根者,于先杀害人,复得记菩提。(《无所有菩萨经》卷三)

上举例中“于先”皆已结构词汇化与语法化为先时副词，在句子前或谓语前作状语，意为“先前、起先”，表示人物先时行为状态、事物先时发展状况；例(1)先时副词“于先”位于句首作状语，表示圣弟子先时所闻法的情况；例(2)先时副词“于先”位于后句之前作状语，表示先时世尊雨无量智雨的状况；例(3)先时副词“于先”位于状形谓“已在痴暗”前作状语，表示外道先时已痴暗的状态；例(4)先时副词“于先”位于句首作状语，表示五欲功德先时变化状态；例(5)先时副词“于先”位于状动宾“不闻是等”前作状语，表示持法人先时的行为状况；例(6)先时副词“于先”位于动宾“杀害人”前作状语，表示现在利根者先时的行为状况。

4 介宾结构“于后”时间副词化

于后，作为后时副词，是在状语位置上引介后时点的介宾结构词汇化与语法化而来。上古时期，后时点介词“于”与时间名词“后”开始构成介宾结构，介词“于”同介词“在”，时间名词“后”意为“今后、以后”，引介后时点的介宾结构“于后”意为“在今后、在以后”，一般位于顺承复句后个分句句首或谓语前作状语，引介人物动作行为、事物发展变化的后时点。在上古时期文献中，引介后时点的介宾结构“于后”位于顺承复句后个分句前或谓语前作状语的用例很少。例如：

(1) 周公居东二年，则罪人斯得。于后，公乃为诗以贻王。(《尚书·周书·金縢》)

(2) 幽王欲褒姒之笑也，因数击鼓，诸侯之兵皆数至而无寇至。于后戎寇真至，幽王击鼓，侯兵不至。(《吕氏春秋·慎行论·疑似》)

上举例中“于后”都为介宾结构，位于顺承复句后个分句之前引介人物动作行为的后时点，意为“在今后、在以后”；例(1)介宾结构“于后”位于顺承复句后个分句“公乃为诗以贻王”前作状语，引介人物动作行为的后时点；例(2)介宾结构“于后”位于顺承复句前个分句“戎寇真至”前作状语，引介人物动作行为的后时点。

中古开始，引介后时点介宾结构“于后”常在顺承复句后个分句前或谓语前作状语，意为“在今后、在以后”，引介人物动作行为、事物发展变化的后时点。

在中古佛教文献中，介宾结构“于后”在顺承复句后个分句前或谓语前作状语，引介人物行为、事物变化后时点，表示“在今后、在以后”的应用较多。例如：

(1) 一者为吏所捕,将归藏匿之,于后解决之。(《六方礼经》)

(2) 若诸菩萨成就此法,则能于后下生人间。(《华严经》卷五十八)

(3) 如人将盲至蕀林中舍之而还,盲人于后甚难得出。(《大涅槃经》卷三十七)

(4) 我今无所恃,唯当归依汝。于后受身时,观察莫忘我。(《大庄严经》卷三)

(5) 汝现在导师,彼第一人,随受汝教,于后不久,舍平正道,从恶道还。(《中阿含经》卷三十五)

(6) 佛知其本根,于后百年,当弘大事,便答仙人。(释慧观《修行地不净观经序》)

上举例中"于后"皆为介宾结构,位于顺承复句后个分句句首或谓语前作状语,引介人物动作行为、事物发展变化的后时点,意为"在今后、在以后";例(1)介宾结构"于后"位于后个动宾分句"解决之"前作状语,引介善知识行为的后时点;例(2)介宾结构"于后"位于状动宾分句"甚难得出"前作状语,引介诸菩萨行为的后时点;例(3)介宾结构"于后"位于状动补"甚难得出"前作状语,引介盲人发展变化的后时点;例(4)介宾结构"于后"位于状连动宾"受身时,观察莫忘我"前作状语,引介病比丘偈语告诸同学出家修法行为的后时点;例(5)介宾结构"于后"位于后个状连动分句"不久,舍平正道,从恶道还"前作状语,引介善知识行为的后时点;例(6)介宾结构"于后"位于状动宾分句"百年,当弘大事"前作状语,引介佛预兆百年变化的后时点。

在中古汉文典籍中,介宾结构"于后"在顺承复句后个分句前或单句谓语前作状语,引介人物行为、事物变化后时点,表示"在今后、在以后"意义的应用较少。例如:

(1) 如非是前王,则不去,而于后去之,是后王不肖甚于前。(《论衡·非韩》)

(2) 其余赐内外百官,逮于流外,多者百余匹,下至十匹。于后,禧诸子每乏衣食,独彭城王勰岁中再三赈给之。(《魏书·咸阳王禧传》)

(3) 在昔应多,在今宜少,虽于后应多,即事未须,皆悉减省。(贺琛《条奏时务封事》)

上举例中"于后"皆为介宾结构,意为"在今后、在以后";例(1)介宾结构"于后"位于后个动宾"分句去之"前作状语,引介人物行为的后时点;例(2)介宾结构"于后"位于后个状动宾分句"每乏衣食"前作状语,引介人物行为的后时点;例(3)介宾结构"在昔""在今""于后"分别位于状形谓"应多""宜少""应多"前作状语,引介人物行为昔时、今时、后时点。

中古以降，在汉语双音句节韵律之制约下，介宾结构“于后”在状语位置上逐渐词汇化与语法化，介词“于”逐渐丧失语法功能与语法意义，时间名词“后”逐渐时间副词化，最终在高频率的应用中介词“于”彻底丧失了语法功能与语法意义，时间名词“后”完全时间副词化，导致“于后”由双音介宾结构重新分析为一个双音后时副词，在句中由介语与宾语两个成分作状语演化为一个时间副词作状语成分，由表示介词“在”与时间名词“后”两个意义演化为表示一个时间“此后、以后”意义。

在中古佛教文献中，“于后”结构词汇化与语法化为后时副词的较多，在顺承复句后个分句前或谓语前作状语，表示人物后时动作行为、事物后时发展变化，意为“此后、以后”。例如：

(1) 父在时教我六向拜，不知何应？今父丧亡，不敢于后违之。(《六方礼经》)

(2) 昔者佛为两比丘粗现轨迹，已便入室，吾于后为其说经中要言。(《维摩诘经》卷上)

(3) 所生异方，面见佛说经时，当复于后教人求佛。(《大明度经》卷三)

(4) 初当学技术，于后求财物。后求财物已，分别作四分。(《中阿含经》卷三十三)

(5) 彼长者子，于后命终，生于天上，或处人中。(《大庄严经》卷十三)

(6) 是人于后满五百劫，当得作佛，号释迦牟尼。(《佛本行集经》卷四)

(7) 其父于后忽遭重病，名医良药不能救疗。(《心地观经》卷四)

上举例中“于后”皆已结构词汇化与语法化为后时副词，在顺承复句后个分句前或谓语前作状语，意为“此后、以后”，表示人物后时行为状态、事物后时发展状况；例(1)后时副词“于后”位于顺承动宾分句“违之”前作状语，表示尸迦罗越后时不敢违父在时教的六向拜情况；例(2)后时副词“于后”位于顺承状动宾分句“为其说经中要言”前作状语，表示迦旃延后时说经中要言情况；例(3)后时副词“于后”位于顺承兼语分句“教人求佛”前作状语，表示后时教人求佛情况；例(4)后时副词“于后”位于顺承动宾分句“求财物”前作状语，表示居士子后时求财物情况；例(5)后时副词“于后”位于主谓“命终”前作状语，表示彼长者子后时命终情况；例(6)后时副词“于后”位于动宾“满五百劫”前作状语，表示释迦牟尼后时满五百劫当得成佛情况；例(7)后时副词“于后”位于状动宾“忽遭重病”前作状语，表示其父后时忽遭重病情况。

在中古汉文典籍中,有些介宾结构"于后"在顺承复句后个分句状语位置上词汇化与语法化为后时副词,表示人物后时动作行为、事物后时发展变化,意为"此后、以后"。例如:

(1) 澄为扬州,率众出讨,于后贼帅姜庆真袭陷罗城,孟乃勒兵登陴,贼不能克。(宣武灵胡后《树碑旌美任城国孟太妃令》)

(2) 一年之收,过于十倍之绢,暂时之耕,足充数载之食。于后兵资,唯须内库,五稔之后,谷帛俱溢。(薛虎子《上表请屯田》)

(3) 当时大被嫌责,答曰:"臣等非不闻人言,正恐不审,仰误圣听。是以不敢言。"于后终以不言蒙赏。(杨椿《诫子孙》)

(4) 本置义仓,止防水旱,百姓之徒,不思久计,轻尔费损,于后乏绝。(杨坚《令北境义仓杂种并纳本州诏》)

(5) 玄遣人觇守,经日无所见。于后玄败被诛。(《晋书·五行志下》)

(6) 离王出行,其侍儿于后任娠,离王还,欲杀之。(《梁书·东夷列传·高句骊》)

(7) 初徙之时,县官且廪给其衣食,于后能自供赡乃止也。(《汉书·爰盎传》引师古注语)

(8) 而此传乃言方围废丘时耳谒汉王,隔以他事,于后始云汉二年东击楚,则与帝纪前后参错不同,疑传误也。(《汉书·张耳传》引师古注语)

上举例中"于后"均已词汇化与语法化为后时副词,皆位于顺承复句后个分句前或谓语前作状语,意为"此后、以后";例(1)后时副词"于后"位于顺承复句后个分句前作状语,表示后时贼帅姜庆真袭陷罗城情况;例(2)后时副词"于后"位于顺承复句后个分句前作状语,表示后时兵资发展状况;例(3)后时副词"于后"位于顺承复句后个状动宾分句"终以不言蒙赏"前作状语,表示后时不言蒙赏情况;例(4)后时副词"于后"位于顺承复句后个分句"乏绝"前作状语,表示后时义仓乏绝情况;例(5)后时副词"于后"位于顺承复句后个分句前作状语,表示后时玄败被诛情况;例(6)后时副词"于后"位于顺承复句后个动谓分句"任娠"前作状语,表示后时离王侍儿"任娠"情况;例(7)后时副词"于后"位于顺承复句后个分句前作状语,表示后时官吏自供赡乃止情况;例(8)后时副词"于后"位于顺承复句后个分句前作状语,表示后时记载汉二年东击楚与帝纪前后不同疑传误情况。

5 介宾结构“于时”时间副词化

于时，作为当时副词，是由位于状位上引介当时点的介宾结构词汇化与语法化而来。上古末期，当时介词“于”与时间名词“时”开始构成引介当时点的介宾结构，介词“于”同介词“在”，时间名词“时”意为“当时、此时”，介宾结构“于时”意为“在当时、在此时”，在句子前或谓语前作状语，引介人物动作行为、生态环境、发展变化的当时点。

在西汉文献中，介宾结构“于时”有些在句子前或谓语前作状语，引介人物、生态环境、事物发展变化的当时点，表示“在当时、在此时”意义。例如：

(1) 孝景皇帝末年，募求天下遗书，于时京师大夫皆送官，得吕氏之所传《孔子家语》。(孔安国《孔家语序》)

(2) 春，阳气微，万物柔易移，弱可化，于时阴气为贼。(《春秋繁露·五行五事》)

(3) 冬日至之后，大寒降，万物藏于下，于时暑为贼。(《春秋繁露·五行五事》)

(4) 昔自在古，历建正作于孟春。于时冰泮发蛰，百草奋兴，秭规先滜。(《史记·历书》)

(5) 于时，周室微，王道绝，诸侯力政，强劫弱，众暴寡。(《韩诗外传》卷五)

(6) 岩岩岷山，古曰梁州。……于时八都，厥民不奥。(扬雄《益州箴》)

(7) 晦明遂语，于时允武，死思复生，生思复所。(《逸周书·允文解》)

上举例中“于时”均为介宾结构，皆位于句子前或谓语前作状语，意为“在当时、在此时”；例(1)介宾结构“于时”位于复句后个主谓宾分句前作状语，引介京师大夫皆送官政治生态环境的当时点；例(2)介宾结构“于时”位于复句后个主谓宾分句前作状语，引介阴气为害生态环境的当时点；例(3)介宾结构“于时”位于复句后个主谓宾分句前作状语，引介暑气为害自然生态环境的当时点；例(4)介宾结构“于时”位于并列复句前个分句之前作状语，引介孟春冰泮发蛰、百草奋兴自然生态环境的当时点；例(5)介宾结构“于时”位于并列复句前个分句之前作状语，引介孔子所处政治生态环境的当时点；例(6)介宾结构“于时”位于谓语“八都”前作状语，引介古梁州生态环境的当时点；例(7)介宾结构“于时”位于动谓“允武”前作状语，引介人物所处战争生态环境的当时点。

在西汉《大戴礼记》中，有介宾结构“于时”在句子前或谓语前作状语，引介人物行为状态与事物发展变化的当时点，表示“在当时、在此时”意义。例如：

(1) 方春三月,缓施生育,动作百物,于时有事,享于皇祖皇考,朝孤子八人,以成春事。(《大戴礼记·千乘》)

(2) 天之饥馑,于时委民,不得以疾死。(《大戴礼记·千乘》)

(3) 诗云:“东有开明,于时鸡三号,以兴庶虞。”(《大戴礼记·四代》)

(4) 于时龙至不闭,凤降忘翼,蛰兽忘攫,爪鸟忘距,蜂虿不螫婴儿,蚊虻不食夭驹,雒出服,河出图。(《大戴礼记·诰志》)

上举例中“于时”都为介宾结构,均位于句子前或谓语前作状语,意为“在当时”;例(1)介宾结构“于时”位于目的复句前个并列分句动宾“有事”前作状语,引介人物状态的当时点;例(2)介宾结构“于时”位于目的复句前个并列分句动宾“委民”前作状语,引介人物行事的当时点;例(3)介宾结构“于时”位于目的复句前个并列分句主谓“鸡三号”前作状语,引介鸡叫三遍的当时点;例(4)介宾结构“于时”位于并列复句起领主谓分句“龙至不闭”前作状语,引介事物变化的当时点。

中古初期,在汉语双音句节韵律之制约下,介宾结构“于时”在状语位置上逐渐词汇化与语法化,介词“于”逐渐丧失语法功能与语法意义,时间名词“时”逐渐时间副词化,最终在长期频繁的应用中介词“于”彻底丧失了语法功能与语法意义而虚化为一个无义音节,时间名词“时”虚化为一个时间副词,导致“于时”在状语位置上由介宾结构重新分析为一个双音当时副词,在句中由介语与宾语两个成分作状语演化为一个时间副词作状语成分,由表示介词“在”与时间“当时、此时”两个意义演化为表示一个时间“当时、此时”意义。

东汉时期,在状语位置上“于时”多发生了结构词汇化与语法化,由引介当时点的介宾结构重新分析为当时副词,意为“当时、此时”,语义指向后面的句子或谓语成分,表示人物当时的行为状态、事物当时的变化情况。

在东汉文献中,当时副词“于时”较少位于主语后谓语前作状语,意为“当时、此时”,表示人物当时的行为状态、事物当时的变化情况。例如:

(1) 北,伏也,阳气伏于下,于时为冬。……南,任也,阳气任养物,于时为夏。……西,迁也,阴气迁落物,于时为秋。……东,动也,阳气动物,于时为春。……中央者,阴阳之内,四方之中,经纬通达,乃能端直,于时为四季。(《汉书·律历志》)

(2) 成王于时縊死,气尚盛,新绝,目尚开,因谥曰“灵”。(《论衡·死伪》)

(3) 孟冬之月,(橘柚)于时可食,抚以玉手,永用华饰。(崔琦《七蠲》)

上举例中"于时"均为当时副词，位于主语后谓语前作状语，意为"当时、此时"；例(1)当时副词"于时"分别位于动宾"为冬""为夏""为秋""为春""为四季"前作状语，表示当时"冬""夏""秋""春""四季"变化情况；例(2)当时副词"于时"位于状动谓"缢死"前作状语，表示当时成王缢死的状态；例(3)当时副词"于时"位于状动谓"可食"前作状语，表示当时橘柚可食的情况。

在东汉汉文典籍中，当时副词"于时"多位于句首作状语，意为"当时、此时"，表示人物当时的行为状态、事物当时的变化情况。例如：

(1) 舜葬苍梧、禹葬会稽，于时尚质，故死则止葬，不重烦扰也。(《白虎通·巡狩》)

(2) 于时，圣帝赫然申威，荷天人之符，兼不世之姿。(杜笃《论都赋》)

(3) 于时，太上运天德以君世，宪王僚而布官。(崔骃《达旨》)

(4) 于时，曜灵俄景，系以望舒。极般游之至乐，虽日夕而忘劬[①]。(张衡《归田赋》)

(5) 于时，陈相边韶，典国之礼，材薄思浅，不能测度至人，辩是与非。(边韶《说老子铭》)

(6) 于时，侍从陛阶与闻公之昌言者，莫不惕厉，如履薄冰，既乃碑表百代。(蔡邕《西鼎铭》)

(7) 于时，河不出图，周祚未讫。(祢衡《颜子碑》)

(8) 于时，冀州民人殷盛，兵粮优足。(王粲《汉末英雄记》)

(9) 于时，龙德逸民，黄发实叟，缀文通儒，有方彦士，莫不拊心长号，如丧同生。(刘桢《处士国文甫碑》)

上举例中"于时"都为当时副词，皆位于句首作状语，意为"当时、此时"；例(1)当时副词"于时"位于因果复句原因分句动宾"尚质"前作状语，表示当时尚质的社会状态；例(2)当时副词"于时"位于并列复句起领分句前作状语，表示当时圣帝的状态；例(3)当时副词"于时"位于并列复句领句前作状语，表示当时上皇运天德以君世、法三王而建官的政治生态；例(4)当时副词"于时"位于并列复句领句前作状语，表示当时夕阳西下、皓月升空的情

---

① 此例意为"不久夕阳西下，皓月升空。嬉游已经极乐，夜来还不知疲劳"。

景;例(5)当时副词“于时”位于转折复句前个分句前作状语,表示当时边韶的为人行事状态;例(6)当时副词“于时”位于并列复句领句前作状语,表示人物当时的官场生活状态;例(7)当时副词“于时”位于并列复句领句前作状语,表示当时事物变化情况;例(8)当时副词“于时”位于并列复句领句前作状语,表示当时冀州人民殷盛、兵粮优足的生活状态;例(9)当时副词“于时”位于并列复句领句前作状语,表示当时处士国文甫逝世时人们悼念状态。

在东汉佛教文献中,“于时”多已结构词汇化与语法化为当时副词,多位于句子前作状语,意为“当时、此时”,表示人物当时的行为状态、事物当时的变化情况。例如:

(1) 复有众生,两目盲瞎都无所见,或抵树木或堕沟坑,于时死已,更复受身亦复如是。(《地狱经》下)

(2) 于时,集至梵志相师,普称万岁,即名太子,号为悉达。(《修行本起经》卷上)

(3) 于时,如来始起树下,相好严仪,明耀于世,威神震动。(《中本起经》卷上)

(4) 于时,梵天忽然来下,即住佛前叉手白言。(《摩诃目连游四衢经》)

(5) 于时,净眼在破墙中藏,闻众人云云声。(《兴起行》卷上)

(6) 忆念我昔定光佛,于时逮得是三昧。(《般舟三昧经》卷下)

(7) 于时,佛坐思念正道,面有九色光,数千百变光甚大明。(《无量寿经》卷一)

上举例中“于时”皆为当时副词,均位于句子前作状语,意为“当时、此时”;例(1)当时副词“于时”位于并列复句后个分句前作状语,表示众生两目盲瞎都无所见而当时死后重生依然如故的状态;例(2)当时副词“于时”位于并列复句前作状语,表示当时的人物行为状况;例(3)当时副词“于时”位于并列复句前作状语,表示如来当时成佛情况;例(4)当时副词“于时”位于顺承复句之首作状语,表示梵天连续的动作行为;例(5)当时副词“于时”位于并列复句前作状语,表示人物当时的行为状态;例(6)当时副词“于时”位于并列复句后个分句前作状语,表示定光佛当时的修佛状态;例(7)当时副词“于时”位于并列复句前作状语,表示佛当时坐定的心理状态与面貌呈现出的状态。

魏晋时期,在状语位置上“于时”进一步结构词汇化与语法化,多由引介当时点的介宾结构重新分析为当时副词,意为“当时、此时”,语义指向后面的句子或谓语成分,表示人物当时的行为状态、事物当时的变化情况。

在魏晋佛教文献中,当时副词“于时”多位于句子前作状语,意为“当时、此时”,语义指向后面的句子，表示人物当时的行为状态、事物当时的变化情况。例如：

(1) 于时，天子顶戴天冠，着诸璎珞，庄严其身，赍持香花。(《百缘经》卷六)
(2) 于时，有一仙人兴五神通，神足飞行，威神无极。(《生经》卷一)
(3) 于时，彼佛转阿惟越致轮，为七住菩萨说法。(《旧杂譬喻经》卷下)
(4) 于时辄住，不退转地，无一忧患，叹佛功德。(《黑氏梵志经》一卷)
(5) 于时，世尊寂然庠序，从三昧起普观众会。(《贤劫经》卷二)
(6) 于时，诸天雨火令灭，诸力士众收取舍利。(《大涅槃经》卷下)
(7) 于时，世尊与比丘众俱，清净无量，如日如云。(《新岁经》一卷)
(8) 于时，欲行天人、色行天人，侍从世尊，欲听道化。(《海龙王经》卷三)

上举例中“于时”均为当时副词，都在句子前作状语，意为“当时、此时”；例(1)当时副词“于时”位于并列复句前作状语，表示当时天子的行为状态；例(2)当时副词“于时”位于并列复句前作状语，表示当时仙人的行为状态；例(3)当时副词“于时”位于顺承复句领句前作状语，表示当时佛转不退转法轮为七住菩萨说法的连续行为；例(4)当时副词“于时”位于并列复句前作状语，表示当时辄住不退转地的行为状态；例(5)当时副词“于时”位于并列复句前作状语，表示当时世尊的行为状态；例(6)当时副词“于时”位于并列复句前作状语，表示当时诸天与诸力士的行为状态；例(7)当时副词“于时”位于并列复句前作状语，表示当时世尊与比丘众在一起的行为状态；例(8)当时副词“于时”位于并列复句领句前作状语，表示当时欲行天人与色行天人侍从世尊而欲听道化的行为状态。

在魏晋汉文典籍中，介宾结构“于时”很多词汇化语法化为当时副词，多位于句子前作状语，少位于谓语前作状语，意为“当时、此时”，语义指向后面的句子或谓语成分，表示人物当时的行为状态、事物当时的变化情况。例如：

(1) 于时，观者莫不虚心竦踊，咸侧息而延伫。(曹丕《弹棋赋》)
(2) 于时，黎庶徙倚，棋布叶分，机女绝综，农夫释耘。(曹植《大暑赋》)
(3) 于时，倾心欢以承命，徒以登年幼，欲假年岁之间耳。(孙权《与浩周书》)
(4) 新有子朝之乱，于时诸侯逋替，莫肯率职。(荀奕《重驳》)
(5) 贵清素之士，于时皆变易车服，以求名高。(卢钦《论徐邈》)
(6) 于时，天高地涸，木落水凝，繁霜夜洒，劲风晨兴。(袁宏《北征赋》)

(7) 于时,爵服横流,官以贿成。自公侯卿士降于皂隶,迁官袭级无不以货。(薛莹《灵帝赞》)

(8) 于时,天下新定,权由上制,高祖分王子弟,有磐石之固,社稷深谋之臣,森然比肩。(殷浩《答桓玄四皓论》)

上举例中"于时"都已结构词汇化与语法化为当时副词,皆在句子前作状语,意为"当时、此时";例(1)当时副词"于时"位于句子前作状语,表示当时观棋者的状态;例(2)当时副词"于时"位于并列复句前作状语,表示当时大暑天人们的状态;例(3)当时副词"于时"位于并列复句前作状语,表示当时浩周倾心承孙权命的状态;例(4)当时副词"于时"位于因果复句原因分句前作状语,表示当时诸侯遒替的政治生态;例(5)当时副词"于时"位于目的复句前作状语,表示当时清素之士的状态;例(6)当时副词"于时"位于并列复句前作状语,表示当时北征的环境;例(7)当时副词"于时"位于并列复句前作状语,表示当时卖官鬻爵的官场生态;例(8)当时副词"于时"位于并列复句前作状语,表示当时天下新定的政治生态。

介宾结构"于时"引介当时点的始于上古末期,其结构词汇化与语法化始于中古初期;状语位置是其结构词汇化与语法化的前提条件,"于时"结构词汇化与语法化是在句子前或谓语前状语位置上发生;双音句节韵律是"于时"结构词汇化与语法化的必要条件,介宾结构"于时"是在双音句节韵律的制约下实现的;介词"于"与时间名词"时"语法语义的虚化是介宾结构"于时"词汇化与语法化的基础条件,介宾结构"于时"词汇化与语法化是以介词"于"与时间名词"时"虚化为始点,以介词"于"完全虚化为一个无义音节,时间名词虚化为一个时间副词而固化为一个双音当时副词为结点;介宾结构"于时"词汇化与语法化是人们在高频率应用中实现的,人们在高频率语用中的主观认知,导致"于时"结构词汇化与语法化为时间副词的实现。

6 介宾结构"自后"时间副词化

上古末中古初,介词"自"开始与时间名词"后"构成介宾结构"自后",意为"从此后",介词"自"同介词"从",时间名词"后"意为"此后"。介宾结构"自后"一般位于顺承复句后个分句之首作状语,引介动作行为、发展变化之起后时间。例如:

(1) 柳下惠曰:"臣之君所以不惧者,以其先人出周封于鲁,君之先君亦出周封于齐。相与出周南门刳羊而约曰:'自后子孙敢有相攻者,令其罪若此刳羊矣。'"(《说

苑·奉使》)

(2) 臣闻叛逆之国,既以诛讨,则潴其官,以为污池,纳垢浊焉。……自后反者皆污池云。(《前汉纪·平帝纪》)

(3) 建初中,有人侮辱人父者,而其子杀之,肃宗贳其死刑而降宥之,自后因以为比。(张敏《驳轻侮法议》)

(4) 臣伏惟孝顺皇帝初勤王政,纲纪四方,天下欣然,几以获治。自后遭奸伪,威分近习……。(皇甫规《建康元年对策》)

(5) 时有采樵人,毁败其果树,……。自后未久,有牛食人稻,……。(《犍陀国王经》)

(6) 昔佛在此时,众被服唯纯直,不衣杂白。自后起比丘罗旬踰,每行分卫辄饥空还。(《三千威仪》卷下)

(7) 夫雅乐周通则万物和,质静则听不淫,易简则节制令神,静重则服人心,此先王造乐之意也。自后衰末之为乐也。(阮籍《乐论》)

(8) 嵩乃疑焉。自后叔父有所告,嵩终不复信。(三国吴人《曹瞒传》)

(9) 操出,顾左右,汗流浃背,自后不敢复朝请。(《后汉书·皇后纪下》)

上举例中"自后"皆为介宾结构,均位于顺承复句后个分句之首作状语,引介人物动作行为、事物发展变化起后时点。例(1)、(2)、(3)、(7)、(9)介宾结构"自后"皆位于顺承复句后一单句分句之首作状语,引介人物行为变化起后时点;例(4)、(5)、(6)、(8)介宾结构"自后"皆位于顺承复句后一复句分句之首作状语,引介人物动作行为起后时点。

中古中期以降,在汉语双音句节韵律的制约下,介宾结构"自后"因在顺承复句后一分句之首经常连用而逐渐词汇化与语法化,介词"自"逐渐丧失语法功能与语法意义、时间名词"后"逐渐虚化为时间副词,导致"自后"由介宾结构重新分析为时间副词,一般位于顺承复句后一分句之首作状语,表示"以后"意义。例如:

(1) 诗子立,晋散骑常侍。自后益州诸费有名位者,多是诗之后也。(裴注《三国志·魏书·武帝纪》)

(2) 则内外贵贱,莫不同泽,又覆奏称爰及陪皂,明无不逮。自后人率其心纷纶,盈庭嫌少,误惑视听。(张普惠《上疏答诏访冤屈》)

(3) 若繁文滞劾,证逮遐广,必须亲察,以尽情状。自后依旧听讼。(刘骏《矜恤诏》)

(4) 自宝命开基,皇符在运,业富前王,风通振古,朝仪国章,并循先代。自后晋东迁,日不暇给,虽大典略备,遗阙尚多。(刘宏《庙乐议》)

(5) 智定二品多说无漏之道,以拟道谛。自后诸品杂明上事,更无别体也。(《出三藏记集》卷十《后出杂心序》)

上举例中“自后”皆为时间副词,均位于顺承复句后一分句之首作状语,表示“以后”意义。例(1)、(3)时间副词“自后”位于顺承复句后一单句分句之首作状语,表示人物“以后”的发展状态;例(2)、(4)、(5)时间副词“自后”位于顺承复句后一复句分句之首作状语,表示人物“以后”的行为变化。

7 介宾结构“当初”时间副词化

当初,作为时间副词,是由位于状语位置上的介宾结构词汇化与语法化而来。中古初期以降,介词“当”开始与时间名词“初”构成介宾结构“当初”,介词“当”同介词“在”,时间名词“初”意为“始初”,介宾结构“当初”意为“在始初”,位于句子前或谓语前作状语,引介动作行为、发展变化的初始时间。例如:

(1) 公当初来,邦人咸忭舞踊跃,以望我后,亦既至止,酒禁施行。(孔融《难曹公表制酒禁书》)

(2) 当初觐见于如来时,得大信乐爱敬之心。(《福德三昧经》卷上)

(3) 汝当初入五浊恶世,时人寿命满二万岁,盲无慧眼,无所师宗。(《悲华经》卷五)

(4) 当初刹那生时未有住坏,与此义同。(《百论疏》卷下)

(5) 汝我同气,情均天伦,当初发心,于我法中见何胜相,顿舍世间深重恩爱?(《楞严经》卷一)

上举例中“当初”皆为介宾结构,意为“在始初”,位于谓语前作状语,引介动作行为、发展变化的初始时间。

中古末期开始,在汉语双音句节韵律之制约下,介宾结构“当初”在状语位置上逐渐词汇化,介词“当”逐渐丧失语法功能与语法意义、时间名词“初”逐渐虚化为时间副词,导致“当初”由介宾结构重新分析为一个时间副词,由表示介词“在”与时间“始初”两个意义演化为表示一个时间副词“起初”意义，在句中由介语与宾语两个成分作状语演化为一个时间成分作状语。例如：

(1) 如今沦弃念故乡，悔不当初放林表。(刘商《胡笳十八拍》)

(2) 刘白苏台总近时，当初章句是谁推。(薛能《杨柳枝》)

(3) 当初为取傍人语，岂道如今自辛苦。(王建《去妇》)

(4) 何郎独在无恩泽，不似当初傅粉时。(刘禹锡《题于家公主旧宅》)

(5) 向使当初身便死，一生真伪复谁知。(白居易《放言五首》)

上举例中“当初”均已结构词汇化与语法化为初时副词，意为“初始”；例(1)初时副词“当初”位于动宾“放林表”前作状语，表示人物行为初始时间；例(2)初时副词“当初”位于主谓句“章句是谁推”前作状语，表示人物行为初始时间；例(3)初时副词“当初”位于连动双宾“为取傍人语”前作状语，表示人物行为初始时间；例(4)初时副词“当初”位于动宾“傅粉”前作状语，表示人物行为初始时间；例(5)初时副词“当初”位于让步复句“身便死”前作状语，表示人物行为初始时间。

8 介宾结构“自初”时间副词化

自初，作为时间副词，是由位于状语位置上的介宾结构词汇化与语法化而来。中古初期以降，介词“自”开始与时间名词“初”构成介宾结构“自初”，介词“自”同介词“从”，时间名词“初”意为“始初”，介宾结构“自初”意为“在始初”，位于句子前或谓语前作状语，引介动作行为、发展变化的初始时间。例如：

(1) 窃见安汉公自初束脩，值世俗隆奢丽之时，蒙两宫厚骨肉之宠，被诸父赫赫之光。(张竦《草奏称莽功德》)

(2) 自初举孝廉，到今二百年。(张衡《论举孝廉疏》)

(3) 自初承问，心愿东还，迫疾惟宜，抱叹而已。(徐淑《答夫秦嘉书》)

(4) 自初呈试，中间二旬，胡欲慠其所不知。(繁钦《与魏太子书》)

(5) 军师荀攸，自初佐臣，无征不从。(曹操《请封荀攸表》)

(6) 自初至终，无所遗失。(裴注《三国志·魏书·董卓传》)

上举例中“自初”皆为介宾结构,表示“在始初”意义,位于谓语前作状语,引介动作行为、发展变化的初始时间。

中古晚期以降,在汉语双音句节韵律之制约下,介宾结构“自初”在状语位置上逐渐词汇化,介词“自”逐渐丧失引介功能与“从”义,与时间名词“初”贴附凝固,在反复的应用中介词“自”终于完全丧失了引介功能与“从”义,紧紧贴附于时间名词“初”前,导致介宾结构“自初”重新分析为一个时间副词,由介词“从”与时间“始初”两个意义演化为表示一个时间副词“初始”意义,在句中由介语与宾语两个成分作状语演化为一个时间成分作状语。例如:

(1) 大王昔来于我所,实自初无信敬心。(《大宝积经》卷六十二)
(2) 自初入定,一坐则以四五日为恒。(《续高僧传》卷二十五)
(3) 宝亮自初依人,虽复信根永立,恶未得真解。(《涅槃疏私记》卷五)
(4) 自初说十一空,人情闻无,心无所寄。(《涅槃经集解》卷三十九)
(5) 上自初即位,则疾患不能言。(韩愈《顺宗实录四》)

上举例中“自初”均已实现了结构词汇化,由介宾结构固化为时间副词,位于谓语前作状语,表示人物“初始”的行为状态;例(1)时间副词“自初”在动宾“无信敬心”前作状语,表示人物初时的心理状态;例(2)时间副词“自初”在动宾“入定”前作状语,表示人物初时的修佛状态;例(3)时间副词“自初”在动宾“依人”前作状语,表示人物初时的动作行为;例(4)时间副词“自初”在动宾“说十一空”前作状语,表示人物初时的修行状态;例(5)时间副词“自初”在动宾“即位”前作状语,表示人物初时即位的行为。

9 介宾结构“从初”时间副词化

从初,作为时间副词,是由状语位置上的介宾结构词汇化与语法化而来。中古初期以降,介词“从”与时间名词“初”开始构成介宾结构“从初”,介词“从”同介词“自”,时间名词“初”意为“初始”,介宾结构“从初”为“自初始”义,一般位于谓语前作状语,引介人物动作行为、事物发展变化之初始时间。例如:

(1) 阿閦如来,从初发意至成无上正真道最正觉,不中有头痛,亦无风气上隔之病。(《阿閦佛国经》卷上)

（2）佛有十八不共者，从初得无上等觉至得度世，无有余泥洹闻至竟。（《惟日杂难经》）

（3）普备一切诸佛地道辨诸佛法，从初以来，未曾一反生心而有发意也。（《严净经》卷下）

（4）夫坐禅者，……从初至后、从后至初，思惟恶露此人身中不净之观。（《出曜经》卷五）

（5）菩萨亦如是，从初已来，发大精进，广修道行，至不动地。（《华严经》卷二十六）

（6）菩萨智慧，从初至后，次第转深，初菩提心，后萨婆若。（《胜天王经》卷三）

（7）率以此加，以向满为度。随米多少，皆平分为四分，从初至熟，四炊而已。（《齐民要术·笨麴饼酒》）

上举例中“从初”皆为介宾结构，为“自初始”义，均位于谓语前作状语，引介动作行为、发展变化之初始时间。例（1）、（2）介宾结构“从初”与动词“至”形成“从初……至……”时段构式位于谓语句首作状语，表示人物从始至终的行为状态；例（3）、（5）介宾结构“从初”与连用形式“以来、已来”形成时间构式位于谓语句首作状语，表示人物自始以来时段的动作行为；例（4）、（6）介宾结构“从初”与动宾结构“至后”形成时段构式位于谓语句首作状语，表示人物自始以后时段的行为变化；例（7）介宾结构“从初”与动宾结构“至熟”形成时段构式位于谓语句首作状语，表示事物从始至终的发展变化。

中古时期在汉语双音句节韵律的制约下，介宾结构“从初”因经常连用而逐渐词汇化与语法化，介词“从”与时间名词“初”开始虚化，介词“从”于反复的应用中彻底虚无化、时间名词“初”完全时间副词化，导致“从初”由介宾结构重新分析为一个时间副词，位于谓语前作状语，表示人物动作行为、事物发展变化的“初始”时间。例如：

（1）少室庙掾王珍，数得见根颜色欢悦之情，伏地叩头，请问根从初得道之由。（《神仙传》卷八）

（2）是以从初得佛，暨于此经，始应物开津，故三乘别流。（释慧观《法华宗要序》）

（3）楼中日日歌声好，不问从初学阿谁。（王建《宫词一百首》）

上举例中“从初”皆实现了结构词汇化与语法化，由介宾结构固化为时间副词，位于谓语前作状语,表示人物“初始”的动作行为;例(1)初时副词“从初”位于动宾“得道”前作状语;例(2)初时副词“从初”位于动宾“得佛”前作状语;例(3)初时副词“从初”位于动宾“学阿谁”前作状语,表示人物动作行为“初始”时间。

近古时期,“从初”结构词汇化与语法化为初时副词的逐渐增加,应用范围逐渐扩大,使用频率逐渐提高。例如:

(1) 东川董璋,爰自为邻,从初不睦,尝厚诬于表疏,每深闲于朝廷,欲窃兵权,来并土宇。(李嗣源《赐孟知祥诏》)

(2) 故从初罢郭令戎权,非次听杨炎谬计,遂欲混同华裔,束缚奸豪,南行襄汉之诛,北举恒阳之代。(《旧唐书·宪宗本纪》)

(3) 早知今日长相忆,不及从初莫作双。(欧阳修《鹧鸪天》)

(4) 搏兵击楚潍半涉,从初龙且闻信怯。(王安石《韩信》)

(5) 乞取公案,看详从初加罪之意,复依元断施行。(《宋史·刑法志二》)

上例中“从初”均已结构词汇化与语法化为初时副词,位于句子或谓语前作状语,表示人物动作行为、事物发展变化初始时间;例(1)初时副词“从初”位于状谓“不睦”前作状语,表示人物初时的生活状态;例(2)初时副词“从初”位于动宾“罢郭令戎权”前作状语,表示人物初时的动作行为;例(3)初时副词“从初”位于状动宾“莫作双”前作状语,表示人物初时不应的行为;例(4)初时副词“从初”位于主谓句前作状语,表示人物初时的行为;例(5)初时副词“从初”位于动宾“加罪”前作状语,表示人物初时的动作行为。

介宾结构“当初、自后、自初、于初、从初”的词汇化与语法化,是以介词“当、于、自、从”与时间名词“初”逐渐虚化开始、以介词“当、于、自、从”虚化为一个音节形式与时间名词“初”虚化为一个时间副词终结,其词汇化的过程也是其语法化的过程,这一过程的完成导致“当初、自后、自初、于初、从初”由介宾结构重新分析为一个时间副词。

结　　语

在汉语发展史中,有些双音“介+时”介宾结构发生了词汇化与语法化,这些“介+时”双音介宾结构词汇化与语法化均是在状语位置上实现的;位于状位上“介+时”介宾结构的词汇化与语法化,均是以介词语法功能与语法意义的逐渐虚化为始点,以介词语法功能与语法意义的彻底虚化为结点,其词汇化与语法化的过程是介词语法功能与语法意义逐渐丧失、时间名词逐渐虚化为时间副词的过程；位于状位上“介+时”介宾结构中介词语法功能与语法意义完全丧失而时间名词虚化为时间副词，标志其已发生了词汇化与语法化，由双音“介+时”介宾结构重新分析为一个双音时间副词。

在汉语发展史中，双音“介+时”介宾结构是在语位、语音、语法、语义、语用的相互作用下逐渐发生的词汇化与语法化，其词汇化与语法化开始于上古末期，发展于中古时期，完成于近古时期，需历经一个相当长的介宾结构与时间副词同形共现阶段后方能全部实现其词汇化与语法化；由双音“介+时”介宾结构词汇化与语法化而来的一般为双音偏义固化副词，此类双音固化副词中原来的介词彻底失去了语法功能与语法意义成为一个音节形式，其词法结构与语法结构完全不一致，既不能以引介语法结构称其词法结构，更不能以介宾语法结构称其词法结构；由双音介宾结构词汇化与语法化而来的双音固化副词均无再生能力，引介方法只能造语而不能造词，即只能以引介方法创造介宾结构，则不能以引介方法直接创造双音介词。

参考文献：

陈宝勤　2002　《汉语造词研究》，巴蜀书社。

陈宝勤　2011　《汉语词汇的生成与演化》，商务印书馆。

（清）彭定求等编　1986　《全唐诗》（影印本），上海古籍出版社。

（清）乾隆钦定　1999　《四库全书》（文渊阁影印本电子版），人民出版社。

（清）阮元校刻　1980　《十三经注疏》（影印本），中华书局。

（汉）许慎著，（宋）徐楷校订　1963　《说文解字》（影印本），中华书局。

1959—1977　中华书局《二十四史》标点本，中华书局。

天津方言词缀研究

谭汝为

（天津师范大学国际教育交流学院，天津，300384）

提　要：天津方言词缀，多为后缀，读轻声，多用于口语表达，数量多，摹状表义形式多样，组合方式比较灵活，具有较强的能产性，体现了俚俗明快和色彩鲜明的地域特征。部分词缀，在书面文字上产生了多种词形。

关键词：天津方言；词缀；口语表达；俚俗明快

一、导　　论

词根和词缀是汉语词汇学中一对重要的术语。一般定义是，在词中表达实在意义的部分是词根；而意义虚化、在词中起某种附加作用或语法作用的部分是词缀。词根语素可以是自由的、不定位的；而词缀只能是黏着的、定位的。词缀的功能特征：第一、意义完全虚化的不成词语素——概念定性；第二、粘附在词根上，表达语法意义或色彩意义——功能定性；第三、位置是固定的——结构定性。

天津方言词缀，绝大多数是后缀。为适应天津方言词汇具象化和俚俗化的特点，含词缀的天津方言词语，多用于口语表达，不仅数量多，摹状表义形式多样，而且组合方式比较灵活，具有较强的能产性。举三个实例说明。

（1）天津方言词缀“哧”，附着在单音节动词性词根之后，构成“A 哧”式，如“翻哧、搞哧、抠哧、扢哧、爬哧、跑哧、扑哧、剜哧、咬哧”等。具体说，翻哧：翻脸争吵；搞哧：为澄清事实或消除误会而解释；抠哧：专心费力钻研某事；扢哧：搔痒；爬哧：匆匆起床；跑哧：替人奔走效力；扑哧：乱说；剜哧，刻意寻求；咬哧：揭发同伙，互相攻讦。另外，还有“扒哧、拔哧、捯哧、抹（mā）哧、搭哧、崴哧、掰哧、耙哧、奔哧、叨哧、喀哧、够哧、拱哧、掰呲”等，均为动词性质，多为贬义。有的可重叠为“A 呲 A 呲”式，如“拔呲拔呲、搞呲搞呲”等。

(2) 天津方言词缀“乎”，附着在单音节动词词根之后，构成“A 乎”式，如“咋乎、就乎、搅乎、堆乎、撬乎、煽乎、遮乎”等，多为贬义动词。少数词语可重叠，其重叠形式为“AA 乎乎”，如“咋咋乎乎、就就乎乎”等。但将词缀“乎”儿化，附着在单音节形容词性词根之后，则构成“A 乎儿”式，如“乱乎儿、迷乎儿、腻乎儿、热乎儿、溜乎儿、软乎儿、虚乎儿、邪乎儿”等，则为形容词性质。重叠形式为“AA 乎儿乎儿”，如“乱乱乎儿乎儿、迷迷乎儿乎儿、腻腻乎儿乎儿、热热乎儿乎儿、软软乎儿乎儿”等，形态描绘和感情色彩都很鲜明。

(3) 天津方言词缀“不叽儿”，附着在单音节形容词词根之后，构成“A 不叽儿”式，形容比较好闻或好吃的。例如“这种苹果酸不叽儿的，挺好吃。”再如“甜不叽儿、红不叽儿、美不叽儿、坏不叽儿、愣不叽儿、蔫不叽儿、苦不叽儿、辣不叽儿”等，都表示“有点儿”的意思。三字词缀“不叽叽”，附着在单音节形容词词根之后，构成“A 不叽叽”式，如“粘不叽叽、酸不叽叽、孬不叽叽、坏不叽叽”等，附在单音节形容词后表示程度深，含贬义。

下面，拟对典型的天津方言词缀按照单音节、双音节和三音节，分别进行实证分析，在此基础上，总结其特点和组合规律。

二、单音节词缀

01. 巴

“巴”，属于兼类词缀，应用范围较广，附着在某些单音节词根之后，形成名词性“A 巴”式，如“傻巴儿(傻瓜)、猪巴儿、磕巴、结巴”等。有的不能重叠，如“傻巴、猪巴”；有的可以重叠，如“磕磕巴巴、结结巴巴”，构成“AA 巴巴”式，为形容词性质。

其附着在单音节动词性词根之后，则形成动词性“A 巴”式，如“剁巴、揪巴(扭打，厮打)、撅巴(折断)、敛巴、捏巴(中医骨科治疗手法)、戗巴、要巴(随意、忙乎)、拉巴(艰难地抚养)、扫巴(打扫垃圾)、窝巴(指抢救昏死病人的动作)、眨巴、撮巴、掂巴、碾巴、团巴、抹巴、揉巴、洗巴、皱巴”等。其重叠形式“A 巴 A 巴”，如“剁巴剁巴、揪巴揪巴、揉巴揉巴、团巴团巴、抹巴抹巴”等，表示随意做一下的意思。

其附着在某些单音节词根之后,则形成形容词性质的“A 巴”式,如“干巴、瘦巴、俊巴、紧巴、窄巴”等。其重叠形式“AA 巴巴”,如“干干巴巴、皱皱巴巴、瘦瘦巴巴、累累巴巴”等,为形容词性质。另外,形容词性质的“A 巴”式之后,可加叠音词缀,形成“A 巴 BB”式,如“美巴滋滋”形容舒服,“木巴唧唧”形容尴尬,“土巴呛呛”形容布满灰尘。

或加其他双音节词缀,形成“A 巴 BC”式,如“淡巴呲咧”形容清淡寡味;“稀巴溜丢”形容态度油滑,言语轻薄;“干巴疵咧”,形容食品发干变硬等等。

02. 崩

词缀“崩”,附着在单音节形容词性词根之后,构成“A 崩”式,如“紧崩、硬崩、老崩、脆崩、鼓崩、足崩”等。其重叠形式为“AA 崩崩”,如“紧紧崩崩、足足崩崩”等。

03. 嗒

词缀“嗒”,附着在单音节动词性词根之后,构成“A 嗒”式,如“抽嗒、掴嗒、扭嗒、抹嗒、蹦嗒、斥(cı)嗒、颠嗒、鼓嗒、搡(sǎng)嗒(言语顶撞)、甩嗒、蹓嗒、跺嗒、踢嗒”等,为动词性质。其中有的可写成“A 嗒”。其重叠形式“A 嗒 A 嗒”,如“掴嗒掴嗒、蹓嗒蹓嗒、扭嗒扭嗒”等,表示动作的短暂。少数可重叠为“AA 嗒嗒”式,如“抽抽嗒嗒、扭扭嗒嗒、蹓蹓嗒嗒”等,虽为动词性质,但在动作中蕴含情态描摹意味。

04. 叨

词缀“叨”,附着在单音节词根之后,构成“A 叨”式,如“数叨、唠叨、念叨、说叨、鼓叨、捋叨、勺叨、絮叨”等,有的可写成“鼓捣”或“捋掇”。多数为动词性质,如“数叨、念叨、捋叨”;可带宾语,形成动宾短语,如“数叨我、念叨你、捋叨他”。其重叠形式为“A 叨 A 叨”,如“说叨说叨、鼓叨鼓叨”等,表示动作的轻微和连续,感性色彩为中性。其中“勺叨、神叨、絮叨”等为形容词性质,可重叠为“AA 叨叨”式,如“勺勺叨叨、神神叨叨、絮絮叨叨、唠唠叨叨”等,带轻微的厌恶意味。

05. 个

词缀“个”,附着在表示时间的儿化词根之后,构成“A 儿个”式。如“今儿个(今天)、明儿个(明天)、昨儿个(昨天)、前儿个(前天)、后儿个(后天)”等。属于时间名词,指近期某一天,多用于口语。

06. 咕

词缀“咕”,附着在单音节动词性词根之后,形成“A 咕”式,如“叨咕、捏咕、嘀咕、挤咕、拐咕、踩咕、捣咕、绕咕、打咕(为抢着花钱结账或推辞接受礼金而争执)、撮咕(zuǒgu 修饰打扮)、掖咕(随手放置)、崴咕(乱摆弄)等。动词,一般呈贬义。前面可加“瞎、乱、胡、穷”等强化否定色彩,如“瞎叨咕、乱捏咕、胡崴咕、穷嘀咕”等。少数为形容词性,可重叠为“AA咕咕”式,如“嘀嘀咕咕”等。

07. 溜儿

词缀“溜儿”,附着在单音节形容词性词根之后,构成“A 溜儿”式,如“顺溜儿、滑溜儿、瘦溜儿、光溜儿、匀溜儿”等,为褒义形容词性质。重叠形式为“AA 溜溜”,如“顺顺溜溜、滑滑溜溜、稀稀溜溜”等,增强了形态描绘和感情色彩。

08. 弄

词缀“弄”,附着在单音节动词性词根之后,形成“A 弄”式,如“逗弄、抖弄、拨弄、摆弄、扑弄、和(huò)弄、支弄、架弄”等。多数属于动词性质。重叠形式为“A 弄 A 弄”,如“逗弄逗弄、抖弄抖弄”,其语法意义表示动作短暂或频率不高,感情色彩为中性。少数为形容词性质,其重叠形式为“A A 弄弄”,如“架架弄弄、支支弄弄”,多含贬义。

09. 求

词缀“求”,附着在单音节动词性词根之后,形成“A 求”式,如“逛求、晃求、鼓求、奋求、嘎求、翻求”等,多数属于动词性质。重叠形式为“A 求 A 求”,如“鼓求鼓求、嘎求嘎求”,其语法意义表示动作短暂或频率不高,感情色彩为中性。

10. 腾

词缀“腾”,附着在动词性单音节词根之后,形成“A 腾”式,如“折腾、倒腾、翻腾、闹腾、扑腾、撺腾、喧腾”等,大多属于动词性质,重叠形式为“A 腾 A 腾”,如“折腾折腾、倒腾倒腾、闹腾闹腾”等。少数为形容词性质,如“喧腾、满腾”,重叠形式为“AA 腾腾”,如“喧喧腾腾、满满腾腾”等,含贬义。

11. 应

词缀“应”,附着在单音节形容词性词根之后,形成“A 应”式,如“麻应、膈应、磨(mù)应、遭应、兴(xīng)应”等,属于贬义形容词性质。其重叠形式为“AA 应应”,如“麻麻应应、膈膈应应”等,形容外在刺激引起不舒服的感受。

12. 悠

词缀“悠”,附着在单音节动词性词根之后,形成“A 悠”式,如“晃悠、磨悠、逛悠、转悠、嘎游”等,属动词性质。部分词语属于动词与形容词兼类,两种重叠形式皆可用。其重叠形式为“AA 悠悠”的,如“晃晃悠悠、逛逛悠悠”等,属于形容词性质。

三、双音节词缀

13. 不达

双音节词缀“不达”,附着在单音节形容词性词根后,构成“A 不达”式。如“苦不达、卤不达、酸不达、咸不达、涩不达”等。属于贬义形容词性质,表示“有一点儿”的意思。但“不达”加儿化,则为“甜不达儿、酸不达儿”等,就带有轻微的褒义了。

14. 不拉

双音节词缀“不拉”,附着在双音节动词性词根后,构成“AB 不拉”式。如“碍事不拉、烦人不拉、讨厌不拉、腻味不拉”等。增强表厌恶的语气,含贬义。

15. 得慌

双音节词缀“得慌”,附着在单音节形容词或动词性词根后,构成“A 得慌”式,为贬义形容词性质,如“颠得慌、咯得慌、扎得慌、累得慌、腻得慌、饿得慌”等。附着在双音词根后,则为“AB 得慌”式样,如“腻味得慌”“无聊得慌”等。均含贬义,表示难受的意思。

16. 烘烘

双音节叠音词缀“烘烘”,附着在形容词性词根之后,构成“A 烘烘”或“AB 烘烘”式,如“乱烘烘、臭烘烘、热烘烘”“臭气烘烘、臊气烘烘、膻气烘烘”等。其中“A 烘烘”可重叠为

"AA烘烘"式,如"乱乱烘烘、臭臭烘烘、热热烘烘"等。属形容词性质,多为贬义。

17. 丝儿丝儿

双音节叠音词缀"丝儿丝儿",附着在形容词性词根之后,构成"A丝儿丝儿"式,如"甜丝儿丝儿、苦丝儿丝儿、辣丝儿丝儿、凉丝儿丝儿、麻丝儿丝儿"等。属于形容词性质,多为褒义。A和"丝儿丝儿"之间可加"巴"或"不",成为"A巴丝儿丝儿"或"A不丝儿丝儿",如"甜巴丝儿丝儿、苦巴丝儿丝儿、辣不丝儿丝儿、凉不丝儿丝儿"等,带有适度的褒义色彩。

四、三音节词缀

18. 不啰嗦

三音节词缀"不啰嗦",附着在单音节形容性词根后,构成"A不啰嗦"式。如"甜不啰嗦、酸不啰嗦、贫不啰嗦、贱不啰嗦"等。属于形容词性质,表示程度较深,含贬义。如:"这人没正型,一见到年轻女同事就甜不啰嗦的。"还可以说成"不拉叽""不棱登""不溜丢"等,如"土不拉叽、蔫不拉叽;侉不棱登、傻不棱登;酸不溜丢、稀不溜丢"等。

19. 呲忽拉

三音节词缀"呲忽拉",附着在单音节词根后,构成"A呲忽拉"式。如"血呲忽拉、粘呲忽拉、咸呲忽拉、白呲忽拉、黑呲忽拉、淡呲忽拉、腥呲忽拉"等。属于形容词性质,含贬义。

20. 了巴叽(了咯叽、了呱叽)

三音节词缀"了巴叽",附着在单音节词根后,构成"A了巴叽"式。如"傻了巴叽、神了巴叽、水了巴叽、猴了巴叽、刺了巴叽"等。也可以说成"了咯叽"或"了呱叽",如"刺了咯叽、愣了咯叽;傻了呱叽、贫了呱叽"等等。属于形容词性质,含贬义。

另外,还有比较特殊的词根和词缀的组合,如"呓了巴挣":没睡醒迷迷糊糊的样子;"澥了咣当":懈怠,松垮,慵懒;"破衣拉撒":衣衫褴褛;"胡噜巴嘟":糊涂;"胖鼓仑墩":肥胖圆满;"死乞白咧":纠缠不休;"提溜甩挂":形容衣裳肥大,杂乱不整;"叮当甩挂":形容衣服不整洁等。

五、结　论

综上,可以归纳总结出天津方言词缀的五个特点:第一,天津方言词缀用于后缀的占绝大多数。第二,由词根和词缀组成的天津方言词语,多用于口语表达,产生褒贬色彩,体现了俚俗明快和色彩鲜明的地域特征。第三,天津方言词缀绝大多数读为轻声。第四,多用于口语表达的部分词缀,在书面文字上往往产生多种词形(如:了巴叽、了咯叽、了呱叽等)。第五,由于能产性较强,在使用中灵活而富于变化。

附:天津方言词缀分类一览表

序号	词　缀	语　法　形　式	释　　例
01	巴 ba	A 巴。动词。重叠形式"A 巴 A 巴",表示随意做一下就行了,如"剁巴剁巴""揪巴揪巴"。	剁巴、揪巴、撅巴、敛巴、捏巴、戗巴、耍巴、窝巴、眨巴、撮巴、掂巴、碾巴、团巴、抹巴、揉巴
02	崩 beng	A 崩。形容词。重叠形式"AA 崩崩",如"紧紧崩崩";少数为"老崩老崩"。	紧崩、硬崩、老崩、脆崩、鼓崩
03	不达儿 budar	A 不达儿。形容词。附在单音节形容词之后,表示"有一点儿"。多含贬义。	苦不达儿、卤不达儿、酸不达儿、咸不达儿、涩不达儿
04	不呲咧 bucilie	A 不呲咧。形容词。附在单音节形容词之后,表示程度深。含贬义。	干不呲咧
05	不嗬嗬 buhehe	A 不嗬嗬。形容词。附在单音节形容词之后,表示程度较深。含贬义。	脏不嗬嗬、粘不嗬嗬、凉不嗬嗬、干不嗬嗬、冷不嗬嗬
06	不叽(唧)儿 bujir	A 不叽儿。形容词。附在单音节形容词后,表示"有点儿"的意思。	甜不叽儿、酸不叽儿、红不叽儿、美不叽儿、坏不叽儿、愣不叽儿、蔫不叽儿
07	不叽叽 bujiji	A 不叽叽。形容词。附在单音节形容词后,表示程度深。含贬义。	粘不叽叽、酸不叽叽、孬不叽叽、坏不叽叽
08	不拉 bula	AB 不拉。附在双音节词后,加强语气。含贬义。	碍事不拉、烦人不拉、讨厌不拉、腻味不拉、粘乎不拉
09	不拉叽 bulaji	A 不拉叽。形容词。附在单音节形容词后,表示程度较深。含贬义。	土不拉叽、蔫不拉叽
10	不棱登 bulengdeng	A 不棱登。形容词。附在单音节形容词后,表示程度较深。含贬义。	红不棱登、紫不棱登、脏不棱登、傻不棱登、稀不棱登、直不棱登、花不棱登
11	不流丢 buliudiu	A 不流丢。形容词。附在单音节形容词后,表示程度较深。含贬义。	酸不溜丢、滑不溜丢、黄不溜丢、秃不溜丢
12	不啰嗦 buluosuo	A 不啰嗦。形容词。附在单音节形容词后,表示程度较深。含贬义。	甜不啰嗦、酸不啰嗦、贫不啰嗦、贱不啰嗦

续表

序号	词缀	语法形式	释例
13	呲 ci	A 呲。动词。多为贬义。有的可以重叠为“A 呲 A 呲”，如“拔呲拔呲”“搞呲搞呲”。	扒呲、拔呲、搞呲、抠呲、扑呲、捯呲、抹(mā)呲、搭呲、崴呲、掰呲、跙呲、奔呲、叨呲、喀呲、咬呲、翻呲、爬呲、剜呲、够呲、拱呲
14	呲忽拉 cihula	A 呲忽拉。形容词。贬义。	血呲忽拉、粘呲忽拉、咸呲忽拉、白呲忽拉、淡呲忽拉
15	嗒(达) da	A 嗒。动词。其中有的可写成~达。重叠形式“A 嗒 A 嗒”，如“掴嗒掴嗒”；少数为“AA 嗒嗒”，如“抽抽嗒嗒”。	蹦嗒、抽嗒、掴嗒、扭嗒、抹嗒、搡嗒、斥(cī)嗒、颠嗒、鼓嗒、塞(sǎi)嗒、甩嗒、蹓嗒、跺嗒、踢嗒、驮嗒
16	当(荡) dang	A 当。动词。有的可写成“逛荡”。重叠形式“AA 当当”，如“夯夯当当”“逛逛荡荡”。	夯当、喝当、掳当、悠当、郎当、逛荡
17	叨(捣、掇) dao	A 叨。有的可写成“鼓捣”“捋掇”。多数为动词，少数可兼为形容词，如“勺叨”“絮叨”等。重叠形式“AA 叨叨”，如“唠唠叨叨”“絮絮叨叨”。	数叨、唠叨、念叨、说叨、勺叨、絮叨、叨叨、鼓叨、捋叨
18	得慌 dehuang	A 得慌。附加在形容词或动词之后，表示难以忍受。	颠得慌、咯得慌、扎得慌、累得慌、闲得慌、腻得慌、饿得慌
19	登 deng	A 登。动词重叠形式“A 登 A 登”，如“撺登撺登”；形容词重叠形式“AA 登登”，如“迷迷登登”。	撺登、叨登、折登、迷登
20	嘟 du	A 嘟。动词。贬义。	茶嘟、憋嘟
21	分 fen	A 分。形容词。褒义。	活分、灵分
22	个 ge	A 个。时间名词。口语词。	今儿个、明儿个、昨儿个、前儿个
23	咕 gu	A 咕。动词。一般呈贬义。少数为形容词，重叠为“AA 咕咕”。	叨咕、捏咕、打咕、掖咕、挤咕、拐咕、嘀咕
24	和 he	A 和。动词。重叠为“AA 和和”。	把和、拉和、忙和
25	乎 hu	A 乎。动词。贬义。部分重叠为“AA 乎乎”，如“就就乎乎”“咋咋乎乎”。	白乎、就乎、邪乎、虚乎、遮乎、咋乎
26	乎儿 hur	A 乎儿。附在单音节形容词之后。感情色彩明显。重叠形式“AA 乎儿乎儿”。	乱乎儿、迷乎儿、腻乎儿、热乎儿、软乎儿
27	忽拉 hula	AB 忽拉。形容词。附在双音节动词之后。表示程度深。贬义。	吓人忽拉、闷气忽拉
28	叽 ji	A 叽。动词。重叠形式“离离叽叽”。	离叽
29	家 jia	A 家或 AB 家。名词。表示某一类人。	人家、亲(qìng)家、女人家、老人家、姑娘家、小孩子家

续表

序号	词 缀	语 法 形 式	释 例
30	家家 jiajia	AB 家家。名词。表示某一类人。	姑娘家家、小孩子家家
31	拉 la	A 拉。动词。重叠形式"A 拉 A 拉"。	奃拉、扒拉、挤拉、铺(pú)拉、胡拉、抖拉、呲拉
32	利 li	A 利。形容词。	骨利、折利、飒利、麻利
33	里 li	A 里。形容词。多为贬义。	糊里糊涂、怪里怪气、稀里糊涂、叽里咕噜、劈里啪啦
34	溜儿 liur	A 溜儿。形容词。褒义。重叠形式"AA 溜儿溜儿",如"顺顺溜儿溜儿"" 滑滑溜儿溜儿"。	顺溜儿、滑溜儿、瘦溜儿、光溜儿、匀溜儿
35	喽 lou	A 喽。动词。重叠形式"A 喽 A 喽",如"抖喽抖喽""赶喽赶喽"。	抖喽、赶喽、挤喽
36	噜 lu	A 噜。动词。	咕噜、顾噜、秃噜
37	了巴叽 lebaji	A 了巴叽。附在单音节形容词之后,含贬义。	傻了巴叽、神了巴叽、猴了巴叽
38	了咯(咕)叽 legeji	A 了咯叽。附在单音节形容词之后,含贬义。	刺了咯叽、愣了咯叽、贫了咯叽、侉了咯叽、咸了咯叽
39	了呱叽 leguaji	A 了呱叽。附在单音节形容词之后,含贬义。	傻了呱叽、贫了呱叽、笨了呱叽
40	弄 leng	A 弄。多数为动词,重叠形式为"A 弄 A 弄",如"抖弄抖弄"。少数为形容词,重叠形式为"A A 弄弄",如"架架弄弄"。	逗弄、抖弄、拨弄、摆弄、扑弄、和(huò)弄、支弄、架弄
41	气 qi	A 气。形容词。指人的风格态度。有时可重叠为"AA 气气"。	洋气、大气、贫气、女气、艡气、孩气、土气、文气、秀气、狗气
42	求 qiu	A 求。动词。多为贬义。重叠形式"A 求 A 求",如"鼓求鼓求""嘎求嘎求"。	逛求、晃求、鼓求、奋求、嘎求、翻求
43	实 shi	A 实。形容词。多为褒义。重叠形式"AA 实实",如"严严实实""欢欢实实"。	欢实、着实、磁实、严实、皮实、座实
44	丝儿丝儿 sirsir	A 丝儿丝儿。形容词。多为褒义。A 和"丝儿丝儿"之间可加"巴"或"不",成为"A 巴丝儿丝儿"或"A 不丝儿丝儿"。	甜丝儿丝儿、苦丝儿丝儿、辣丝儿丝儿、凉丝儿丝儿
45	腾 teng	A 腾。动词。多为贬义。重叠形式"A 腾 A 腾",如"折腾折腾""闹腾闹腾"。	折腾、倒腾、翻腾、闹腾、扑腾、撺腾
46	头 tóu	A 头或 AB 头。指人名词。含贬义。	大头、杠头、祸头、刺儿头、颟顸头、粘糊头、冤大头
47	歪 wai	A 歪。动词。多为贬义。部分可重叠为"AA 歪歪",如"腻腻歪歪"。	腻歪、侧(zāi)歪、挣歪、恣歪

续表

序号	词　缀	语　法　形　式	释　　例
48	性 xing	A 性。名词。表示人的某种性情。注意“人性(rénxing)”与“人性(rénxìng)”等的区别。	忘性、改性、老性、记性、人性、秉性
49	应 ying	A 应。形容词。主要形容心理和生理感受。贬义。部分可重叠为“AA 应应”,如“麻麻应应”。	麻应、膈应、磨(mù)应、遭应、兴(xīng)应
50	悠 you	A 悠。多为动词。多为贬义。部分词语属于动词与形容词兼类,两种重叠形式皆可用,如“晃晃悠悠”“晃悠晃悠”。	晃悠、磨悠、逛悠、转悠、嘎游、哈(hà)悠
51	子 zi	A 子。名词。	班子、剂子、戏子、月子、楞子

参考文献:

马庆株、谭汝为、曾晓渝　2014　《天津方言研究与调查》,天津人民出版社。

谭汝为　2009　《这是天津话》,天津教育出版社。

谭汝为　2014　《天津方言文化研究》,天津人民出版社。

谭汝为主编　2014　《天津方言词典》,天津人民出版社。

谭汝为　2015　《天津方言与津沽文化》,中国国际广播出版社。

汉语谚语的韵律结构及其认知限制*

刘　嵚

（山西省社会科学院，山西太原，030032）

提　要：根据对现代汉语常用谚语语节及语节中所包含字数的定量统计，文章发现汉语谚语语条有以7字为分水岭的特殊现象，这是由人类认知中信息加工能力的限制决定的。通过对现代汉语常用谚语韵律节奏结构及谚语"格律化"倾向的考察，文章认为虽然谚语的韵律结构是句法、语义和韵律相互作用、互相约束的产物，但总体上更多地接受汉语韵律节奏规则的"管控"，表现出较为强烈的韵律音节组合的倾向性。

关键词：汉语谚语；韵律结构；节奏；短时记忆；7字分水岭

一　引　言

谚语是一种熟语性固定语，在古今汉语中都大量存在。综观前贤时彦针对汉语谚语所做的研究工作，搜集、整理并编纂辞书的成就十分显著，但针对谚语本体研究的成果则显薄弱，相关研究成果也较为少见。目前对汉语谚语的研究大多局限于静态平面，关注点集中在谚语的结构、语义、功能等方面，而对谚语语音结构则少有论及，就目力所及之研究成果，仅孙维张《汉语熟语学》有专节论述，认为谚语在节奏、格律和押韵上有明显的规律性表现，"是构成汉语谚语""的民族性特点的主要因素"。其他讨论则散见于部分专书谚语考察及汉外谚语对比研究之中。综合来看，对于谚语的讨论，尤其是对谚语语音结构方面的探讨，一是相关研究成果极少，二是这些讨论主要都是思辨式和举例性的，从数据支持的实证性分析角度进行研究者尚未见相关成果。基于此，本文以国家语委

* 本研究得到山西省社会科学院（山西省人民政府发展研究中心）2020年度院规划课题"历时视阈下汉语谚语的来源及发展演变研究——兼论谚语的历史文化地域属性"（项目编号：YNYB202021）的支持。

"十一五"项目"现代汉语常用语表(草案)"中确定的 2 201 条常用谚语为研究对象①,对其语音结构中的韵律节奏进行定量的实证性考察,分析汉语谚语的韵律结构及其规律,并就其成因加以讨论。

二　汉语谚语韵律结构的表现形式

谚语不仅是将词与词按照一定的语法规律和语义关系构成的语句,同时,其构成单位的词和词在音节之间也发生一定的联系,并形成静态形式的语音结构。Liberman(1977)提出了"相对凸显(轻重)原则"(Relative Prominance Priciple),指出语音中的轻和重不是相对独立的两种现象,而是有着相互依赖、共存共生关系的一对概念。轻和重的本质是一种关系,一种结构。语言中没有绝对的轻和重,二者都需要依靠对方来互相表现和相互实现。这一原则决定了语言节律中最基本的形式是一对轻重的组合体,也就是韵律结构中最小的独立单位"音步"。根据冯胜利(2013),人类语言中的音步一般只有两种情况:一种是音节音步,一种是韵素(音素)音步。汉语是音节音步,或轻或重由音节来表现。这种轻和重相互依存的关系,在语言不同层面的形式中都有所反映,在汉语谚语这种结构相对固定的句子形式层面中,相对凸显表现为两个层级:第一层级是以音节音步为基础的韵律词和韵律短语,第二层级则是以韵律词和韵律短语为基础的、更大一级的节拍群——语节。第一层级的韵律词和韵律短语中有的与句法词和句法短语对应平衡,即韵律词/韵律短语=句法词/句法短语;也有的则是不对应平衡的(mismatch),即韵律词/韵律短语和句法词/句法短语错位。无论是平衡对应还是错位,韵律词和韵律短语在汉语谚语的语音结构中都起到十分重要的调节作用。人们在生成话语和理解语句的过程中,都是按照一个一个的语流片段进行组织的,除了句子的合法结构及其要表达的完整意思是划分语流片段的形式意义标准之外,"相对凸显原则"也发挥重要作用:与强和弱、轻和重的相对性一样,凸显必须相对于非凸显而存在,"强-弱""轻-重""隐-显"这样的节奏自然成为人类的语流模式,这也是人类生理固有的特征。节奏的外在表征不仅有轻重相形、高低相较所创造出来的,还包括长短交替所凸显出来的。

① 该项目是由山西省社会科学院语言所于 2014 年完成的国家语委"十一五"项目"现代汉语常用语表(草案)",包括了成语、谚语、惯用语、歇后语四个语类,其中"现代汉语常用谚语"确定为 2 201 条,通过加权平均值计算出其阈值,将其划分为一级常用谚语 588 条和二级常用谚语 1 613 条。

曹剑芬(2007)指出,汉语的音节不是等长的,因为汉语音节的时长相差很大,没有等时性,因此汉语不是"音节节拍型"语言。根据相对凸显原则,汉语可以通过长短交替和停顿延长来实现节奏:

____ __(长短)　　　____　　____(停延)

这种内部具有规律性的音节长短和语音停顿所形成的节奏,形成了汉语谚语的特殊语节形式和语节内部的节律组合形式。其中语节是由韵律词和韵律短语构成的,语节之间主要的节律特点是语音上有较长的停顿,在书面形式上常以逗号或分号间隔。我们对现代汉语常用谚语的全部条目进行语节的考察和统计后发现,常用谚语的语节分为:单语节、双语节、三语节、四语节和六语节五类。例如:

单语节:万事开头难　明人不说暗话　肥水不流外人田　心急吃不了热豆腐　群众的眼睛是雪亮的

双语节:站得高,看得远　金无足赤,人无完人　冰冻三尺,非一日之寒　若要人不知,除非己莫为　天时不如地利,地利不如人和　害人之心不可有,防人之心不可无　前三十年看父敬子,后三十年看子敬父　战马拴在槽头上要掉膘,刀枪放在仓库里会生锈

三语节:早吃好,午吃饱,晚吃少　龙生龙,凤生凤,老鼠生儿会打洞　一个和尚挑水吃,两个和尚抬水吃,三个和尚没水吃

四语节:风不来,树不动;船不摇,水不浑　一粥一饭,当思来处不易;半丝半缕,恒念物力维艰

六语节:一年之计,莫如树谷;十年之计,莫如树木;终身之计,莫如树人　一天不练,自己知道;两天不练,同行知道;三天不练,观众知道

其中一级常用谚语仅有单语节和双语节两类,二级常用谚语中有98.2%为单语节和双语节,是其主要的构成类别,三语节和四语节各占0.8%,而六语节的则仅占0.1%。由此可见,在现代汉语常用谚语中,绝大多数的成员都是单语节和双语节的。

也有学者将谚语分为单体结构和双体结构两大类,认为双体结构是由相同的单体结构

构成的[①]。而在我们考察的语料中,实际情况则有所不同:一是双体结构不能涵盖三语节奇数型的谚语,即使其内部三个单体结构在结构上完全相同,但从韵律特征和语义上看,三者之间不能互相包含,全部都是独立性的并列成分,如:"坐如钟,站如松,卧如弓""早吃好,午吃饱,晚吃少""无农不稳,无工不富,无商不活""猪来穷家,狗来富家,猫来孝家";二是从整体上看,即使将四语节和六语节偶数型的谚语二分为双体结构,即只将中间最长的语音停顿(在书面形式上常表现为以分号作为区隔的部分)作为语节划分标识,而忽略其中较小的语音停顿(在书面形式上常表现为以逗号作为区隔的部分),其内部的单体结构也未必都是相同的,即所谓的双体结构并不是完全都由相同的单体结构构成,两个单体结构可以是不对称的[②]。在我们考察的一级常用谚语中,双语节的所谓双体结构共 271 条,其中两个单体结构不对称的为 11 条,占 4%,如"创业难,守业更难""滴水之恩,当涌泉相报""伤其十指,不如断其一指"等;二级常用谚语中,包括双语节、四语节、六语节的双体结构共 922 条,其中两个单体结构不对称的为 23 条,占 2.5%,如"躲过初一,躲不过十五""不痴不聋,不作阿家翁""不管白猫黑猫,抓住老鼠就是好猫"等。这种内部单体结构不对称的双体结构从构成的字数上看,有奇数字数和偶数字数两种,其中奇数字数双体结构谚语中的两个单体结构全部是不对称的,如一级常用谚语中,7 字谚语共 143 条,其中双语节的 1 条,为不对称形式;9 字谚语共 14 条,其中双语节的 7 条,都为不对称形式;11 字谚语共 2 条,都为不对称形式的双语节谚语。二级常用谚语中,7 字谚语共 311 条,其中双语节的 1 条,为不对称形式;9 字谚语共 21 条,其中双语节的 9 条,都为不对称形式;11 字谚语共 14 条,其中双语节的 11 条,都为不对称形式;13 字谚语共 14 条,其中双语节的 8 条,都为不对称形式;15 字和 19 字谚语各 1 条,都为不对称形式的双语节谚语。事实上,即使偶数字数双体结构谚语中的两个单体结构也不是全部对称的,如一级常用谚语中,10 字谚语共 56 条,其中不对称的 3 条;12 字谚语共 8 条,其中不对称的 2 条。二级常用谚语中,10 字谚语共 291 条,其中双语节的 282 条,13 条为不对称形式;12 字谚语共 62 条,其中双语节的 57 条,8 条为不对称形式;14 字谚语共 86 条,其中双语节的 84 条,1 条为不对称形式。下表详细统计了 2 201 条现代汉语常用谚语语条的字数及其对应的语节数量:

---

① 孙维张认为谚语和格言可以分为单体结构和双体结构,双体结构是由相同的单体结构构成的,在节奏分析上可以单体结构为基础。每一个单体结构,其音节数又可以分为奇偶两类,以奇数音节为最多,偶数音节的以四言的居多。并认为这种形式和中国古典诗歌的形式一致。(《汉语熟语学》,吉林教育出版社,1989 年)

② 下文提到的"双体结构"是本文对这一称说方式的重新定义,根据在现代汉语常用谚语中的实际情况,双体结构确实由单体结构(即单语节谚语)构成,但其中的单体结构相互之间并不完全相同。

现代汉语常用谚语语条字数及语节数统计表(一级 588+二级 1613=2201)

字数＼语节数	一级常用谚语						二级常用谚语					
	单语节	双语节	三语节	四语节	六语节	合计	单语节	双语节	三语节	四语节	六语节	合计
4 字	3	—	—	—	—	3	1	—	—	—	—	1
5 字	99	—	—	—	—	99	216	—	—	—	—	216
6 字	48	45	—	—	—	93	69	89	—	—	—	158
7 字	142	1	—	—	—	143	310	1	—	—	—	311
8 字	18	145	—	—	—	163	61	357	—	—	—	418
9 字	7	7	—	—	—	14	10	9	2	—	—	21
10 字	—	56	—	—	—	56	9	282	—	—	—	291
11 字	—	2	—	—	—	2	2	11	1	—	—	14
12 字	—	8	—	—	—	8	—	57	2	3	—	62
13 字	—	—	—	—	—	—	—	8	6	—	—	14
14 字	—	6	—	—	—	6	—	84	1	1	—	86
15 字	—	—	—	—	—	—	—	1	—	—	—	1
16 字	—	1	—	—	—	1	—	5	—	8	—	13
18 字	—	—	—	—	—	—	—	1	—	—	—	1
19 字	—	—	—	—	—	—	—	1	—	—	—	1
20 字	—	—	—	—	—	—	—	1	—	1	—	2
21 字	—	—	—	—	—	—	—	—	1	—	—	1
24 字	—	—	—	—	—	—	—	—	—	—	2	2
合计	317	271	—	—	—	588	678	907	13	13	2	1 613
百分比	53.9%	46.1%	—	—	—	100%	42%	56.2%	0.8%	0.8%	0.1%	100%

(说明:表中"—"表示此栏没有数据。)

三 汉语谚语韵律结构中的认知限制

上文所统计的数据显示,现代汉语常用谚语有一个很特殊的现象,谚语语条的字数 7 明显是一个具有分水岭性质的数字,无论是一级常用谚语还是二级常用谚语,单语节的谚语都是 7 字谚语数量最多,其后从 8 字谚语开始,单语节谚语的数量便急转直下,骤然呈现出断崖式地下降:一级常用谚语的单语节谚语以 9 字为上限,再无超过这一字数限制的单语节谚语;二级常用谚语的单语节谚语则以 11 字为上限,再无超过这一字数限制的单语节谚语。

数字 7 之所以如此特殊，与人脑的信息存储能力有关，认知心理学按照信息保存时间的长短以及信息的编码、储存和加工方式的不同，把记忆分为瞬时记忆、短时记忆和长时记忆这三个记忆系统。米勒(Miller 1956)发表了《神奇的数字 7±2：我们的信息加工能力的限制》一文，明确提出了短时记忆的容量只有 7±2。这 5—9 个单位可以是数字、单词、字母、无意义音节等组块。在对谚语进行信息编码、解码和存储等信息加工的过程中，7 字谚语正是这一短时记忆容量的关键节点，超过这一数字限制的信息，在进行提取时就具有很大的难度，因此越是常用的谚语，在对谚语信息进行编码时越受这一信息加工能力的限制，使得谚语更容易存储进短期记忆并从而逐渐获得长期记忆的占位。这种 7±2 的限制反映在现代汉语常用谚语中，就造成了单语节谚语以 7 字为上限、单语节谚语以 7 字谚语为最多的格局，而 7 字正是信息传达最大化和记忆容量最大限度的结合。

小于 7 字的常用谚语中，4 字谚语是构成谚语的字数下限，独字成词或独词句都不能构成谚语，不具有谚语表达判断的功能，只能是存在于语境中的语用成分。全部为单语节形式的常用谚语只聚集在 4 字和 5 字谚语中，虽然其内部仍有韵律组织结构，但相对而言并没有较长的语音停顿，结构和语义上整体性更强。从 6 字谚语起，双语节谚语开始出现，且都为单体结构相同的对称型谚语，即双语节的 6 字谚语都为 3+3 结构，其数量与单语节的 6 字谚语大体相当，一级常用谚语为 48∶45，二级常用谚语为 69∶89。这正符合短期记忆 7±2 的特点，当谚语单体结构的字数超过 7-2=5 个的短期记忆下限时，就有了二分的可能和需要。因此从数量上看，单语节和双语节数量相当的 6 字谚语处在短期记忆临界点，既可以以单语节形式出现，也可以满足二分的需要，以双语节 3+3 两两组合的形式出现。6 字以上的谚语则在奇数型和偶数型上各有特点，按照单语节谚语的有无，6 字以上谚语的奇数型和偶数型谚语又分为两档：第一档为 7—11 字组，第二档为 12—24 字组。第一档 7—11 字组的奇数型谚语如上文所说，在一级常用谚语的单语节谚语中以 9 字为上限，符合 7±2 的限制；相应在二级常用谚语中则放宽至 11 字，但数量有明显下降，从 7 字的 310 条，经 9 字 10 条，降至 11 字的 2 条，降幅可谓极大，也就意味着突破 7+2=9 的记忆上限在常用度高的谚语中是极为罕见的情况。有趣的是，随着字数的增多，单语节谚语的数量在 7 字这一字数上达到了最大值，同时也成为双语节谚语在 7 字组中的最小值，7 字组一级和二级常用谚语的单语节分别为 142 条和 310 条，而双语节谚语则都为 1 条。

大于 7 字的常用谚语则在单语节和双语节乃至三语节上的数量出现了均衡甚至反向的变化，9 字组的一级常用谚语单语节和双语节都为 7 条，数量一致，比例均衡，二级常用谚语单语节为 10 条，双语节为 9 条，还出现了 2 条三语节的谚语；11 字组的一级常用谚语只有双语节形式,单语节形式完全消失,二级常用谚语则单语节为 2 条,双语节为 11 条,三语节为 1 条,双语节和三语节的谚语数量大大超过了单语节的谚语数量,完全一反之前单语节在 7 字组谚语中占比最高的面貌。偶数型从 8 字组开始就出现了大量二分的双语节谚语,8 字组的一级常用谚语单语节为 18 条,双语节为 145 条,比例约为 1 : 8,二级常用谚语单语节为 61 条,双语节为 357 条,比例约为 1 : 6;10 字组的一级常用谚语只有双语节形式,单语节完全消失,二级常用谚语则单语节为 9 条,双语节为 282 条,比例约为 1 : 31。现与奇数型谚语相比,偶数型谚语天然具有二分的基础,一旦突破了 7±2 的限制时,偶数型谚语更易于分裂为两个单体结构。第二档 12—24 字组的谚语中,一级常用谚语中仅有偶数型谚语,并都完全符合 7±2 的限制,二分为两个双体结构的谚语;二级常用谚语中无论奇数型还是偶数型谚语都仅有双语节及以上的形式,且数量上以双语节为主,每个语节中的字数又继续遵循 7±2 的限制,一旦突破限制,便继续分裂为更多的语节,如 21 字组分裂为 3 个 7 字的单体结构,24 字组则分裂为 6 个 4 字的单体结构。

上述 7±2 限制的认知心理学原理使我们从另一个角度对谚语的语节结构和形式有了新的认识,语音停顿与人类生理和心理特点有着极为密切的关系,上文提到的相对凸显原则就是人类认知观念在语音轻重、长短上的体现。如果说相对凸显原则决定了语言节律中最基本的形式是一对轻重的组合体,形成了韵律结构中最小的独立单位“音步”,并由此推导出音步的“二分法原则”,那么 7±2 的限制则是从人类大脑记忆规律和信息处理能力上规定了长短、轻重二分的必然。同样地,这种原则和规律还反映在语节内部的节律组合形式,即语节内的节奏上。

四　谚语语节内部节律的韵律特点及其成因

(一) 谚语语节内部的韵律特点

从上文对语节数量及字数奇偶型的特点可知,语节内部的构成情况也有单体结构和双体结构之分,单体结构的语节以奇数型谚语为主,其中占比最高的为 5 字组和 7 字组,一级常用谚语中的 5 字组单体结构共 99 条,占 31. 2%,7 字组单体结构共 142 条,占 44. 8%,合计共占 76%;二级常用谚语中的 5 字组单体结构共 216 条,占 31. 9%,7 字组单体结构共 310 条,占 45. 7%,合计共占 77. 6%。双体结构的语节则以偶数型谚语为主,其中占比最高的为 8 字组和 10 字组,一级常用谚语中的 8 字组双体结构共 145 条,占 53. 5%,10 字组双体结构共 56 条,占 20. 7%,合计共占 74. 2%;二级常用谚语中的 8 字组双体结构共 357 条,占

39.4%，10字组双体结构共282条，占31.1%，合计共占70.5%。如上文所述，双体结构中存在少量作构成单位的单体结构之间不对称的情况，在统计时将其排除在外，则8字组的双体结构全部为两两对称的4+4单体结构组合；10字组中除一级常用谚语有3条不对称，二级常用谚语有13条不对称之外，共322条双体结构为两两对称的5+5单体结构组合。从以上单体结构和双体结构构成成分的情况来看，七成以上的现代汉语常用谚语都可以被4字组、5字组和7字组语节所覆盖。这种四言、五言、七言的结构恰好与中国古典诗歌和汉语民歌的结构相吻合。中国古代诗歌的节奏形式早在先秦时期的《诗经》中就已经形成二分式的韵律结构。在四言诗整齐匀称但略显单调的节奏基础上，随后又产生了相对灵活、富有变化的五言诗和七言诗。

黄侃在《文心雕龙札记》中提出了节律句读，认为这种用于节律和换气功能的句读有别于语义和语法的句读。袁行霈（1987）又将汉语古典诗歌中的节律现象概括为："一句诗中的几个音节……一般是两个两个地组合在一起形成顿。"这种节奏上的"顿"是诗歌节律的表层形式，其关键在于，"两两一顿"从本质上看正是汉语双音节音步的表现。语义的自然并不意味着韵律的自然，汉语的韵律有着自然与非自然的区别，非自然的音步受限于句法、词汇、语义等，是多方面强制的结果，自然音步则总是要满足[2+2][2+3][4+3]等的韵律基础，即使如宋人律诗中的折句诗，如"鹦鹉杯且酌清浊，麒麟阁懒画丹青""静爱竹时来野寺，独寻春偶过溪桥"等句，都被认为是"以文为诗"而非诗句的"正格"。也就是说，折句诗[3+4]是句法满足韵律的结果，而不是诗律建立在自然音步基础上的"正常规格"。由此来看谚语的单体结构，尤其是4字、5字和7字组单体结构及8字和10字双体结构的节律格式，其表层形式上的特点与中国古典诗歌的四言诗、五言诗和七言诗所反映出来的韵律格式契如合符。例如：

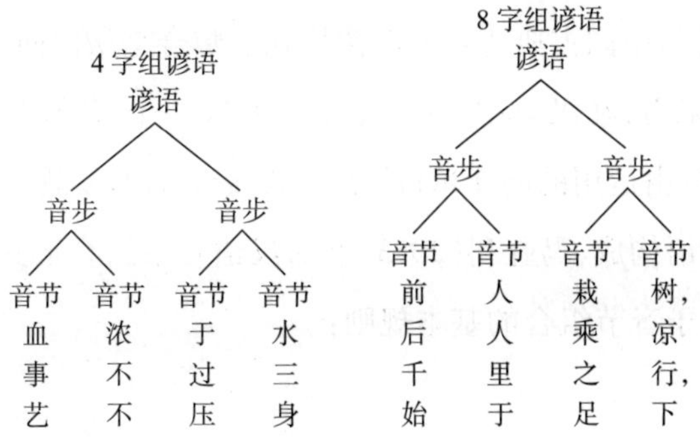

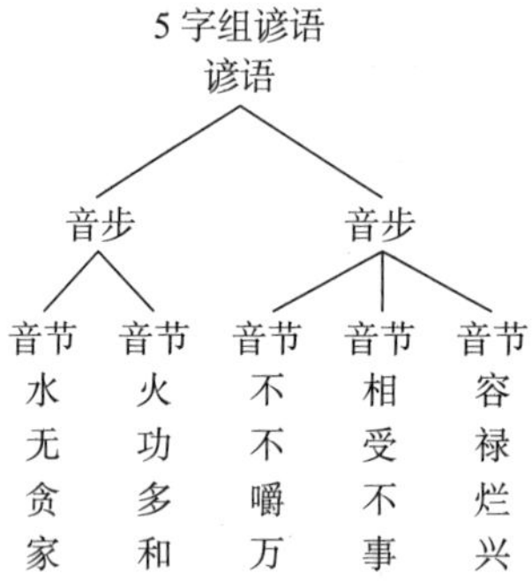

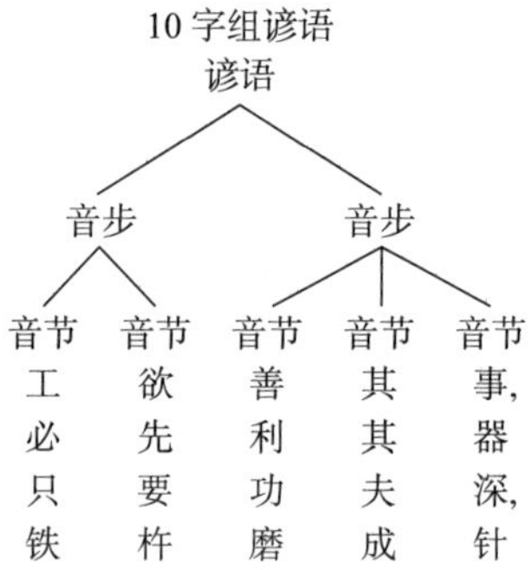

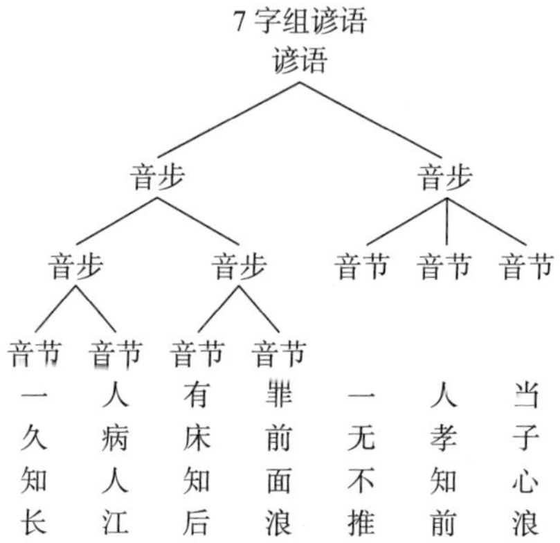

(二)谚语语节内部韵律特征的成因

谚语语节内部所表现出与中国古典诗歌的四言诗、五言诗和七言诗的韵律格式契如合符的这一现象,孙维张(1989)称之为“谚语格言的格律化”,认为谚语这种节奏的总的特点“是汉语韵律特征的重要表现之一,是构成汉语言语表达的民族形式的重要标志”。那么这种谚语的“格律化”或者与中国古典诗歌的韵律格式的契合是从何而来呢?

首先,从韵律角度来看,在汉语中,每一个汉字对应一个音节,音节在语流中又是构成音步这种“最小的能够自由运用的韵律单位”的基础,最后音步实现“韵律词”。谚语语节的内部由韵律词和韵律短语构成,冯胜利(2013)在对汉语音节组合形式现象进行归纳和总结的基础上提出了六条关于音节组合的基本规则:

ⅰ. 两个音节组成一个独立的音步;

ⅱ. 三个音节也组成一个独立的音步,因为[1#2]跟[2#1]都不能说;

ⅲ. 四字符串必须分为[2#2]格式,因为没有[1#3]或[3#1]等可说形式;

ⅳ. 五字符串只能组成[2#3]形式,因为[3#2]的节律不能说;

ⅴ. 六字符串除了[2#2/2]节律以外,不允许其他读法(两词分译的除外,如“盎格鲁撒克逊(Anglo-Saxon)”);

ⅵ. 七字符串的节律只能是[2/2#3],因为没有其他读法。

并在此基础上推导出“派生规则”:

ⅰ. 单音节形式不足以构成独立的音步;

ⅱ. 汉语的自然节律中不存在 *[1#1#2]、*[2#1#1]、*[1#2#1]等形式;

ⅲ. 汉语的自然节律中不存在 *[1#2#2]、*[2#2#1]、*[2#1#2]等形式;

ⅳ. 汉语的自然音步的实现方向是由左向右(即“右向音步”);

ⅴ. 汉语自然音步的音节“小不低于二,大不过于三”;

ⅵ. 在任何一个奇数字符串中,纯韵律结构至多允许一个三音节音步。

谚语在音节组合的节律上,虽然是口语性强的语句,但与日常口语或散文中所表现出来的绝大部分音步形式有所不同,虽然也受到句法、词汇及语义的限制,但却都是与韵律相互作用而实现的产物,在韵律结构上,尤其受到如上音节组合规律的影响和制约。如4字谚语“血浓于水”“事不过三”“艺不压身”,虽然都是句法层面上的产物,理论上并不会受到音步方向的限制,而且从句法、语义上,都可以分析为“血‖浓于水”“事‖不过三”“艺‖不压身”这样的[1+3]主述结构,但由于4字符串的自然韵律是[2+2],这样的[1+3]节奏是不自然的,因此在通常情况下,都被说成是“血浓‖于水”“事不‖过三”“艺不‖压身”的[2+2]韵律节奏。5字谚语“物以稀为贵”“民以食为天”“姜是老的辣”,从句法、语义上可以分别分析为“物‖以稀为贵”“民‖以食为天”“姜‖是老的辣”这样的[1+4]主述结构,但由于5字符串的自然韵律是[2+3],这样的[1+4]节奏是不自然的,因此在通常情况下,都被说成是“物以‖稀为贵”“民以‖食为天”“姜是‖老的辣”的[2+3]韵律节奏。当然,5音节组合中也存在[3+2]节奏的“艺高人‖胆大”“眼不见‖为净”“山不转‖水转”“儿不嫌‖母丑,狗不嫌‖家贫”“人敬我‖一尺,我敬人‖一丈”“人误地‖一时,地误人‖一年”“三十年‖河东,三十年‖河西”等,但首先从数量上看,[3+2]节奏的远不如[2+3]节奏的多,5字组单语节谚语中[3+2]节奏的共9条,[2+3]节奏的则有90条,比例为1∶10;10字组双语节谚语中单体结构为[3+2]节奏的共6条,[2+3]节奏的则有50条,比例约为1∶8.3,数量差距明显。

其次,从谚语的性质上看,谚语是口语性的语句,其构造是在句法层面完成的,与构词层面有所不同,构词层面违背自然音步[3+2]节奏的5音节组合很难接受,但在句法层面则会更多受到句法、语义的影响,而放宽尺度。由此我们认为,谚语这种句法层面上的语言单位,其韵律结构是句法、语义和韵律相互作用,互相约束而形成的产物,但总体上更多地接受汉语韵律节奏规则的“管控”,表现出较为强烈的韵律音节组合的倾向性,即谚语的节律常是两两相合地进行右向组合,当最后的一个音节不能成双时,总要贴合在两个音节的组合上构成三音节成分,从而形成[2+3]或[4+3]的节律,这也正符合“三字尾”的诗律。7字谚语的情况也是如此,“开弓没有回头箭”“可怜天下父母心”“磨刀不误砍柴工”从句法、语义上可以分别分析为“开弓‖没有回头箭”“磨刀‖不误砍柴工”“可怜‖天下父母心”这样的[2+5]紧缩句或述宾结构,但由于7字符串的自然韵律是[4+3],这样的[2+5]节奏是不自然的,因此在通常情况下,都被说成是“开弓没有‖回头箭”“磨刀不误‖砍柴工”“可怜天下‖父母心”的[4+3]韵律节奏。另外7字谚语“私凭文书官凭印”在历时考察中还有如“官凭文引,私凭要约”“官凭印信,私凭票约”的[4+4]变体形式,都是以“官”“私”这种受社会文化和民族心理影响而形成的顺序的对举形式出现,而在“私凭文书官凭印”中则成为较为罕见的“私”“官”顺序,这也是为了满足[4+3]的韵律节奏;但同时7字谚语中也有[3+4]节奏的“三句话不离本行”“人贵有自知之明”,[2+5]节奏的“失败是成功之母”“胳膊拧不过大腿”等更多受句法“管控”的节律形式存在,不过其数量很少,共19条,与[4+3]节奏的123条相比,其比例也不过1∶6.5。在7字谚语中,还有一类较为特殊的韵律现象,即拍间有韵律虚词的形式,如“树欲静而风不止”“牵一发而动全身”“小不忍则乱大谋”“有一利必有一弊”“有其父必有其子”等,其中的虚词“而”“则”“必”都是附着形式,因此“而风不止”“而动全身”“则乱大谋”“必有一弊”“必有其子”从韵律结构上看并不是四言,而是有虚词参与的[3+3]的六言节律格式,即注重对偶声律的四六文格式。

在我们考察的现代汉语常用谚语中,并未发现3字组的谚语,但双体结构的6字谚语和三语节的9字谚语中则包含3字结构的谚语,如“亲兄弟,明算账”“笑一笑,十年少”“坐如钟,站如松,卧如弓”等,这种三三结构的谚语来源较早,在春秋时期的传世文献中就有较多这样结构的谚语。例如“言必信,行必果”“既来之,则安之”(《论语》)、“玉不琢,不成器”(《礼记》)、“此一时,彼一时”(《孟子》)等,其中如“必”“既”“则”等虚词附着形式的也可以看作是对偶声律的双音节对举格式。除去这些不论,那么这些早期的三三结构谚语其韵律结构大多为整齐划一的[1+2]节奏,这种超越构词层面上升到句法层面的音步不受方向的限制,因为它们是非自然音步;而且这种[1+2]节奏在后世三三结构对举格式谚语的生成中有很强的牵引作用,在一级常用谚语6字组双语节的45条谚语中,有35条其中两个相同的单体结构为[1+2]的韵律节奏,比例高达77.8%。其他10条6字组双语节单体结构为[2+1]的韵律节奏。事实上,这也是古代汉语中三字结构较常见的韵律节奏特征,如《史记·淮阴侯列传》中就有"狡兔死,良狗亨;高鸟尽,良弓藏;敌国破,谋臣亡"这样的用例存在。

三三结构的双语节谚语中,其中的两个单体结构在韵律节奏特征上还有一个较为特殊的现象,即前后两个3字语节内部的结构从句法语义上可能不是同一的,其句法结构各有层次,如"有志者,事竟成""笑一笑,十年少",其前后语节的句法层次分别是"有志‖者,事‖竟成""笑‖一笑,十年‖少","者"作为后缀附着在动词短语"有志"后组成[2+1]结构的名词性短语,"笑一笑"则是典型的"V 一 v'"结构,"一 v'"作为动量组合,随着动词"V"类型的扩大,"V"的动作性特征弱化,从而引发"一"与"v"的重新分析而进行融合,"一 v"被认知为一个整体,与"V"组合为[1+2]结构的动词性短语"笑一笑"。当这两个[2+1]和[1+2]结构的短语成为构成双语节谚语的单体结构时,其自身原有的韵律结构就会影响该谚语的整体结构,或者受到该谚语整体结构的压制,使得自身或者另一个单体结构的语节发生同向性的变化:"有志者,事竟成"前一语节"有志‖者"的[2+1]结构顺向影响后一语节的"事‖竟成",使得副词"竟"与主语"事"形成了韵律上的联结,从[1+2]结构改变为韵律上跨层的[2+1]结构,与前一语节同向;"笑一笑,十年少"则是后一语节"十年‖少"的[2+1]数量结构逆向影响前一语节的"笑‖一笑",使得"一 v"结构被打破,"一"与前一动词V形成了韵律上的联结,从[1+2]结构改变为韵律上跨层的[2+1]结构,与后一语节同向。我们将这一现象称为3字组双体结构谚语韵律结构的同向性。

单体结构6字谚语的韵律特征则相对较为规律,一级常用谚语的单语节6字谚语共45条,其中39条都为[2+2+2]的双音节韵律结构,占总数的86.7%。例如:

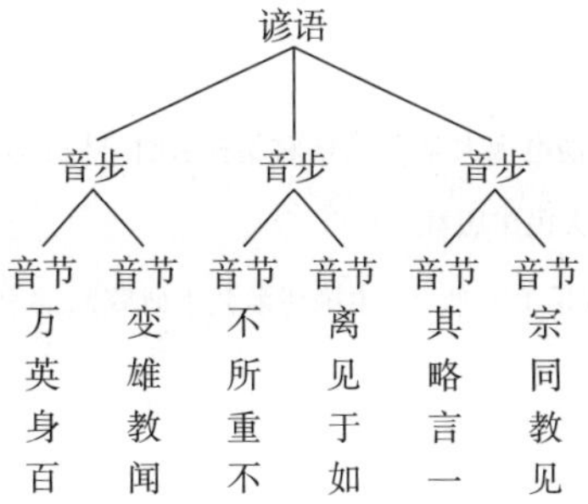

在这种双音节与双音节组合整齐划一的强大类推作用下,一些句法、语义结构上非[2+2+2]结构的6字单体结构谚语也出现了[2+2+2]韵律结构的倾向,如“天无绝人之路”“哀莫大于心死”“士为知己者死”“强扭的瓜不甜”等,原本为“天‖无绝人‖之路”“哀‖莫大于‖心死”“士‖为知己者‖死”“强扭的瓜‖不甜”等[1+3+2][1+4]或[4+2]结构,但受6字单体结构谚语[2+2+2]韵律结构倾向的影响,通常情况下,都会被说成是“天无‖绝人‖之路”“哀莫‖大于‖心死”“士为‖知己‖者死”“强扭‖的瓜‖不甜”这样的[2+2+2]韵律节奏。这是谚语相对于散文和其他口语语体语句在韵律节奏上表现出来的独特之处。

五 结 语

根据对现代汉语常用谚语语节及语节中所包含字数的统计,我们发现汉语谚语语条有以7字为分水岭的特殊现象,这是由人类认知中信息加工能力的限制决定的。通过对现代汉语常用谚语韵律节奏特征及谚语“格律化”倾向的考察,我们认为,虽然谚语的韵律结构是句法、语义和韵律相互作用、互相约束的产物,但总体上更多地接受汉语韵律节奏规则的“管控”,表现出较为强烈的韵律音节组合的倾向性。

参考文献:

曹剑芬 2007 《现代语音研究与探索》,商务印书馆。

冯胜利 2013 《汉语韵律句法学》,商务印书馆。

黄建宁 2004 《笔记小说俗谚研究》,四川大学博士学位论文。

刘振前、邢梅萍 2003 《四字格成语的音韵对称与认知》,《语言教学与研究》第3期。

彭聃龄 2004 《普通心理学》,北京师范大学出版社。

孙维张 1989 《汉语熟语学》,吉林教育出版社。

王 力 2010 《汉语语音史》,商务印书馆。

王 勤 1980 《谚语歇后语概论》,湖南人民出版社。

温端政 2006 《汉语语汇学》,商务印书馆。

温端政 1985 《谚语》,商务印书馆。

吴洁敏 1998 《论汉语节奏规律》,《广播电视大学学报》(哲学社会科学版)第1期。

武占坤、马国凡 1980 《谚语》,内蒙古人民出版社。

袁行霈 1987 《中国古典诗歌语言的音乐美》,收入《中国诗歌艺术研究》,北京大学出版社。

浅谈汉语方言辨识及山西方言数据库

杨　伟

（山西大学语言科学研究所，太原，030006）

提　要：随着语音识别领域的不断发展研究，从普通话识别到方言识别的逐渐深入，目前对方言的研究也在日益增多。随着深度学习方法成功在图像处理方面取得较好进展，众多研究者把深度学习方法应用在了语音方面，并取得了较好的进展。本文主要介绍汉语方言辨识方面的研究情况和山西汉语方言数据库的研究进展。

关键词：语种识别；方言辨识；语音识别

一、引　　言

随着人工智能的逐渐发展，计算机自动识别技术越来越成熟。近年来，智能语音处理方面取得了较好的进展，语音识别技术已经开始应用在了较多领域，比如：使用输入法输入时可以使用普通话语音进行文本输入，在方言语音输入上的研究也已经开始进行，识别技术越来越细化、丰富。语种识别方面的研究也已经由最初的较易区分的语言种类识别发展到现在的较易混淆的语言种类上的识别。说话人识别方面，也由最初的低噪音语音，到现在有噪声的识别研究。语音方面的智能处理逐步发展，渐渐细化，更加贴近实际应用。

关于语种识别的研究是从 1968 年开始的，不过由于当时缺乏数据，没有较好的、统一的数据集，所以当时的研究都较有局限性。随着时间的推移，到 20 世纪 90 年代，美国举办了语种识别方面的比赛，语种识别开始较为快速的发展。到目前为止，常用的语种识别方法有基于声学特征的和基于音素信息的。近几年来随着深度学习的迅速发展，深度学习方法被广泛用于语音识别、图像识别等领域，取得了较大的进展。对应于语种识别，我国方言种类比较多，不同方言之间的计算机自动识别，也开始逐渐被研究。语言辨识是计算机分析处理一个语音片段以判别其所属语种的技术。汉语方言辨识可以应用在很多领域,比如:公共安全方面,可以辨识语音地域,为犯罪嫌疑人、流浪人员或非法移民的归属地确定提供参考,可以应用于刑事侦查及国防军事等领域(乔全生,2019)。在语言工程方面,可以用于多语言机器翻译系统的前端处理,以及直接将一种语言转换成另一种语言的通信系统。

汉语方言辨识的基础是需要对应的方言辨识库,这是作为支撑作用的。代表某一方言的数据库,需要大量采集当地人的长短语音,根据常用语言等设计相应的语句,对个人需要进行较为全面的采集,对于方言人要进行不同年龄、性别等覆盖面广、人数多、语音时长长的采集,尽可能地覆盖该地的方言。

二、研究现状

汉语方言自动辨识方面的研究起步较晚。较早的研究有 Wuei-He Tsai 和 Wen-Whei Chang 以音素、音节等信息为特征,结合隐马尔可夫模型(HMM)对普通话、闽南话和客家话进行汉语自动辨识研究(1999、2000、2002)。其中 Wuei-He Tsai(2002)在《Speech Communication》上发表的论文被引用次数较高。此外,被引用较高的论文还有 Bin Ma(2006)和 Boon Pang Lim(2005)。顾明亮等(2016)发表的《基于联合多样性密度的汉语方言辨识》,该文使用多示例学习中多样性密度算法对闽、粤、吴三类方言辨识进行研究,辨识率与之前类似算法相比有明显提高。此外,顾明亮等(2008、2012、2014)对汉语方言辨识进行了一系列研究。近几年,深度学习逐渐应用到机器学习的多个领域。汉语方言自动辨识采用深度学习的研究有韩军(2017)发表的《基于 DBF 的汉语方言自动辨识》,该文通过引入深度神经网络,使用深度瓶颈特征,对吴方言、粤方言、闽方言、江淮官话和中原官话做了实验分析,相对于传统声学特征方法有较高的辨识率。邱远航(2017)的硕士论文把深度学习中的关注模型应用到了汉语方言自动辨识。

方言数据库方面,杜福强(2012)的硕士论文中对已有的方言数据库做了较细的划分:“以方言语音为主要内容研制的数据库有侯精一开发的‘现代汉语方言音库’、蒋平主持的‘汉语方言声调资料库’、中国科技大学研发的‘粤语语音合成系统语料库’、刘俐李主持的‘汉语方言语音词汇库’、刘村汉主持开发的‘方言字音处理系统’、海柳文开发的‘汉语方言民族语言语音材料处理软件’;以方言词汇为主要内容研制的数据库有社科院主持的‘北方方言基本词汇数据库’、潘悟云开发的‘汉语方言计算机处理系统’、麦耘主持的‘汉语方言词汇数据库’;以方言语法和俗语为主要内容研制的数据库有刘丹青主持的‘方言语法语料库’、南京师范大学研制开发的‘汉语俗语言语料库’和‘现代汉语语域信息库’”(2012)。

此外,还有暨南大学建设的方言数据库。高原等(2012)从计算机专业出发,提出建设一个可以用于说话人辨识、方言特征词识别、语音识别等研究的多用途汉语方言语音数据库。

三、汉语方言辨识的主要方法

语言辨识是计算机分析处理一个语音片段以判别其所属语种的技术。汉语方言自动辨识是根据讲话者的发音判断所属方言区域的一项新技术,该技术在语音识别、信息查询、刑事侦查等方面具有重要的应用价值。

目前,汉语方言辨识方法有很多,其中有:

1. 基于高斯混合模型(GMM)的汉语方言辨识

高斯混合模型可以较好地逼近任意总体分布函数,语音信号的帧特征与方言区域有密切关系,其帧特征具有不同的分布特点,因此,用 GMM 做声学建模,可以较好地描述语音帧特征分布情况。通常,GMM 的阶数越高,GMM 模型的声学分辨率越高,能模拟的分布越复杂。

2. 基于 AdaBoost 的汉语方言辨识

Adaboost 是一种迭代算法,其核心思想是针对同一个训练集训练不同的分类器(弱分类器),然后把这些弱分类器集合起来,构成一个更强的最终分类器(强分类器)。基于 AdaBoost 的汉语方言辨识方法,主要是将 GMM 与语言模型组成的辨识系统看成一组弱分类器,然后对这组弱分类器所得的分类结果进行加权投票,最终决定汉语方言测试语音的所属类别。

3. 基于联合多样性密度的汉语方言辨识

多样性密度算法是多示例学习中的一种经典算法。首先将方言进行预分类为多个小类,然后将各小类方言进行多示例包生成,并通过期望最大多样性密度算法进行多示例学习,得到的多个多样性密度点作为方言的多示例模型,最后提出平均最近距离算法进行模式分类。

4. 基于深度学习的汉语方言辨识

深度学习方法目前广泛应用于机器学习领域,首先是在图像处理方面取得了较好的进展,接着被用于语音处理方面。在语音识别、语种识别、说话人识别方面都有较好的研究进展。汉语方言辨识方面也开始了相应的研究工作。

目前汉语方言辨识方法存在的问题有:

(1) 缺乏对语言学信息的利用,缺乏对信息本身的研究,比如现在比较流行的辨识方法 HMM,GMM 等,这些方法较少利用语言学信息。

(2) 缺乏对低层级方言的辨识。现有的方言辨识研究主要对汉语跨方言区或方言片的语音样本进行辨识,没有在县与县的方言层面上实现方言辨识。方言间差异越小,方言辨识难度越大,需要更多地利用相关语言学信息。

因此,我们的工作主要是基于已有的山西汉语方言电子语音,以山西省内县方言点为辨识对象,采集相应的电子语音,更多地利用语言学知识,结合已有的辨识方法,构建合适的辨识模型,进行较好的方言辨识。

四、山西方言数据库

1. 山西方言数据库建设

山西省于 2015 年开始加入到中国语言资源保护工程,到 2018 年共参加了四年,调查山西省内方言点共 57 个。山西方言数据库建设主要以中国语言资源保护工程中山西汉语方言和《山西方言重点研究丛书》近 60 本及 100 个左右县市区的音系为基础,进行扩展补充。

山西方言资源展示系统,简称山西方言展示平台,旨在对山西方言语料库中的大量语音、视频等方言资源进行管理。该系统主要由后台管理、浏览和检索三大功能模块构成。其中,检索包括模糊搜索和高级搜索两大部分,后台管理包括用户管理和语料管理。检索具备的功能有:支持结构化数据和非结构化数据的混合检索,允许使用文中的任意字、词、句和片段进行检索和支持对检索结果的排序等。用户管理主要审核及管理系统的使用者。语料管理是资源采集人对所采集的语料进行各项属性标注,入库到资源库中,并对已有的数据进行修改。目前,系统显示的数据主要来自中国语言资源保护工程山西汉语方言调查项目。

2. 山西方言数据库的实现

(1) 系统配置

开发硬件环境:Intel 第 8 代 酷睿 8G 内存独立 2GB 硬盘容量 500GB。

运行硬件环境:系统为 Windows Server 2008 服务器一台,硬件最低要求如下:CPU2 核、内存 4G、带宽 2M。

开发软件环境:WIN10 + JAVA8. 0 + ECLIPSE Version: Mars. 1 Release (4. 5. 1) + MYSQL5. 6+TOMCAT8. 0。

运行软件环境:Windows 2008 Server+TOMCAT8. 0+MySQL5. 6+jdk-8u40-windows-x64。

（2）服务器配置

① 提供系统为 Windows Server 2008 服务器一台，硬件最低要求如下：CPU2 核、内存 4G、带宽 2M；

② 下载 JDK8，并默认安装；并配置环境变量：在环境变量中的配置方式如下：

a. 新建变量名：JAVA_HOME 变量值：JAVA 安装路径；b. 新建变量名：CLASSPATH 变量值：JAVA 安装路径；c. 在 Path 中增加%JAVA_HOME%\bin;.;；d. 注销或重启服务器。

③ 下载并安装 MYSQL5.6，新建 UTF8 编码的数据库 sxfy，并导入原始数据库内容；

④ 下载并安装 TOMCART7.0，将 conf 下的 server.xml 中的 8080 端口改为 80；

⑤ 将平台文件放置至希望的目录中，并配置 TOMCART，例如：

```
<Host name="sxfy.laipaima.com" appBase="D:\TestSite\sxfy" debug="0"
        unpackWARs="true" autoDeploy="true"
        xmlValidation="false" xmlNamespaceAware="false">
          <Context path="" docBase="D:\TestSite\sxfy\ROOT"
                  reloadable="true" crossContext="true"></Context>
        </Host>
```

⑥ 启动 TOMCART，完成配置。

五、结束语

当前，汉语方言辨识研究工作正在不断取得进展。汉语方言辨识库方面的建设工作也在逐渐进步，我们今后的工作还有很多。对于山西方言辨识库方面，首先要整理已有的山西方言电子语音，查缺补漏，根据辨识方法的需要，进行全面的电子语音采集，不光要把个人的电子语音量增加，比如：单字、词汇、句子和长段语音等，还要把人数大量增加，男女比例要一致，涵盖不同年龄层次和不同职业等，参考相关的语言学知识，尽可能全面地采集包含有当地方言所有特性的电子语音。对比于方言识别，方言辨识和说话人识别的数据量相对来说要较少，所以，我们在目前缺乏数据的情况下，主要研究方言辨识和说话人识别。随着数据量的积累，在进一步的工作中可以进行方言识别研究工作。深度学习目前被广泛用于机器学习领域，因此我们接下来也要采用该方法进行方言辨识和说话人识别研究。深度学习方法对数据量有较高的要求，因此我们需要采集大量的方言语音数据，这需要大量的人力物力来支撑，需要我们更多的努力。

参考文献:

杜福强 2012 《方言数据库建设初探》,宁波大学硕士学位论文。

高原等 2012 《多用途汉语方言语音数据库的设计》,《计算机工程与应用》第5期。

顾明亮等 2008 《基于 AdaBoost 的汉语方言辨识》,《东南大学学报(自然科学版)》第4期。

顾明亮等 2016 《基于联合多样性密度的汉语方言辨识》,《计算机工程与应用》第10期。

韩 军 2017 《基于 DBF 的汉语方言自动辨识》,《电声技术》第4期。

贾晶晶、顾明亮等 2015 《基于流形学习与特征融合的汉语方言辨识》,《计算机工程与应用》第7期。

乔全生、杨俊杰 2019 《浅谈方言学在公安刑侦领域的重要作用》,《北斗语言学刊》,第4辑。

邱远航 2017 《基于深度关注神经网络的汉语方言辨识》,江苏师范大学硕士学位论文。

A Zissiman M, M Berkling K 2001(1) Automatic Language Identification, Speech Communication.

Wuei-He T, Wen-Whei C 1999 Chinese Dialect Identification Using an Acoustic- Phonotactic Model, Proceedings of the EuroSpeech.

Wuei-He Tsai, Wen-Whei Chang 2002(36) Discriminative training of Gaussian mixture bigram models with application to Chinese dialect identification. Speech Communication.

WW Chang, Wh Tsai 2000(4) Chinese dialect identification using segmental and prosodic features, The Journal of the Acoustical Society of America.

《集韵》所见三类同源词例释

刘 桥

（西安外国语大学汉学院·中亚学院，西安，710061；陕西师范大学文学院，西安，710119）

提 要：《集韵》中出现的同源词可分为谐声字声符相同、谐声字声符不同和字形相同这三个类别。“字形相同”类同源词可用“词义引申”理论进行解释，但也要承认同音、同形且意义还有联系的这类同源词数量庞大，不具有特殊性。《集韵》所见三类同源词充分体现了古人自觉或不自觉地利用“因声求义”之法探求词义的思路，考释整理《集韵》中的同源词对于辞书编纂等工作具有积极意义。

关键词：集韵；同源词；因声求义；考释

一、引　言

同源词是指具有同一语源的词，它们的读音相同或相近，词义相同或相关。所谓“同一语源”，指的是这些词语具有某一共同的核心意义，即王念孙在《广雅疏证》所提出的“古同声同义”之“义”。

同源词研究对于辞书编纂具有重要意义，董志翘先生（2010）曾指出：“同源词研究不仅是探求汉语词汇系统的需要，它在语文性辞书对于一些相关词语的义项分列、准确释义方面有着至关重要的作用。它可以有效避免我们在义项分列、词义解释时的主观性，使我们顺利找到词形、词音、词义变化的理据。”

同源词研究的一个必备条件是对该词上古语音的考察，王宁先生（1996）认为：“音近与义通，是系联同源词的两个相互依存、不可分割的条件……到了现代，系联同源词的工作逐渐有了一个操作的程序：有的是从同音或音转的字表中去求其义通。”《集韵》作为中古韵书，虽然所载音切与判定同源词所依照的上古音尚有差距，但相较于现代汉语读音更为接近古音；再者，其所有字头都被纳入整体音系框架之中，按小韵编排的体例给予我们研究时极大的便利条件;另外,《集韵》收词数量众多、词义记载丰富,因此该书是研究同源词的理想语料,如在字头所提供的异体字形中就出现了许多同源词,极大地方便了我们对于同源词的搜辑:

輭、軟、软、需、濡,柔也。或从耎、从欠,亦作需、濡,通作耎。(狝韵·乳兖切)

谆、啍、忳、纯、諄,《说文》:"告晓之孰也。"一曰恳诚皃。或作啍、忳、纯,古作諄,通作讷、肫。(谆韵·朱伦切)

"由于语音的发展,同源词的现代读音和字形可能变得彼此不同,意义之间的联系也可能不易辨认。但是只要深入分析,它们在读音和意义上的联系总是可以发现的。"(向熹,1988)蒋绍愚先生在王力先生《同源字论》的基础上明确了判定同源词所依据的三个条件:读音相同或相近、意义相同或相关、可以证实有同一来源。他说:"这三条是缺一不可的。读音相同,而意义相差甚远,就只是同音词;意义相同,而读音相差甚远,就只是同义词。读音相同或相关,但不是同出一源,那也只是音义的偶然相同,而不是同源词。"(蒋绍愚,2005)

依据上述标准,本文首先汇集《集韵》中的典型同源词材料,之后通过文献用例证明其词义,继而分析本组词与词之间的语音关系和词义关系:对上古音的分析采用王力先生《汉语史稿》(修订本)中的古音体系,注音(上古声母和韵部)参照郭锡良先生《汉字古音手册》,该手册未收之字则依谐声偏旁类推;对词义的分析采用王宁先生提出的"同源词义素分析法",即通过划分每个词的表层使用意义(体现词的事物类别的部分,又叫"类义素")和深层隐含意义(体现词义特点的部分,又叫"核义素"或"源义素")来分析词性相同的一组同源词,或是采用由孟蓬生先生(2001)完善后的"范畴义素"和"核义素"来分析词性不同的一组同源词,由于"同源词的类义素是各不相同的;而核义素是完全相同或相关的",因此可以得出这些词语所具有的共同核心意义,即作为造词理据的词源("核义素"),从而完成同源词探求的任务。

二、谐声字声符相同类同源词

第1组:空、莖、埪、崆

空,枯公切。《说文》:"窍也。"一曰虚也。(东韵·枯公切)

莖,莖心,艸名。(东韵·枯公切)

埪,龛谓之埪。(东韵·枯公切)

崆,袂谓之崆。(东韵·枯公切)

按:"空"本义"孔穴",《说文·穴部》:"空,窍也。"段注:"今俗语所谓孔也。"如《庄子·秋水》:"计四海之在天地之间也,不似礨空之在大泽乎?",陆德明《经典释文》:"空,音孔。礨孔,小穴也。"引申为"空虚"之义,如《管子·五辅》:"仓廪实而囹圄空,贤人进而奸民退。"上古音为溪母东部。"莖"本义"空心草",可指凡是茎部中空的植物,如《中医辞海》:"泡掌筒,中药名。别名:炮竹筒,大笔杆草,空心草,梅竹叶。小灌木,茎直立,中空。"一说为"空草"即贝母的省称,如明张自烈《正字通》卷九:"莖,旧注:音空,空心艹。按:《本草纲目》:'贝母',一名空草。凡草属中空者。本作空,俗作莖,非。"古音为溪母东部。"埪"本义为"龛",可指小的穴窟,内里也是中空之形,如元骆天骧《类编长安志》:"莲花洞,在杜曲南樊村,倚神禾半原。高百尺,凿数洞,俗呼莲花埪,亦云郑驸马洞。"古音为溪母东部。"崆"本义为"袂",即衣袖,也是中空之形,古音为溪母东部。其义素分析为:

空=类义素[空间类]+核义素[中空]

莖=类义素[植物类]+核义素[中空]

埪=类义素[岩土类]+核义素[中空]

崆=类义素[衣饰类]+核义素[中空]

语音上,以上四词古音相同,均为溪母东部;词义上,四词都有共同的意义核心(核义素)"中空"。可知"空"("窍")"莖""埪""崆"为一组同源词,可将"空"视为源词。

第2组:冡、幏(幪)、醿(醿)

冡,《说文》:"覆也。"通作蒙。(东韵·谟蓬切)

幏、幪,《说文》:"盖衣也。"一曰"下刑墨幏",幏巾也,使刑者不得冠饰。或作幪。(东韵·谟蓬切)

醿、醿,《说文》:"鞠生衣也。"或作醿,通作䑃。(东韵·谟蓬切)

按:“冡”本义为覆盖,字通作“蒙”①,段注:“依古当作冡,蒙行而冡废矣。”如《诗经·鄘风·君子偕老》:“蒙彼绉絺,是绁袢也”,毛传:“蒙,覆也。”古音明母东部。“幏”本义为覆盖所用的衣巾,可以覆物,如《睡虎地秦墓竹简·金布律》:“为幏布一,用枲三斤。”也可覆人,如释语“一曰”出自《尚书大传》:“上刑赭衣不纯,中刑杂屦,下刑墨幏,以居州里而民耻之。”时人尚德重礼,“幏巾”的作用便是“使刑者不得冠饰”而违背礼数,故“民耻之”。该字古音为明母东部。“醂”本义为酒曲上覆盖的一层霉衣,张舜徽先生《说文约注》:“醂之言冡也,谓有物冡覆其上也”,如清沈钦韩《送穷辞三十韵》:“书残判饱蠹,酒熟听生醂。”古音为明母东部。该组词语义素分析为:

冡=范畴义素[动作范畴]+核义素[覆盖]

幏=范畴义素[名物范畴]+核义素[覆盖]

醂=范畴义素[名物范畴]+核义素[覆盖]

语音上,以上三词古音相同,均为明母东部;词义上,三词都有共同的意义核心“覆盖”,可知“冡”(“蒙”)“幏”“醂”为一组同源词,可将“冡”视为源词。

第3组:鸿(鸿)、雄、魟、仜、訌(叿、嗱)

> 鸿、鸿,《说文》:“鸿鹄也。大曰鸿;小曰雁。”亦姓,古省。(东韵·胡公切)
>
> 雄,《说文》:“鸟肥大雄雄也。”(东韵·胡公切)
>
> 魟,白魟,鱼名。一曰鱼肥。(东韵·胡公切)
>
> 仜,《说文》:“大腹也。”一曰朦仜,肥大貌。(东韵·胡公切)
>
> 訌、叿、嗱,大声。或作叿、嗱。(东韵·胡公切)

按:“鸿”本义为大雁②,如《周易·渐卦》:“鸿渐于干”,虞翻注:“鸿,大雁也。”因其体形较大,故又可引申为形容词“大”,如《史记·夏本纪》:“当帝尧之时,鸿水滔天。”唐司马贞《史记索隐》:“鸿,大也。以鸟大曰鸿,小曰雁,故近代文字大义者皆作鸿。”该字古音匣母东部。“雄”本义肥大之鸟,即大雁,段注“谓雁之肥大者也”,也可引申为“大”义,如明释德清《重修曹溪祖庭殿堂疏》:“胜事驾旷劫之津梁,壮矣;雄模立万年之香火,真天下之奇观!”古音匣母东部。“魟”属于鳐类之鱼,体形亦大,如唐段成式《酉阳杂俎·支动》:“黄魟鱼,色

① 《说文·艸部》:“蒙,王女也。”该字本义女萝草名,即植物兔丝,较大者称“王”。这一义项的“蒙”和表示“覆盖”义的“蒙”不构成同源关系。

② 另说为天鹅,天鹅属于雁形目鸭科雁亚科之物种,与大雁同科,且体型亦大。

黄,无鳞,头尖,身似大槲叶。”故可引申为“鱼肥”之义,古音匣母东部。“仜”本指人腹大体肥,徐锴《说文系传》:“言人身体仜大也。”古音匣母东部。“訌”本义声音宏大,又有异体字形“叿”“夆”,用例如宋释道原《景德传灯录·迷悟不二》:“世人迷倒至甚,如犬吠雷叿叿。”古音匣母东部。该组词语义素可分析为:

鸿=类义素[鸟类]+核义素[大]

琟=类义素[鸟类]+核义素[大]

魟=类义素[鱼类]+核义素[大]

仜=类义素[人类]+核义素[大]

訌=类义素[声音类]+核义素[大]

语音上,以上五词古音相同,均为匣母东部;词义上,五词都有共同的意义核心“大”,可知“鸿”(“鸡”)“琟”“魟”“仜”“訌”(“叿”“夆”)为一组同源词。

第4组:壅(靡、邕)、嗈、饔

壅、靡、邕,堨塞也。或作靡、邕,通作雍。(肿韵·委勇切)

嗈,气咽塞。(肿韵·委勇切)

饔,食饐也。(肿韵·委勇切)

按:“壅”义为堵塞,受事可以是自然事物也可以是人,前者如《慎子·外篇》:“陶唐氏之始,阴多滞服而湛积,水道壅塞不行。”后者如《韩非子·孤愤》:“今有国者,虽地广人众,然而人主壅蔽,大臣专权,是国为越也。”该字古音影母东部。“嗈”常见义为鸟鸣之声,《集韵》此处释为“气咽塞”,尚未检得用例,该字古音影母东部。“饔”义为食物噎人,也含“阻塞”之义,古音类推为影母东部。以上三词义素可分析为:

壅=类义素[人/物类]+核义素[阻塞]

嗈=类义素[气体类]+核义素[阻塞]

饔=类义素[食物类]+核义素[阻塞]

语音上,“壅”“嗈”“饔”古音相同,均为影母东部;词义上,三词都有共同的意义核心“阻塞”,可知其为一组同源词。

第5组:隈(阸)、椳、㟪、䚈

隈、阸,《说文》:“水曲隩也。”一曰厓内为隩,外为隈。或作阸。(灰韵·乌回切)

椳,《说文》:"门枢谓之椳。"(灰韵·乌回切)

嵔,山曲。(灰韵·乌回切)

觼,角曲中。(灰韵·乌回切)

畏,弓渊也。(灰韵·乌回切)

按:"隈"本义水流弯曲之处,如《淮南子·览冥》:"田者不侵畔,渔者不争隈。"高诱注:"隈,曲深处,鱼所聚也。"又引申指弓两边的弯曲处,如《仪礼·大射》"大射正执弓,以袂顺左右隈,上再下壹,左执弣,右执箫,以授公,公亲揉之",郑玄注:"隈,弓渊也。"古音影母微部。"椳"本义门臼,起承托门户转轴之用,也是弯曲之形,徐灏《说文段注笺》:"枢谓之椳,盖削木为半弧形,宛中以居门轴也。"又如唐韩愈《进学解》:"夫大木为宗,细木为桷,欂栌侏儒,椳闑扂楔,各得其宜,施以成室者,匠氏之工也。"古音影母微部。"嵔"也有山势曲折不平之义,如唐道世《法苑珠林·种子部》"孟冬盛寒,罗刹夜叉在山曲中屏嵔之处",该字古音影母微部。"觼"为角中部的弯曲处,段注:"《考工记》曰:'夫角之中,恒当弓之畏,畏也者必桡'……弓之中曰畏,角之中曰觼,皆其曲处。"古音影母微部。"畏"本义畏惧、害怕,音与"隈"同,而被借形表示"弓渊"之义,朱骏声《说文通训定声·履部》:"畏,叚借为隈",如《周礼·考工记·弓人》"夫角之中,恒当弓之畏",贾公彦疏:"从隈为曲隈之义。"该字表示"弓渊"属于假借义,虽然古音亦为影母微部,但不能算作与其他四字同源。该组词语义素可分析为:

隈=类义素[水流/弓箭类]+核义素[弯曲之处]

椳=类义素[门类]+核义素[弯曲之处]

嵔=类义素[山类]+核义素[弯曲之处]

觼=类义素[角类]+核义素[弯曲之处]

语音上,以上四词古音相同,均为影母微部;词义上,四词都有共同的意义核心"弯曲处",可知"隈"("隗")"椳""嵔""觼"为一组同源词。

三、谐声字声符不同类同源词

第1组:芃、熢、漨、菶

芃,《说文》:"草盛也",引《诗》:"芃芃黍苗。"(东韵·蒲蒙切)

熢,熢焞,烟郁皃。(东韵·蒲蒙切)

漨,漨浡,烦郁也。(东韵·蒲蒙切)

菶,茂也,《诗》:"菶菶萋萋。"(东韵·蒲蒙切)

按:"芃"本义为草繁盛,如《诗经·鄘风·载驰》:"我行其野,芃芃其麦。"毛传:"芃芃然方盛长。"该字古音为並母东部。"熢"与"焞"组成双声联绵词"熢焞",义为烟火繁盛的样子,如后秦鸠摩罗什译《法华经》卷二:"诸大恶兽,竞来食噉,臭烟熢焞,四面充塞。""熢"古音並母东部。"漨"与"浡"也可组成双声联绵词"漨浡",义为水汽繁盛充盈的样子,如《文选·左思〈吴都赋〉》:"歊雾漨浡,云蒸昏昧。"刘良注:"漨浡,烦郁之状,水气蒸而为云。"该字古音並母东部。"菶"本义草木茂盛的样子,如《诗经·大雅·卷阿》:"菶菶萋萋,雝雝喈喈。"毛传:"梧桐盛也。"该字古音並母东部。该组词语义素可分析为:

芃=类义素[草木类]+核义素[繁盛]

熢=类义素[烟火类]+核义素[繁盛]

漨=类义素[水汽类]+核义素[繁盛]

菶=类义素[草木类]+核义素[繁盛]

字形上,"熢""漨"相似,都具有声符"夆",但和"芃"以及"菶"有异,因此从总体上归入"声符字形不同,但语音和意义都有联系"类。语音上,以上四词古音相同,均为並母东部;词义上,四词都有共同的意义核心"繁盛";由此可知"芃""熢""漨""菶"为一组同源词。

第2组:洪([illegible])、洚

洪、[illegible],《说文》:"洚水也。"一曰大也。亦姓。古作[illegible]。(东韵·胡公切)

洚,《说文》:"水不遵道。"一曰大水,一曰下也。(东韵·胡公切)

按:"洪"本义大水,段注:"《尧典》《咎繇谟》皆言洪水。《释诂》曰:'洪,大也。'引伸之义也。《孟子》以洪释洚,许以洚释洪,是曰转注。"又例如汉东方朔《海内十洲记》:"圆海水正黑,而谓之冥海也,无风而洪波百丈,不可得往来。" 该字古音匣母东部。"洚"本义"水不遵道",段注:"《孟子·滕文公》篇:'《书》曰:洚水警予。洚水者,洪水也。'《告子》篇:'水逆行谓之洚水。洚水者,洪水也。'水不遵道,正谓逆行;惟其逆行,是以绝大。洚、洪二字义实相因。"所释即指洪水。该字古音见母冬部。

字形上,"洪""洚"二字义符均为水,但声符有所不同;语音上,"洪"为匣母,"洚"为见

母,二字声母同属舌根音;“洪”为东部,“洚”为冬部,二字韵母东、冬旁转;词义上,两词均为“洪水”义;由此可知“洪”“洚”为一组同源词。

第3组:依、倚(奇)

依,《说文》:“倚也。”一曰禄也。(微韵·於希切)

倚、奇,《说文》:“依也。”或作奇,通作猗。(纸韵·隐绮切)

按:“依”甲文作“”,以人、衣会“人依托于胞衣”之意,衣兼表声,故本义为“依靠”,如《孙子》:“凡处军相敌,绝山依谷,视生处高,战隆无登,此处山之军也。”该字古音影母微部。“倚”由人、奇会意而成,奇兼作声符,徐灏《说文段注笺》据戴侗《六书故》云:“奇,从立,可省声。一足立也。”一足站立之人依靠在别人身上,故“倚”本义也为“依靠”,如《韩非子·内储说下》:“三齐中大夫有夷射者,御饮于王,醉甚而出,倚于郎门。”古音影母歌部。

字形上,“依”“倚”二字均从人,但声符有所不同;语音上,“依”“倚”声母相同,都是影母字,“依”属微部,“倚”属歌部,二字韵部相近,具有旁转关系;词义上,二词都有人依靠于其他人或物之义。由此可知“依”“倚”为一组同源词。

第4组:㞡(展)、转、邅

㞡、展,《说文》:“转也。”一曰诚也;舒也;省视也。隶省。(狝韵·知辇切)

转,辗转反侧也。(狝韵·陟兖切)

邅,转也;逐也。(线韵·陟兖切)

按:“展”依《说文》本义“转动、转向”,如宋陈思《月》:“安得妙画师,画取明月夜。将期月暗时,展向松窗下。”一说为“舒展”,徐灏《说文段注笺》:“《广雅》曰:‘展,舒也’,此乃展之本义。”又常与“转”构成双声叠韵联绵词“展转”,朱骏声《说文通训定声》:“展转者,忽屈忽伸,不适之意态也。”如三国魏曹丕《杂诗》:“展转不能寐,披衣起彷徨。”古音端母元部。“转”本义用车运输,《说文·车部》:“转,运也。”一说为“返回”,段注:“还,大徐作运,非。还者,复也;复者,往来也。运训迻徙,非其义也。”以上两义皆可引申为“转向”,如屈原《离骚》:“路不周以左转兮,指西海以为期。”古音亦为端母元部。“邅”有“转向”义,《广雅·释诂四》:“邅,转也”,如《离骚》:“邅吾道夫昆仑兮,路修远以周流。”王逸注:“邅,转也。楚人名转曰邅。”古音端母元部。

字形上,“展”为襄省声,“转”声符为专,“邅”声符为亶,有所不同;语音上,三字古音相同,均为端母元部;词义上,三词均有“转向”义。由此可知“展”“转”“邅”为一组同源词。

第5组:讦、揭(撳)

讦,《说文》:“面相斥罪,相告讦也。”(月韵·居谒切)

揭、撳,《说文》:“高举也。”或从歇。(月韵·居谒切)

按:“讦”本义为用语言当面指责或告发别人,含有“使显露”之义,前者如宋李焘《续资治通鉴长编·真宗》:“上趣之,知节忿恚,因面讦钦若之短。”后者如汉贾谊《新书·保傅》:“及秦而不然,其俗固非贵辞让也,所上者告讦也。”古音见母月部。“揭”本义以手高举,可经相似引申为“向上翻”,故而又可经因果引申带有“使显露”即“揭发”之义,如宋员兴宗《命者天之令论》:“命在我而无预于天,此天所以揭其恶,以令于天下也欤?”古音溪母月部。二字义素可分析为:

讦=类义素[以言语]+核义素[使显露]

揭=类义素[以手]+核义素[使显露]

字形上,“讦”声符为干,“揭”声符为曷,有所不同;语音上,二字古音相近,“讦”为见母月部,“揭”为溪母月部,声母都属牙音,韵部相同;词义上,二词均有“使显露”义;由此可知“讦”“揭”为一组同源词。

四、字形相同类同源词

所谓“字形相同”,即同一字形包括两个或两个以上的同源词。蒋绍愚(2005)先生举出“雕刻”的“刻”和“一刻钟”的“刻”例、动词的“把”和名词的“把”以及介词的“把”例,认为“尽管他们写成同一汉字,而且有的读音也完全一样,但是,既然已是两个词,而这两个词又确是同一来源,那么应该说它们是同源词。”向熹先生(1988)主编《古代汉语知识辞典》也举出动词“生孩子”义的“字”和名词“文字”义的“字”例、动词“看见”的“见”(音 jiàn)“出现”的“见”(音 xiàn)和副词表“被动”义的“见”(音 jiàn)例,来说明确实存在字形相同的一类同源词。《集韵》对此类同源词也收录较多,或是以不同条目加以阐释,或是在同一条释语中以“一曰”的形式加以区分,如:

畜$_1$、兽,犉也,谓六畜。或作兽。(宥韵·丑救切)

畜$_2$、蓄、兽,养也。或从兹,古作兽。(屋韵·许六切)

按:“畜$_1$”指人类所饲养的禽兽,《说文·田部》:“畜,田畜也。”如托名周代吕望的《六韬·农器》:“故必使遂其六畜,辟其田野,究其处所。”古音透母觉部。“畜$_2$”义为动词“饲养”,如《周易·离卦》:“亨,畜牝牛吉。”古音晓母觉部。二者语音相近:声母虽然有别,但韵部相同;意义也相关:家畜正是饲养的对象。因此,二者是同源词。

跛$_1$,《说文》:“行不正也。一曰足排之。”(果韵·补火切)

跛$_2$,偏任也。《礼》:“立毋跛。”(寘韵·彼义切)

按:“跛$_1$”义为行走时脚步偏斜不正,即足瘸,如《周易·履卦》:“跛能履,不足以与行也。”古音帮母歌部。“跛$_2$”义为站立时重心偏于一脚,如《礼记·曲礼上》:“游毋倨,立毋跛。”古音帮母歌部。二者古音相同,意义相关,因此是一组同源词。

漻$_1$,《说文》:“清深也。”(萧韵·怜萧切)

漻$_2$,变化皃。《庄子》:“油然漻然。”李轨读。(锡韵·狼狄切)

按:“漻$_1$”义为水清澈幽深之貌,如唐李贺《南山田中行》:“秋野明,秋风白,塘水漻漻,虫啧啧。”古音来母幽部。“漻$_2$”义为变化的样子,如《庄子·知北游》:“油然漻然,莫不入焉。”古音来母幽部。二者古音相同,意义都与水流的特点相关,因此是一组同源词。

凿$_1$,穴也。(号韵·七到切)

凿$_2$,斀,《说文》:“穿木也。”或省。(铎韵·疾各切)

按:“凿$_1$”义为孔洞,是用凿子凿穿之后的产物,如《庄子·外物》:“心无天游,则六凿相攘。”成玄英疏:“凿,孔也。”古音从母铎部。“凿$_2$”义为用于凿孔的工具,即今之“凿子”,《说文》无“所以”二字,段注补为“所以穿木也”,段氏认为:“穿木之器曰凿,因之既穿之孔亦曰凿矣。”古籍中用例如《墨子·备城门》:“门者皆无得挟斧、斤、凿、锯、椎。”古音从母铎部。二者古音相同,意义都与木工工具“凿子”相关,因此是一组同源词。

艾、㘷，艸名。《说文》："冰台也。"一曰老也。一曰邑名，在南昌。或作㘷。（太韵·牛盖切）

按："艾$_1$"义为"冰台草"，即艾蒿，该草颜色苍白，《荀子·正论》"共艾毕，菲对屦"，唐杨倞注："艾，苍白色毕。""艾$_2$"义为"老"，《礼记·曲礼上》"五十曰艾，服官政"，郑玄注："艾，老也。"孔颖达疏："发苍白色如艾也。"二者古音均为疑母月部，意义相关，因此是一组同源词。

从以上几例可以发现，字形相同的此类同源词似还可以用"词义引申"的理论来进行解释；对于它们是否应算作同源词，学界看法也尚未达成一致。如蒋绍愚先生（2005）所说："人们通常承认同形而不同音的同源词，如'长'（cháng）和'长'（zhǎng），也承认同音而不同形的同源词，如'秉'和'柄'，但对于既同音又同形的同源词，如'把'（动词），'把'（介词），一般却不放在同源词研究之列……我认为这是不妥当的……总之，我认为，对于那些同音同形，历史上是同出一源，后来由于词义的展转引申或虚化而形成的几个不同的词，也应该包括在同源词的范围之内。"如果从"同源词"的定义来看，本文同意蒋先生的观点；但也尊重语言在实际使用过程中的客观事实：同音、同形且意义还有联系的词语数量太过庞大，不具有特殊性，所以一般不特意称其为同源词。

五、结　　语

《集韵》所见三类同源词充分体现了古人自觉或不自觉地利用"因声求义"之法进行辞书编纂的思路。正如胡安顺先生（2008）所回顾的："'音同义通'是汉语的重要特点之一，这一特点从汉人刘熙、班固等人对事物得名由来的揭示，到宋人王圣美对同声符字字义的探讨，再到清人段玉裁、王念孙、章太炎，近人杨树达、沈兼士、王力以及西人高本汉等人对同源字的研究，越来越深刻地为人们所认识。无论在训诂还是同源词的考求以及词义关系的研究等方面，'因声求义'均发挥了巨大的作用。"

《集韵》因其收字数量巨大、义项记载丰富，同时按照韵目编排反映词语读音的优势，成为发现和补充同源词的重要语料库，从而为考证、系联等同源词研究的基础工作奠定基础。而"要建构汉语词族的系统乃至汉语词汇的大系统，要编撰大型的汉语词源词典，要提出汉语同源词的科学的理论，都必须建立在大量的汉语同源词的考证和系联工作的基础上。"（滕华英，2007）因此，全面整理《集韵》中的同源词是具有积极意义的。

参考文献:

董志翘　2010　《同源词研究与语文辞书编纂——以'了𠄌''阑单''郎当''龙钟''潦倒''落拓'为例》,《语言研究》第 1 期。

胡安顺　2008　《汉语音义关系新论》,《陕西师范大学学报》(哲社版)第 6 期。

蒋绍愚　2005　《古汉语词汇纲要》,商务印书馆。

孟蓬生　2001　《上古汉语同源词语音关系研究》,北京师范大学出版社。

滕华英　2007　《近 20 年来汉语同源词研究综述》,《江汉大学学报》(人文科学版)第 6 期。

王　宁　1996　《训诂学原理》,中国国际广播出版社。

向熹主编　1988　《古代汉语知识辞典》,四川人民出版社。

赵振铎　2012　《〈集韵〉校本》,上海辞书出版社。

二 札记

它山之石："检索体"

鲁国尧

（陕西师范大学人文社会科学高等研究院，西安，710119）

我是语言学人，但是我最爱读的不是语言学文章或书籍，而是历史学的文章或书籍，因此我自称有历史癖。友人吴君熟知我的癖性，赠我一书《与时同辉：改革开放40年来的中国古代史研究》，系《中国史研究动态》编辑部编，凤凰出版社于2018年出版。里面收了12篇文章，是对40年来各断代史和专门史研究状况的综述综评。

其中之一是包伟民作《改革开放40年来的辽宋夏金史研究》，我的读后感，以四字蔽之，曰"获益良深"。这篇文章章节分明、论述透彻、行文流畅，我看过的若干语言学论著未必胜过。对这位历史学家的高见，我很有同感，故逐录其部分文字以飨咱语言学界。

该文云，"40年来，影响辽宋夏金史领域发展的内、外部因素"大致有四个方面。其四为"支撑学术研究的外部条件明显改善，这里主要指可能直接影响学者研究条件的资料提供与数字技术的应用"（第126页）。"近几十年计算机信息技术的发展，也深刻地影响到了本领域的学术研究，例如学术期刊数据库的广泛应用，大规模古籍全文数据库的建设，等等。福祸相依，新技术的应用难免带来了一些反作用，但综合起来看，尤其近一二十年以来，学科的发展已经在相当程度上感受到了它的推力。在相当大的程度上，新技术使得研究者搜寻资料更为方便，数十百倍地扩大了他们搜寻资料的数量与广度，也帮助了年轻学者得以迅速进入具体专题的学术场景。一些相当冷僻的文献，现在频繁地在硕士、博士研究生毕业论文的参考文献目录中出现。如果应用得法，必然对研究带来相当正面的影响。例如学者得以依据更多、更为全面的论据来对史事进行归纳分析。一些原本不容易讨论的议题也有可能变得相对轻松。近年来涉及统计分析的议题，如某一词汇在文献中出现的频率等明显增多，可为明证。某些历史现象见诸记载的时间，就变得比较容易确定了。"（第127—128页）

该文最后提到他所综述综论的40年来辽宋夏金史研究存在的问题，其四为："作为双刃剑的新技术。以全文检索数据库为代表的数字化新技术的应用，在给本领域研究以巨大方便与推动的同时，也在相当程度上改变了新一代学者的研究习惯与分析能力。长于通过检索工具来搜集历史资料的表面信息,拙于经过深入阅读来发现隐藏于历史文本背后的历史真实,这种情况已非罕见,被调侃为‘检索体’的那些硕士、博士学位论文,正是这种现象的产物。”(第148—149页)

好个“检索体”三字！风趣、幽默、深刻,切中时弊！

读了这篇文章,我不禁回忆起往事。十几年前吧,在西洋圣诞节的前夕,北京大雪刚止,北京大学中文系语言学科的诸位教师为了申报北京市社科联的重点学科,举办了一个论证会,请了一些校外专家,北京是北师大的王宁、中国社科院的江蓝生,以及复旦大学的严修、四川大学的赵振铎四位先生,我也被邀列席,而且被“组长”。赵振铎先生与我都住在勺园招待所,两室对门。晚间我叩门拜访赵先生,叙谈多时,赵先生有一段话深深印在我脑中,虽然如今我记忆力大减,然而仍然略存梗概。赵先生谈到,他参加过一次研究生论文答辩,有篇词汇史的文章取例纷繁,广征博引,其中《尚书》的例句很多,煞是吸引答辩委员的注意。赵先生说,他问了这位研究生一个问题,即“经今古文”的问题,该生瞠目结舌。

可见史学专家包伟民先生提到的“检索体”,早已有之,只是于今为烈。数据库、互联网,其功也伟,其弊也深。

就语言学而言,伟在何处？各分支学科,也许词汇史更显著些,论著“数十百倍地”生产。弊在何处？“拙于经过深入阅读来发现隐藏于历史文本背后的历史真实”。

一分为二,是耶非耶？

写于己亥之春

三史林

中国语言文字学大家魏建功先生收藏编辑的《升罗悖语》全帙发表面世

鲁国尧

（陕西师范大学人文社会科学高等研究院，西安，710119）

魏建功先生（1901—1980），江苏省海安市西场镇（原属如皋县）人，中国二十世纪杰出的语言文字学家、教育家、文献学家、书法家。

我在十几年前写了一篇《读〈魏建功先生纪念专辑〉稿书后》，结语云："且不论对语言学（特别是音韵学）的贡献，且不论培养了多少高级人才，我以为，先生立有三大功：受命于国民政府，至刚光复的台湾推行国语，于国家统一大业，功莫大焉；受命于人民政府，组建有国史以来的第一个古典文献专业，于承继发扬文化传统，功莫大焉；自发主编《新华字典》，泽及数十亿人，于全民教育，功莫大焉。有此三功者，并世学者能有几人？有此三功者，百年文士能有几人？"①

魏建功先生的论著结集为《魏建功文集》五卷，2000 年由江苏教育出版社出版。主持整理、编辑之事者乃同门吴永坤教授，贡献殊多。我亦参与其事，做些辅助工作。回忆二十多年前，魏至师兄来南京，与江苏教育出版社商讨出版魏先生文集事宜时，携来若干未发表的文本，其中有《升罗悖语》和《独后来堂十年诗存及题跋》，均是宇内孤本，南京诸位师友拜读后，无不惊为罕见之珍贵文献。

《升罗悖语》内含文稿两件，一为升允《津门疏稿》，另一为罗振玉《辽海焚余录》，魏先生合为一册。名之为"悖语"者，盖因其内容皆为逆潮流而动，鼓动亡清废帝溥仪复辟。书前有魏先生之《升罗悖语·序》，收入《魏建功文集》第五卷，作《升罗悖语识语》，未附书影，个别文字未录入，此与当时的条件有关。而《津门疏稿》《辽海焚余录》的原文（含升允、罗振玉、王国维的若干文稿）均未载入《魏建功文集》，此对于清末与伪满洲国史事研究及王国维研究和罗振玉研究不免是一件憾事。

---

① 见《鲁国尧语言学论文集》，江苏教育出版社，2003 年，第 681—682 页。

从魏先生序可知,先生1948年秋购得《津门疏稿》与《辽海焚余录》抄件后,曾拟将此史料自费印二百部,“以布天下。庶有董狐,振直策焉”。然未果,遂成遗物。上世纪末魏至师兄赠我原件照相复印件,我素有历史癖,识其为珍贵史料。天行师有大恩于我,作为弟子,自应努力实现恩师遗愿,设法予以刊布,提供给历史学界、文献学界。我先是商诸上海老友虞万里教授,承作初步整理,并与上海有关出版社联系,然终未能顺利面世。我现亦年过八旬,如是蹉跎,深惧日久之后这份珍贵史料为历史湮没,于是我转而请魏先生65年前的老弟子、中国社科院近代史研究所曾景忠研究员赐助。曾学长十分热情,倾全力亲加整理、编辑、作注,作为近代史专家,景忠学长并在全编前撰写了非常专业的详细“说明”。如今可以告慰先生在天之灵:《升罗悖语》终于在中国社会科学院近代史研究所的《近代史资料》杂志总139号发表,第119至194页,中国社会科学出版社,2019年6月。呜呼,距先生购得抄件发愿刊布已71年,距先生辞世已39年。

顺便交代一下,先生之《独后来堂十年诗存》《独后来堂十年诗存题跋》,亦是十分珍贵的文物,已在我主编的《南大语言学》第三、四编刊布,商务印书馆,2012年,第308—355页。

《近代史资料》杂志总139号所刊布的《升罗悖语·序》有个别误植字,亦未附书影。现据魏至师兄所藏魏先生《升罗悖语·序》原稿影印件,以简化字录文于下,分段、标点悉依魏先生原稿,句与句之间空一字的格式亦保留,以见民国时期的文本的一种形式。但是标点不占一格,无法展示。此处录文的注释是我加的。读者若欲作更深的了解,请阅《近代史资料》总139号。

升罗悖语

亡清伪满史料

大中华民国卅七年秋斥资印布

天行山鬼(印)[1]

升罗悖语二种

津门疏稿　　升允[2]

---

① 魏建功先生,字天行,“山鬼”为其笔名之一。

② 升允(1858—1931),姓多罗特氏,清蒙古镶黄旗人。晚清时历任山西按察使、布政使,陕西布政使、巡抚,江西巡抚,陕甘总督,坚决反对革命,罪恶累累。至民国,力谋复辟,1931年死于天津租界内。

辽海焚余稿　　罗振玉[1]

三十七年夏,余归自台湾,贾人持此倭人诚士纯抄本来。　观其题识,知为士纯之父据罗振玉原本晒蓝存副,而士纯从而手录。　罗文间有眉批,则倭人立场语,当为士纯或士纯父手笔。　今也何时,罗家原本,其后人必自灭迹,决不敢如商龟周鼎汉简唐韵诸品传播之力;仅诚氏父子两本流传世间,今得见其子抄本,苟遭秘闭,虑不得昭炯戒,发憬悟;爰罄口粮,购而得之,谋印二百部,合名《升罗悖语》,以布天下。　庶有董狐,振直策焉!

中华人民建国垂四十年,心吕伏患初不在党,推原往迹,实政体思想诸多牵就,因循相仍,坐致沉痼。　即以亡清小朝廷问题而论,小不忍,乱大谋,驯致东北开国,为国际傀儡,祸端无尽日矣!　今披两书,如温旧景,升允、罗振玉与溥仪所议论,其事皆吾辈亲历身闻,念兹丧乱,不禁眦裂。　抑余侧闻清室宗族不乏明达,深晓共和大义,十三年前后,以迄倭关东军猖狂扶植"满洲国",在在为溥仪及其族人忧;而升、罗悖谬,慷人之慨,呶呶咻咻于"君臣大义",乃为其一偏之私,不惜远引暴邻,类吴三桂之请兵:智愚贤不肖之别,何若斯之甚也!　明是非,辨清浊,人之所以贵乎有识,似又未可必得于绩学之徒,于升、罗何责焉?　此余阅两人书,重感思想乖谬之足悲惧,惜逝忧来,阁笔太息而不能已也!

三十七年八月八日如皋魏建功题记于北平朝阳门大街独后来堂,十一年前倭军入城之日也[2]。

再次拜读天行师此文,再次为先生的伟大的爱国主义精神所深深感动。为使世人了解民国时期的文本面貌,特附原稿书影于下。

愚弟子鲁国尧谨录

2019年12月于江苏省南京市

---

① 罗振玉(1866—1940),敦煌学家、文献学家、古文字学家。出生于江苏淮安,原籍浙江上虞。清宣统元年(1909)任补参事官兼京师大学堂(今北京大学)农科监督。1911年辛亥革命后,仍效忠清室,以遗老自居。1928年居于旅顺。九一八事变后,参与策划成立伪满洲国,曾任伪满监察院长等职,1940年5月卒于旅顺。

② 《魏建功文集》第五卷第534、535页收有《升罗悖语识语》。尧按,此处序文据原手稿录文,未尝增减一字,故当以此为定本。承魏建功先生哲嗣魏至先生盛意,将珍本原件照相允我使用,于此件可见魏建功先生书法及彼时的行文、标点格式,此乃文物也。

附:魏建功先生手书“升罗悖语”

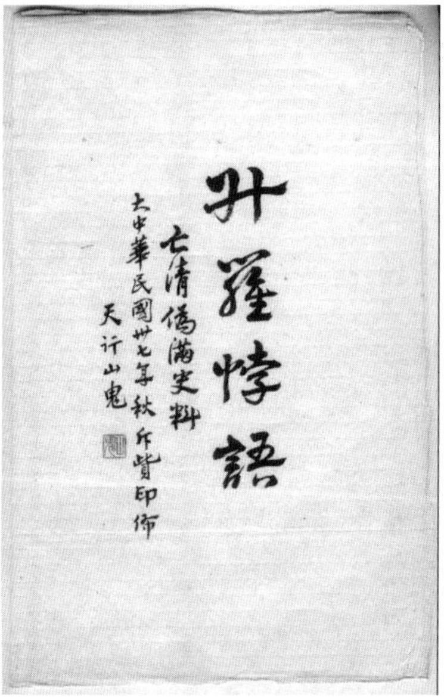

升羅悖語

亡清僞滿史料

中華民國卅七年秋 斤肾印佈

天行山鬼

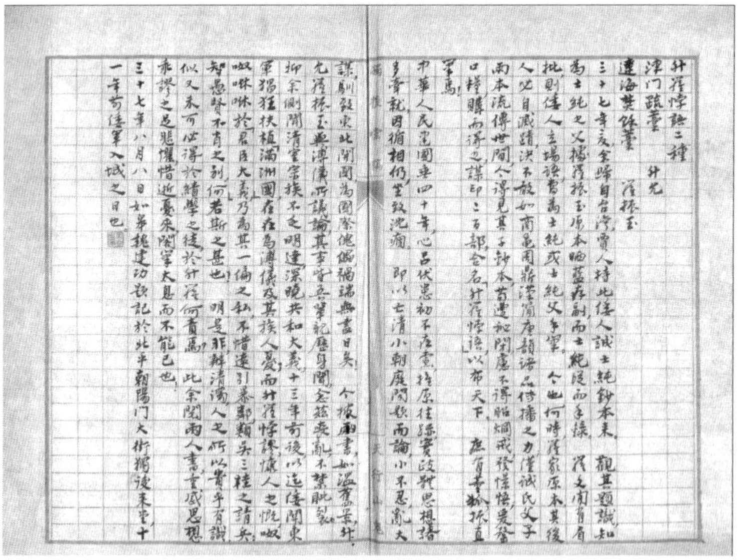

升羅悖語三種

津门疏稿　升允

遼海燹餘錄　羅振玉

三十七年夏，余歸自台灣，賈人持此僞人誠士純鈔本來。觀其題識，知為士純之父據羅振玉原本晒藍存副，而士純復手錄。溥文闻者批，則僞人立場語，當為士純或士純父手筆。今也何時，羅家原本其後人必自藏諱，決不敢如商邑周鼎讓滿庸頡諸品付播之力，僅誠氏父子兩本流傳世間。今得見其子鈔本，前遺秘閟，慮不得[illegible]，發憤悖，爰發口誅，賤而譯之，謀印二百部，合名「升羅悖語」，以布天下。庶有手舞於直筆焉！

中華人民建國來四十年，心品伏患初不在重，持原往[illegible]實政，就思想諸多齊，就因循相仍，並致沈痼。即以亡清小朝廷閟疑而論，小不忍亂大謀，駉致東北開國為國際傀儡，禍端無盡日矣！今校兩書，如溫舊業，升允、羅振玉與溥儀所議論，其事皆無實筆記，歷身閱，念茲茲，亂不禁[illegible]。抑余側聞清室宗族不乏明達深曉共和大義，十三年前後以迄僞閣東軍獨狂扶植「滿洲國」，在為溥儀及其族人憂，而升羅悖謬懷人也。慨嘅嘅咻咻於「君臣大義」，乃為其一偏之私，不惜遠引慕鄭類吳三桂之請兵，知愚賢不肖之別，何若斯之甚也！明是非，辨清滿，人之所以貴乎有識，似又未可必得於續學之徒，於升羅何責焉？此余閱兩人書，重感思想乖謬之足悲，懼惜逝憂來，閣筆太息而不能已也！

三十七年八月八日 如弟魏建功敬記於北平朝陽门大街獨後來堂，十一年前倭軍入城之日也。

编者按：该文是侯精一先生2012年为《晋方言语音百年来的演变》所作的序文，由于种种原因，未将该序放入书内，现予以发表，以志谢意。

《晋方言语音百年来的演变》序

侯精一

（中国社会科学院语言研究所，北京，100732）

全生在《晋方言语音史研究》（2008）的后记里说：目前对晋方言声韵调的历史探源，可谓纵向的几十条“经线”，下一步如何考虑从“纬线”的角度研究晋方言语音断代史，进一步整合、概括、提炼各个历史时期晋方言某片或几片的语音系统和演变规律……。如今，我们看到了从横向“纬线”的角度研究晋方言语音的成果——乔全生和王为民合著的《晋方言语音百年来的演变》。

说到百年来的山西方言语音研究，我们首先想到的是瑞典著名汉学家高本汉对山西方言的调查。2010年8月在山西大学召开了第十六届中国音韵学会年会。会议主题之一就是纪念高本汉在山西大学执教并调查方言一百年。作为山西方言的研究者，我们深感年轻的会说“很纯熟而略带山西声调的中国话”（《中国音韵学研究·译者序》）的高本汉对山西方言所作“开荒工作”的难能可贵。高本汉在《中国音韵学研究·方言字汇·绪论》里说：“字汇里所记的音都是我挑选了认为可以代表那地方的一个个人的读音……我这种开荒的工作尽管免不了有细目上的错误。我所根据的材料尽管很有限，但是我希望从全体上看起来它所给人的这些至今还不大有人知道——并且内中有几个很古怪很重要（文水、兴县、太谷、固始、归化、凤台）——的几种官话方言的印象，是大致不离的。”高本汉的有关山西方言语音的调查不乏创见。他指出山西文水方言存在“元音跟着声调变”现象：“在山西……入声字是一个喉部的闭音（指不爆发的塞音——引用者），并且元音大半是短的。”均可为例。全生、为民的《晋方言语音百年来的演变研究》链接高本汉文水、兴县、太谷、归化（今呼和浩特）、凤台（今晋城）等五点的记音材料，是经过深思过后作出的科学选择。

《晋方言语音百年来的演变》挑选太原、太谷、文水、兴县、大同、晋城、呼和浩特等7处方言为代表,选点合适。其中,既有晋方言的核心地区也有晋方言的边缘地区,这种以点带面,以纲举目的研究思路对于研究山西方言来说是很合适的。此外,作者还在全书开篇及末尾另设"总论""结论"两章,对山西全省的重点语音现象做高位的概括及理论上的透析。百年来的比较研究以高本汉所记录的方音作为起点,以最新调查的记录作为终点,中间时段有已出版的多种方言论著选用,整个链接科学。作者以《广韵》为代表的中古音作源头,古今比较,脉络清楚,有依有据。注重历史比较法与历史文献考证法是作者的重要基点。书后附录太原等7个点的字音对照表。收录的字,均见高本汉《中国音韵学研究·方言字汇》,对于再研究者来说,这是难得的有用材料。

《晋方言语音百年来的演变》的主旨,在总论作了交代:综合考察研究7个代表点语音的百年演变,探索晋方言区域特征的形成、扩散和磨损。作者明确指出晋方言百年来最大的变化就是元音系统的变化,表现最为突出的就是元音高化……与普通话及其他汉语方言相比,元音高化在晋方言表现相当活跃。进而分析晋方言元音高化的类型分布及与韵类特征的关系、元音高化的原因及规律。作者还指出,山西东南部的晋方言元音高化类型与中部和南部地区不同,显示出其独立发展的个性,是源于不同地貌对方言的影响。山西方言元音的高化现象前人虽多有论及,但是以山西全省为视野,进行探究并从理论上作出明确的诠释则属首次。又如作者基于多项例证指明晋方言的核心地区与边缘地区,省会大城市(太原)与中小城市以及交界地带语音百年来有如下变化:1. 晋方言核心地区的大城市太原,快速向普通话靠拢。现在太原城区方言很难找出早期的诸多语音特征。2. 核心地区的中小城市太谷、兴县,至今基本保持晋方言语音特征。3. 交界地带语音异常演变。文水地处晋方言核心地区的并州片和吕梁片交界,有自身的演变路径。4. 晋方言边缘地区晋城、大同、呼和浩特,自20世纪中后期开始加速向普通话靠拢。《丛书》提供晋方言与普通话的多元关系,展现晋方言的保守性与创新性。

近10年来山西方言的调查研究成果丰硕,步伐令人瞩目。出版《山西方言重点研究丛书》无疑是重要基础工程。《山西方言重点研究丛书》,乔全生主编,2002年国家社科基金项目《晋语史研究》的前期成果。《丛书》的第一部是全生的《洪洞方言研究》(约23万字)于1999年年末出版,之后的10年出版24部。我见到的最新一部是2009年9月出版的史秀菊等人著的《盂县方言研究》(约29万字)。《重点研究丛书》,篇幅大,内容丰富。多次翻检,均获收益。《丛书》的出版意义深远。《丛书》是对一个时期的山西方言及相关的山西文化的典藏，是传承山西方言与山西文化的宝库。它为后世留下珍贵的语言文化资料。更令人高兴的是，《丛书》的出版推出一批新人，晋方言研究后继有人，前景灿烂！

是为序。

侯精一

2012 时值三伏

前修亦密　后出亦精

——写在田希诚先生《山西方言语法研究》付梓之际

乔全生

（陕西师范大学语言科学研究所，西安，710119；山西大学语言科学研究所，太原，03006）

田希诚先生的著作《山西方言语法研究》即将出版，我作为田先生招收的首个研究生感到由衷高兴，却也感慨万端。借此机会谈点感受，作一点说明。本来田先生是可以看到这本书的，孰料田先生于 2020 年 1 月 4 日仙逝，以 92 岁的高龄告别了一生为之倾心、为之奋斗的山西方言研究事业。田先生凡事亲力亲为，生前对该书几易其稿，终因年事已高、病情折磨、体力不支，未能终稿。这部书竟然成了田先生的遗作和绝唱。

这是一部起步很早（1991 年获批的国家社科基金项目结项成果）、出版较晚（2020 年由北岳文艺出版社出版）、颇具特点的山西方言语法共时描写著作。所以，我这里特将章炳麟《国故论衡》中的“前修未密，后出转精”，做了别解，即前修亦密，后出亦精。这里要表达的意思是：田先生早年调查，开晋语语法研究先河，有筚路蓝缕之功；后期出版，添晋语语法仙葩，创共时描写绳矩。

田希诚先生，山西大学中文系（现文学院）教授，山西方言研究的开拓者、奠基人之一，他将毕生的精力致力于山西方言的调查与研究工作，严谨求实、孜孜不倦，为山西方言研究作出了重要贡献。1957 年，田先生主持了山西全省范围内大规模的方言普查工作，组织 70 余名师生在一年的时间内完成了全省 97 个点的调查工作。1959 年，主持完成山西人学习普通话手册 12 种。1960 年，田先生执笔编写了《山西方言概况》。1990 年，出版《和顺方言志》。1993 年，参与编写《山西方言调查研究报告》。1991 年，主持国家社科基金项目“晋语的语法特点研究”。共发表论文数十篇。1986 年，山西大学汉语言文字学学科获批硕士学位授予权，1988 年，我成为田希诚先生的首个硕士毕业生。

《山西方言语法研究》是田先生上世纪 90 年代初获批的国家社科基金项目的结项成果。当时经费虽少，然影响较大。组建了六个人的研究团队开展工作，但不久，有四位老师先后调离、出国、考博，课题组仅剩两人。为不影响调查工作，吸收校外老师及青年学者先后加入(见书中作者)。在实践中,对调查计划也进行了调整:一是调查范围由原先广袤的晋语区方言语法缩小至山西方言语法,这并不影响课题结论的准确性,因为晋语虽涉及陕西、内蒙古、山西、河北、河南五省区等174个县市区,核心还是山西晋语,山西晋语语法的诸多特点大多可以代表整个晋语的语法特点;二是加入了晋南方言语法,原调查范围并不包括山西境内属于中原官话的晋南方言,但考虑到山西方言的整体性和晋南方言的过渡性特征,将晋南方言囊括在内。这样,调查研究工作便确定为山西方言语法,结项成果名称确定为《山西方言语法研究》。在课题组成员的共同努力下,项目顺利结项。但结项成果一直没拿出来正式出版,这肯定是田先生一个未能了却的心愿。结项后的二十余年中,我们不知道田先生的真实想法,到底是在修改充实过程中,无力下去再作补充调查?还是由于经费问题?不得而知。田先生有一个特点,有什么困难都不愿向学生开口,有什么想法也不愿向学生倾诉。后来,我一再催促,田先生才重新找出底稿、手稿。2018年,由我出面与山西北岳文艺出版社谈妥并签署出版协议。两年来的出版工作繁杂而琐细,先请出版社人员将手稿制成电子版,再请六位作者校稿,校稿送至出版社后,我又抽调山西大学语言科学研究所的王晓婷老师专门配合出版社改稿,修改后的书稿再分发给六位作者校对,然后再送至出版社改稿……,由于书稿专业性强,又有诸多国际音标,反复校稿多次。田先生虽已是耄耋之年,起初还能亲自参与出版的各个环节,联络各位作者、协调改稿进度、审定书稿内容……。自田先生患上阿尔茨海默症后,出版的进度再一次耽搁下来。田先生仙逝后,由我总协调,进行了任务再分解,特委托潘耀武老师逐章审读,谁负责的章节由谁再校补。现在已完全校改完毕,可以交付出版了。争取在田先生仙逝一周年之际能看到正式出版的《山西方言语法研究》。

《山西方言语法研究》全书共分十八章:第一章:词缀,第二章:子尾(乔全生),第三章:儿韵、儿尾和儿化,第四章:“行”和逆序词,第五章:重叠式,第六章:代词,第七章:量词,第八章:副词(史秀菊),第九章:介词,第十章:语气词,第十一章:助词“的”,第十二章:“的的”连用(吴建生),第十三章:时态助词“动了”和“散”,第十四章:表示动作、状态持续的“着”(潘耀武),第十五章:形容词的生动形式(潘耀武),第十六章:疑问句,第十七章:比较句,第十八章:补语(潘耀武)。各章均以专题的形式,对山西方言的构词、词类、句法结构进行了比较全面、深入、细致的描写。

据统计,近二十年间,以晋语、山西方言或以某县冠名的语法研究专著和各种论文大量涌现。其中语法专著已出版了5部。如:

乔全生	晋方言语法研究	商务印书馆	2000
范慧琴	定襄方言语法研究	语文出版社	2007
郭校珍	山西晋语语法专题研究	华东师范大学出版社	2008
吴云霞	万荣方言语法研究	语文出版社	2009
李卫锋	山西汾阳方言语法研究	中国社会科学出版社	2019

侯精一先生于2015年出版的《晋语与官话方言研究》(中国社会科学出版社)收录方言语法研究论文8篇。

以单点的语法特点或某一语法专题为主要研究内容的博士学位论文5篇,硕士论文104篇。此外,由我主编的《山西方言重点研究丛书》已出版9辑60部,每部均有该县方言的语法专章。二十年间山西方言语法研究取得了相当丰硕的成果。真乃:荒林春雨足,新笋迸龙雏。这个时期是山西方言研究空前发展的时期,若统计山西方言语音方面的研究则成果更多。

截至目前,已出版的晋语或山西方言语法综合研究的成果有两种:一是我的《晋方言语法研究》,二是郭校珍的《山西晋语语法专题研究》。郭校珍主要侧重于山西晋语的句法现象,如:话题结构,语气副词"敢"及其"敢"字句,疑问系统,反复问句等。我的《晋方言语法研究》除部分章节属共时描写之外,还有部分章节是共时历时相结合的研究(在"圪"一节中,田先生也列出近代汉语用法12条)。"子尾"一章是我与田先生二书共享。即使共时描写的章节,二书也多有不同,如:"儿尾、儿化"一章,田先生侧重于对各区的细致描写,而我则侧重于概括其特点。总的看,限于当时的学术环境,田先生的《山西方言语法研究》全书还是侧重于共时描写。遗憾的是,我写《晋方言语法研究》时,在共时描写有关语法现象时,未能参考到田先生的大著。

全书十八章中,有十二章为田先生所著,从这十二章的调查材料看,足见田先生的调查描写功力。材料的丰富性和描写的细腻性是该书的最大特点,今天看来,我们仍然需要学习田先生的这种务实求真的良好学风。

李荣先生在《山西省方言志丛书・序》中说:"山西方言在我国北方方言里是比较复杂的。对研究语言的人来说,山西的方言跟山西煤炭一样,是无穷无尽的宝藏,亟待开发。"(《方言》1991年第2期)山西方言作为黄土高原、黄河流域的一支古老方言,特色鲜明、独具魅力,吸引着众多学者的关注和调查。从上世纪50年代到如今,山西方言研究由初步探索期迈入了兴盛与辉煌期,影响力和辐射力不断扩大。取得如此丰硕成果的背后离不开田先生等老一辈学者的坚守与开拓。

在田先生的《山西方言语法研究》出版之际，我们深切缅怀为山西方言研究事业付出心血的田希诚先生。在给读者带来山西方言语法盛宴的同时，也告慰田先生在天之灵。

最后，谨向协助调研、参与出版工作的各位同仁表示衷心感谢！

2020 年 9 月 28 日

于山西大学语言科学研究所

四报道

“中国音韵学研究高端论坛”在山东师范大学召开

2020年10月31日至11月1日，由山东师范大学文学院承办的中国音韵学研究高端论坛成功举办。山东师范大学副校长王洪禹、山东师范大学文学院院长孙书文出席开幕式。中国音韵学研究会前会长鲁国尧教授、中国音韵学研究会会长乔全生教授、中国音韵学研究会副会长胡安顺教授、复旦大学刘晓南教授、山东师范大学吴庆峰教授、来自全国各地的35位专家学者及我校部分领导师生参加开幕式。孙院长向与会专家介绍了文学院历年成果，文学院院长助理陈长书教授介绍了山东师范大学新建的语音实验室，并带领与会专家参观了语音实验室。来自全国各地的35位专家学者，提交学术论文26篇，开展学术报告33场。本次研讨会的学术气氛融洽、讨论热烈、成果丰硕、交流广泛而深入，发扬了中国音韵学研究一贯的多元、包容和创新精神，也充分体现了中国音韵学者继承传统、推陈出新的治学精神，是一次难得的学术交流盛会。

中国音韵学研究高端论坛致辞

鲁国尧

诸位同道：

黄河长江有源，参天大树有根。我们中华民族的文明、中华民族的文化、中华民族的学术同样有根。西方文明、西方文化、西方学术的根在希腊，我们中华民族的文明、中华文化、中华学术的根在山东。至圣孔子、亚圣孟子都是山东人，所以当来到圣地的时候，我们感到无比的兴奋、无比的荣幸。

我们大家都来到山东师范大学，山东师范大学是中国文明发祥地上的著名高校，在当今中国的师范类高等学校中名列前茅，70年来培养了数以十万计的栋梁之材，对国家和民族作出了重大的贡献。山东师范大学的汉语言文字学科是国家一流学科，众所周知，一流大学和一流学科是当今中国教育的桂冠，大家都非常景仰、非常钦羡。我们中国音韵学研究高端论坛在山东师范大学召开，得到山东师范大学的校领导、文学院领导还有语言文字学科的元老吴庆峰先生以及王兆鹏教授的团队的全力支持,我们与会学者都非常感谢东道主。今天,群贤毕至,少长咸集,我们在千佛山麓畅论学术,百家争鸣,必能获得大丰收。

在1 400多年前,隋文帝开皇六年(586),在首都长安有颜之推、陆法言等十位精英的“长安论韵”。时隔1 400多年,我们在孔夫子、孟夫子的家乡召开音韵学研讨会,我建议这次高端论坛可以称作“泉城论韵”。“长安论韵”在中国音韵学史上、中国语言学史上总是要大书特书的,今天的“泉城论韵”也一定能够留下浓浓的一笔。

三千年前鲁公伯禽的封地就在山东,我姓鲁,如今来到祖先的地方,回到了三千年前的老家,倍感兴奋。我发现,山东师范大学校园里的汽车特别多,山东省省会济南市里汽车纵横奔驰,交通信号灯红绿闪烁,估计山东省有大几百万辆甚至上千万辆的汽车。山东的汽车牌照都是“鲁”字当头,如果四五十年前我来到今天的山东,看到这情景,我一定会甩掉“穷老九”的帽子,而有大富豪的感觉。

谢谢诸位同道。

中国音韵学研究高端论坛致辞

乔全生

尊敬的李部长、王校长,尊敬的鲁先生,各位同仁:

大家好!非常感谢各位受学术感召齐聚泉城,参加中国音韵学研究会主办、山东师范大学文学院承办的“中国音韵学研究高端论坛”。感谢山东师范大学文学院、感谢王兆鹏教授及其团队为本次会议的顺利召开付出的诸多辛苦。这几天正值山东师范大学建校70周年校庆,我谨代表中国音韵学研究会向山东师范大学致以节日的祝贺。山东师大文学院学术积淀深厚,几十年来,音韵学和方言学研究薪火相传,形成优势和特色。老一辈的吴庆峰教授、董绍克教授出版了多部音韵学、方言学专著,影响深远。现任的王兆鹏教授在上古音研究、唐代科举诗赋用韵研究方面,独树一帜。王兆鹏教授与鲁国尧先生合作的40万字的《宋词韵谱》不久就要出版。青年教师邵艳梅、王红娟的山东方言研究成果也很出色。山东是文化圣地,山东师大文学院是中国音韵学、汉语方言学研究的宝地,我们音韵学人相聚在此,畅谈音韵、切磋学问、交流信息、增进友谊,传承先贤遗风,广大音韵盛事,实为一大幸事。

本次会议的主题是“弘扬中华传统文化,推进当代音韵学研究”,这个主题旨在继承和弘扬中国音韵学研究的优良传统,通过不断创新,使古老的学科彰显活力,焕发青春。本次会议在山东召开具有特殊的意义。山东是孔孟之乡,文化底蕴深厚,山东历代先贤对中国音韵学研究作出过巨大贡献,晋代的吕忱、吕静兄弟是山东任城人,分别著有《字林》《韵集》。明清两代山东籍音韵学家更是群星闪烁,等韵图表、字书、韵书多达80余部。这里介绍几位著名的音韵学家和著作:明代毕拱辰,山东掖县人,著有《韵略汇通》;清代张耕,山东滕阳人,著有《切字肆考》;王佶,山东诸城人,著有《韵谱汇编》;吴遐龄,山东海阳人,著有《韵切指归》;刘振统,山东高苑(今高青县)人,著有《万韵新书》;张象津,山东新城人,著有《等韵简明指掌图》;张祥晋,山东高密人,著有《七音谱》等。山东的先贤时彦为我们留下了丰富而宝贵的韵学文化遗产,我们音韵学人有责任传承和光大。希望与会学者在本次会议上各抒己见,畅所欲言,发表宏论,推进当代音韵学研究的发展。

各位同仁,突发的新冠疫情,让全世界都感受到了中国伟大的抗疫精神,这种精神同中华民族长期形成的特质禀赋和文化基因一脉相承,是中国精神的生动诠释,我们音韵学人也要大力弘扬伟大的抗疫精神,团结一致、同舟共济,守一方学术净土,铸一派学术昌明。

中国音韵学研究会具有优良的传统:在学风方面,发扬民主、提倡创新;在学术方面,继承传统、不断开拓;在组织方面,不惧困难、锐意进取。2018—2020三年内,我们共召开了5次大、小型学术研讨会,取得了一大批新的学术成果。相信在各位同仁的共同努力下,我们一定能够将本会的优良传统继承下去,使中国音韵学研究薪火相继,再创辉煌。

最后,预祝本次会议圆满成功!

谢谢大家!

2020年10月31日

弘扬中华传统文化,推进当代音韵学研究

——中国音韵学研究济南高端论坛总结

王兆鹏

十一月的济南,金秋气爽,丹桂飘香。在这个收获的季节里,山东师范大学有幸承办了中国音韵学研究高端论坛。本次会议的主题是“弘扬中华传统文化,推进当代音韵学研究”。经过两天紧张的会议,我们完成了开幕式、2场大会报告、6场小组报告、闭幕式等议程。来自全国各地的35位专家学者莅临了本次会议,提交学术论文26篇,开展学术报告33场。可谓群贤毕至,少长咸集,“泉城论韵”,洵是盛会。

山东师范大学文学院院长孙书文教授主持了本次论坛的开幕式。山东师范大学王洪

禹副校长首先致辞,他对山东师范大学当前的发展情况、在音韵学领域取得的成绩作了的简要介绍,对各位远道而来的与会代表表示了感谢和欢迎。中国音韵学研究会前会长鲁国尧教授、中国音韵学研究会会长乔全生教授,从不同角度作了热情洋溢的致辞。接着孙书文院长也代表山东师范大学文学院,对与会学者表示热烈欢迎,接着用图文并茂的 PPT 介绍了文学院的现状及远景,并带领大家参观了投资 1 000 万、刚启用的语言文学实验室。著名书法家胡安顺教授在书法实验室现场书写了苏轼《水调歌头》。闭幕式上,乔秋颖(江苏师范大学)、宋洪民(济南大学)、李建校(曲阜师范大学)分别对各组发言进行了小结,王兆鹏(山东师范大学)对本次会议的筹备组织情况、研讨内容进行了全面总结。

在两场大会报告中,吴庆峰、鲁国尧、刘晓南、胡安顺、乔全生进行了发言。吴庆峰(山东师范大学)的《清代山东古音学》重点介绍了孔广森、牟应震等山东古音学者的上古音研究著作和成就,提出山东有着丰富的音韵学文献,但尚未得到充分的挖掘和研究,是未来的音韵学研究可以关注的一个方向;鲁国尧(南京大学)《陆法言〈切韵序〉"开皇初"谜题破解三十年——谨以此纪念海峡两岸音韵学者 1990 年"湘江论韵"》,在原有研究成果的基础上,从历史学的角度入手,结合当时的政治氛围,对"开皇初"的具体年份进行了新的考证,认为长安论韵发生的具体年份当是在开皇六年(586)。同时倡议大家不要囿于文字之学,而是要广泛涉猎文学、史学、哲学等畛域,构建语言学科自己的理论体系,像鲁先生的以今例古法、齐一律、知人论世说等,对引领中国的语言学研究进一步研究走向理论化、科学化的道路具有重要意义;刘晓南(复旦大学)《"古人韵缓,不烦改字"试解》对陆德明《经典释文》中的协韵条目进行了细致的分析归类,发现其中多为变调协韵,对"古人韵缓,不烦改字"的具体含义进行了重新阐释,自陆氏开始的协韵、重视声调的变协,也成为唐代叶音的一大特色;胡安顺(陕西师范大学)《〈诗经〉的节律简论》重点统计和分析了《诗经》四字诗句和非四字诗句的节拍平仄交替的现象,呈现了《诗经》的韵律技巧和节奏特点;乔全生(陕西师范大学)《中国音韵学研究的未来走向》总结回顾了建国七十年以来中国音韵学研究的阶段性特点及突出成就,继而分别从上古音研究、中古音研究、近代音文献、音韵学研究方法、音韵学研究"三史"构建这五个方面畅谈了中国音韵学的未来发展道路。各位专家的发言皆高屋建瓴、逻辑缜密、引证翔赡、钩沉致远,极大地开阔了与会者的学术视野,提高了本次会议的学术层次,对未来的音韵学研究具有极大的启发意义。

在分组讨论环节,与会代表们围绕着上古音、中古音、近代音、音韵文献、诗歌韵律、音韵学理论与方法、方言与方音史等专题进行了深入的探讨和交流,充分反映出近年来汉语音韵学各研究领域的最新研究动向与前沿成果。

中古音方面，《切韵》系韵书和《经典释文》历来是探讨隋唐时期语音特点的重要资料，是学界关注的重点。李子君（吉林大学）《岂待开卷看，抚弄亦欣然——〈大宋重修广韵〉与〈钜宋广韵〉考实》对《广韵》的成书过程、主撰人等进行了细致的考证，并对目前罕见的南宋刘仕隆刊本《钜宋广韵》进行了介绍；王怀中（陕西师范大学）《〈经典释文〉陆氏音系的性质》则对《经典释文》中的音注资料进行了全面分析，就《经典释文》的音系性质提出了自己的观点。

古音学史及上古音系的探讨仍是本次研讨的重点之一。近年来，古音学史的研究又有了长足的发展。一方面，学界对整个古音学史的论述更加全面；另一方面，学界对个别古音学家的探讨更加深入。而这些都有赖于我们对历史文献的进一步发掘和考证。乔秋颖（江苏师范大学）《钱大昕对音韵学史若干问题的论述及其得失》主要介绍了钱氏的音韵学思想，除了我们熟知的上古声母论断以外，还有关于反切的产生和发展、古代字母和声母、韵书的产生体例及内容的发展、四声的发现和标识、语音古今不同等方面的观点，借此重新厘定了钱大昕在音韵学理论方面的突出贡献。而随着新材料、新方法的出现，一些旧有的古音学理论有望得到新证据的支撑，一些悬而未决的古音学问题也有望得到进一步解决。比如杨建忠（浙江财经大学）《构建战国楚简文字声系的思考与札记》、王兆鹏（山东师范大学）《继往开来　推陈出新——王力上古韵部排序之探析》、杨丽琨（山东师范大学）《从同源字看照二及邪母的归属》、谢丽娟（山东师范大学）《从同源字看古人多舌音》等。这些文章分别基于战国古文字、通假字、同源字等材料，对古音理论及上古音系进行了系统的分析和探讨。此外还有翟春龙（山东师范大学）《从〈诗经〉关中诗篇的“异调通押”谈上古四声音值的构拟问题》一文，从新角度、以新思路对旧有的古音材料进行了再讨论。

近代语音研究同样是本次会议的研究热点，有不少问题有待于进一步地探讨和澄清。张竹梅（南京晓庄学院）《浅析〈曲韵骊珠〉阳入小韵与〈中原音韵〉对应关系》、桑红宇（河北师范大学）《清末胜世堂〈官话常谈指南〉音系研究》、宋洪民（济南大学）《从回鹘式蒙古文标音看北音中的桓欢韵》、杨春宇（辽宁师范大学）《清代汉儿言语语音表象试析》、陈长书（山东师范大学）《从 19 世纪朝鲜汉语教科书看汉语儿尾的发展》、亓文婧（山东师范大学）《知庄章三组声母在〈青郊杂著〉中的发展》等文章对元代以来的音韵文献和语音特征进行了讨论。

等韵文献是等韵学研究的主体，本次论坛涉及等韵文献的研究主要有李军（南昌大学）《〈解释歌义〉反切的来源、成书年代及其与〈切韵指南〉门法的关系问题》、李红（首都师范大学）《〈通志·七音略〉谐声制字六图探解》、王曦（安徽大学）《试论〈四声等子〉门法的层累性质》等。李军主要介绍了《解释歌义》这部俄罗斯藏黑水城出土文献中的等韵门法著作,对其反切来源、成书年代进行了详细的考证,并就门法内容、术语体系、歌诀内容这三个方面,与稍晚一些的《切韵指南》"门法玉钥匙""玄关歌诀"进行了比较,厘清了这两部等韵文献的异同与承袭关系;李红依次探讨了《七音略》所附的"谐声制字六图"。过去学界都是立足于郑樵"所谓声者,四声也;所谓音者,七音也"这一说法进行解释;本文则另辟蹊径,从形声字的出发,很有启发意义;王曦则对《四声等子》中的等韵门法进行了再探讨。

方言是古音的活化石。本次研讨会上有关方言音韵的报告有田范芬(华南师范大学)《止摄开口字在近代广州话的韵母演变及今读层次》、李建校(曲阜师范大学)《山西晋语模韵的气流分韵》、张凯(枣庄学院)《王稺登的〈诗韵辑要〉及其反映的400年前苏沪吴音特征》、余跃龙(陕西师范大学)《山西方言韵母对声调的影响——也谈山西方言的入声舒化》、王红娟(山东师范大学)《晋语上党片的声调特征》等。在历史方音的研究领域内,当今音韵学者在研究传统的传世文献的基础上,还应当考虑如何吸收海量的出土文献研究成果和方言调查成果;地方方言历史文献的挖掘和整理应该得到进一步的加强;重要音韵学家的音韵学思想研究值得被重视。

方法论是一门学科的重要构成之一。学界对于音韵学理论和研究方法的关注也由来已久。本次论坛的相关研究主要有汪业全(广西民族大学)《用韵空间分布综合评价方法及应用——以初唐韵文为例》、雷励(湘潭大学)《论〈切韵〉系韵书微观比较及方法论研究》等,对于特定方向的研究领域具有指导性意义。

本次会议得到了山东师范大学的高度重视,山东师范大学在各个方面给予了重要支持,不论是程序还是接待上都是一次准备充分、组织有序的成功会议。论文涉及范围广泛,包括中古音、上古音、近代音、等韵学、历史方音等各个方面的内容。在会议举办过程中,各位专家学者讨论热烈、气氛融洽、交流广泛而深入,发扬了中国音韵学研究一贯的多元、包容和创新精神,也充分体现了中国音韵学者继承传统、推陈出新的治学精神,是一次难得的学术交流盛会,对于促进音韵学的发展具有重要的推动作用。

2020.11.01

《山西方言重点研究丛书》已出版书目

《山西方言重点研究丛书》是对山西省内单点方言进行较大规模集成研究的一套丛书，由乔全生主编。该丛书以《洪洞方言研究》为蓝本，本着“细致描写，科学分析，突出重点，不拘一格”的原则进行编写。目前已正式出版 9 辑 60 部。具体书目如下（依出版时间为序）：

1 乔全生《洪洞方言研究》（中央文献出版社，1999 年）。

2 第一辑（2 部）：杨增武《平鲁方言研究》，史素芬《武乡方言研究》（山西人民出版社，2002 年）。

3 第二辑（3 部）：史秀菊《河津方言研究》，崔容《太原北郊区方言研究》，郝小明《太原城区与郊区方言比较研究》（山西人民出版社，2004 年）。

4 第三辑（5 部）：崔淑慧《代县方言研究》，李建校《静乐方言研究》，郭校珍、张宪平《娄烦方言研究》，白静茹、原慧艳、薛志霞、张洁《高平方言研究》，孙玉卿《山西方言亲属称谓研究》（山西人民出版社，2005 年）。

5 王文卿《晋源方言研究》（语文出版社，2007 年）。

6 第四辑（4 部）：杨增武、崔霞《山阴方言研究》，李建校、崔容、郭鸿燕、余跃龙《榆社方言研究》，王利《长治县方言研究》，蒋文华《应县方言研究》（山西人民出版社，2007 年）。

7 第五辑（8 部）：乔全生、程丽萍《汾西方言研究》，李雅翠《平陆方言研究》，孙小花《五台方言研究》，余跃龙、郝素伟《浮山方言研究》，崔容、郭鸿燕《大宁方言研究》，史秀菊、刘晓玲、李华《盂县方言研究》，白云、张宝玉、高洪波《浑源方言研究》，李建校、刘明华、张琦《永和方言研究》（九州出版社，2009 年）。

8 第六辑（8 部）：原慧艳、郜晋亮《上党地区方言研究（晋城城区及泽州卷）》，吴斗庆《上党地区方言研究（阳城卷）》，张向真《山西方言民俗研究（绛县卷）》，孙玉卿《山西方言民俗研究（晋北方言与民俗卷）》，白云、杨萌、石琦《山西东部方言研究（左权卷）》，王利《山西东部方言研究（壶关卷）》，武玉芳、林静、李慧卿《朔州方言研究（右玉卷）》，崔霞、贺宏、李颖《朔州方言研究（朔城区卷）》（九州出版社，2012 年）。

9 第七辑(8 部):史秀菊、双建萍《交城方言研究》,余跃龙、葛瑞芳、王晓婷《清徐方言研究》,张洁、杨萌《吉县方言研究》,刘芳、和苗《古县方言研究》,延俊荣、刘芳《平定方言研究》,史秀菊、双建萍、张丽《兴县方言研究》,李小萍《原平方言研究》,冯良珍、赵雪伶《霍州方言研究》(北岳文艺出版社,2014 年)。

10 第八辑(10 部):乔全生、孙青林、赵鑫赟《阳高方言研究》,孙宏吉《天镇方言研究》,李繁、刘芳《安泽方言研究》,鲁冰、任晓静《永济方言研究》,王晓婷、王堉程《襄汾方言研究》,李雅翠《闻喜方言研究》,常乐、任小琴《榆次方言研究》,李卫锋《汾阳方言研究》,王晓婷、郭晓瑞、张丽娜、乔慧芬《运城盐湖区方言研究》,高晓莉《灵石方言研究》(北岳文艺出版社,2017 年)。

11 第九辑(10 部):乔全生、王晓婷《临汾方言研究》,崔霞《怀仁方言研究》,蒋文华《灵丘方言研究》,武玉芳、范晓林《广灵方言研究》,马启红《太谷方言研究》,王利、许丽庆《平顺方言研究》,刘芳《长子方言研究》,延俊荣、王永祥《小店方言研究》,李小萍《宁武方言研究》,白云、杨萌、高晓慧、董娉君《柳林方言研究》(北岳文艺出版社,2019 年)。